U0499775

政府采购探索之路

——徐焕东政府采购文集

徐焕东　著

中国财经出版传媒集团

经济科学出版社
Economic Science Press

·北京·

图书在版编目（CIP）数据

政府采购探索之路：徐焕东政府采购文集/ 徐焕东著．-- 北京：经济科学出版社，2023.9
ISBN 978 -7 -5218 -5187 -8

Ⅰ.①政…　Ⅱ.①除…　Ⅲ.①政府采购制度 - 中国 - 文集　Ⅳ.①F812.2 -53

中国国家版本馆 CIP 数据核字（2023）第 184866 号

责任编辑：殷亚红　赵婵婷
责任校对：杨　海
责任印制：邱　天

政府采购探索之路
——徐焕东政府采购文集
ZHENGFU CAIGOU TANSUO ZHILU
——XUHUANDONG ZHENGFU CAIGOU WENJI
徐焕东　著
经济科学出版社出版、发行　新华书店经销
社址：北京市海淀区阜成路甲 28 号　邮编：100142
总编部电话：010 -88191217　发行部电话：010 -88191522
网址：www.esp.com.cn
电子邮箱：esp@esp.com.cn
天猫网店：经济科学出版社旗舰店
网址：http：//jjkxcbs.tmall.com
固安华明印业有限公司印装
710×1000　16 开　32.25 印张　450000 字
2023 年 9 月第 1 版　2023 年 9 月第 1 次印刷
ISBN 978 -7 -5218 -5187 -8　定价：98.00 元
（图书出现印装问题，本社负责调换。电话：010 -88191545）

前 言

本人于1979年进入中南财经政法大学财政学专业学习，于1983年毕业，在武汉任教两年后，进入原财政部财政科学研究所学习财政学专业。1988年被分配到北京市财政局预算处工作。1989年调到财政部中央财政管理干部学院任教，直至合并到中央财经大学。后来有幸与政府采购结缘，与所学专业和这些特殊经历有直接关系。

我到中央财政管理干部学院后，主要担任财政学课程教学。管理干部学院的学生主要是已经工作的财政税务干部，他们有些已经在基层担任了科、处级领导职务。他们不仅想学习理论，也渴望能学习到对实际工作有具体指导意义的知识。大约在1995年前后，在学校的支持下，我试着独立开设了一门《政府理财学》课程。由于内容和方法具体实用，这门课程很受学员欢迎。但是，在课程讲授中有一个问题总是困扰着我，即政府理财除资金分配之外，在资金使用过程中会出现哪些问题。最大的问题可能在采购环节，包括采购什么，为何采购，可能有必要的东西没有采购、而实际上没有必要的东西又采购了、甚至产生大量的采购。现实中采购是怎么进行的，采购环节是否有以公谋私的腐败行为。当时大家都痛恨的“豆腐渣”工程是怎么来的，如果采购中出现质量差、成本高等不合理现象，应该怎么控制，是否需要专门的政府采购管理理论等。由于当时国内并没有政府采购管理这方面的研究，所以一直处于无解状态。直到1996年底才第一次听到“政府采购”这个词，心中豁然开朗，兴趣油然而生！

在得知联合国贸易法委员会1994年起草、1996年正式发布了《货物、工程和服务采购示范法》，财政部已经开始着手准备起草政府采购法律制度后，我找到财政部刚成立的政府采购处。政府采购处的王绍双同志给了我一些关于政府采购理论方面国际上的研究资料，这应该是我们当时能获取的最早的资料。正是以这些零星的资料为基础，结合采购学、财政学原理，我开始了对政府采购的了解和探讨。回想起来，后来之所以在政府采购方面能做些有益的工作，在很大程度上得益于财政部政府采购处同志的支持和帮助。

事有凑巧，在1998年8月，北京某大学培训机构举办控购和政府采购方面的培训班。当时除财政部机关以外，有关这方面的研究几乎处于空白，所以很难找到老师。培训方听说我已经在做这方面的工作，几经周折找到了我，希望我能讲授。一是出于一起探讨的需要，二是为了帮人解围，我壮着胆子答应下来。记得在哈尔滨首期开班，参训学员有200多人，我前后讲课并主持讨论了三天。后来几期分别在北戴河、昆明等地开班，共有数百人参加。值得一提的是，在这些培训班里有许多同志相继成为我国各省、市最早从事政府采购管理和操作实务的负责人和主力军。

到了1998年9月，原国家经贸委有位朋友告诉我，其下属的中国经济录音录像中心策划了包括“亚洲金融危机”“知识经济”等一些电视片专题讲座，听说政府采购也纳入了专题系列，问我能不能讲。我欣然接受，最后做成了6个多小时的《政府采购制度》（出版号：ISRC，CN－A22－98－005－O/V. F）录像资料，于1998年10月正式出版。初步考证应该是我国最早的政府采购出版物之一，据说当时山东、江苏、湖北、广西、云南等几乎大部分省、市都集体购买了这套影像资料。应该说，这套讲座资料内容虽然简单，也不一定都准确，但在当时政府采购相关理论几乎空白的情况下，对于普及和推广政府采购知识，推进事业发展，发挥了积极的作用。

正是这样的机会，使我与政府采购结下了不解之缘，成了我国二十多年来政府采购事业发展的见证人。也正是因为结下了这种缘分，以致后来本人写文章、做讲座，开新课、参与政府采购法律制度的讨论与起草咨询等，均得到了许多政府采购领域领导与同行们的鼓励和帮助，得到了《中国财经报》《中国政府采购》杂志等许多媒体的信任和支持，感受到我国政府采购事业发展进步的喜悦，也见证了政府采购管理者、操作实施者每一步探索和创新的艰辛。

本书主要收集了1999年以来笔者发表的与政府采购相关的各类文章，以及接受部分媒体采访的记录。文集共分七编。第一编主要是政府采购理论与法律制度探讨，汇集了科学认识政府采购，树立科学的政府采购观，政府采购科学化需要解决好的主要问题，政府采购制度建设的特点及重点需要研究的问题；制度构建，如政府采购专家评审制度、救济制度、标准化作业制度、建立政府“大采购”制度等，共计34篇文章。其中，在2003年“非典”及2008年汶川大地震后所写的《建立应对重大灾害时期的紧急采购制度》，在2020年疫情暴发后被政府和社会面广泛关注，中国政府网、经济日报网、新华网都有大量转载，对于紧急时期采取紧急采购方式发挥了现实参考作用。此外，还有在《政府采购法》颁布后应《人民日报》邀请撰写的《政府采购走上“阳光”路》专家评论文章。第二编是政府采购需求管理与预算控制，着重探讨和研究了政府采购中的需求管理与预算控制问题，其中特别强调树立和注重必要功能和寿命周期成本分析，通过需求管理和预算控制，保障必要功能、剔除多余功能，达成采购源头控制和优化目标。据我所知，这应该是国内最早探讨政府采购需求管理、成本控制和预算管控的文章。这一编中还收录了建立框架预算模式、预防异常低价采购等内容。第三编是政府采购当事人的相关问题，重点总结了政府采购人与供应商买卖双方之间的权利、义务和责任，以及二者的合作与交流渠道。第四编主要是政府采购政策功能的探讨，重点汇集了关于国货标准判断标准、多种方法实现绿色采购和激励自主创新、促进公平竞争等一系列政策功能的探讨内容，以及笔者参加的包括《国家中长期科学技术发展纲要（2005—2020）》在内的一系列政府采购促进自主创新和节能环保政策起草咨询的相关内容。第五编是政府采购运行模式与操作实施，重点汇集了对建立政府采购行业协会的探讨、建立政府采购执业资格制度全面系统的分析研究，以及实际操作中信息发布、电子采购等一些具体问题，也包括对曾经很有创新价值的烟台政府采购模式的研究。其中，建立符合国情的政府采购执业资格制度，在《中国财经报》分十一次连载，引起业界关注。第六编涉及国际政府采购相关内容，重点是参加联合国贸易法委员会《货物、工程和服务采购示范法》修订后感知的世界各国政府采购的新趋势。第七编是先后接受部分媒体采访的内容。包括政府采购需求、政府采购法律制度完善、政府采购对经济总供给与总需求的调节和稳定作用、政府采购政策功能以及其他一些比较具体的内容。对于这些课题我在接受采访中发表了自己的意见。同时，在几篇对我从事政府采购教学与研究生涯的采访中，挑出了孙立群先生写的《“白丁教授”徐焕东的政府采购生涯》一文，也算是对本人从事政府采购教学的一个提前总结。

我自己常说，政府采购是“三件事”：“大事”“难事”和“新事”。政府采购资金数量巨大，采购什么、如何采购、采购如何，直接涉及社会公众、采购人、采购机构、供应商的利益，影响面广泛而深远，不可避免地成为国之“大事”！政府采购涉及众多社会主体、众多环节，既涉及商品知识，又涉及法律制度，还涉及采购技术，在利益面前，各种博弈在所难免，不同方面串通、合谋行为可能经常出现。因此，做好政府采购工作，并不是一件简单的事，而是一件很不简单的国之“难事”！而“新事”则是指我国政府采购法制化、规范化起步晚。政府采购规范化从 20 世纪 90 年代中后期开始探索至今，也就是 20 多年，很多东西一直在探索之中。20 多年来，经过不同方面的努力，我国政府采购法律制度体系实现了从起步到基本形成，而且正在不断完善之中。

非常有幸的是，我见证并参与了这一过程。从政府采购理论探讨，到法律制度起草讨论，到多个政府采购讲座培训和实务咨询，我都是不同程度的参与者。跟所有为政府采购事业发展而努力的人一起，为中国政府采购事业发展尽自己微薄的力量，而这本文集，也在一定程度上反映了我所做的点滴努力和成绩。如今把它奉献给大家，既希望大家批评指正其诸多不足，更希望能成为我国政府采购科学化探索园林中的一朵小花，微微绽放。

徐焕东

2023 年 6 月 10 日于北京

目　录

第一编　政府采购理论探讨与制度建设

第二编　政府采购需求成本管理及预算控制

第三编　政府采购当事人及权利、义务和责任

第四编　政府采购政策功能作用

第五编　政府采购运行模式与操作规范

第六编　国际政府采购制度

第七编　政府采购访谈

01

第一编

政府采购理论探讨与制度建设

科学认识政府采购*

政府采购，是指以政府为主体、为满足公共需要而进行的采购。20世纪中后期以来，世界各国及相关国际组织十分注重致力于政府采购管理的制度化与科学化。目前，我国政府采购的制度化与科学化尚处于起步阶段，人们对政府采购的性质内容、功能作用、目标定位等的认识还有待深化。科学认识政府采购，树立科学的政府采购观念，是做好政府采购工作的重要基础，对于经济发展和社会和谐将起到积极促进作用。

第一，科学认识政府采购的公共性质。政府采购的公共性质在于它是政府代社会公众进行的采购。过去，我国政府部门和公共事业单位等实行的是完全自行采购的模式。这些机构和单位习惯于把政府采购当成政府部门和公共事业单位“自己”的事，而对于其公共性质缺乏深刻认识。建立和完善政府采购制度，首先需要科学认识政府采购的公共性质。一是树立对社会公众高度负责的观念，一切从社会公共需要出发，通过推行完善的政府采购规划、制度和科学的采购操作程序与技术，做好政府采购工作，提高公共服务水平；二是保持政府采购的透明性和公正性，允许社会公众广泛参与其管理和监督；三是保障所有具备资格的供应商平等地拥有知情权和参与权，开展公平竞争。

第二，科学认识政府采购的功能作用。在政府采购中，政府不只是购买物品，还可以通过相关的政策规定和操作实施，引导和调节企业及其他

---

* 本文原载于《人民日报》2007年1月5日第009版理论专栏。

市场主体的行为，实现既定的政策目标。政府采购的功能作用主要包括：通过采购国货，保护民族产业；采购节能环保产品，改善生态环境；采购自主创新产品，促进科技发展与自主创新；优先采购中小企业和不发达地区企业的产品，扶持中小企业和不发达地区企业发展；限制对外采购可能出现信息安全隐患的产品，保证国家经济和信息安全等。只有科学认识政府采购的功能作用，才能通过科学的政策设计和规范的采购操作，有效发挥其作用。

第三，科学认识政府采购需求。政府采购需求，主要包括政府采购什么、为谁采购等。科学认识政府采购需求，就是要求政府采购必须从满足公共需要和履行政府职责的“必要”出发进行采购。在确定“应该采购什么”方面，一是避免采购多余、不必要的物品，避免发生多余、不必要的费用，防止少数地方和部门超越实际需要和能力搞采购；二是保障必要的社会公共功能，比如保障中小学义务教育基本的教学条件等。

第四，科学认识政府采购成本。政府以采购者的身份出现，必须遵循市场经济规则，以尽可能低的成本获得所需要的物品。科学认识政府采购成本，就是要建立全面的、综合的成本观，不仅要考量产品与服务的购买成本，还要考量使用成本、产品使用导致的社会成本、采购活动发生的成本以及实施相关政策可能产生的代价。应树立科学的评价和计算成本的观念，确定合理有效的方法，制订最优的政府采购方案，而不是单纯强调购买成本越低越好，或者单纯追求功能越多越高越好。

第五，科学评价政府采购效果。政府采购的效果及其是否符合社会公众的要求，是人们普遍关心的问题；而公众对于政府采购效果的评价，又会对政府采购行为产生重要影响。但是，由于政府采购目标多样、过程复杂，公众对采购结果的评价往往各有侧重。科学的政府采购评价，可以使公众对政府采购的效果有全面、客观的了解，同时也能促使政府采购制度不断完善、操作日趋规范。对政府采购进行科学评价，应避免就政府采购某一方面的情况和作用进行孤立评价，而应围绕政府采购的本质要求及功能作用，通过设立科学的评价依据和指标体系，对政府采购的财力节省、政策效能、透明程度以及合法性、公正性、公众满意度等进行客观、综合的评价，以保证政府采购健康运行。

政府采购走上“阳光”路*

《中华人民共和国政府采购法》（以下简称《政府采购法》）已获九届全国人大常委会第二十八次会议审议通过。这是我国公共财政制度建设的一件大事，标志着我国政府采购有法可依并走上了“阳光”道路。

政府采购是以政府为主体、为满足社会公共需要而进行的采购，因此也称“公共采购”。由于政府采购性支出在财政支出中占有极高的比例，政府采购的质量与效率又直接关系到国家和社会公众的利益，政府采购问题引起国家的高度重视。

我国传统的财政分配方式是资金供给制。财政部门重点负责财政资金安排和供应，而政府具体的采购业务则是政府机关、政府职能部门及公共事业单位“自己的事”。国家对政府采购程序、方式与方法没有统一的立法规范和约束。

从 1996 年开始，以集中统一采购为主体的政府采购模式首先在上海、深圳、重庆等地试行。此后，财政部出台了《中华人民共和国政府采购暂行管理办法》等多项行政性政策规章。经过几年的实践，我国政府在集中规范采购方面取得了宝贵经验，政府集中规范采购的规模不断扩大。统计显示，我国政府集中采购的资金额从 1998 年的 31 亿元，到 2000 年增长到 328 亿元，2001 年突破 650 亿元，预计 2002 年将超过 1000 亿元。《政府采

---

* 本文原载于《人民日报》2002 年 7 月 3 日民主和法制周刊。2002 年 6 月 29 日《中华人民共和国政府采购法》正式颁布，这是我国政府公共财政制度建设的大事，在政府实现采购依法管理方面具有划时代意义。本文是应人民日报社约请，特别为该法颁布撰写的专家评论。

购法》的颁布，正是几年来我国对政府采购事业进行理论探索和实践经验的总结。

政府采购有“阳光采购”之誉。对政府采购立法，首先是把政府采购置于“阳光”之下，充分保证其公开性和透明度。人们不会忘记，建成不到三年就崩塌的某地彩虹桥，被斥责为“豆腐渣工程”的某地长江大堤，通车18天就开始破损的某地公路……这些政府采购的项目，不仅未能发挥正常的功能作用，反而给国家财产和人民生命安全造成极其巨大的损失。究其原因，关键是缺乏透明度。而缺乏透明度的采购，也不可能得到及时有效的监督。事实上，在庞大的政府采购支出中，由于暗箱操作和滥用职权，照顾关系、索要回扣、行贿受贿等现象在一些地方已发展到极为严重的程度。据估计，我国政府采购中，因暗箱操作等原因，每年导致财政资源流失数百亿元，严重地破坏了商业公正，腐蚀了干部，破坏了党和政府在人民群众中的形象。

按照《政府采购法》的规定，政府财政预算资金与预算外资金的采购，凡是在政府规定的统一采购目录或超过法律规定的采购数额，必须由政府设立或委托的采购机构依照法定的程序公开进行。政府采购的信息发布、采购过程、合同签订与履约验收、采购记录及纠纷仲裁等，都必须透明。显然，通过制度上的完善保证政府采购公开、公正、公平地进行，才是解决由暗箱操作、缺乏监督带来种种问题的根本出路，也是实现党中央关于从源头上治理腐败目标的必然选择。

政府采购成为“阳光”下的交易，也是节约财政资金、提高政府采购质量和效率、实现政府采购科学化的根本前提。只有在公开条件下的规范运作，政府采购科学化才成为可能。政府采购按照法定的程序和方式，通过广泛发布采购信息，吸引众多供应商参与，以及充分利用竞争性招标、谈判等科学的采购方式，不仅可以大大增加政府采购的规模效益，节约财政资金，还能获得更符合政府需要、更高质量的功能与服务。同时，在制度规范下，建立素质优良、精通业务的政府采购专业队伍，可以大大加快采购科学化进程。据报载，某单位运用集中规范采购的方式，一次采购5000台电脑，比分散零星采购节约资金1000多万元，资金节约率高达34%。统计表明，我国2000年政府集中采购平均资金节约率为14.3%，2001年节约采购资金79亿元，平均节约率为10.7%。

实际上，政府采购立法，也是建立和健全社会主义公共财政分配制度的重要组成部分，是最终实现“阳光分配”的客观要求。为适应社会主义市场经济的发展，保障财政分配的社会公众性和透明性，改革开放以来，我国不断推进社会主义公共财政制度体系建设。全国人大先后通过了各项税收法律制度，颁布了《中华人民共和国预算法》。这次对政府采购行为的法律规范，使我国财政分配由筹集收入、安排支出到采购管理全过程的规范化和制度化成为现实。

树立和落实科学的政府采购观*

与落实科学的发展观相联系，在政府采购制度建设方面，我以为必须树立和落实科学的政府采购观。

第一，必须树立和落实科学的公共本质观。政府采购本质上是为社会公众服务，属于典型的社会公共采购。所以，政府采购必须体现社会公众的要求，制度上设计社会公众参与的渠道，接受公众监督。不仅如此，对于社会公共的采购，还需要把政府采购的商机平等地提供给有相应能力的供应商。因此，对于政府采购无论是在制度设计，还是在具体操作过程中，都必须牢固树立公共本质观念，且真正贯彻落实到每个环节。

但是多年来，政府采购还有许多地方公共本质观念不强，或者有了这种观念却不能贯彻落实。比如说一些采购单位，在采购中不考虑公共需求定位，而是出于自身方便和喜好，盲目追求多功能、高质量，导致公共资源浪费。再比如，因为没有公共意识，常常按自己个人或单位的喜好，偏向某些特定供应商，或者外国品牌，通过一些不当途径，排挤其他合格供应商等，都属于不从公共本质出发产生的问题。

第二，树立和落实完整的政府采购观。首先，政府采购对象应该完整。政府采购包括政府工程、货物和服务采购，而我们现在基本上人为地限制在简单货物和服务层面，这肯定是不完整的。其次，法定的采购范围不完整。我国政府采购范围主要实行目录制，而且是法律授权政府采购监

* 本文原载于《中国财经报》2009 年 1 月 21 日第 003 版理论实务。

督管理部门制订的政府集中采购目录。但并没有详细的制定目录的依据，使得由目录形成的政府采购范围并不是一个相对完整和固定的范围。再次，科学的政府采购过程应该是完整的。完整的科学的政府采购观应该包括政府采购什么、采购多少、向谁采购、由谁采购、如何采购等一系列的问题，具体包括从需求论证、预算控制、采购方式、合同管理和验收处理等。但目前还谈不上完整的、科学的大的采购理念。最后，监督管理体系完整。比如目前工程采购是各个部门自行管理，政府采购由财政部门管理，造成了多重分散管理，同样谈不上统一、完整的采购管理体系。

第三，树立和落实科学的政府采购目标观。政府采购的目标很多，如合理、有效地满足政府履行公共职责的正当需求，尽可能节省公共财力，实现社会经济政策目标。目标之间既可能统一，又可能矛盾。问题在于究竟什么是政府采购的主要目标，什么是次要目标，在目标群里怎么实现目标的统一。例如，在实现节省采购成本与实现政策功能目标之间如何处理，在实现政策功能目标中，既要求节能采购，又要求激励自主创新，如果二者之间存在矛盾，应该如何处理等。因此，科学的政府采购观需要对政府采购目标科学地定位。

第四，树立和落实科学的政府采购需求观。科学的政府采购最重要的是解决好采购多少、采购什么、为谁采购之类的问题。比如，5000 多元的电脑可以满足办公需要，而你却偏要买 50000 多元的电脑，1 台就能解决，你却要买 2 台或者更多，这些都属于采购了多余的不必要的功能。解决这些问题必须要树立和落实科学的需求观。包括采购需求论证、需求规划、需求标准控制等。通过需求论证剔除多余、不必要功能的采购，保障社会公共必需的功能采购。

第五，树立和落实科学的政府采购成本观。政府采购必然会产生成本和代价，但是成本有很多，比如采购成本、使用成本、社会成本、机会成本等。一个产品买很便宜，但是用它很贵，是注重采购成本还是使用成本？比如买一辆大功率轿车，不仅采购成本和使用成本高，还会污染环境，还会导向社会奢侈风气，产生社会成本。再比如采购木地板，为了地板的功能将树砍了，树木的所有生态功能也都消失了，机会成本会大大增加，不划算。这些政府采购都要考虑，应该树立和落实科学的成本观，使各方面的综合成本最小。

第六，树立和落实科学的政府采购操作观。包括法律制度设计规范、利于操作、操作和作业标准化。目前由于法律制度条文相对较粗，不同主体操作各有不同，不规范、不标准的操作情况仍然比较普遍。比如说协议供货采购方式，政府管理部门还没有统一标准的操作规范，包括谁是真正的委托人，是强制还是自愿委托，在采购机构签订协议、采购人负责采购的情况下，谁承担协议不良的责任等，都不够明确。

第七，树立科学的政府采购评价观。政府采购制度实施几年来，有许多不同议论。赞赏者有之，贬低者也不少。问题是，究竟政府采购实际效果如何，目前还没有一套行之有效的评价体系和评价标准。因此，从长远来看，对于目前我国政府采购的运行情况和效果，需要树立科学的评价观，从如何有利于社会公共利益，如何高效、节省地采购角度，建立优良的政府采购评价体系。有了科学的评价体系，才能客观地评价和检验政府采购管理和执行的实际效果。

第八，树立和落实科学的政府采购国际观。《政府采购法》于2002年出台时，我国没有加入WTO《政府采购协定》，政府采购成为适度保护国货、保护民族产业的重要方式。但是，到目前为止，究竟什么是国货并没有明确概念。是否加入《政府采购协定》，究竟有何区别，多数国民并不清楚。同时，应该怎样看待我国开放政府采购市场？怎么看待国际政府采购规则对我国政府采购的影响？面对国际化的发展，必须树立、宣传和贯彻科学的政府采购国际观。

政府采购管理科学化需要厘清根本脉络*

政府采购不仅涉及纳税人、政府组织、采购人、采购代理机构、供应商等众多社会主体的权利、义务和责任，而且涉及社会公众、整体公共利益，还关系到社会各方面的协调发展、社会的公平正义、营商环境的好坏。因此，力求使政府采购工作符合社会公众的要求，实现规范、高效、科学目标，具有十分重要的意义。而要实现政府采购管理科学化的目标，做好政府采购工作，无论是从制度设计上，还是从操作执行上，都需要厘清根本脉络，着眼于解决好以下一系列问题。

一、采购什么

显然，政府采购首先要解决采购什么的问题。政府采购是源于对某种东西的需要，所以采购什么是政府采购的起点，也是需求管理的重要内容。究竟需要什么，是某种产品还是某种具体的服务？这是大家经常遇到的问题。需要说明的是，解决好采购什么这一问题，核心是明确对其功能的需要。所谓功能，简单地说，是能够发挥某种作用的能力。一切采购需求其实都是对某种能力的需求，如手表计时的能力。实现同样的功能，可能有很多种途径和方法。例如，手表便于携带、计时准确的功能如今更多地被手机所替代。政府采购什么，需要通过准确的功能进行描述和定位，

* 本文原载于《中国政府采购报》2023 年 6 月 13 日第 3 版理论前沿。

最后从众多可以实现同样功能的方式或产品中进行选择，且不能直接要求需要某种具体品牌的产品或供应商。

二、采购多少

在功能需求定位明确之后，需要解决好需求数量和质量的问题。必须从实际出发，对政府采购需求数量和质量标准进行成本分析。在功能成本分析中，最重要的内容是根据履行公共职责的要求、所购买功能的支付代价、功能必要的程度和实际效益的高低，寻找并确认必要功能，确保必要功能的数量和质量标准。同时，寻找在采购目标中可能存在的多余的或不必要的功能，如远超支出成本的功能、影响更加必要项目需求满足的功能等，都不属于真正的公共需求。例如，某些地方政府支出大量资金采购一些高大上却并不实用的公共工程，导致负债累累。这些都属于成本负担过重的过量无效采购，属于不必要功能。

三、为谁采购

为谁采购，就是要明确采购的公共界限。我国财政税务界有一句名言，即“取之于民、用之于民”，税收资金来源于民，财政支出用之于民，这里的民当然是社会公众。但财政资金是否真正用之于民，不能只看如何说，更要看如何做、为谁采购。财政资金用于社会公共事业发展和满足公众福利的采购，用于公共产品或准公共产品的采购，才是政府采购的本质要求。而如果是为少数人、为实际不属于公共利益的事业或主体的采购，显然不是政府采购要达成的目标。例如，曾经引起热议的某法院采购的健康按摩椅，显然只能是少数人享用且非公共需要的采购。再如，过去曾一度比较严重的“三公”消费问题，以公共资金采购高档轿车、豪华酒宴等，都是在为谁采购方面出现了问题，不符合政府采购的要求。由此可见，解决好为谁采购的问题在政府采购领域中极其重要，由财政资金形成的政府采购，必须把握好为公采购的原则，避免以公款为私采购的情况发生。

四、为何采购

前面提到的采购什么、采购多少、为谁采购，主要是需求说明，而为何采购，则是需求论证的主要环节。对于采购需求，需要充分说明和论证为何采购。为何采购这一问题引发出由谁说明、由谁论证、由谁确认、由谁承担责任等一系列问题。例如，某些地方动辄花数亿元公共资金（或政府借贷资金）建造景观工程但最后烂尾，就是典型的在为何采购环节出了问题。因此，有必要重视并解决好为何采购这一问题。

五、由谁采购

政府采购由谁采购，看起来是个并不复杂的问题，但实际上在法律制度和现实操作层面通常是个大问题。在我国政府采购法律制度未建立之前，基本由采购单位自行采购，凭发票报销即可。采购单位根据需要随时采购，虽有灵活性强、实施方便等优点，但也存在明显的缺陷。例如，采购经常性批量不足、公开透明度差、专业性不强、寻租机会多等问题突出。因此，《中华人民共和国政府采购法》（以下简称《政府采购法》）及其相关法律法规，对于由谁采购这一问题作了明确规定。政府采购实行集中采购和分散采购相结合，即采购人将列入集中采购目录的项目委托集中采购机构代理采购或者进行部门集中采购，将采购限额标准以上的未列入集中采购目录的项目自行采购或者委托采购代理机构代理采购。尽管规定详细，但在实务操作中仍暴露出不少问题。例如，某个政府采购项目由集中采购机构或社会代理机构采购究竟有何区别？因此，究竟由谁采购更好、更科学合理，的确是一个值得讨论的问题。在笔者看来，随着人工智能技术的发展，未来各采购单位通过完善供应商对产品功能的描述和报价体系，在确定功能需求之后，可以由智能机器人推荐选择何种方式、选择何种产品来满足功能需求目标。

六、向谁采购

要解决好向谁采购这一问题，应当明确政府采购需要承担为社会经济发展发挥整体促进作用的职责。通过特定的向谁采购的政策，可以有效发挥政府采购政策功能。政府采购资金数量巨大，向谁采购必然能在一定程度上促进这一主体的发展。换句话说，政府采购不仅仅是简单的买东西，而是通过强大的购买力，发挥其促进或抑制某社会活动的功效。例如，支持采购自主创新产品、拒绝采购非环境友好型产品等。当然，政府采购的主要功能是恰当有效地满足政府履行公共职责的功能需要，如果过度强调政策功能，可能会影响其本源职责。因此，要准确把握政府采购向谁采购的原则和尺度，有效发挥其政策功能。

七、何时采购

何时采购这一问题涉及需求的时间点。因为采购总是为了满足某种特定需求，而鉴于采购资金可能有限，所以采购这一行为在时间上需要分清轻重缓急。有些功能是急需保障的，应尽早采购，而有些功能虽然也需要但并不是很急需，就可以缓一缓。例如，某市在财政资金很紧张的情况下，却用大量资金采购城市标志、图书馆等本可缓一缓的工程，导致很多紧急需求因缺少资金而无法采购。此外，有些需求有明显的季节性和技术更替性（如空调的需求量明显在夏天最高），不同时间的价格变化巨大，可能会产生明显的成本差异。因此，何时采购也是需要重视的内容。

八、何地采购

所谓何地采购，主要是采购何地的产品。这里则涉及国内、国外两个地域概念。从《政府采购法》的规定及我国建立全国统一大市场的角度来看，政府采购不能搞地方保护主义，不能排斥其他地方的供应商进入本地政府采购市场。《政府采购法》明确规定要扶持不发达地区和少数民族地区。此外，《政府采购法》强调，除特殊情形外，应当采购本国货物、工程和服务。

九、如何采购

政府采购最重要的内容之一，就是如何采购。政府采购的方式有很多，而每种采购方式都有其特定的作用。同样是采购，采用不同的方式，采购结果可能会有很大差别。而不同的采购方式所规定的程序、评价方式等也存在差别，这些也可能对采购结果产生影响。现行政府采购法律制度对如何采购有比较全面的规定，包括公开招标、邀请招标、竞争性谈判、询价、单一来源采购、框架协议采购等，且对每种方式都规范了适用范围、操作流程和操作规范。那么，何种方式更好？制度是否需要规定太细？未来如果能利用智能机器人进行采购，是否还需要现在这些选择和评价方式？这些问题非常值得进一步研究与探讨。

十、采购如何

采购如何其实就是采购结果和采购效益评价的问题。如果产生采购需求是政府采购的起点，那么采购如何就是政府采购的终点。通过一系列的采购程序，了解采购结果如何显然是非常重要的。例如，所采购的产品或服务质量、数量是否满足功能需要，采购成本是否过高或过低，采购程序是否合法，政策功能是否兼顾等。而评价采购如何，需要合乎情理的评价指标体系。但目前还存在过度注重采购程序标准化而忽视采购结果的问题。笔者认为，只有全面地评价采购结果并及时准确地反馈到下一环节，促进后续采购流程的不断优化，政府采购才能不断获得更好的效果。此外，采购评价还要解决好评价主体的问题，即由谁评价。如果由经办人或者毫不相关的人进行评价，结果往往缺乏一定的真实性，无法达到真正的评价目标。

十一、谁管采购

谁管采购，就是采购由谁管理的问题。政府采购涉及社会的方方面面，涉及众多主体的实际利益。因此，利益博弈不可避免地会贯穿其全过程。在此情况下，必须有强有力的监督管理，否则会导致围标串标、权力寻租、集体合谋、假合同或不履行合同等违法行为频发。我国现行的管理监督模式比较特殊。政府工程招标采购适用《中华人民共和国招标投标法》，其监督管理者主要是各采购人的行政主管部门或者地方建立的专门的工程招标管理机构（比如招标管理办公室、公共资源交易管理局等）。各级国家机关、事业单位和团体组织，使用财政性资金采购依法制定的集中采购目录以内的或者采购限额标准以上的货物、工程和服务的行为，适用《政府采购法》。各级人民政府财政部门是负责政府采购监督管理的部门，依法履行对政府采购活动的监督管理职责。但管理者的权力与责任之间的界限如何确定、管理者由谁管等问题，也值得重视。

十二、采购管谁

采购管谁这一问题其实是要管理好政府采购的对象。政府采购涉及采购人的需求是否符合实际需要、供应商的选择及其提供的产品是否符合要求等。具体应该管理哪些对象、哪些环节，以及如何去划分不同主体的责任等，都是必须解决的问题。以近期某省政府采购学生高考用笔为例，据说是为了防止学生通过自带的笔作弊，有关部门才决定统一采购考场文具，可结果是不少学生反映考场提供的笔存在严重的质量问题，影响了考试发挥。如果情况属实，这对学生升学成绩必然产生很大影响。这不禁让人思考：到底哪个主体、哪个环节出现了问题？由谁提出并确定了这样的采购需求？统一的采购文具是否属于公共需求？该由谁代理采购？若真出现影响成绩的情况，学生是否可以追究责任以及应当追究谁的责任？笔者认为，类似这种情况其实在某种程度上说明政府采购监督管理的对象、环节同样十分重要，需要引起重视。

《政府采购法》实施四年的思考*

回顾四年来政府采购法律实施后的事业发展，我们看到，由于政府采购在我国仍然是一项新的事业，在实施和操作中仍然存在不少问题，需要不断实践、探索和完善。笔者认为，针对各种问题，需要结合国情和借鉴国际经验，对其中的重点问题进行关注和探讨。

第一，要解决好政府采购制度规范的范围。应该说，世界各国和国际组织所称“政府采购”，都是包含公共资金采购的货物、工程和服务的。我国《政府采购法》也明确说明政府采购包括“集中采购目录以内、采购限额标准以上”的“货物、工程和服务”，但该法第四条规定，如果发生政府工程采购，适用《招标投标法》。虽然在法律中并没有说其管理不受《政府采购法》约束，但在实际操作中，政府工程采购的确是独立出来了，是以《招标投标法》这个程序法代替了《政府采购法》，出现了政府工程采购脱离于政府采购法律规范范围之外，使政府工程采购处于部门自行委托（或自行采购）、自行管理的状态。这种状况应该在未来的法制建设中给予重点考虑。

第二，要完善政府采购的运行机制与管理体制。简单地说，就是要解决好由谁采购、由谁管理的问题，解决好采购机构与管理机构的设置和职责分工的问题。目前，我国政府采购机构存在集中采购机构、部门集中采

---

* 本文原载于《中国报道》2007 年第 1 期政府采购专栏，《经济参考报》2006 年 12 月 25 日第 007 版。本文是《政府采购法》实施四年的笔谈专题文章，但原题目《部门自行采购工程现状待改变》不符合作者的原意，因此改为现题目。

购机构、中介代理机构以及部分集中采购目录以内的由单位自行采购等多种采购实体并存的局面，而不同的采购机构设置模式也多种多样。因此，对于每个采购实体设置的依据、职责授权、运作形式等，都应该有明确的法律定位、法律依据和法律责任。

第三，要加强政府采购的需求规划与预算控制作用。目前人们对政府采购有一种看法，认为政府采购就是购买环节的事。实际上，政府采购实现制度化和科学化管理应该包括从需求规划开始的全过程。而且，从某种意义上说，需求规划与预算编制是保障“物有所需”最重要的环节，是使政府采购保障“必要功能”、剔除多余功能最重要的环节。目前我国这个环节比较薄弱，需要加强需求规划和预算管理科学化。

第四，要推进政府采购统一操作规范与作业标准化。对于政府采购这个涉及利益主体、操作过程复杂的活动，非常需要有相对统一的操作规范，需要作业标准化。只有这样才能较好地避免各种操作漏洞。我国虽然有了政府采购制度规范，但各地方、各部门的操作和作业差别还是很大，采购目录、限额标准、操作程序与作业方式都存在差别，甚至相差甚远。差别大就是不规范，也很难有效监督管理。因此，推进操作规范与作业标准化同样需要关注。

第五，要有步骤、有重点地发挥政府采购的政策效能。政府采购必须贯彻保护环境、保护民族产业、照顾和扶持中小企业等一系列社会经济政策，实现多种社会公共目标。由于目前更多地注重政府采购的规范，加上政策功能的配套措施还没有很好地建立起来，所以政府采购功能作用还不能得到很好的发挥。但是，随着政府采购规模和影响力的增加，政策功能作用必然成为今后政府采购重点推进和实施的工作。实施政策功能并不是一件简单的事，其涉及各种标准体系的建立，还会出现政策之间的矛盾现象，不可能一步到位。因此，应该加大力度，有步骤、有重点、有选择地进行。

第六，要做好政府采购国际化的准备。开放政府采购市场，是 WTO

的重要内容之一。我国曾承诺在加入 WTO 后两年启动加入 WTO《政府采购协定》谈判，因此，加入《政府采购协定》是必然趋势。目前需要重点考虑的是，我国应该在多大程度上加入（做好加入后的利弊测算工作），政府采购单位、采购机构、供应商等应该做好什么准备等。

我国政府采购制度完善若干重点问题探析*

自20世纪90年代后期我国开始政府采购制度改革，经过十年的努力，政府采购制度体系已基本形成，采购规模不断扩大，采购效益不断提高，政府采购科学运作与依法运行的观念越来越为人们所接受。但是，因为政府采购制度建设在我国仍是一项新事业，涉及多方面利益关系、过程极其复杂的政府采购规范不可能一步到位。实践也表明，在政府采购制度建设和操作实践中的确存在诸如范围不明确、运行机制尚未理顺等多方面的问题，政府采购制度完善仍有许多事情要做，特别是一些影响全局的问题急需深入研究。为此，笔者拟就政府采购制度改革与完善中的若干重点问题进行探讨。

一、政府采购制度规范范围需要明确的界定

从广义上看，政府采购是运用政府公共资金进行的全部采购。但政府采购制度性操作中，不可能把所有的采购都纳入法律制约范围，而是选择具有一定采购数量和规模或特定项目的采购纳入制度规范。政府采购制度规范范围的选择需要遵循一些基本原则，范围过窄，会使大量的政府采购

---

* 本文原载于《经济管理》2007年第12期公共管理栏目。我国政府采购改革已取得显著成效，有中国特色的政府采购制度体系已基本形成。但政府采购制度建设中也存在不少问题，如政府采购规范范围不明确、政府采购运行机制和管理体制不协调、政府需求规划和预算控制未能发挥应有的作用、政府采购政策功能缺乏具体的实施措施、加入WTO《政府采购协定》面临问题等。本文针对这些重点问题分别进行了探讨，并就政府采购制度进一步完善提出了思路和建议。

行为偏离法制规范轨道；而范围过于宽泛、事无巨细都纳入法律程序规范，又可能导致采购缺乏灵活性，影响采购效果。因此，如何合理确定政府采购制度规范范围，是政府采购制度设计和完善必须处理好的重要问题。

我国政府采购制度建设处于起步阶段，在规范范围选择方面采取了“目录制”和“限额标准”双重确立的方式。《政府采购法》称“本法所称政府采购，是指各级国家机关、事业单位和团体组织，使用财政性资金采购依法制定的集中采购目录以内的或者采购限额标准以上的货物、工程和服务的行为”。该法规定政府采购的资金范围和对象范围为政府纳入“集中采购目录以内、限额标准以上的货物、工程和服务”。其中，法律还规定具体的“集中采购目录”和“限额标准”由省以上人民政府确定。需要注意的是，从表面上看，《政府采购法》对于采购对象范围的规定是明确的。但实际上由于我国特殊的经济管理模式及政府采购集中范围的特殊确定方式，使采购规范范围存在明显缺陷。

首先，政府采购规范的内容不完整，工程采购脱离政府采购法律制约。政府工程采购无疑是政府采购的重要内容，世界各国及国际组织的政府采购都包括政府工程采购，甚至只要涉及国家利益和社会公共利益的项目，即使是向私人融资或者是由私人企业承办，都必须纳入政府采购法律规范。我国《政府采购法》称政府采购包括“货物、工程和服务”，但另一方面在该法第四条又规定“政府采购工程进行招标投标的，适用招标投标法”，表明在程序上适用《招标投标法》，但在管理上却并没有说明工程采购应该遵循哪部法律。由于管理规定不明确，导致工程采购与货物服务采购在管理及操作上出现了分离与混乱：货物和服务采购由政府集中采购机构等执行，财政部门管理；工程采购遵循《招标投标法》程序，由各工程主管部门自行采购、自行委托、自行管理和仲裁。

问题在于，《招标投标法》是对招标投标的程序和方式的规范，是一部典型的程序法，其并不涉及政府工程采购规划、工程采购预算编制、审批、管理及发挥政策功能等重要内容。适用《招标投标法》，实际上是以特定采购方式的程序法，代替了《政府采购法》对政府采购行为全面规范的法律功能，导致工程采购脱离于《政府采购法》规范之外。工程任由各部门自行采购或自行委托采购、行业或部门自行监督和管理，必然会缺乏透明度和公正性，出现腐败现象。即便出现对于违规操作的投诉，也不为人们所信服。因此，无论是按照国际惯例和规则，还是从政府采购规范运行的需要出发，在未来的政府采购法律制度完善中，都应该将《招标投标法》与《政府采购法》两法合并，将政府工程采购纳入政府采购法律规范范围之内，形成完整、统一、规范的政府采购法律制度。

其次，政府采购规范范围不明确、不确定。对于采购规范的对象，世界大多数国家主要采取采购金额“限额标准制”，如美国联邦政府规定2500美元以上的采购部分，需要按政府采购程序进行，WTO《政府采购协定》规定货物采购对外开放的门槛价为13万特别提款权。以金额的限额为标准，不仅是明确的，而且相对确定和稳定。我国以“集中采购目录以内、限额标准以上”双重标准作为限定条件。其中，强调纳入集中采购目录以内的，必须集中采购。但对于限额标准以上的部分，没有说明是否要集中采购，即既可以集中采购，也可以分散由采购人自行采购，从而成为规范范围不确定的重要组成部分。

此外，我国《政府采购法》中规定的“集中采购目录”和“限额标准”范围，本身具有不确定性。因为按照我国《政府采购法》的规定，“集中采购目录”和“限额标准”是一个典型的授权性目录和标准，即法律授权省以上人民政府有制定目录和标准的权力，而不是法律直接确定的目录和标准。问题是，虽然法律授予省以上人民政府制订集中采购目录和限额标准的权力，却没有关于制订目录和标准的依据和责任。以集中采购目录为例，由于授权中央政府与各省人民政府都拥有自主制订“目录”的权力，而“目录”既可以是一个包含大量产品和服务的很宽泛的目录，也可以是只包含少量产品和服务的狭窄范围的目录，由此决定了“集中采购目录”实际上是一个不确定、不稳定、带有很强行政性、主观性的范围，是弹性很大甚至可能被虚置的范围。

规范范围不明确至少会带来两个方面的问题：一是同一地区不同时间“目录”和“标准”不同。目前各地区集中采购目录和标准基本上一年一定。由于多方面的原因，上年与下年的情况可能会产生很大差别；二是中央与地方、不同地区之间，集中采购目录可能存在很大差别。每个地区甚至是同一省、市不同市（县）集中采购目录都不相同（报批制）。由此必然形成同一法律框架下规范范围却大不相同的格局。而这种范围的差别，不仅会丧失法律的规范性与严肃性，也会让社会公众、采购人及供应商无所适从，最终会影响政府采购事业的有序进行。

因此，政府采购制度完善，必须解决范围不明确、不确定的问题。第一，如果按照大多数国家的做法，可以考虑以限额标准制的方式确定制度规范的范围，将一次性采购数额达到多少标准，如5000元或者10000元等的采购，纳入集中规范采购的范围。这种标准在法律上明确一个全国统一基准，中央或地方政府部门如果需要变化，只能在全国统一基准之外调整，不得偏离国家基准。第二，鉴于采取限额标准制后，采购人可能会采取化整为零的规避措施，因此，可以采取限额标准制与目录制相结合，即“目录”与“限额”双重标准规范。与现行方式的区别在于，无论是集中采购目录，还是限额标准，都必须集中规范采购。第三，如果单纯采取目录制，应该有全国统一的基本目录。基本目录不允许随意变更，也不能一年一变。如需要变化，也需要经过法定的程序和依据进行。在基本目录之外，各省、市可以进行适当调整。

实际上，不管采取哪种模式，政府采购规范范围都必须从法律制度上直接明确下来，避免模糊的、行政和主观影响偏大的模式，避免使法律约束力被行政权力所代替，真正形成一种确定的、稳定的、有法律标准和依据的规范范围。

二、政府采购运行机制与管理体制需要调整与规范

建立科学的政府采购运行机制与管理体制，就是要处理好由谁采购、谁管理、谁监督、谁仲裁等一系列问题，建立一套主体明确、责任分明、权力制衡、透明高效，既符合社会公众要求、又符合政府行政原则与市场规则的良性运行的政府采购机制和管理模式。

由于政府采购涉及纳税人、采购人、采购机构及供应商等多方面利益关系，采购过程复杂，技术含量高，因此，世界各国对于政府采购运行机制和管理体制都十分重视。比如美国联邦政府采购由联邦政府采购管理办公室（OFPP）负责管理，联邦总务署（GSA）负责执行。从 2005 年 9 月开始，在 GSA 下面设立联邦政府采购中心（FAS），具体执行采购事宜。采购人员为通过培训和考核认证的政府合同官员，负责采购事宜，授予供应商合同，并直接承担采购责任，供应商申诉与投诉则由合同争议委员会和会计总署处理，从而形成了一种专门机构管理、专业人员采购、专业机构处理投诉的运行机制。我国政府采购探索初期，也曾尝试过多种运行和管理模式。包括实行集中采购与分散采购相结合，由财政部门设立采购执行机构，政府设立政府采购委员会进行管理和纠纷仲裁等，但最后选择了目前的模式：设立政府集中采购机构，财政部门为政府采购主管机构，集中采购的范围以各级省以上政府部门确定的“集中采购目录”为基准。其中，通用产品与服务由政府集中采购机构采购；集中采购目录以内非通用产品，实行部门集中采购；没有纳入集中采购目录的可以分散采购或委托社会中介代理机构采购；有条件的采购人单位，经过采购监督管理部门批准，可以实行自行采购。

总体上看，当前政府采购运行模式是一种有中国特色的比较特殊的模式。但是，就高效、规范、有序的原则和要求而言，以下几个方面的问题显然是存在的。

第一，集中采购机构设置不明确。《政府采购法》规定，政府集中采购机构是非营利性事业法人，不得隶属行政机关或与行政机关产生利害关系。是非营利性事业法人但又不能隶属行政机关，使机构设置出现了一定难度。事实上，目前集中采购机构几乎都隶属于行政机关，而且很难不与行政机关产生利害关系。同时，由于没有明确集中采购机构究竟如何设置，导致目前设置方法各不相同。有的直接隶属于当地人民政府，有的隶属国资委，有的隶属机关事务管理局，据统计，仅北京市就有五种设置方式，而全国有十几种之多。集中采购机构没有上下级之间的对应联系，也没有业务指导和交流，使各级政府采购机构都成了“孤岛”。同样是集中采购机构，运作方式和职能差别也很大。这种局面的形成，无论是对采购机构的执业规范，还是监督管理机构的管理、供应商的采购参与及社会公众的监督，都带来诸多不便。

第二，采购执行主体多元化，给操作和管理规范化造成困难。集中采购、部门集中采购、中介代理采购、单位自行采购等多种方式并存，在采购人单位、采购机构、供应商之间关系复杂、集中采购目录内容不确定、采购管理部门审批权限比较大的情况下，很容易导致采购范围模糊、审批和管理程序与职权变异，从而产生监督管理难度加大、供应商无所适从、效果难以评价等实际问题。

第三，采购人单位、采购机构与采购监督管理机构的职责、权限和责任不够明确。《政府采购法》对于各方当事人的权利、义务和责任作了基本规定，但实际操作中情况要复杂得多。比如规定采购人在不歧视的情况下，有权对供应商或采购产品提出特殊要求，但这种特殊要求的权利到什么程度、什么是“歧视”等并不明确；集中采购目录由监督管理机构确定，但制定目录的依据和责任是什么，没有确定；集中采购机构是仅仅只有采购权，还是在采购过程中同样对采购有监督管理权，如监督和管理供应商，也没有确定。权责不清，或者有权无责，都会在操作运行中出现问题。

从根本上说，构建政府采购运行机制和管理体制的问题，是关系到政府采购制度建设成败的问题。因此，政府采购制度的修改和完善，应该继续借鉴国际做法，总结我国几年来的经验，解决好以上问题。总体来看，理顺机制和管理体制应该在以下几个原则和框架下进行。一是确保政府自身有一支专业化的采购队伍。政府采购资金数额巨大，政策性、专业性、利益性极强，因此，无论是从保障社会公共利益还是从保障政府采购的实际效果而言，政府都必须要有一支代表社会公共利益和政府利益的公德水平高、法律和政策水平、采购专业能力强的采购执行和管理队伍。美国政府采购主要实行“签约官员”制，即以公务人员专业化采购为主。虽然美国市场经济发达，但政府采购并不委托市场中介机构操作。我国政府采购也可以适度委托社会中介机构，但从政府采购的法律性、政策性及利益性的把握来看，仍应以政府的专业采购队伍为主。二是采购机构设置规范。如果选择主要由政府集中采购机构采购为主模式，集中采购机构的设置应该统一规范和管理，应该在上下政府之间有业务规范和联系，避免相互独立和各行其是。三是按照主体明确、职责分明、运行有序的原则，细分采购人、采购机构、采购监督管理部门权利、义务和责任，避免因职责权限不清导致采购过程混乱和采购效果低劣等情况的发生。

三、增强政府采购需求规划与预算控制

科学的政府采购管理应该是一个完整的过程，包括以“物有所需”为核心的需求规划与预算控制、以“物有所值”为核心的采购及交易过程优化、以及以发挥政府采购政策作用为核心的“政策服务”等，而不只是简单的购买程序与结果优化。实际上，在某些情况下，发生在采购过程以前的政府采购需求分析与规划、政府采购预算编制、审批及控制等可能会发挥更重要的作用。

政府采购需求规划是政府对采购对象的计划和统筹，包括确定政府公

共产品与服务的需求类型和品种、需求的原因、依据、规格、数量与标准、需求的审核等多方面的综合规划。需求规划的核心是科学地确定政府为履行公共职责所必需的产品或服务的功能。具体地说，是既要确保政府履行公共职责必要产品的采购，保障政府履行公共职责的需要，又要不断剔除政府履行职责中发生的不必要产品的采购，避免不必要的政府支出。以众所周知的某园湖底铺膜事件为例，湖底铺膜是否有必要？如果必要，是否应由政府支出？如果不必要，即便采购过程和结果再完美，同样没有意义。事实证明，湖底铺膜需要政府花费两亿元巨资，不仅没有必要，反而会对环境产生危害，这是需求规划的典型案例。

预算控制是在需求规划基础上进行的，包括政府采购预算编制、预算估价、预算审批、执行、调整和监管。政府采购需求规划、资金安排、价格评价、采购实施等，最终都需要反映到采购预算中来。通过科学预算、特别是通过预算审批过程，实现保障必要功能、剔除多余功能的目标。预算控制还表现为对执行过程的监控，成为监督和评价采购过程与结果的依据。

从我国目前政府采购制度规范情况来看，《政府采购法》规定，负有编制部门预算职责的部门在编制下一财政年度部门预算时，应当将该财政年度政府采购的项目及资金预算列出；政府采购应当严格按照批准的预算执行。但是在政府采购实施过程中，明显存在注重采购过程，忽视采购需求规划与预算控制的情况。目前，政府采购基本上仍处于采购单位需要什么、采购机构照单采购的简单购买状态，采购没有科学的需求规划，预算编制缺乏公开性、严谨性和严肃性，处于缺乏严格审批程序和约束力的松散状态。

缺乏需求规划和预算控制后果是多方面的。首先，在政府公共资源有限的情况下，没有规划可能导致必要的急需的公共产品与服务没有采购，而一些并不急需甚至根本没有必要的产品与服务却纳入采购安排，出现必要产品不能保障与过剩产品并存的局面。目前，一些政府部门采购中片面追求高标准、多功能、豪华甚至超豪华的产品与服务，如买豪华汽车、盖豪华办公楼等，都与缺乏需求规划与预算控制相关联。其次，由于缺乏需求规划与预算依据，经常会出现无计划的紧急采购。紧急采购通常导致采购无法按法定的程序和方式进行，并在客观上限制了采购的选择空间，降低了产品和服务的采购质量和效果。最后，缺乏需求规划与预算控制，无疑会增加政府采购监督管理的难度。没有科学的需求规划和预算编制，采购实施、控制、评价及监督管理就会缺乏依据。同时，没有公开透明的预算编制和审批过程，社会公众对政府采购什么、采购多少等重要的决策就没有参与和监督渠道，不能使采购真正体现社会公众的意愿。

因此，在政府采购科学化和制度完善中，应该将采购需求管理纳入制度规范内容，从需求论证和规划开始，加强需求管理和预算编制、审批程序控制。根据政府履行公共职能的需要，制订政府履行职责所需产品与服务的使用和需求标准，比如有些欧盟国家明确要求政府公务用车的排气量、节能标准等有严格的控制，以满足安全运输功能需求为限；按照标准编制需求规划和预算，限制超标准采购，增加预算审批和执行中的控制的力度，特别是对超标准和超越预算的部分严格限制。

四、政府采购功能作用需要科学的政策设计

政府采购的公共性、行政性及经济性，决定其不仅要完成购买公共物品和服务的职责，还必须从社会公共及全局、整体利益出发，通过政府的政策措施、行政能力和采购的市场影响力，实现多方面的社会经济政策目标。利用政府采购实现政策目标是世界各国的通行做法，比如美国《购买美国产品法》规定，政府采购优先采购美国产品。我国《政府采购法》规定，政府采购应当有助于实现国家的经济和社会发展政策目标，包括保护环境，扶持不发达地区和少数民族地区，促进中小企业发展；政府采购应该采购本国货。目前，我国已经出台了“政府绿色采购清单”等政策措

施，并取得初步成效。

但是，由于多方面的原因，我国政府采购政策功能作用还没有得到很好地发挥。一是对政府采购政策功能的作用领域与作用程度仍没有深入的理论研究和实践经验，目前还不能确定在多大的领域，对哪些方面实行政府采购政策调控会更有效。二是缺乏政策实施标准。比如政府采购国货缺乏明确的国货标准，照顾中小企业却没有中小企业标准。目前，通过了指导性“政府节能采购清单”，但清单制订的依据尚不明确，且容易滋生腐败。三是缺乏具体的政策措施。如照顾不发达地区，却没有具体的照顾措施和办法。

为了适度而有效地发挥政府采购政策功能作用，在今后的政策功能实施方面，重点应该解决好以下问题。第一，需要对政府采购政策功能进行适当的定位。目前在政策功能定位方面存在两种倾向，一种是只把政府采购当作简单的购买手段，认为只是一种购买手段，忽视政策功能作用。另一种则把政策功能作用看得过重，认为什么社会经济问题都能依靠发挥政府采购政策功能解决，甚至认为政府采购根本的职责就是发挥政策功能作用，使政府采购在政策方面有不堪承受之重，甚至失去“采购”本源功能。应该说这两种倾向都是片面的。正确的定位是，“购买”是主体的基本功能，同时，必须通过政府巨额资金“购买”的过程，发挥政策功能作用。第二，在政策功能操作设计上，应该着重增强可操作性，做到政策与实施标准明确、精确、易行。政策目标、操作程序与方法明确，如明确是否要照顾中小企业，明确中小企业的概念和照顾办法等；政策实施在“量”与“度”上要精确，如在多大的量与度上照顾中小企业；政策设计突出具有可操作性，切实可行。第三，避免政策的矛盾性和负面效应。通常情况下，当我们认为某些政策重要且可行的时候，更多会从正面论证其必要性与意义。但实际上任何政策都可能有正、负两方面的作用，有些政策的作用本身就是矛盾的。例如，政府采购中采购人可能更多地会关心采购物品的质量、成本、服务，而政府采购的政策目标却可能包括购买国货、照顾中小企业、支持不发达地区经济发展、落实劳工政策等宏观和社会效果，二者可能存在矛盾，存在利益权衡问题。因此，在论证政策可行性时，需要在矛盾性、不可行性方面做更多、更细致的研究，避免或减少政策的负面效应。

五、研究国际政府采购规则，做好与国际接轨的制度准备

随着经济全球化进程的加速，政府采购同样面临国际化问题。早在20世纪80年代，联合国国际贸易法委员会就开始起草旨在推进各国政府采购规范和促进政府采购国际化的《贸易法委员会货物、工程、服务采购示范法》，该法主要是为世界各国及相关国际组织政府采购制度建设提供一种制度设计示范，同时致力于推进政府采购贸易的国际化。1996年，作为WTO的重要组成部分，规范WTO成员对等开放政府采购市场的《政府采购协定》（简称GPA）正式生效。我国在2001年加入WTO时承诺加入后两年内启动加入GPA谈判，意味着我国加入GPA的必然性。因此，在未来政府采购制度建设中，不能只着眼于国内的要求，而是必须从国际出发，考虑国际规则和要求。

由于我国政府采购制度仍处于建立和完善之中，对于政府采购各种国际规则的研究基本处于空白状态，更没有实践经验。因此，政府采购国际化必然面临许多现实与棘手的问题。根据GPA可以有选择性地对等开放政府采购市场的原则，我国需要确定在多大程度上开放政府采购市场。从目前我国政府采购制度和交易环境看，考虑到对国际规则的适应过程及经验积累过程，应该选择少量、逐步开放的方式。在选择开放的领域和程度方面，需要重点认识和测算市场开放的利弊。一方面，开放政府采购可以增加政府对产品功能、质量、用途的选择空间，更好地为满足社会公共需求服务，同时，对等开放政府采购市场，也可以使我国供应商获得对应开放的其他WTO成员的政府采购市场份额；另一方面，政府采购市场开放，

意味着在 GPA 项目规范内的本国产品保护已经过时，相应的外国供应商会进入我国政府采购市场，增加本国供应商的压力。其中特别需要注意的是，政府采购的产品如汽车、IT 产品、电梯、电子类产品以及部分建筑材料等都有较高的科技含量，而我国产品的优势主要集中在劳动密集型方面，在高科技领域并不具有竞争优势。显然，开放政府采购市场，在科技含量产品方面对本国供应商会形成较大的冲击，对此需要有充分的估计和积极的对策。此外，必须引起高度重视的另一个问题是，一些如电脑、软件、汽车等政府采购的高技术产品对外开放，可能会产生严重的信息、经济甚至国防安全风险。如何避免安全问题，或者通过安全底线设限限制部分非安全产品进入政府采购市场，也是必须提前研究确定的事项。

为政府采购注入灵魂性内容*

——写在《中华人民共和国政府采购法实施条例》颁布之时

可以说，《中华人民共和国政府采购法实施条例》（以下简称《条例》）最大的突破之一，就是非常明确、非常到位地提出了采购需求的内容，使政府采购工作具备了实质性的、灵魂性的内容。

《条例》的出台，是对《政府采购法》相关规定的进一步细化、明确和充实完善，对提高政府采购工作的质量和效率、促进政府采购科学管理，具有十分重要的意义。

一、增加采购需求管理，保障政府采购科学化从源头开始

近几年来，政府采购领域频繁曝出的“天价采购”“豪华采购”等问题，让社会不同方面颇有微词。实际上，这些问题在很大程度上与过去对政府采购需求管理不足相关。《政府采购法》规定，实行部门预算的单位，需要编制政府采购预算，其本意是根据需求编制预算，同时也应该有需求管理。但是法律层面却没有明确采购需求管理问题，没有具体的采购需求说明、论证等要求，也没有这方面的责任规定。由于这些原因，导致本该采购的东西没有采购，不能有效保障政府履行公共职责的需求，而本来不

---

* 本文原载于《中国政府采购报》2015 年 3 月 16 日。

需要或不需要太多、过于奢侈的东西却大量采购。

政府为什么采购？首先就是为了满足某种需要，就是“物有所需”。保障必要的需求，是政府采购的原因和条件。因此，恰当地、以尽可能低的成本和代价，获得政府履行公共职责的货物、工程和服务，既是采购科学化的根本目标和出发点，也是检验政府采购是否科学合理的基本标准。不从采购需求出发、不能恰当满足需求的采购，一定不会是成功的采购。

可以说，《条例》最大的突破之一，就是非常明确、非常到位地提出了采购需求的内容，使政府采购工作具备了实质性的、灵魂性的内容。《条例》从不同角度，在多处提及采购需求。

第一，采购需求成为采购的重要目标和依据。《条例》第十一条要求采购人做好采购准备工作，特别是要科学合理地确定采购需求，这是一种明确的目标定位，表明采购就要符合需要。第十五条规定采购人、采购代理机构应当根据政府采购政策、采购预算、采购需求编制采购文件，这就使采购需求成为编制采购文件的重要依据，突出以满足需求为主的原则。

第二，明确规定采购需求的合法性和正当性，且不能在需求确立环节出现排他性内容。《条例》第十五条规定采购需求应当符合国家法律法规以及政府采购政策规定的技术、服务、安全等要求，表明采购人提出采购需求，还必须遵循法律法规和政策要求，采购需求说明中不能有歧视性和排他性内容，避免实际操作中大量出现不当采购需求，影响政府采购的政策功能和公平、公正目标的实现。《条例》第二十条则更加明确地规定，采购需求中的技术、服务等要求指向特定供应商、特定产品是排他性内容。

第三，特定项目确定采购需求应当听取社会公众的意见，以更加体现公众的意志和增加公众参与程度。《条例》第十五条规定，政府向社会公众提供的公共服务项目，应当就确定采购需求征求社会公众的意见。表明采购需求不单是采购人、采购代理机构面临的问题，而且涉及社会公共服务等内容，必须听取社会公众的意见，让社会公众参与，这是遵循“纳税人意愿”的要求。

第四，采购需求要完整、明确。《条例》第十五条规定，除因技术复杂或者性质特殊，不能确定详细规格或者具体要求外，采购需求应当完整、明确。表明采购需求不能模棱两可，而是要定位明确、清楚明白。《条例》第十三条明确要求采购代理机构要提高确定采购需求的水平。实际上，在采购实施过程中，需求定位和阐述越完整、明确、准确，越有利于实现采购的目标。采购需求完整、明确是采购成功的重要前提，也为采购结果的评价提供了方便。为了采购需求能够完整、明确，《条例》还规定，必要时，应当就确定采购需求征求相关供应商、专家的意见，这在技术上增加了可靠性，通过征求意见也有利于排除政府采购的排他性内容。

第五，将有效实施政策功能与采购需求相关联。《条例》第六条要求政府采购要实现政策功能目标，其中一项内容是通过制定采购需求标准，即通过采购需求的说明和论证，实现节能环保、促进中小企业发展等目标。

采购需求管理应该包括采购人需求提出、需求说明、需求论证、需求控制、需求确立等多个层面。需求说明既要清楚明确，又不能包含歧视、排他性内容；需求论证是要对需求进行分析，通过规范的需求论证程序、需求管理方式，既确保采购人履行公共职责所必需的功能需求，又不断剔除多余、过剩和不必要的功能，避免不必要的公共支出，促进清廉政府建设，使需求管理成为实现政府采购科学化的源头和基础。需求确立重点是明确确立需求的主体及其享有的权利和承担的责任，保障需求确立具有严肃性。

二、提高政府采购的透明度，保障政府采购公开、透明

政府采购被称为“阳光采购”，人们常说阳光是最好的防腐剂，政府

采购的全过程都应该在公开、透明的环境中进行。实际上，对于政府采购而言，反腐需要透明度，提高采购质量和效率需要透明度，提高采购与供应对接的程度需要透明度，潜在供应商、社会公众参与和监督政府采购也需要透明度。因此，公开、透明是政府采购科学、合理的最根本保证。

然而，在实际操作中，一些采购人、采购代理机构、供应商通过隐瞒政府采购信息、改变采购方式、不按采购文件确定事项签订采购合同等手段，达到虚假采购或者让内定供应商中标、成交的目的。为了防止暗箱操作，遏制寻租腐败，保证政府采购公平、公正，《条例》大大增加了公开透明的相关内容。

首先，采购信息需要发布。《条例》第八条规定政府采购项目信息应当在省级以上人民政府财政部门指定的媒体上发布。采购项目预算金额达到国务院财政部门规定标准的，政府采购项目信息应当在国务院财政部门指定的媒体上发布。《条例》第二十一条规定，采购人或者采购代理机构对供应商进行资格预审的，资格预审公告应当在省级以上人民政府财政部门指定的媒体上发布。

其次，采购方式、评审方式和标准等需要公开。《条例》对于采取什么采购方式、采购过程中哪些内容必须公开等，作了更明确的规定。《条例》第三十二条规定，招标文件的内容应当包括采购项目的商务条件、采购需求、投标人的资格条件、投标报价要求、评标方法、评标标准以及拟签订的合同文本等，要在招标文件中确定并公开。第三十条规定，采购人或者采购代理机构应当在招标文件、谈判文件、询价通知书中公开采购项目预算金额。第三十八条规定，采用单一来源采购方式，只能从唯一供应商处采购的，还应当将唯一供应商名称在指定媒体上公示。

再次，中标和成交结果、合同等需要公开。《条例》第四十三条规定，采购人或者采购代理机构应当在中标、成交供应商确定起 2 个工作日内，发出中标、成交通知书，并在省级以上人民政府财政部门指定的媒体上公告中标、成交结果，将招标文件、竞争性谈判文件、询价通知书随中标、成交结果同时公告。《条例》第五十条规定，采购人应当在政府采购合同签订之日起2个工作日内，将政府采购合同在省级以上人民政府财政部门指定的媒体上公告。

最后，投诉处理结果须公开。《条例》第五十八条规定，财政部门对投诉事项做出的处理决定，应当在指定媒体上公告。

为保证政府采购的公开和透明，《条例》增加了很多新的具体规定，将更有效地促进政府采购工作的规范和完善。当然，必须清楚地认识到，增加政府采购透明度，决不仅仅是《条例》的几款条文就能完全解决的，要贯彻到实际操作过程中，必须有严格的监督，对于不按规定公开的单位、机构和具体责任人，要依法进行处罚；同时依靠现代网络信息技术，通过建立统一的采购网络平台，让社会各方面广泛参与和监督，这样才能真正提高政府采购的公开和透明，为实现采购规范化和科学化服务。

三、明确评审专家的职责和责任，规范评审专家的行为

我国政府采购采取了聘请社会人士担任评审专家的非职业评审方式。其好处是专家属于无利害关系的第三方，随机选择一些比较懂行的专业人士，可以实现评审的客观可靠。但另一方面，专家评审的权利、义务、责任等并不十分明确，现实中出现诸多如专家不“专”、专家难“责”、专家操纵等实际问题。这些问题在一定程度上影响了政府采购的质量和效率。为了解决这些问题，《条例》在专家职责、权利、义务和责任等方面作了补充规定。

第一，进一步明确评审专家产生方式。《条例》第三十九条规定，除国务院财政部门规定的情形外，采购人或者采购代理机构应当从政府采购评审专家库中随机抽取评审专家。这是《政府采购法》中没有明确的内容。

第二，明确了专家的义务和职责。《条例》第四十条规定，评审专家

应当遵守评审工作纪律，不得泄露评审情况和评审中获悉的商业秘密。评标委员会、竞争性谈判小组或者询价小组在评审过程中发现供应商有行贿、提供虚假材料或者串通等违法行为的，应当及时向财政部门报告，政府采购评审专家在评审过程中受到非法干预的，应当及时向财政、监察等部门举报。《条例》第四十一条规定，采购文件内容违反国家有关强制性规定的，评标委员会、竞争性谈判小组或者询价小组应当停止评审并向采购人或者采购代理机构说明情况。《条例》第五十二条规定，政府采购评审专家应当配合采购人或者采购代理机构答复供应商的询问与质疑。

第三，进一步明确专家的责任和对专家的监督管理。《条例》第六十二条规定，省级以上人民政府财政部门应当对评审专家库实行动态管理。采购人或者采购代理机构应当根据评审专家在政府采购活动中的职责履行情况进行记录，并及时向财政部门报告。《条例》第四十一条规定，评标委员会、竞争性谈判小组或者询价小组成员应当在评审报告上签字，对自己的评审意见承担法律责任。对评审报告有异议的，应当在评审报告上签署不同意见，并说明理由，否则视为同意评审报告。《条例》第七十五条针对评审专家不同违法行为的性质，区别设定相应的法律责任，包括其评审意见无效，不得获取评审费，禁止其参加政府采购评审活动，给予警告、罚款、没收违法所得的行政处罚，依法承担民事责任，依法追究刑事责任等。

政府采购工作专业性很强，专家在采购过程中的确能发挥重要作用，但水平不够、责任心不强甚至心术不正的专家，却可能给采购带来不利影响，甚至产生破坏作用。因此，《条例》对专家行为的规范，对促进政府采购工作的规范化和科学化，应该能够发挥积极作用。但在具体的专家选拔、培训、抽取、使用、共享、轮换等方面，现实中还需要做更多细致的和创新性的工作。

公共资源交易需要厘清的十大界限关系*

一、公共资源与非公共资源的界限关系

究竟什么是公共资源，公共资源与非公共资源的界限是什么？这个关系在现实当中是需要我们厘清的。我问过业内不同的人士，什么是公共资源，每个人的回答都不一样，每一个省的解释都不一样。举个例子，农村土地是集体资源，算不算公共资源？农民是否可以以集体的名义对自己的土地进行交易？为什么？把国有企业产权拿来买卖的时候叫什么？国有企业买消费品、机器设备算不算公共资源交易呢？目前不明确，但明确不属于政府采购。同样是国有企业的资产做交易时，为什么有的在公共资源交易里，有的不在里面呢？这是我们面临的问题。

二、条条管理与地方综合管理之间的界限关系

公共资源的配置和买卖，在我国与部门管理紧密相关，由特殊行政管理体制所决定。而公共资源交易综合管理，要求加强同级政府，尤其是地方政府综合管理，就是对招标投标、政府采购、产权交易、土地拍卖全部由负责公共资源交易的部门综合管理。显然，部门监督管理体制与同级政府统一综合管理要求存在差异，存在协调问题。如何协调是公共资源交易监督管理优化中最突出的问题。给大家举一个真实存在且很有意思的案

* 本文原载于《中国政府采购》杂志 2017 年第 1 期本期特稿栏目。

例，有的地方成立了公共资源交易管理局，结果财政部门收到投诉，投诉以后财政部门就裁决，裁决后供应商不服，说这个不行，该去找公共资源交易管理局，说投诉到财政部门，财政部门把我们否了，“你们来管一下”。后来公共资源交易管理局组织采购人、监管部门和供应商开协调会，最后协调出一个结果。这是不是地方综合管理和财政部门关系权限之间的问题，谁服务谁呢？这样的问题并不少，公共资源配置和买卖是部门管理，这是行政管理体制规定的，搞综合管理，这中间的协调一定会产生问题，怎么管，这是要考虑的问题。

三、条条中部门之间的监督管理权力界限关系

“条”与“条”之间关系是部门与部门之间的关系。如国家发展改革委、财政部、建设委、国土部、国资委等在政府采购管理方面的条条关系。典型的如有的地方，公共资源交易监督管理设在发展改革委，那么政府采购怎么管？法律上规定由财政部门管，但又在发展改革委下面。最后形成了一种特殊模式，发展改革委下面的公共资源交易中心负责政府采购监督管理，行文则由财政部门盖章。这样处理是否顺畅？

四、公共资源交易综合管理的内部责任、权限、义务界限关系

目前，各地建立的公共资源交易管理体制和运行模式不尽相同，但不管什么样的体制，交易主体、实施主体、监督管理之间的关系处理非常重要。如公共资源交易监督管理局与公共资源交易中心，它们之间的相互关系如何确定？交易实施主体与监督管理主体的关系如何确定？是内含关系，还是并列关系，还是行政机关与事业单位管理的关系？这是需要我们好好研究一下的，目前确定不好法律主体，就会有问题。

五、公共资源交易目标定位及其多目标之间的关系界限

所谓公共资源交易管理，就是把原有分散进行的内容放在一起。问题是，把不同类型涉及买和卖的东西放到一起，就发生质变了吗？究竟要达到什么目标呢？是政府通过高卖低买获得商业利益吗？是使公共资源市场价值最大化？如土地拍卖。是使公共资源社会价值最大化？是为提高政府工作效率？是为了反对不负责和腐败吗？目的不同，侧重点就会不同，做法自然不同。因此，如何科学定位，侧重什么，显然十分重要。

六、实现公共资源交易优化的方式及其之间的界限关系

究竟公共资源交易优化怎样才能实现，是建设交易大楼，放在一起进行吗？还是设立机构管理就行？还是建设电子平台？用什么方式，也是目前大家比较热衷的问题。

有的地方比较注重建设机构，想通过好的体制解决，比如“一委一办一中心”方式。这些机构之间怎么理顺，是值得讨论的问题。有些地方比较热衷于盖交易大楼。前几天有一位来自地市单位的同志跟我讲，他们的公共资源交易中心建设了多少万平方米，甚至有的地方还有上十万平方米的。有的地方租楼，据说成本很高。公共资源是不是建了一个大楼面积大就好呢？这也是应该考虑的问题。目前有一种意见，主要是建立优良的电子平台，这应该是主要方向。但怎么建立，怎么运行，如何利用及如何监督管理，是需要深入探讨和验证的。

七、公共资源交易遵循的市场规则与遵循政府行政规则的关系界限

通常所谓的交易，显然是市场行为，应该遵循市场规则。问题是，公

共资源交易按什么规则进行？公共资源交易与私人资源交易有什么不同？一方面，公共资源交易既然是交易，显然要遵循市场原则。但另一方面，公共资源具有明确的公共性，其交易更应该遵循什么规则？例如政府采购，显然并不仅是简单地按照市场规则进行，其可能还有其他特定的目标和特定的规则。比如过度低价可能影响公平竞争，这应该是不允许的。相反，为了照顾中小企业或为节能环保，可能会买价格高一些的产品。例如，土地交易按照市场原则拍卖土地，是不是价格越高越好。但现在一线城市怕“地王”产生，为什么？因为“地王”一旦产生，交易是合适了，土地卖出了更多的钱，但接着房价就飙升，而房价飙升，老百姓又觉得这是个问题。这个时候显然不能只按市场原则。怎么把握公共资源交易中的“市场”与“公共”规则的关系，同样值得探讨。

八、公共资源交易管理全过程与单纯买卖环节的交易过程的界限关系

以工程招标、政府采购为例，工程前期的审批、立项、资金拨付、后期的验收等，是否都属于公共资源交易的管理范围，依据是什么？如果不是，前后如何衔接？政府采购更是如此，很多地方把政府采购纳入公共资源交易管理，并且由公共资源交易机构审批采购方式、接受采购计划，参与采购需求、采购方式的管理，是否应该？还是应该只管“交易”环节？

九、公共资源交易立法与其他法律的界限关系

公共资源交易是一种行政要求，至今没有相关法律。而公共资源交易涉及多方面的内容和法律关系。如果公共资源交易立法，应该如何处理好其与现有的各种采购和拍卖的法律关系？是以行政要求、行政文件方式替

代法律规范发挥作用，还是废除其他法律规范，重新立法等，都值得关注和研究。

十、现有的法律制度与改革创新之间的界限关系

目前，我国公共资源交易探讨火热，各地都因时因地进行改革和创新。但是，有些创新已经完全涉及现行法律制度突破，如政府采购监督管理权限、政府采购的实施机构、工程招标的监督管理等。那么，应该如何处理现行法律制度与改革创新的关系？究竟是创新无局限，还是必须遵循现有法律，或是在现有的法律框架下、约束下去创新，这也是我们需要考虑的内容。

政府采购在规范市场经济秩序中的作用探析*

政府采购，是以政府为主导的直接参与市场交易和管理的特殊方式。通过建立和完善政府采购制度，规范政府采购行为，对于规范市场经济秩序有着重要的、不可替代的作用，系统地认识和有效地发挥这种作用具有重要的意义。

一、促进统一、开放市场的形成

建立政府采购制度，首先要求打破市场封闭，面向统一大市场。我国《政府采购法》第五条规定，任何单位和个人不得采用任何方式，阻挠和限制供应商自由进入本地区和本行业的政府采购市场。在具体操作上，政府实行公开采购，对于公开招标的部分，必须在国家指定的全国性媒体发布采购信息，使不同地区、不同行业的所有有资格的供应商都享有知情权，都有权利参与政府采购竞争。而在采购合同授予方面，除国家统一的政策限定以外，需要以统一标准进行评价，避免出现以本地或本行业优惠等因素排挤外地供应商，从而减少了地区和行业保护的机会。实际上，政府采购市场的开放，不仅能有效地防止政府采购市场的封闭，而且对于促进整个市场的开放及货物流通都具有重要的引导和示范作用。

* 本文原载于《宏观经济管理》杂志 2007 年第 6 期。

二、促进公平竞争与商业公正的落实

政府采购促进公平、公正竞争，是由政府采购的公共本质决定的。一方面，为了对公众负责，获得更好的采购质量和效益，政府采购要求利用市场竞争机制，通过公开、广泛的市场竞争实现政府对产品和服务在质量和价格方面的最优选择。另一方面，任何供应商作为纳税人和政府采购资金的实际提供者，都有权成为政府需求的提供者，而不是由政府部门随意选定或指定少数供应商进入政府采购市场。因此，只要具备供应商的合法资格，就应平等地参与竞争，任何人不得加以限制。为了实现政府采购的公正公平，政府采购制度赋予了供应商多种基本权利。一是知情权。政府采购信息公开制度，包括公开招标、邀请招标、竞争性谈判及询价采购，都要求公开采购信息。信息公开保障了供应商的知情权，为保障公正公平性奠定了基础。二是参与权。《政府采购法》第二十五条规定，采购当事人不得以任何手段排斥其他供应商参与竞争，从而为公平竞争创造了条件。三是监督权。政府采购涉及多方面的利益关系，有了明确的制度依据后，每个供应商均可依法对采购过程进行有效监督。这三种权利得以保障，政府采购的公正性、公平性就有了保障。

三、促进诚信经济的建立

政府采购促进信用建设主要是通过两种途径实现的：第一，通过法律规范保障政府采购遵循市场规则和诚实信用原则。如按规定发布采购信息，公开选择优良产品和服务，严格按照招标文件内容或其他采购文件要求与供应商签订采购合同，按规定及时支付采购资金，对于采购中出现的问题按照诚实信用原则协商解决等。第二，实行严格的供应商利益保护机制和救济机制。通过立法方式，一方面保障政府采购方的利益不受侵犯，避免供应商在政府采购过程中的不诚实行为；另一方面保障供应商的权利不受侵犯。当供应商受到政府部门不遵守约定的行为阻碍时，可以通过法定的渠道抗议、投诉、申诉和索赔，保障自身权利。供应商的救济过程，同样是对政府采购诚信的监督过程，有利于促进政府诚实信用体系的完善。

最为重要的是，政府采购的诚信和信用问题并不仅仅是约束政府交易行为，而是关系到市场经济诚信与规范的全局性、关键性问题。相对整个市场的交易，政府采购的市场份额毕竟是有限的，因此，政府交易的诚实信用并不是政府采购规范的全部目标，而是要通过政府采购的诚信，建立整体市场经济的诚信基础。因为政府是社会的管理者和市场秩序的组织者，没有政府采购的诚实信用，也不可能真正实现市场经济的诚实信用。正是因为如此，许多国家都将政府采购的信誉摆到很高的位置。比如，美国政府采购注重奉行“维护采购信誉、保持采购制度透明性、开展充分竞争”三大思想精髓。为了实现诚信目标，我国《政府采购法》规定政府采购应当遵循公开透明、公平竞争、公正原则和诚信原则。近几年来，我国政府采购在诚实信用方面做了大量的工作，取得了良好的效果。

四、政府采购要强化对供应商的考核与管理

政府采购具有采购种类多、数量大、支付力强等众多特点，政府采购几乎包括工程、汽车、电器、IT 产品、能源、运输、电信、金融、保险、宾馆、餐饮服务等所有领域的需求，对供应商具有极大的吸引力。供应商进入政府采购市场的过程，正是政府直接对供应商市场行为进行监督和管理的过程。政府采购正是通过经济、法律和政策等多种手段的综合运用，促进供应商市场行为的规范。

首先，政府采购对供应商有严格的资格要求，并对资格进行严格审查。资格包括正当合法的经营资格、供应能力和经营状况、财务状况等。

其中，特别包括供应商的资信程度、违法记录、政府采购市场表现记录等。当诚实守信、遵纪守法成为进入政府采购市场的基本条件时，政府采购已成为一种促进供应商行为规范的机制。

其次，在授予供应商采购合同的过程中，将供应商的商业信誉、遵守法律、政府采购市场表现、承担企业社会责任（比如环境保护、劳工利益、残疾人就业等）及社会形象等因素，纳入评价标准和权衡因素之中，使之直接成为影响供应商能否获得合同机会的比较因素和权衡砝码。此时，供应商的市场和社会表现，不仅会成为获得利益的因素，而且会获得政府采购的认可与信任，会成为一种社会荣誉和优良的无形资产，从而激励更多的供应商规范经营行为，并积极承担应有的社会责任和义务。

最后，对供应商履约管理的直接监督作用。当供应商获得政府供应合同之后，政府部门对供应商的履约管理形成有效的直接监督。供应商是否按时、保质、保量地提供产品和服务，履行合同义务，是检验供应商诚实守信状况最重要的标准。对于非不可抗力而出现的不诚实履约等问题，政府采购管理机构可作出包括没收履约保证金、罚款、终止合同、索赔等多种处罚措施，还可向社会公布违约情况，将其纳入政府采购供应商黑名单，在一定期限内限制进入政府采购市场。由于是政府的处罚，供应商不仅可能会蒙受经济损失，同时，政府处罚产生的社会评价作用，将会使供应商为自己的违约行为付出商业信誉方面的惨重代价。

从理论上看，政府通过购买吸引力、法定审查模式、将企业资信度等纳入评价和权衡因素范围、有效处罚供应商的不当行为等，促进供应商规范经营，这的确是其他政府管理方式不易比及的优良方式。从实践上看，目前我国已将供应商资信程度等纳入了审查、评价与比较因素，虽然缺乏对促进供应商规范经营的具体统计和评价，但从供应商参与政府采购市场竞争的反映可看出，供应商在参与政府采购市场竞争时，为了获得政府合同，甚至长期占有政府采购市场份额，对于自身的市场行为规范和社会责任意识都十分重视。

五、政府采购发挥规范作用的条件

虽然政府采购对规范市场经济有重要作用，但发挥这种作用并非轻而易举。如果制度不完备或不能规范执行，不仅不能有效发挥正向作用，相反还会破坏市场经济秩序。

首先，政府采购制度必须符合政府采购管理和运行的本质和特点，制度必须是完备的。从我国当前的情况看，一方面，政府采购法律制度的建立为规范市场经济秩序发挥了重要作用；另一方面，由于政府采购法制化仍处于初期阶段，对于极其复杂的采购事业的规范，显然还缺乏深厚的理论基础和丰富的实践经验。在制度规范方面，还存在政府工程采购与货物、服务采购之间的操作与管理不统一、规范范围不够明确、采购运行机制与管理体制不十分协调、供应商违规处理口径不一致等方面的问题。这些问题使采购实际操作和管理中容易产生整体运行不够规范的印象，在一定程度上降低了规范经济秩序的作用。因此，根据我国国情和借鉴国际经验，不断完善政府采购制度，是需要长期努力的目标。

其次，政府采购制度必须严格规范执行，必须强化政府采购的制度约束和公众监督。政府采购规范市场经济秩序的功能作用，都是以制度的规范执行为条件的。政府作为社会的管理者，既是规范政府采购行为和市场经济行为的组织主体，也是超越其他社会主体的权威主体。在政府采购中，如果政府不积极履行职责，甚至玩忽职守、利用职权谋求自身利益最大化，就可能对市场经济秩序产生更大的破坏作用。例如，在实施集中采购过程中，如果政府部门违反政府采购法律规定，优先采购本地产品，那么在实行市场封锁方面将比实行分散采购时的情况更加严重；如果政府集中采购不公正，不能体现优胜原则，就会失去信誉，不仅会打击参与者的积极性，还会助长不规范竞争的恶劣风气，这也是不少人对政府集中采购可能出现问题表示忧虑的原因。

政府采购本质上是社会公共的采购。政府采购对社会产生的作用，最终需要在社会公众的参与和监督下实现。因此，仅靠政府部门自身的管理和约束是不够的，还必须加强包括社会公众、供应商及其他各类社会主体的监督。加强社会监督最重要的是建立良好的社会监督渠道和机制，在制度设计上保障社会公众在需求确立环节、信息发布环节、供应商评价环节、合同授予环节、违规处理环节等都有监督的渠道和机会。

再次，建立专业化的政府采购执业队伍。从某种意义上说，政府采购是一项极其复杂的系统工程。政府采购不仅数量巨大，而且在解决采购什么、为何采购、由谁采购、向谁采购这类问题时，具有很高的难度。政府采购涉及国内国际法律规范与纠纷、政府政策措施、市场分析判断、采购专业技术、现代技术条件下的商品描述与鉴别知识、采购管理等多方面多学科的知识。正因为如此，世界各国及国际组织都建立了政府采购的专门执业人员队伍。我国自2003年以来，设区的市以上的各级政府及部分县级政府都成立了政府采购管理部门、政府采购执行机构，部分地区由财政部门授予一批中介代理机构参与政府采购业务。据初步估计，目前，我国从事与政府采购有关的人员超过数万人。

建立一支训练有素、责任感强、职业道德高尚的政府采购执业和管理队伍，不仅能有效地规划政府采购预算和科学操作，提高政府采购质量和效率，而且能在观察宏观经济走势、掌握市场供求情况及价格变化等方面发挥重要作用。更重要的是，政府采购执业和管理队伍对于及时发现市场经济运行中的问题、监督供应商的市场行为和引导其他采购主体的采购行为，有着直接或潜移默化的作用。

完善政府采购　建设节约政府*

建设节约型社会，政府部门要带头。完善政府采购管理，是建设节约型政府的一个重要方面。

第一，要确保政府采购符合公共需要。政府采购是为满足社会公共需要而进行的一种采购活动。在公共资源有限的情况下，必须确保政府采购的产品与服务符合政府履行社会公共职责的需要。政府购买性支出如果偏离了公共需要，让不必要的产品与服务采购消耗和占用大量的公共资源，必然导致正常且急需的公共需要不能得到有效满足。因此，加强政府采购管理，必须从社会公共利益出发，确保为社会公共需要所必需与急需的产品与服务的采购，保障政府履行社会公共职责的需要，同时剔除对于公共需要而言多余、不必要的及超出公共资源承受能力的政府采购。

第二，要控制政府采购标准。抑制和避免不必要的政府采购，必须建立具体的公共产品与服务使用和采购标准控制体系，例如，政府公共工程使用和消费标准，包括建筑占地标准、建筑材料使用标准、成本开支标准等；政府公共货物和服务使用标准，包括功能需求标准、国产率及自主创新率标准、节能环保标准等。只有标准明确，政府采购才能在计划、执行、评价、监督管理等各个环节上有明确依据。目前，一些地方和部门在政府采购中追求奢侈豪华，重要原因之一就是采购安排和执行环节缺乏具体的标准控制。虽然人们感觉一些政府部门存在奢侈浪费现象，但究竟哪

* 本文原载于《人民日报》2007 年 6 月 22 日第 009 版。

些行为属于奢侈浪费却没有准确的判断标准。因此，制止政府采购中存在的奢侈浪费，需要根据政府部门对公共产品的实际需要、政府级次、地区人口、综合经济实力、成本开支情况等，制订符合公共要求、切实可行的政府采购标准体系。政府采购按规定的标准执行，是防止和避免奢侈浪费的重要前提。

第三，要控制政府采购预算。我国《政府采购法》规定，政府采购需要在编制部门预算的同时编制政府采购预算，政府采购必须按预算执行。这表明，政府采购预算是控制政府采购的法定方式，加强对政府采购预算编制和审批环节的管理是制止政府采购奢侈浪费的重要手段。控制政府采购预算，可采取以下措施：采购单位及财政部门共同参与采购预算安排，使政府采购建立在稳定的资金来源基础之上，并确保采购资金来源的合法性和可行性；在需求分析的基础上科学确定采购计划安排，确保纳入采购计划的产品与服务的必要性和正当性；通过严格履行法定采购预算审批程序，确保采购预算符合社会公共需要。

第四，要控制政府采购操作。抑制政府采购中的奢侈浪费行为，需要加强运行机制控制。一是明确采购人、采购机构、采购监督管理机构在政府采购中的责任，建立严格的奢侈浪费责任追究机制。二是建立相互制衡机制。采购人应严格遵循公共产品与服务的需求规划和预算提出采购要求，不得改变需求标准，并监督采购机构的操作过程；采购机构应严格按照审批的预算采购，同时监督采购人的不当要求和行为；采购监督管理机构应通过预算编制和审批监管，将采购人的采购需求控制在正当需求范围之内，通过对采购操作过程和结果的监督，确保采购操作过程的规范，防止通过不正当手段逃避监督管理、变相扩张需求、增加费用开支、提高采购标准、擅自改变功能结构和说明等现象的出现；审计部门应通过加强对采购结果和效果的审计评价，监督采购过程中是否存在违法违纪行为。三是加大处罚力度。对存在奢侈浪费等违规行为的单位和责任人给予相应的处罚，维护法律法规和制度纪律的权威性和严肃性。

完善政府采购制度　抑制奢侈浪费*

在第十届五次全国人民代表大会上，政府部门奢侈浪费成为代表们的热议话题。政府部门奢侈浪费耗费大量公共资源，侵犯纳税人权益，破坏党风和政府形象。如何建立抑制奢侈浪费的长效机制，是迫切需要研究的重要课题。由于大多数政府部门奢侈浪费都与政府采购支出相关联，因此，科学地认识政府采购的本质，建立和完善政府采购制度，对于政府部门抑制奢侈浪费、建设节约型政府将发挥不可替代的作用。在此，笔者拟就政府采购抑制奢侈浪费的相关问题进行探讨。

一、当前政府部门奢侈浪费的现象与特征

政府部门奢侈浪费表现在不同方面，人们议论最多的是公款吃喝、公款用车、公款出国以及盖豪华大楼、豪华政府大院、豪华广场等。虽然对于政府部门奢侈浪费并没有准确的统计数据，但其严重性并不为人们所怀疑。实际上，仅从一组行政费用开支的增长的数据就能看出行政管理费用的情况。2005 年 GDP 比 1978 年和 1985 年分别增长 50. 3 倍和 11. 23 倍，同期财政支出增长 30. 24 倍和 16. 9 倍，科教文卫增长 54. 2 倍和 19. 27 倍，而同期行政管理费增长 98. 5 倍和 37 倍。可见行政管理费的增长远远高于 GDP、财政支出和科教文卫支出的增长。

---

* 本文原载于《中国行政管理》2007 年第 7 期。

政府部门奢侈浪费并不是一个新问题，但却呈现出新的特征：一是奢侈浪费的项目和金额从小到大逐步上升。改革开放之初，政府部门奢侈浪费一般局限于公款吃喝、游山玩水等较小的开支项目。随着经济实力的增强，逐步发展到竞购高档轿车和越野车、出国旅游，再发展到盖豪华大楼、豪华政府大院、国际大广场等。二是奢侈浪费的面从窄到宽。20 世纪 80 年代到 90 年代，奢侈浪费主要集中在一些权力部门，如今已经发展到事业单位甚至社会团体，一些学校、医院也兴起奢侈浪费之风。有媒体报道，在许多贫困大学生温饱不能解决的情况下，一些大学为修校门、饭堂甚至厕所，动辄花费几百万元上千万元。三是一些地方和部门奢侈浪费胆子越来越大，理由越来越多。据报道，某贫困小县县委书记上任搞阅“兵”式，花费 200 多万元；某省盖民政大楼，花费福利基金 2500 万元，民众捐赠款 250 万元。不仅如此，一些地方的豪华政府大楼竟然像白宫、天安门，极尽追求显赫之能事。与此同时，诸如追求现代化、超前意识、有利于招商引资等冠冕堂皇的理由也越来越多。四是奢侈浪费已成风气。一些地方和部门奢侈浪费成风，甚至形成了奢侈文化。部分公务人员以奢侈为荣，奢侈成为能力、魅力、魄力的象征，不仅不会受到质疑和追究，反而受到吹捧、提拔和追逐，崇尚节俭反而成为卑微、老实和无能的代名词，形成追大求洋、彰显“奢”绩的浮华之风。五是控制越来越难。党中央先后提出建立廉价、廉洁、节约型政府，采取多种廉政措施加以治理，但三令五申却见效甚微。六是破坏性越来越大。政府部门奢侈浪费导致大量的公共资源和纳税人利益损失，腐败滋生，为实现豪华目标竞相开辟筹资渠道，增加社会负担，破坏了党和政府形象。

二、认识政府采购本质，强化政府采购公共服务和监督管理职能

政府采购是以政府为主体，运用财政性资金为满足社会公共需求而进

行的货物、工程、服务的采购行为。与企业和个人采购的根本区别在于，政府采购的资金来源于社会公众，目标是为满足社会公共需求服务，本质上是社会公共采购。虽然认识政府采购的公共本质并不困难，但认识这种本质的意义却常为人们所忽视。由于市场经济下政府部门对于货物、工程、服务的需求都要通过采购获得，因此，实现政府采购科学化，发挥其抑制奢侈浪费作用，必须从深入认识政府采购的本质开始。

首先，认识政府采购的本质，必须改变政府部门的传统观念和习惯。政府部门发生奢侈浪费，很大程度上源于一些人把公共与“政府”身份区分开来的传统观念和习惯。由于政府部门的采购资金来源于政府财政，加上我国对政府部门产品和服务的使用与采购没有具体的标准限制，导致一些人把社会公共的资金看成是政府部门“自己”的资金，把政府部门采购什么、采购多少当成应该“自己”做主的事。应该看到，目前一些地方和部门的奢侈浪费，大多是在这种观念和习惯支配下发生的。因此，抑制政府部门奢侈浪费，必须从改变观念和习惯开始，政府采购什么、采购多少、为何采购，必须一切从公共资金本质和社会公共需要出发，而不是从政府部门“自己”的意愿和需求出发。

其次，认识政府采购的本质，必须树立强烈的公共服务和社会责任意识。政府作为社会公众的代理者，必须树立高度的责任感，从纳税人和社会公共利益、整体利益、全局利益出发，替社会公众负责。世界上许多国家都把“为纳税人创造最高价值”作为政府采购第一目标。我国《政府采购法》同样将提高采购资金效益、满足公共需要、防止腐败等纳入首要目标。而社会公众作为公共权力主体，对政府采购享有参与权、制约权和监督权，通过不断完善制约和监督机制，可以使一些片面追求地方利益、部门利益和短期利益甚至个人利益、忽视社会公共利益、浪费公共资源的不负责行为受到社会公众的有效监督和控制。

最后，认识政府采购的本质和职责，实现政府采购管理科学化。政府采购是一项复杂的系统工程，创造最高价值和抑制奢侈浪费，仅仅依靠对其本质的认识是不够的。我国政府采购每年数量达到万亿元乃至数万亿元之巨，政府采购过程涉及采购人、采购机构、供应商和社会公众多方面的利益关系；涉及法律、行政、市场分析、商品识别、采购标准与采购技术等多个领域的知识；涉及从需求提出、需求规划与控制、履约验收、公众监督等许多环节。因此，要解决好政府采购什么、采购多少、由谁采购、向谁采购、如何采购等一系列问题，杜绝奢侈浪费行为，必须通过严密的制度设计、规范的采购操作和管理来实现。

三、政府采购抑制奢侈浪费的对策与措施

政府采购抑制奢侈浪费，最终需要落实到具体措施上来。我国过去没有政府采购控制制度，2003 年《政府采购法》实施，但只以规范采购过程为主，基本处于采购人需要什么、采购机构照单采购的简单购买阶段，缺乏对于采购人单位需求规制的约束机制，确定采购需求缺乏明确的法律或政策依据。目前政府采购预算仍处于相对松散的状态，缺乏严格的标准和审批约束力。因此，为实现政府采购的科学化，抑制政府部门奢侈浪费，必须采取具体有效的控制措施。

1. 加强政府采购需求管理，实施采购预算控制

政府采购需要实现满足社会公共产品与服务需求、节约公共资金及发挥政策功能作用等多种目标。其中，最根本的任务还是“恰当”地采购社会公共所需要的产品与服务的目标。“恰当”是指政府所采购的产品与服务，正好符合社会公共及政府部门履行公共职责的需要。当前出现政府部门奢侈浪费现象，主要表现为采购的产品和服务与实际需求之间出现了“不足”与“过剩”并存的局面。抑制政府部门奢侈浪费，就是要通过加强采购需求管理和预算控制，解决好政府需要什么、需要多少及为何需要的问题，实现“恰当”满足公共需求的目标。

政府采购需求管理是政府对产品与服务需求的原因、功能、数量、质

量的规划、确立和控制，其核心是对政府需要的产品与服务进行“必要功能”分析。从采购学原理看，采购实质上是购买某些特定的产品和服务所具备的功能。政府采购中的“必要功能”是履行社会公共职责所必须的、在社会公共支付能力范围之内、相对效益较高的产品与服务功能。比如在一些贫困地区实施基本的义务教育，显然比当地政府部门购买豪华汽车和盖豪华大楼更加必要。

进行必要功能分析，重点要解决好三个方面的问题：一是保障必要功能。通过必要功能分析，发现和保障必要功能，避免社会公共所需功能“不足”。二是剔除多余功能。不断发现在现实公共资源条件下，对于社会公共而言“过剩”的不必要的功能。如一些政府部门使用高功率豪华汽车，不仅超出了社会公众的要求，而且增加了能耗和空气污染，其超高速行驶的功能不仅会因公路限速不能发挥，还会形成潜在交通安全隐患，显然属于“过剩”功能。三是以尽可能低的成本，实现社会公共所必要的功能。加强政府采购需求管理，就是以必要功能分析为核心，保障社会公共必要的功能，剔除不必要功能，以尽可能低的成本实现社会公众对产品与服务功能的要求，节约政府开支。

预算控制是在政府需求规划基础上进行的，包括采购预算编制、预算估价、预算审批、执行、调整和监管。做好政府预算阶段的需求计划、功能与成本评价和预算审批控制，是抑制奢侈浪费的关键。

2. 建立政府部门工程、货物与服务使用标准体系，实施采购标准控制

一方面，人们虽然对政府部门某些奢侈浪费现象不满，但对究竟什么行为属于奢侈浪费却没有明确的标准。如一些部门采购超高功能电脑做普通的使用，使电脑中大量的功能处于未使用状态，这种情况是否属于奢侈浪费，判断的标准是什么。显然，如果公共产品与服务的使用和采购没有标准，不仅很难评价其行为是否奢侈浪费，也不可能实现有效控制。因此，抑制政府部门奢侈浪费，必须建立政府货物、工程和服务的使用和采购标准，形成严格的标准控制体系。

首先，建立政府建筑工程使用和采购标准。政府建筑工程项目一般耗资巨大，与人民利益密切相关，因此应该成为奢侈浪费控制的主要对象。建筑工程的采购在确认工程性质及其必要性之后，至少要有以下几个方面的标准控制：占地标准、人均办公面积标准、单人最大办公面积标准、办公楼电子系统标准、资金预算和成本开支标准、节能环保标准、后续维护费用标准、建筑材料标准等。工程标准的制订应与工程的性质、用途、功能要求、政府级次、地区人口、综合经济实力、后续适应性等相结合。标准一旦确定，严禁突破标准。

其次，建立货物及服务使用和采购标准。对于一些政府部门常用的货物与服务，如汽车、电脑、办公设备、软件系统、装饰装修材料等，制订多重使用和采购控制标准。包括功能标准、国货标准、自主创新标准、节能环保、成本开支标准等。功能标准可以控制产品和服务的实际用途；国货标准、自主创新和节能环保标准可以保障政府采购政策目标实现；成本开支标准可以实现直接的费用控制。有了明确的标准，采购的需求规划、预算编制、操作实施、监督管理才会有“准”可依。

最后，形成多层次标准控制体系。货物、工程、服务使用和采购标准可以分全国性标准与地方标准体系多个层次。全国性统一标准由中央政府相关部门制订，由全国人民代表大会讨论通过，在全国范围内产生效力。在全国人民代表大会总体标准控制下，各地方可以根据地方实际制订地方标准，但不得超过或违反国家标准。如果因为发展的因素导致标准需要改变，同样需要人民代表大会调整和修订。因为在我国，人民代表大会是人民表达意见和行使权力的机构，因此，只有人大通过的标准才能体现社会公众的意愿，成为反映人民真实需求的标准。

3. 规范政府采购运行机制，实施采购操作控制

政府采购抑制奢侈浪费，还需要建立规范的政府采购运行机制，并实行严格的采购预算执行和操作控制。在运行机制方面，一是必须明确政府采购人、采购机构、采购监督管理机构在采购执行中的责任，建立严格的奢侈浪费责任追究机制，将责任直接落实到每个单位、部门、个人，落实到每个环节。二是建立相互制衡机制。采购人严格遵循产品和服务使用和采购标准，防止采购机构超标准采购；采购管理机构通过预算编制和审批，控制采购人的采购行为和要求；采购机构严格执行采购标准，监督采购人可能出现的超标准采购要求；审计监察部门通过采购结果和效果审计评价，监督采购过程中存在超标准的奢侈浪费行为。在操作实施方面，必须严格按照预算和政府采购法定的程序和方式执行。防止通过非正当手段逃避政府采购程序控制，出现超标准行为；在采购操作中变相扩张需求，增加费用开支和使用标准；防止擅自改变功能结构和说明，通过向上级要、向下级派等方式，增加功能标准和费用开支。

4. 加强政府采购监督，加大违规行为处罚力度

保障政府采购抑制奢侈浪费的前提是加强监督。首先，建立和健全政府采购监督机制，发挥多种监督主体的作用。加强人民代表大会的监督制约作用，增加人民代表参与审查和纠正错误的积极作用；加强财政、审计、监察部门的定期和常规监督；及时公开政府部门使用和采购的各项标准和要求，使社会公众具有行使监督权力的机会和通畅的投诉、举报渠道，并有效地发挥公众舆论监督的作用。其次，加强重点环节监督，提高监督管理能力。政府部门出现奢侈浪费通常发生在几个关键环节，如需求提出和规划环节、资金分配和预算审批环节、操作实施环节、验收审计环节等，增加重点环节的监督，才能取得事半功倍的效果。最后，加大违规的处罚力度。一些地方和部门之所以出现奢侈浪费，原因之一就是奢侈浪费行为没有得到及时严肃的处理。“先行者”得到了便宜而不被处理，必然产生“后效者”。因此，严格把好奢侈浪费的违规处理关，不搞大事化小、小事化了，让所有敢于奢侈浪费的部门和责任人员都承担应有的处罚。

政府采购是节约型政府的重要闸门*

众所周知，个人和家庭是否节约，根本在于采购上的节约。政府与社会公众是否节约，则涉及更广泛的内容，包括公共政策与各种审批和监督管理行为。但毫无疑问，政府对于其直接控制的资源使用，决定于采购方面的节约还是挥霍。因此，政府采购是节约型政府的重要闸门。

节约型政府应当从包含资金节约型政府、资源节约型政府、环境“节约”型政府、形象“节约”型政府的大角度去认识。资金节约型政府，就是以尽可能少的资金支出，获得尽可能多的社会公众所需要的功能。资源节约型政府，是指政府的支出一定会在不同程度上消耗各类自然或社会资源。资源的稀缺性和有限性，决定政府必须注重节约资源、保护资源。环境“节约”型政府，则需要政府在投资和消费时，必须保持尽量减少对环境的破坏和污染。要知道蓝天白云、青山绿水也是一种特殊资源，同样不能任意挥霍。此外，所谓形象“节约”型政府，是相对“挥霍”政府形象和公信力而言的。政府的形象和公信力，是政府执政的法宝，是一种极无形的资源。政府支出和采购中的豆腐渣工程、各类没有必要的浪费支出、天价豪华采购等，都是在挥霍政府形象以及公信力。

究竟如何把好政府采购节约的闸门？概括起来，应包含五个方面。

一是要建立“大采购”实施和监管体制，树立“大节约”的视野。强化巨额公共资金采购全面、科学的监督管理，是发挥政府采购节约作用、

---

* 本文原载于《中国政府采购报》2014 年 2 月 21 日热点专题栏目。

建设节约型政府的根本保障。

二是从需求管理开始，把好需求与预算关。采购过程需要具备科学的需求论证、科学的标准规范、科学的预算控制以及科学的实施监控。

三是把好政府采购的成本控制关，建立完整的、全方位的、周期性的成本观。既不能单纯看重采购成本，也不能单纯看重使用成本，而是寻求综合成本最低。而树立周期成本观，要考虑采购成本、使用成本、社会成本和机会成本等综合因素。

四是要实现采购程序与方式的科学设计。包括程序合理、责任分明、集中采购、批量采购、公开采购、公正采购、内行采购。

五是发挥政府采购政策功能作用，“节约”环境资源。节约还体现在政策成本与功效方面。通过科学的政策设计，促进节能和环境保护，可以大大提高环境效益，从而达到节约环境资源的目的。同时，科学的政策设计与实施，还可以促进政府优良形象的树立，大大增加社会正能量，从而增加政府社会形象资源。此外，科学的政策设计与实施，对保护民族产业、促进自主创新、提高企业社会责任感、提高社会和经济效益，是另一种意义的“节约”。

关于政府采购监督管理范围的界定*

什么是政府采购？政府采购究竟包含哪些内容和范围？笔者所指政府采购监督管理，其对象与范围是如何界定的？显然，回答这个问题，是讨论政府采购监督管理体系与模式的首要问题。因为政府采购监督管理，首先是要解决监督管理对象问题，即监督管理什么，哪些内容、哪些过程、哪些行为需要纳入监督管理。只有明确了监督管理对象和范围，才能更好地讨论由谁管理谁监督，监督管理的程度和方式等。因此，如何认识政府采购的概念、内容和范围，对于建立科学的政府采购监督管理制度体系，自然具有重要的意义。究竟什么是政府采购？政府采购究竟包含哪些内容？回答这样的问题，其实并不是简单的事，而是存在许多分歧。假如我们提出这样的问题：政府工程采购是政府采购吗？政府工程采购的监督管理适用现行的《政府采购法》吗？如果不适用，原因是什么？国有企业的采购属于政府采购吗？目前究竟政府的哪些采购才受政府采购制度约束？可以说，对于大多数人而言，仍然是一个模糊的概念。而对于广受社会关注的天价灯、天价笔记本、豪华政府大楼等的采购，是不是政府采购中的问题？同样莫衷一是。

显然，政府采购概念不清楚，范围不明确，必然导致现实运行和监督管理中出现各种不同的问题，导致监督管理界限模糊，政府采购各方当事人权利、义务、责任不清，导致运行机制和体制混乱。如天价采购出现的

* 本文原载于《中国政府采购》杂志 2014 年第 11 期，是政府采购监督管理体系与模式构建系列文章之一。

责任究竟由采购人，还是采购机构同，抑或监督管理机构负责？同样，在2004年发生的所谓“中国政府采购第一案”中，一项简单的政府资金采购项目——血液分析仪采购，在发生投诉纠纷后，供应商究竟应该向谁投诉，一个比较简单的纠纷，出现无人管理的局面，正是政府采购监督管理范围不清的典型事例。

实际上，由于一些特殊原因，在我国界定政府采购的概念和范围，不仅仅是单纯的学术性问题那么简单，更多的还会受到管理体制中的部门因素，包括部门独立性、部门自我立场导致的认知差别的影响。就我国的实际情况而言，政府采购概念和范围的形成，主要包含理论和制度两个层面。从理论上看，由于政府采购制度化在我国起步晚，理论上的探讨并不十分深入，特别是在政府采购究竟应该包括什么范围、包含哪些程序、哪些过程等方面，并没有形成相对统一的意见，一些方面还存在比较大的分歧。比如政府决定采购什么、采购多少等内容和过程，是否属于政府采购监督管理的范畴，意见就很不统一。另一方面则与我国特殊的部门行政管理体制具有直接关系。我国政府采购的实践是从工程招标投标起步的，在起步时就由相关部门主导。最后出现了《招标投标法》和《政府采购法》两部法律，两部法律的起草也主要由几个不同部门各自主导。不仅如此，为了起草和执行方便，还直接融合了《合同法》等的内容，从而在法律层面导致政府采购概念和范围的模糊。此外，《政府采购法》虽然对于政府采购规范范围做了具体规定，但是由于规定比较模糊，加上是一种法律授权行政部门制订的范围，弹性十足，导致在实际操作中又出现了政府采购内容和范围上的模糊和不确定性。

为了更清楚地了解政府采购包含的内容和范围，特别是为了后面的分析和探讨方便，笔者认为有必要对目前人们对于政府采购概念范围理解的不同层面进行梳理，具体归纳为六个方面，然后说明本人探讨的政府采购监督管理的基本对象和范围。

一、公共采购大概念

从西方经济理论看，人们把社会资金划分为两大部分，一部分是私人资金，即有私“主”的资金。而按非私即公的划分方法，另一部分就是公共资金。因为公共资金通常由政府代为管理，所以也是政府掌握和管理的资金。由此也可以推出，社会的采购大体上也可以分为两个部分，一部分是私人（资金）采购，另一部分是公共（资金）采购。由于公共资金的采购主要由政府代管，所以也称为政府采购。特别是联合国贸易法委员会颁布《贸易法委员会货物、工程、服务采购示范法》和 WTO 设置《政府采购协定》之后，公共采购基本由政府采购的名称所代替。

如果按照“公共资金采购”这个大口径，或者说广义意义上的政府采购概念，那么只要是非私人性质企业、团体组织或家庭、个人的采购，都应该属于公共采购范畴，包括政府机关、公共性质的社会团体、事业单位采购，还包括国有企业的公共资金采购，都属于这一范畴，政府有责任和义务进行管理。同时，我国是以公有制为基础的社会主义国家，国家主要的产业如银行业、大型石化企业、军工企业等，都以国有为主，这一范畴的国有资产及国有资金的采购数量巨大（目前并没有这方面的具体数据），政府同样应该参与其采购的管理，因而同样具有政府采购性质。过去有不少人认为，国有企业采购如果纳入政府采购范畴，会导致其今后要进入《政府采购协定》规范的范围。须知国有企业的采购是否纳入《政府采购协定》范围，并不是谈判方是否纳入政府采购范围的问题，而是 WTO 本身的规则。相反，国有企业的采购是否纳入《政府采购协定》规范，可以通过提出对等条件等进行适当规避。

当然，国有企业公共资金的采购，的确有其复杂性，虽然性质上是公共资金采购，但主要是以盈利为目的采购，需要按照市场的运作进行管理，如果政府监督管理这方面的采购，可能会导致行政干预经营、影响经营效果。所以，笔者认为，如果说要包括国有企业公共资金采购，可以重点监督管理国有企业公共资金消费性的采购，如办公楼建筑、办公设备购置以及各种与生产环节没有直接关系的工程、货物和服务的采购。实际上，如果国有企业资金采购不纳入法律规范轨道，企业中的各种高价、奢侈采购、各种低质高价的采购一定不能避免，最终还是“全民”的损失。因此，这里所说的国有企业公共采购，可以分为大概念和小概念两种。大概念即只要是公共资金的采购，都属于公共采购管理范围；小概念是除经营性的国有资金外，国有企业中用于非生产经营性的采购，应该纳入公共资金采购范围，由政府统一监督管理。

二、财政性资金采购概念

我国公共资金的范围远远大于财政性资金，其构成盘根错节，又十分复杂。因此，如果不承认公共资金大概念的政府采购范围，下一个层次的范围就是政府财政性资金采购的范围，即单纯的指预算支出的采购资金。多数人认为，政府预算资金是政府采购的资金基础。但其中又有很大不同。一种意见认为，政府采购就是政府购买性支出的全部，只要是用政府财政资金进行的采购，就是政府采购。因此，只要是政府财政性资金采购，都应该依法纳入政府采购监管范围。本文所指的财政性资金采购的概念，就是强调只要是政府财政性资金的采购，都属于政府采购监督管理范围，只是采购资金数额大小不同，可以采取不同的管理方式。而另外一种做法是，在财政性资金进行的采购内，只有部分资金的采购纳入政府采购监督管理范围，比如目前我国实行的采购目录制和限额标准制，即集中采购目录以内、限额标准以上的部分，才纳入政府采购监督管理范围。

三、财政性资金但不包含政府工程采购的政府采购概念

从理论上看，并不存在不包含政府工程采购的政府采购。世界所有国家的政府采购，都包含货物、工程、服务。就我国情况而言，政府工程采购不仅是政府采购，而且是政府采购的主要部分，我国政府工程采购规模十分巨大。因此，只要是政府资金的采购，不管是货物、服务还是工程，都属于政府采购，都应该纳入统一的政府采购监督管理体系。

但是，由于我国的部门管理体制特征，加上政府采购法律制度形成过程具有相当的特殊性和复杂性，导致我国目前政府采购是否包括政府工程采购，还是一个典型的、模糊不清的概念。由于存在《政府采购法》和《招标投标法》两部法律，“两法”之间并没有明确政府工程采购是否属于政府采购。一方面，《政府采购法》规定，政府采购包含纳入集中采购目录以内的、限额标准以上的货物、工程、服务，其中明确包含工程。条件是或者在集中采购目录以内，或者在限额标准以上。另一方面，《政府采购法》第四条规定，政府采购工程进行招标投标的适用《招标投标法》。导致实际操作过程中，形成了政府工程采购只适用《招标投标法》，基本上脱离了政府采购法律制度的约束。这就形成了第三个层次，即不包括政府工程采购的政府采购概念和范围。

四、纯粹民用、不包含军事采购的政府采购概念

政府军事采购显然属于政府采购的内容，但军事采购的确有其特殊性，因此，比如美国的军事采购就有专门的法律规范。从我国现实法律设计来看，《政府采购法》附则规定，军事采购由国家军事委员会另行起草条例。虽然目前军事采购条例尚未出台，基本按现行法律执行，但从某种意义上说，其也可以不属于“民用”意义上的政府采购法律约束范围，其

监督管理有其特殊性。

五、目前我国《政府采购法》所规定的、狭义的、小范围的政府采购小概念和小范围

按照以上四个层次的范围，逐步递减，形成此处要说明的最小层次、最小范围和概念的政府采购。2002 年通过的《政府采购法》第二条规定，本法所称政府采购，是指各级国家机关、事业单位和团体组织，使用财政性资金采购依法制定的集中采购目录以内的或者采购限额标准以上的货物、工程和服务的行为。这里法律划定的政府采购范围是：其一，采购人主体为政府机关、事业单位和社会团体，不包括其他一切可能拥有公共资金的主体；其二，界定为运用财政性资金，是财政意义上的政府采购概念；其三，规定采购人主体使用财政资金采购的集中采购目录以内、采购限额标准以上的部分。也就是说，非集中采购目录以内、限额标准以上的政府财政性资金的采购，就不属于法定政府采购监督管理范畴，或者说，就不是法律意义的政府采购；其四，还必须注意的是，虽然《政府采购法》对政府采购范围界定包括工程采购的内容，但在其后的第四条却明确规定，政府采购工程进行招标投标的，适用《招标投标法》，也就是不受本法约束。因此，实际上《政府采购法》对于政府采购的范围又进行了压缩，形成了目前法律意义上的政府采购范围。而对于“纳入集中采购目录以内”或“限额标准以上”的理解，还存在很大差别。大部分地区将纳入“集中采购目录”与“限额标准以上”作为两方面的内容来理解。即“纳入集中采购目录”是一个限定，“限额标准以上”是另一个条件。即如果没有纳入集中采购目录，但一次采购达到规定需要管理的标准以上的采购内容，需要纳入政府采购监督管理。但是，另有一些地区，却将两者同时达到要求为条件。即第一条件是纳入集中采购目录，在限额标准以上为第二条件，两者都是必要条件。这样的情况如果成立，政府采购的范围又会进一步收缩。

六、政府采购过程范围

此处需要界定的既不是采购人主体，也不是采购资金性质，而是另一个通常被人忽视而实际上又十分重要的内容，就是采购过程范围。政府采购是一个复杂的过程，涉及许多环节和过程，如采购需求确立，采购预算编制和审批，采购实施和执行，采购结果评价与管理。或者说，完整的政府采购监督管理，涉及采购什么、采购多少、为谁采购、为何采购等全方位的内容。问题是，我们所要规范的政府采购，究竟应该包含哪些环节，哪些过程，同样存在不同的看法。从目前我国政府采购法律看，政府采购的法律规范，实际上更多地在采购实施环节和过程，而需求确立、采购预算管理以及结果评价方面，基本上处于没有或者简单涉及的状态。包括我国目前许多地方将政府采购纳入公共资源交易平台或管理，也多是只看重购买（即一些人认为的交易）环节。对于政府采购包含的环节和过程，不同的界定，所产生的监督管理内容和方式等，都会大不相同。显然，政府采购概念、内含、环节、过程界定不同，其所涉及的范围、主体和数量就大不相同。而政府采购的概念和范围等的不同界定，会直接关系到政府采购监督管理体系与模式的设计。不言而喻，如果从大概念、大范围的政府采购出发，对于涉及十万亿元、数十万亿元的政府（公共）资金的采购实现全方位、公开、透明、科学的监督管理，其产生的社会意义和经济意义将不可估量。相反，相对于目前我国每年一万多亿元的政府采购金额（只相当于财政支出数额的百分之十几），表明在我国实际上有相当部分的政府资金的采购并没有纳入政府采购法律规范范畴，其监督管理的经济意义和社会经济政策功能意义也会大大削弱。

实际上，对政府采购监督管理体系与模式的探讨和研究，必然会面临显而易见的两难甚至多难选择。一方面，作为科学的研究和思考，必须从政府采购本身的特征及其完整性、系统性和内在的运行规律出发，研究其监督管理体系并考虑制度设计。从这个角度而言，本人的探讨显然应该从公共大采购处着眼，由此应该将范围和视野放到政府采购大概念、全过程。但是另一方面，经过十几年的发展，我国政府采购监督管理框架体系和政府采购框架体系已经基本形成，现行政府采购法律制度既有《招标投标法》，又有《政府采购法》，“两法”各自规范不同的对象和范围，各自有不同的运行模式和监督管理体系。围绕现行的政府采购制度体系、法律框架和监督管理模式进行思考，避免脱离当前的实际情况，显然是一种选择。但是，从小采购的角度探讨监督管理，同样存在明显的问题，将无法从更高角度、更全面的视野，发现现行监督管理体系与模式存在的问题，也不能从全局和总体上去审视和探讨我国应该建立何种监督管理体系与模式，而只能在现行模式中转圈。

因此，笔者特别声明，本人对于政府采购监督管理体系的分析和探讨，涉及政府采购规范范围的界定方面，将采取两种角度兼顾的方法。一方面从公共大采购理念出发，着眼于探讨建立具有长远意义的、合乎政府采购运行规律的大采购监督管理体系。同时，紧密结合现行的政府采购基本法律制度，从现行法律制度运行的经验和教训中，发现问题，总结经验和教训，寻找更适合我国国情的、相对科学的监督管理体系与模式，并在探讨中说明实际针对的范围。由此，既有利于发现现实问题，也有利于建立长远的、更符合政府采购自身特点和运行规律的监督管理目标。

我国政府采购监督管理体系与模式的形成及其特征*

一、我国政府采购监督管理体系与模式的形成

自1979年实行改革开放政策以后，随着市场经济体制的建立以及买方市场的逐步形成，各种经济主体对于采购及采购管理科学化的要求也随之强化，一些具有广泛竞争意义的方式，如招标等开始在实践中应用。从政府层面而言，一方面，社会民主意识的增加、政府资源的有限性与政府开支的无限性，要求政府支出遵循以尽可能少的支出获得尽可能多的社会公共功能的市场性规则；另一方面，市场经济下买方市场的形成，需要政府更多地运用有效的市场竞争规则，通过采购方式改进和监督管理的完善，获得更好的采购效果。加上随着市场开放的推进，我国利用世界银行和其他国际组织的贷款项目也日益增多，诸如世界银行等相关组织也明确要求贷款机构利用招标方式进行采购。因此，在20世纪90年代初，我国部分政府工程采购就开始使用招标方式。也正是在这个背景下，催生了我国第一部涉及采购方式规范的法律——1999年出台的《招标投标法》。《招标投标法》立法的本意是对招标投标这种特殊的竞争性采购方式进行法律规范，值得一提的是，在其他国家和地区，对招标投标行为进行法律规定，一般是针对公共采购进行的，并基本都包含在政府采购法律框架以内，是

* 本文原载于《中国政府采购》杂志2014年第12期，是政府采购监督管理体系与模式构建系列文章之二。

对在公共采购中采用招标投标方式进行采购的行为规范，而我国的《招标投标法》在起草时却是针对几乎所有的招标投标行为，即“在中华人民共和国境内从事招标投标的，适用本法”（《招标投标法》第二条），也就是说，《招标投标法》并不是只规范政府采购中的招标行为，而是一种规范全社会所有招标投标的程序法。由于1999年《政府采购法》尚未出台，因此，《招标投标法》就成了政府项目采购，特别是政府工程进行招标采购时的主要法律依据。

从法律角度看，《招标投标法》只是一种规范招标投标程序的法律，只能规范招标采购行为，并不能代替成为规范政府采购这种涉及政府特定主体进行采购的公共行为的法律规范。因此，在《招标投标法》起草的同时，我国政府采购科学管理、法律制度体系建设也相应起步。实际上，自1996年开始，我国部分地区开始尝试政府采购实践和法律规制。最典型的比如深圳、上海等地，其中，深圳市利用特区可以在一定程度上制定地方法律的条件，通过总结政府采购实践经验，于1998年出台了《深圳市政府采购管理办法》。这些制度对于政府采购有了初步的说明和界定，对政府采购的程序、方式、当事人的权利、义务和责任等都有了基本规定，特别是对于政府采购的监督与管理都作出了规定。显然，这些制度在我国属于政府采购制度规范最早的实验，其时间比《招标投标法》更早，具有开拓性。

在地方政府率先实行政府采购规范试验的同时，我国立法部门早在1996年就开始着手规划《政府采购法》的起草工作。在《政府采购法》不能及时出台的情况下，1999年财政部出台了《政府采购管理暂行办法》，这是我国历史上第一部有关政府采购的管理办法，其对于政府采购的运行模式、监督管理都作了比较具体的规定。

在财政部《政府采购管理暂行办法》执行三年之后，《政府采购法》于2002年6月29日由全国人民代表大会常务委员会正式通过。《政府采购法》对政府采购法律规范的范围、政府采购的运行模式、运行机制、监督管理主体和职责等内容进行了基本规范，明确了与政府采购相关各方当事人的权利、义务和责任。其中，重点明确了监督管理机构及其监督管理的职责和权力、监督管理的程序、方式与重点内容，基本上形成目前政府采购的监督管理结构、体系和方式。

以《政府采购法》为主体，包括在我国现行对政府工程采购发挥着重要规范作用的《招标投标法》，涉及规范政府采购合同的《中华人民共和国合同法》，以及后来国务院办公厅、国家发展改革委、财政部、国家建设委员会、商务部、交通部等众多部委相继颁发的大量各类管理办法、实施条例、政策措施等，全国各地方政府相继颁布的规范地方政府采购的法规、政策和操作实施办法，基本构成了我国目前政府采购法律制度体系，形成了我国现行的、独特的政府采购监督管理体系及模式。

应该说，我国现行政府采购制度框架、体制模式、监督管理体系等是在公有制条件下，在政府部门分别、分类管理背景下形成的。主要由政府部门主导起草制度和法律条文，由人民代表大会讨论通过，具有很强的中国特色和国情特点。

二、我国政府采购现行监督管理体系的主流模式及特征

经过十几年的政府采购制度建设和具体实践，我国已经初步形成了具有中国特色的政府采购制度框架和运行模式（含政府工程采购的大采购），形成了具有中国特色的政府采购监督管理体系与模式。即基本形成了政府工程采购与货物、服务采购监管两个不同监督、监管主体多元化的特殊体系。在这一部分中，我们将对我国现行政府采购监督管理体系与模式的情况，作一个基本的归纳和梳理。

由于《招标投标法》和《政府采购法》并存，而《政府采购法》第四条又明确规定政府采购工程进行招标投标的适用《招标投标法》，虽然第四条并没有说明政府采购工程究竟只是程序方面适用《招标投标法》，

还是监督管理方面也适用《招标投标法》，但在现实操作中，人们自觉或不自觉地将政府工程采购的操作程序和监督管理，都纳入了《招标投标法》的适用范围，从而使问题变得复杂，使同属政府公共采购性质的工程采购和货物服务采购规范形成“两张皮”，使本来应纳入《政府采购法》统一规范管理的政府工程采购，游离于《政府采购法》之外，并由此形成了政府工程采购和货物服务采购两套几乎完全不同的监督管理体系和模式。

下面从政府工程采购和货物与服务采购两个角度，分别阐述目前政府采购的主流运行模式和特征。

（一）政府工程采购形成了分散监督管理体系与模式

从《招标投标法》的监督管理规范看，该法第七条规定，招标投标活动及其当事人应当接受依法实施的监督，有关行政监督部门依法对招标投标活动实施监督，依法查处招标投标活动中的违法行为。其中特别说明，对招标投标活动的行政监督及有关部门的具体职权划分，由国务院规定。2000 年，国务院办公厅文件规定由各行政主管部门自行管理（此时尚未颁布《政府采购法》）。这一点在 2011 年国务院通过的《招标投标法实施条例》（以下简称《条例》）中得到了进一步的确认。该《条例》第四条规定，国务院发展改革部门指导和协调全国招标投标工作，对国家重大建设项目的工程招标投标活动实施监督检查。国务院工业和信息化、住房城乡建设、交通运输、铁道、水利、商务等部门，按照规定的职责分工对有关招标投标活动实施监督。县级以上地方人民政府有关部门按照规定的职责分工，对招标投标活动实施监督，依法查处招标投标活动中的违法行为。

因此，如果政府工程采购包括监督管理在内的全部内容适用《招标投标法》及其《条例》的规定，政府工程采购的监督管理就成为一个与所有采用招标投标采购方式（采购主体为非《政府采购法》规定的主体）一样的监督管理格局。这个格局最重要的特征之一，就是政府工程采购实行部门分散管理和同体监督。各部门对于采购人的招标与投标活动，实行自我、自觉管理和监督。

政府工程采购操作实施与监督管理包括以下基本内容。

1. 项目审批管理。政府工程采购项目审批、核准手续依法必须进行招标的项目，其招标范围、招标方式、招标组织形式应当报项目审批、核准部门审批、核准。

2. 项目实施代理机构的选择。工程项目实施由采购人单位自行选择符合相关单位认证的社会招标代理机构，并规定任何人、任何单位不得干预采购人单位的选择。

3. 招标代理机构的管理。招标代理机构的资格依照法律和国务院规定由有关部门认定。国务院住房城乡建设、商务、发展改革、工业和信息化等部门，按照规定的职责分工对招标代理机构依法实施监督管理。

4. 评审专家团队监督管理。政府工程招标采购几乎百分之百使用社会专家评审制。其中如建设部门或其他主管部门人员组成的“专家”，在评审时由相关部门随机抽取。监督管理部门在一定程度上负责专家的监督管理。

5. 公告信息管理。《招标投标法》及实施条例规定，公开招标的政府工程采购项目，必须发布公告信息。采购人采用资格预审办法对潜在投标人进行资格审查的，应当发布资格预审公告、编制资格预审文件。政府工程采购的监督管理部门，有责任和义务对信息公告进行监督管理。

6. 投诉与处理。投诉由《招标投标法》规定的行政管理部门负责受理和处理。在现实中，一些地方成立了招标投标管理办公室等机构，具体由这些机构受理和处理。

7. 财政部门在政府工程采购监督管理中的角色。虽然《政府采购法》第十三条明确规定，各级人民政府财政部门是负责政府采购监督管理的部门，依法履行对政府采购活动的监督管理职责，而且并没有说政府工程采购不适用这一条，但《招标投标法实施条例》还是对财政部门在政府采购工程中的角色做了规定（尽管一种程序法的实施条例给法定的政府采购主管机构确定监督管理职能范围有些不可思议）：财政部门依法对实行招标投标的政府采购工程建设项目的预算执行情况和政府采购政策执行情况实施监督。

总之，目前政府工程采购从法律层面上看，基本上由各行政主管部门自行管理，形成了典型的“多头管理、同体监督、自我约束、自觉为主”的监督管理模式。尽管多地政府已经意识到政府工程采购这样的管理方式不可避免地会产生部门自我腐败，为此成立了统一的招标投标管理机构，包括招标投标管理局、公共资源交易管理局等，以解决政府工程分散采购、分散管理问题，但在国家法律制度层面，立法者（包含相关条例）目前并没有改变这种局面。

（二）现行狭义政府采购的法定监督管理体系与模式

与之相对应，在《招标投标法实施条例》颁布以后，按照该条例的划分，真正由《政府采购法》规范的，只有货物和服务采购内容，也是本文所称的狭义的“小”政府采购范围。而目前人们所称的政府采购监督管理，也是自觉不自觉地指向这一部分，而自动将政府工程采购排除在政府采购概念之外。按照“小采购”的概念和范围，现行政府货物与服务采购监督管理的主流模式，可以从以下几个方面进行归纳。

1. 各级政府财政部门是政府采购的监督管理机构。《政府采购法》第十三条规定，各级政府财政部门是政府采购的监督管理部门，明确了政府采购的监督管理主体。

与政府工程采购监督管理部门多头、分散、自行管理不同的是，财政部门是一个政府理财的综合部门。与财政资金分配相对应，是对财政资金使用监督管理的延伸。除用于人员工资及社会转移支付性质的支出外，财政资金主要用于购买性支出。财政对于购买性支出中采购环节的管理，是财政部门监督管理的重要组成部分。从目前情况看，县以上各级政府财政部门都基本设立了政府采购监督管理办公室，以履行政府采购监督管理职责。

2. 政府采购监督管理对象和内容主要包括货物和服务，监督管理的范围以监督管理机构确定的集中采购目录和限额标准为基准。

《政府采购法》规定，政府采购法律规范的范围为用财政性资金采购的纳入集中采购目录以内、限额标准以上的货物、工程和服务。实际上，集中采购目录与采购资金限额标准已经成为划分货物、服务法定监督管理的基本标准，成为政府购买性支出是否纳入法律制度统一规范管理的分水岭。而另一方面，集中采购目录、限额标准是一个不确定的范围，是一个由法律授权省以上政府采购监督管理机构确定的范围。因此，政府采购规范的范围及监督管理范围，从某种意义上说，是由行政管理层确定的，而不是严格按照法定标准确立的。而一些国家明确的采购资金限额制，就规定了明确的法定标准。

3. 以“管”“采”分离的原则和思路来设计采购监督管理体系和模式。政府采购从政府层面看，主要涉及采购人、集中采购实施机构，以及采购监督管理机构。现行的政府采购监督管理制度框架，基本上是按照“管”“采”分离的命题和思路设计的。

所谓“管”“采”分离，是指将政府采购分为不同的内容。“管”就是将采购事务中的一部分归纳为管理监督，即对于政府采购中采购什么、应该采用什么方式采购、采购实施程序和过程是否规范，采购结果如何等内容，进行管理和控制，现实中通常也被称为“裁判员”；所谓“采”，是将另一部分内容归纳为采购操作实施，是采购人、采购机构等按照法定的程序参与具体招标、谈判或询价、授予采购合同的过程。

而所谓分离，是一些人理解的“裁判员”与“运动员”分离的意思。指作为“采”的一方，只履行“采”的操作职能，不拥有“管”的职责。按照目前法律制度规定，各级政府财政部门是政府采购的监督管理机构，而集中采购机构和监督管理部门认可的社会中介代理机构，都定位为采购代理机构，只负责组织政府采购实施，都是政府采购监督管理的重点对象，在采购需求确立、采购过程中的评审、采购结果评价和采购纠纷处理等方面，都没有监督管理职责和权限。

4. 采购组织实施机构与采购项目具体评价和决定授予合同的主体相对分离。为了避免采购人或采购机构直接影响采购结果，产生腐败，我国政府采购采取了主要聘请社会专家对参与政府采购的供应商进行评审的制度。采购机构负责组织采购实施，主要不是由采购人和采购机构参与供应商的投标之类的评价，而是由财政监管部门聘请社会专家，按照规定的程序、方式和标准选派专家，对供应商的响应进行评审或谈判沟通，通过评价推荐可能授予合同的供应商，然后由采购人或采购机构按此顺序确定供应商（也有些例外）。

在整个采购过程中，组织采购实施的是采购机构，评价并推荐供应商的主要是采购评审（谈判）专家，而最终选择供应商并授予供应商合同的权利属于采购人（采购人最终认可），从而实现另一种分离。

5. 政府采购管理与纠纷投诉仲裁融为一体。现行政府采购监督管理的另一个特点，是政府采购监督管理与政府采购投诉处理融为一体。法律赋予政府采购监管机构负责采购纠纷投诉处理的职责和权利。法律规定了明确的、固定的程序，即当事供应商发现采购过程中出现不当或违规现象，首先需要走质疑程序，质疑不能有效解决，走投诉程序，最后才走法律申诉程序，而政府财政部门就是投诉处理的法定部门。

6. 政府采购实施主体多元化，采购类型、采购方式多样化，不同实施主体的考核与评价都由同一监督管理部门负责，但监督管理程度与方式有所不同。虽然政府货物与服务采购在监督管理主体方面是相对稳定和统一的，但法律规定政府采购的实施主体、采购方式却是多种多样的。同时，由于采购实施主体、采购方式的多样性，采购集中和分散程度也不一样。由此，产生的采购监督管理方式和程度也相差巨大。

目前的法律规定，纳入集中采购目录以内的，需要由政府集中采购机构采购，限额标准以上的既可以由集中采购机构采购，也可以由社会中介代理机构分散采购。对于有特殊用途的产品，可以实行部门集中采购，对于各单位有能力自己招标和采购的项目，也可以由采购人自行采购。其中，对于集中采购的要求和监督管理，明显高于分散采购。

此外，政府采购法律规定了多种采购方式，包括公开招标采购、邀请招标采购、竞争性谈判采购、询价采购、单一来源采购等，还规定可以增加新的、国务院政府采购监督管理部门认可的方式，包括“协议供货”“电子采购”等方式。在实际操作中，对于招标采购、竞争性谈判采购和单一来源采购等，监督管理力度更大一些，对于协议供货、电子竞价、询价采购等，监督管理力度相对较小。在采购机构的监督和考查方面，对于集中采购机构的监督管理力度比社会中介机构大得多。而且法律要求集中采购机构的采购需要达到采购质量优良、采购效率高、服务好，采购价格低于市场平均价，而对社会中介代理机构却并没有提出具体要求。

7. 采购监督管理的重点放在了采购实施程序环节。从目前政府采购法律制度及政府采购的具体实践来看，在涉及监督管理方面，显然将监管重点放在了采购实施程序和采购方式选择及具体采购操作过程方面。比如采购人、采购机构之间的委托关系、采购资金性质及是否应该纳入集中采购、采购方式的选择以及每种采购方式的实施程序等方面。而对于采购需求、采购预算及涉及采购人采购前期与采购结果等有关内容，监管明显偏弱，甚至基本没有涉及。

政府采购监督管理体系的非主流模式及变化动态*

由于我国政府采购制度建设处于初期探索阶段，各种新情况、新问题频繁出现，加上各级政府、各个地方的情况存在很大差异，还有一些则是因为具体的条件限制，如县级政府采购采取了与法律规定不太一致但在一定条件下却是可行有效的方式，因此，在主流模式之外，一些部门和地方也不断探索新的政府采购运行方式和监督管理模式，在基本法律框架内，形成了各具特色的体系与模式，在此笔者暂且称之“非主流模式”。这种模式仍在进一步发展变化中。

以下简单归纳了一些具有代表性的非主流政府采购监督管理体系与模式。

一、“管”“采”“裁”一体的运行模式

部分县级（含县级市）政府采购采取了“管”“采”“裁”一体的运行模式和监督管理体系。据笔者最近几年到全国不少省份调查发现，有相当一部分省、市政府采购监督管理与采购操作实施实际上并没有分离，有一些仍然属一家机构主管，有一些采取采购机构挂靠其他单位，但仍由财政部门代管的方式，即实际上还是财政部门一家管，没有搞“管”“采”

* 本文原载于《中国政府采购》杂志 2015 年第 1 期，是政府采购监督管理体系与模式构建系列文章之三。

分离。但更普遍的是，由于《政府采购法》对于县级政府采购的机构设置，特别是集中采购机构设置并没有具体的要求，因此，县级政府大部分是财政部门下设采购管理办公室，同时设立采购机构，有的则是两块牌子，联合办公；有的就设一个政府采购管理办公室，既承担政府采购操作实施的职能，也承担监督管理职责。在我们了解的县级政府采购情况中，有至少一半属于以上情况。

目前，一些县级政府采购监督管理和操作实施的模式也有一些不同，但总的特点是"管""采""裁"一体化，就是采购管理者、实施者、裁决者都是同一部门。在县级采购监督管理模式中，有些县因为政府采购的数量本来不大，加上统一监督管理和操作，政府采购的集中程度高，也基本不使用代理机构。这样做的好处是采购效率高，管理也比较有力度，但是发生寻租的机会也很高。

二、财政重点监督管理，采购操作竞争性外包代理

目前我国政府采购监督管理的重点主要放在了采购操作实施环节。操作主要由集中采购机构进行，监督管理由财政部门设立一个处（科）室，配上少量人员，进行管理。比如，不少省级政府采购监督管理只有四五个人负责这方面事务。但是，有些地区则将政府采购监管放在更加重要的地位，在政府高度重视采购监督管理、实行集中采购的同时，却并不设立代表政府的集中采购机构参与采购实施，而是集中委托相对固定的代理机构代理实施。这种模式以山东省烟台市实施的时间最长，也最具有代表性。本人曾专门以课题研究的方式，对这种模式进行跟踪调研，以下简要介绍山东省烟台市政府采购监督管理框架模式。

烟台市政府采购模式是其整体的财政支出管理模式的组成部分。烟台市建立的是以部门预算为基础、投资评审为支撑、政府采购为手段、国库集中支付为保障的"四位一体"财政支出管理模式。笔者将烟台市政府采

购运行与监督管理模式概括为以下五个方面。

1. 确立完整的政府采购理念，拓宽政府采购规范范围。烟台市政府采购模式是倾向完整的政府“大采购”的认识和理念而建立的。所谓完整的“大采购”理念，就是政府采购的对象和范围全面、完整，尽量涵盖用财政资金采购的货物、工程和服务；政府采购的内容和过程全面、完整，包括从采购需求提出、需求评估和论证、采购预算编制与审批、采购实施、合同授予与纠纷处理等各个环节的全面、完整的过程。

2. 提高管理机构职能和“级别”，强化采购专业化管理。与其他省市采购管理办公室不同的是，烟台市设立的政府采购管理办公室，其规格为正处级事业单位，级别上与烟台市财政局平级，管理办公室下设综合科、采购管理科、财务监督科，人员编制达到近30人。主要职责为编制政府采购预算、审核政府采购计划、提报具体采购事项、审批采购方式、组织采购活动、签订及履行合同、验收、结算付款、投诉处理及相关法律责任。显然，烟台市采购管理办公室应该是全国范围内相对“级别”最高、人数最多、管理事务最宽的政府采购管理办公室。特别是相对许多省政府采购办公室仅有几人的编制而言，烟台市政府采购办公室的特点就更加突出。

3. 不设立政府集中采购机构的集中采购。烟台市不设立政府集中采购机构，而是通过招标的方式，选择一定量的中介代理机构，在政府采购需要采购实施时，在签约的中介机构中随机选取一家，委托其代理采购。代理费相对固定，不与标的金额大小挂钩。而采购监督管理办公室从采购人采购项目报批、采购机构及专家抽取、采购项目组织到后期验收及合同管理各个环节进行监督管理。

需要说明的是，虽然不设立集中采购机构，但其采购同样是集中进行的，仍然应该属于集中采购。政府设立统一的集中采购大厅，都需要集中在大厅实施采购，需要统一的程序、地点、集中实施。所不同的是，实施采购的组织过程实行政府购买服务方式，并不影响集中批量规模采购的特点。

4. 同类项目和产品实行联项、合并采购，扩大采购规模和集中监督效果。对于市直各采购人单位，功能需求大体相同的工程、货物或服务，制订统一标准。比如，对一般办公用的电脑，每季度由相关专家共同论证目前办公适用标准及相应配置，标准确定后，下一季度均按照这一标准进行采购。确定统一使用功能标准为集中、合并、统一采购奠定了基础。对于各采购人单位在一定时期内需要采购的内容和项目进行分类统计，将同类、同标准的采购项目进行合并，做出合并采购决定。

5. 工程采购纳入统一监督管理范围。烟台市将政府工程采购纳入统一监督管理范围。工程招标投标在技术和专业上，由建设委员会等进行管理，在资金管理、资金支付等方面，由政府采购管理办公室管理，在招标投标的监督与控制方面，政府采购监督管理办公室也参与监督管理，或者说双方合作进行监督管理。在烟台模式获得不同方面肯定之后，2008 年 12 月，山东省在省内推广烟台的做法，山东省多地实行了这种方式。比如，山东省泰安市等地将政府工程采购纳入政府采购统一监督管理，或者与工程主管部门一起联合监督管理。只是山东其他地方在监督管理机构级次和设置方面，并没有完全按照烟台的做法。当然，自从一些地方推广公共资源交易平台后，山东各地又有了许多新的变化。

三、将政府采购纳入公共资源交易监督管理体系

建立公共资源交易中心，将狭义政府采购与其他公共资源的买、卖进行整合，融入公共资源交易的监督管理体系。将政府公共资源的买卖进行整合，以笔者的了解，主要起源于 2005 年前后的浙江部分地区。2005 年笔者曾应邀为浙江财政厅政府采购管理机构做了一个关于政府采购操作与监督管理权限变更是否合适的论证。因为一些市、县将政府采购的操作和监督管理放到了政府的统一监督管理平台上，财政部门的管理权限也改变了。当时笔者的基本结论是，政府采购是一个日常性的需求满足行为，是

政府主体为满足履行职能进行社会管理、提供公共服务需要所进行的采购行为，并不是一种以商业利益为目的的资源交易。所以，并没有必要进入什么统一的交易市场。同时，由于法律规定政府采购监督管理的主管机构是同级政府财政监督管理部门，通过地方行政机关将这种管理权限改变或转让，从法律角度并不合适。但是，之后几年时间，情况有了很大变化，各地公共资源交易事业已经迅速发展，并且不断将政府采购纳入其统一平台或者统一监督管理。据中央纪律检查委员会于2012年6月4日在江西省南昌市召开“全国公共资源交易市场建设工作推进会”的资料显示，当时全国已建立县级以上统一规范的公共资源交易市场730个，其中省级市场8个，市（地）级市场159个，县级市场563个。许多地方由当地省、市委发文件强制推行。甚至一些地方出现了跃进式发展，大量投入资金，要求在限定时间内必须建设完成。比如，笔者在调查中见到某省委发文规定各市在2012年10月前，必须都建成独立的公共资源交易场所；中部某省会城市建设6万平方米的公共资源交易市场大楼，于2013年交付使用。

到目前为止，一些地方建立了“一委一办一中心”，即“一个招标投标管理委员会、一个招标投标管理办公室、一个招标投标中心”模式，更多的地方已经改为公共资源交易中心、公共资源交易监督管理局的模式。比如，湖北省、安徽省、广西壮族自治区、云南省等都成立了公共资源交易中心和公共资源管理局。更有甚者，一些地方为了追求“交易”的时尚，将政府采购中心改为“政府采购交易中心”，以表明不在落伍者之列。

虽然各地的公共资源交易情形多种多样，但综合归纳起来，大体上有以下五种情形。

1. 成立政府公共资源交易中心，狭义的政府采购没有纳入其中。目前有相当一部分地区，成立了公共资源交易中心，或者将原有的招标投标中心改为公共资源交易中心。其中有些中心主要以工程招标投标、产权交易、国土使用权转让等为主，而狭义的只涉及政府采购货物与服务的部分，并没有纳入公共资源交易范畴，而是相对独立，或以原来的集中采购机构方式继续履行政府采购的集中采购职责。但不少地方正在或正准备将政府采购纳入统一的交易市场。

2. 只是将政府采购操作实施业务划归到公共资源交易中心，财政部门的政府采购监督管理职权并没有剥离。这种模式是将政府采购的操作实施纳入公共资源交易中心，并入统一的交易场所或服务平台。无论是集中采购机构还是社会中介代理机构，政府采购都必须在公共资源交易中心内操作实施，但由原来各政府职能部门各自履行监督管理职责。这种模式在全国比较普遍，如本人到河南作调研时，发现在当地普遍存在。

有所不同的是，政府采购的实施有些是由交易中心的政府公共机构人员操作，有些则是由社会中介代理机构操作。有些交易中心相对松散，比如工程招标投标、政府采购、产权交易等平台和机构相对独立，只是都放在一起而已；而有些公共资源交易中心则是一个完整统一的机构，多种交易买卖都由交易中心统一安排和组织实施。

3. 集中交易，监督管理机构实施直接的统一监督管理。这种模式的特点是，一方面，设立公共资源交易中心，将包括工程招标、政府采购、土地转让在内的“交易”都放在交易中心平台操作实施；另一方面，政府设立公共资源交易监督管理机构，将原来规定的各职能部门的监督管理权限，统一纳入公共资源交易监督管理机构，或叫招标投标管理局，或叫公共资源交易监督管理局，对公共资源交易实行集中统一监督管理。

对于这种模式安徽省合肥市实践得比较早，也比较典型。合肥市 2013 年通过的《合肥市公共资源交易监督管理条例》（以下简称《条例》）规定，市、县（市）人民政府公共资源交易监督管理机构，对本行政区域内公共资源交易实行统一监督管理。主要职责包括：制定公共资源交易工作程序和管理规定；对公共资源交易实施监督管理，受理公共资源交易投诉，依法查处公共资源交易中的违法行为；建立和管理公共资源交易综合评审专家库，建立公共资源交易信用管理制度；建立全程监控、联动执法等工作制度，逐步实行信息化管理。

这种模式的另一个特征是，政府成立公共资源交易中心，隶属于公共资源监督管理局，由监督管理局直接、全方位监督管理。这种模式还可以细分，比如，合肥市还有公共资源交易管理委员会，《条例》第二条规定，市、县（市）人民政府公共资源交易监督管理委员会负责本行政区域内公共资源交易重大问题的决策、重大事项的协调和领导工作。有的地方则只有监督管理局和交易中心，没有设立管理委员会。

特别值得注意的是，《条例》第七条规定，财政、发展改革、城乡建设、国土资源、工商行政管理、交通运输、水务、房地产管理、国有资产管理等有关部门，在各自职责范围内协同做好有关的公共资源交易监督管理工作。也就是说，财政等职能部门，已经不是主管机构，而是协同管理机构，各种投诉也并不在各职能部门，而是统一由公共资源监督管理机构履行该职责。

4. 集中交易，统一监督管理，交易与监督管理分离。第四种运行模式与第三种基本类似，所不同的是，第四种模式是设立公共资源交易中心和监督管理局，但二者不存在隶属关系，遵循“政府主导、管办分离、集中交易、全面监督”原则，即所谓“运动员”与“裁判员”分离的模式。

5. 集中交易，职能部门管理与交易监督管理局综合管理监督。在部分地区，政府实行的是比较综合的办法，即一方面成立公共资源交易中心，将政府各种买卖集中交易，也成立公共资源交易监督管理局，但监督管理局并不干涉各行政职能部门的监督管理权。如财政部门的政府采购预算管理、投诉处理等行政监督管理权按照法律规定继续行使，公共资源交易局并不直接代替；公共资源交易监督管理局重点放在交易环节和交易过程，同时也监督各行政职能部门在公共资源交易监督管理中是否到位和越位。如某省总结的运行模式为：按照决策权、执行权、监督权分离的原则，建成分块布局、物理隔离、集中受理、分段管理、全程监控的交易平台，同时形成部门监管、综合监督、行政监察三位一体的监督管理模式。而我国云南省的模式则更复杂一些，其实行“两分离、两分开”运行模式，即

“管办分离、管采分离、监督管理与交易服务纵向分开、交易平台与交易代理横向分开”，基本在统一交易、职能部门和公共资源交易监督管理部门综合监督的范围。

总之，我国政府采购的监督管理体制与运行模式除法律规定的基本的、主流的运行模式之外，在实践中不断有新的模式产生。特别是近几年来，公共资源集中交易方式产生以后，政府采购的监督管理和运行方式正在不断变化之中，甚至正淹没于公共资源交易大概念、大框架之中。在这种大形势下，政府采购监督管理体系如何设计，后续如何发展，正是需要重点探讨的主题。

政府采购是一个日常性的需求满足行为，是政府主体为满足履行职能进行社会管理、提供公共服务需要所进行的采购行为，并不是一种以商业利益为目的的资源交易。所以并没有必要进入什么统一的交易市场；同时，由于法律规定政府采购监督管理的主管机构是同级政府财政监督管理部门，通过地方行政机关将这种管理权限改变或转让，从法律角度并不合适。

政府采购板块组合式法律构架导致监督管理体系缺失*

本文重点从广义的"大采购"角度，分析现行政府采购法律制度体系下出现的政府采购监督管理缺乏完整、统一集中和严肃性等方面的问题。

一、政府采购多法并存格局导致监督管理体系分散割裂

政府采购作为政府进入市场的特定主体行为，不管是工程还是货物与服务，应该统属于公共采购性质，应设计一套完整、系统的法律体系，并由法律制度形成一套完整的监督管理体系与方式。从世界上大多数国家看，政府采购都是一套法律体系。我国独特的部门行政管理体制以及规范政府采购行为的历史沿革，导致政府采购法律制度形成了一种特殊的结构，即众所周知的多法并存、部门特色、规章众多的法律制度格局，并在这种格局下形成多种多样的监督管理体制和方式。

政府采购多法并存主要表现在2002年颁布的《政府采购法》。《政府采购法》虽然表明是规范国家机关、事业单位、团体等使用财政性资金采购的货物、工程和服务的行为，但却在其第四条规定政府工程采购进行招标投标的适用《招标投标法》。也就是说，将政府工程采购剥离出来适用一部规范招标投标方式的法律，从而形成了政府工程招标采购与货物服务

---

* 本文原载于《中国政府采购》杂志2015年第2期，是政府采购监督管理体系与模式构建系列文章之四。

采购分别适用两部不同的法律、形成至少“两法”并存的局面。而在政府采购合同方面，《政府采购法》第四十三条规定政府采购合同适用《合同法》，因此政府采购实际上也受《合同法》约束，涉及了第三法。如果将来国家军事采购条例出台，将涉及更多的法律法规。由此，政府采购行为实际上由三部分法律约束和规范，形成了“一分为三”或者“合三为一”的法律框架格局。

另外，必须注意的是，不仅法律形态涉及多法，如果再考虑我国中央部委，如发改委、财政部、建设部、商务部、国务院机关事务管理局等众多部门以及地方各级政府出台的各类“条例”“管理办法”“意见”等，再加上近几年来各地就公共资源交易等纷纷出台的五花八门的政策制度，那么，政府采购的法律、政策、规章制度，不可胜数，形成了一个制度极多、条款无数、纷繁庞杂的法律法规体系。

政府采购“一分为三”“合三为一”的法律体系，决定了政府采购监督管理主体多元、方式多样、相互分离、权责不清的基本格局。使政府工程采购与货物采购适用了完全不同的监督管理体系和方式。《政府采购法》规定的政府采购监督管理主体是各级政府财政部门，实行的是集中统一管理，管理的内容包括对于政府采购的需求、预算、采购计划、信息发布、采购过程、采购评审专家、采购效果评价、集中采购机构考核、采购中出现的纠纷和投诉处理等。《招标投标法》第七条规定有关行政监督部门依法对招标投标活动实施监督，依法查处招标投标活动中的违法行为，显然实行的是行政主管部门各自分散监督管理的模式。而《招标投标法实施条例》明确规定，国务院发展改革部门指导和协调全国招标投标工作，对国家重大建设项目的工程招标投标活动实施监督检查；国务院工业和信息化、住房城乡建设、交通运输、铁道、水利、商务等部门，按照规定的职责分工对有关招标投标活动实施监督；县级以上地方人民政府发展改革部门指导和协调本行政区域的招标投标工作；县级以上地方人民政府有关部门按照规定的职责分工，对招标投标活动实施监督，依法查处招标投标活动中的违法行为；县级以上地方人民政府对其所属部门有关招标投标活动的监督职责分工另有规定的，从其规定；财政部门依法对实行招标投标的政府采购工程建设项目的预算执行情况和政府采购政策执行情况实施监督。由此可知，招标投标活动的监督管理涉及发改委、所有各类行政主管部门、财政部门等众多政府部门，地方政府可以任意选择自己的监督管理方式，实际上承认政府工程招标投标没有相对固定的监督管理主体、稳定的监督管理体制和方式，更没有明确监督管理的具体责任，由此形成典型的分散、松散、随意性很强的监督管理体系。如今随着各地公共资源交易方式的兴起以及各种各样的公共资源交易监督管理的"新规"出现，与之相对应的政府工程采购监督管理花样百出，形成世界罕见的主体多元、不统一、不完整、不集中、责任不清、评价不明的特殊状态。

二、多法并存导致监督管理界限模糊甚至相互冲突

同样属于政府采购行为，且有名正言顺的《政府采购法》，却要由几种法来规范，几种法律形成的监督管理主体、程度、方式又都不相同，必然会使问题复杂化。更重要的是，由于多法并存，在法律适用方面又出现界定模糊，甚至相互矛盾等问题，在现实中必然出现监督管理无所适从、监督管理依据混乱的现象，直接影响政府采购行为规范和科学化目标实现。

下面可以从几个方面简单看看"两法"之间的"糊涂账"。首先，《招标投标法》第二条规定，中华人民共和国境内从事招标投标的适用本法。值得说明的是，这里并没有指明主体，应该理解为不论是私人还是公共，只要使用招标投标方式，就应该适用《招标投标法》。由此可知，这里说的招标投标，只是一种采购方式，而不是规范某种特定主体的特定行为。因此，如果《政府采购法》中没有专门说明，《招标投标法》也没有废除，那么政府采购中只要使用招标采购方式，都应该适用《招标投标

法》。但问题在于，应该只是使用《招标投标法》中规定的程序和招标、评标、定标等程序和方式，其他内容如监督管理、采购预算、政策功能等自然还应受《政府采购法》约束。但奇怪的是《政府采购法》在这里却作了不可思议的规定，即第四条规定的政府工程采购进行招标投标的适用《招标投标法》。这里留下了至少三个模糊问题：一是《招标投标法》第二条有效且《政府采购法》没有特殊说明，《政府采购法》第四条并没有意义，因为只要招标就适用。二是政府工程采购招标投标的适用《招标投标法》，是完全适用还是部分适用？这才是关键问题。比如，政府工程采购招标投标的监督管理也适用《招标投标法》吗？如果只是招标投标程序和过程适用，其他包括监督管理、政策功能等内容均适用《政府采购法》，这样并没有问题；如果全部适用，包括监督管理、违规处罚等，都适用《招标投标法》而不是《政府采购法》，这样显然存在问题，既然有专门规范政府采购行为的法律，为什么政府工程采购的监督管理等内容却不适用《政府采购法》呢？是出于什么目的和原因？对此很难有令人信服的理由。三是《招标投标法》第二条还有效，那么政府进行货物与服务招标采购时，其程序和方式是不是也应该适用《招标投标法》呢？如果没有专门说明不适用，实际上就是适用。但是在现实中政府货物服务招标采购却是按照财政部《政府采购货物和服务招标投标管理办法》实施的。这样与《招标投标法》第二条是否冲突？

与此相近的另一个问题是，政府工程招标究竟是否应该适用《政府采购法》的监督管理范围。首先，政府工程采购从理论上和法理上毫无疑问是政府采购范畴。《政府采购法》第二条也规定，本法所称政府采购包含货物、服务和工程。而第四条规定政府工程招标采购适用《招标投标法》，也并没有说明其不是政府采购的内容，其他方面不受《政府采购法》约束。而《政府采购法》第十三条规定，各级政府财政部门是政府采购监督管理部门，这里也没有说明政府工程采购例外。因此，政府工程采购到底是不是政府采购，财政部门究竟是否是政府工程采购监督管理主体，在法律上是模糊不明确的，只是让人们凭感觉去理解。还有，政府工程招标适用《招标投标法》，那么《政府采购法》第九条、第十条关于保护国货、实现政策功能的内容，是否对政府工程采购具有同样的约束力，法律同样没有任何说明，同样留下一个让人猜测的空间。

此外，在“两法”“多法”中还存在一个重要的问题，被人们忽视。即在现实中，某项公共采购究竟适用哪个法、由谁管理和处理等相关问题，究竟由谁来判断和确认？谁判断的具有法律效力？同样是个缺乏依据和严肃性的问题。目前许多地方在建设公共资源交易中心和管理机构，究竟适用什么法、谁管理，似乎已经成了可以任意调整的内容。2014 年某省发改委曾发文规定，各监督管理职能部门，对于政府采购、工程招标、土地买卖的全部门监督管理权，统一归公共资源交易管理局，有人指出这个文件违背法律精神，但该省目前的确还在按照该文执行。

法律模糊不清，现实中就一定会出现或者操作无据，或者寻找规避法律约束的空间的情况。此种案例在现实中不胜枚举，成为长期困扰采购人、采购机构、供应商和监督管理部门以及关心政府采购的社会公众的“大问题”。比如，被称为“政府采购第一案”的北京现代沃尔公司诉有关监督管理机构不作为案，就是围绕行政监督机构是财政部还是发改委产生的激烈争执。一个看似简单的案件，却长达十年才能定案，可见法律概念模糊的“厉害”。

为了解决这类问题，在“两法”出台十几年之后，国务院出台了《招标投标法实施条例》，通过了《政府采购法实施条例》。在这些条例里不得不为法律方面的模糊和冲突进行说明。在《招标投标法实施条例》中规定政府工程的内涵，明确说明政府工程招标采购的监督管理权限遵循《招标投标法》，再次明确由行政主管部门自身监督管理，财政部门只对政府工程采购预算执行情况进行监督。而据说《政府采购法实施条例》则明确规定政府货物与服务采购由政府采购法律规范，政府工程采购不招标的部分适用《政府采购法》，《政府采购法》中的政策功能要求，对于工程采购同样有效，从而对于原法模糊地带进行了说明和规定。但无论如何，原法是模糊的，条例作为行政法规，并不能完全弥补这种缺陷。

在监督管理权限法律界限不清方面还有一个不易引起注意的问题是政府采购合同问题。政府采购进入《合同法》程序之后，是否已经完全进入了另一个法律层面，财政部门、各行政主管部门、发改委等还有多少监督管理权，可以凭行政权力改变、终止、撤销合同吗，如果能，是否有悖《合同法》，如果不能，管理机构发现合同签订前存在问题，决定撤销、终止合同的权力实际上不存在。这些问题说明法律之间的衔接是模糊和不明确的。

三、政府采购“本法”效力递减导致监督管理功能弱化

《政府采购法》应该是规范政府采购行为的“大法”“本法”，而在现实中却是一个实际上的“小法”，甚至随着包括正在考虑的军事采购条例、一些地方的《公共资源交易管理条例》等的出台，公共资源交易的推广，其日渐式微的局面已经充分显现，甚至早已淹没在各种其他法律制度之中，其规范的范围、产生的效力以及发挥的功能作用都进入了下行通道。

首先，《招标投标法》规范的政府采购资金的实际数量远远大于《政府采购法》规范的数量。

《政府采购法》第四条关于政府工程采购招标投标的适用《招标投标法》的模糊规定，因为并没有说明在多大程度上适用，导致现实中人们普遍理解为，政府工程采购完全适用于《招标投标法》。从《政府采购法实施条例》也可以看出，立法层面也正是如此理解。由此产生的问题是，由于我国政府公共基础投资在经济发展中占有极其重要的地位，从中央到地方各级政府铁路、道路、桥梁、城市基础建设、办公大楼等建设支出金额十分庞大，且基本上都属于招标的范畴。这些工程本来都是政府采购的重要组成部分，却不受《政府采购法》约束。仅以 2008 年中央为刺激经济

增加公共投资 4 万亿元为例，4 万亿元加上地方为刺激经济增长的投入，构成一个庞大的支出数字。但是，这其中真正用于货物与服务狭义意义的政府采购有多少？虽然无法准确统计，但从 2008 年至 2011 年四年全部的政府采购统计数据来看，每年也不过万亿元而已，说明 4 万亿元基本没有走政府采购程序。

由于狭义的政府采购主要停留在采购一些汽车、电脑、空调电器、家具之类的货物和服务，而且受到集中采购目录和限额标准的限制，加上有相当一部分是适用协议供货方式等非集中、非批量、非竞争、非具体监督的采购方式来操作进行的。因此，真正按《政府采购法》采购的金额十分有限。2013 年统计的政府采购金额共计 16000 亿元，占当年财政支出不到 12%，占当年 GDP 2% 左右（而国际上一般达到 10%）。

由于很难找到具体说明政府采购规模大小的数据，这里引用 2012 年中纪委在江西省南昌市召开的建立公共资源交易中心推进会中的会议材料，从几组统计数字来作简要的观察分析。

——江西省和南昌市政府采购放进了公共资源交易市场。整合后每年政府货物与服务采购规模大约在 20 多亿元。占交易中心总规模（截至 2012 年 9 月）1930 亿元的 1/50 左右。

——湖南省长沙市从开始就没有成立政府集中采购机构，长沙市将建委的工程建设交易中心（工程招标投标）与政府采购场地进行整体合并，整合后的政府采购 2014 年规模为 7 亿元，占公共资源总交易量（主要是公共工程采购）大约 200 亿元的 1/30。

——近几年，浙江省开展重点建设工程招投标工作以来，20 年累计完成中标总价 2590.23 亿元；省政府采购中心成立以来，10 年累计完成省级政府集中采购近 90 亿元。省政府狭义政府采购的规模相当于工程采购规模的 3.47%。

虽然以上数据并不能简单地衡量政府采购实际规模的分量，因为工程招标中有些资金并不属于政府财政性资金，有些属于政府转让土地的资金。但是，非常明显的是，现行法律规范的政府采购规模的确微乎其微。所以，从数量上看，不得不承认，规范政府工程采购的《招标投标法》所规范的实际政府采购规模，远远大于狭义政府采购规范的规模，成为名副其实的政府采购“大法”。

其次，从多地机构设置上反映出政府采购的微弱分量。如果说规模大小不能反映实际情况，那么一些地方政府采购机构设置的格局，则能反映政府采购尴尬的局面。实际上，在全国许多地方，政府采购被纳入招标投标机构的监督管理范围之内，比如浙江省、安徽省等不少地区政府设置招标投标中心、招标投标监督管理局（一些地方已经改为公共资源交易中心和公共资源交易管理局）。在招标投标管理局下设置政府采购科、在招标投标中心下设置政府采购中心。如果从广义看，假设《政府采购法》是全面规范政府采购行为的“大法”“母法”，《招标投标法》作为一种规范具体招标采购方式的程序法，应只能做“小法”“子法”。但是因为种种原因，实际上在许多地方招标投标成了主管机构、主要中心，而政府采购法律则在其下作为“小法”“子法”。随着各地公共资源交易的兴起，政府采购更将成为一种融入大交易中的“小不点”。

应该说，作为一种规范政府每年数万亿元乃至数十万亿元的采购行为，必须要有法律可依，这个法律必须是完整的、统一的、科学的、规范、严谨的。但是我国目前规范政府采购行为的法律却是分散的、拼凑的，监督管理的主体、体制、程序和方式都各不相同，既不完整，也不严谨，显然是高层和立法层面应该认真对待和研究的。

笔者认为，至少以下几个问题需要我们认真寻找答案。

第一，既然有《政府采购法》，为什么政府工程招标采购却要适用《招标投标法》？而且按《招标投标法实施条例》的解释，是完全适用，道理何在？法理何在？

第二，为什么现实中“两法”并存、政府工程招标采购一再出现重大问题，却不从法律制度设计层面考虑，而只在“条例”“细则”“办法”

层面去“完善”？

第三，如果招标投标作为一种具体方式需要专门法律规范的话，那么国家是否还需要为竞争性谈判采购方式、询价采购方式、电子采购方式、单一来源采购方式专门立法？后面的一些法律将何时出台？

以上问题，是否能找到合乎情理、合乎规则、合乎法理的回答？

政府工程采购招标投标制度设计的问题与风险*

从包含政府工程采购的“大采购”而言，分析政府采购运行机制和体制存在的问题时，不可能回避政府工程采购使用招标方式时的运行模式和监督管理问题。虽然对于此类问题多年来各方面已经有许多研究和探讨，并且有不少结论，但是由于本文是关于政府采购监督管理的系列分析之一，所以对于占据政府采购最大比例的政府工程招标采购，还是需要进行相对独立的探讨分析，以明确笔者的结论。

为什么我国在起草《政府采购法》时会出现这样的问题：既然已经起草并通过《政府采购法》，为什么政府工程招标投标却不适用《政府采购法》，而适用《招标投标法》呢？而且从后来出台的《招标投标法实施条例》看，基本界定是全盘适用《招标投标法》，而不仅仅是招标程序与方式的适用。实际上这是一个很难解释的问题，如果抛开体制性及权力分配等因素，唯一可能的解释是，政府采购工程适用《招标投标法》会更有效率，更有利于避免腐败，更有利于监督管理。但事实上，理论分析和实践表明，招标投标法律制度的设计，从运行机制、管理体制与方式等方面，都存在明显的缺陷，这些缺陷很容易导致政府采购工程这种公共行为出现质量难保障、工程成本难控制、寻租与腐败等现实问题和风险，这正是本文需要探讨的问题。

---

* 本文原载于《中国政府采购》杂志 2015 年第 10 期，是政府采购监督管理体系与模式构建系列文章之五。

1999 年我国通过了对招标投标这种特定的采购方式的专门立法，目的是通过招标投标方式实现广泛市场竞争，通过公平、公正竞争选择质量优良、成本更低的供应商。而为了达到公开、公正、避免私利和权利干预，立法者设计了目前的招标投标运行模式和管理制度：（1）主要由社会营利性的中介组织实施（符合条件的采购人单位也可能自行招标）。（2）评标由社会兼职专家进行。由相关主管部门建立自己的专家库，随机选择专家评审（特殊项目采购人单位也可以自己确定专家）。（3）采购人单位享有完全、绝对的选择中介机构的权利，任何人任何单位不得干预。（4）评标按照法律具体规定的评标方式进行。（5）除重大工程项目外，各采购单位的招标活动，由各相关对口行政主管部门负责监督管理。

众所周知，我国招标投标法律制度采取这样的运行与管理模式主要基于以下的五个基本假设：一是假设中介招标采购机构是真正的不偏不倚的中介。中介是非常看重工作质量的，是诚信的，而不单纯为了自身的经济利益。二是假设专家是没有利害关系的“中间人”，是很专业、公正的，且一定是对评审工作积极负责的。三是假设采购人单位是大公无私的，在选择中介代理机构时，不会有部门和私人利益要求及寻租可能，会本着公共利益至上原则选择最好的中介机构。四是假设招标方案的设计一定是公正、科学的；评审指标设计是完美的。五是政府各行政主管部门一定是非常公正的、自律的，在监督管理工程招标投标方面，既有监督管理的专业能力，又一定会严格遵循法律制度进行监督，能够保证招标投标活动处于理想状态。

的确，如果以上所说的各种假设都成立，或者基本成立，现行的招标投标制度应该是一种完美的制度，因为没有利害关系的专家和中介参与；因为没有私利目的的采购人自我约束；因为不存在私利，只有公正清明的主管机构监督管理。这必然既能保障招标投标采购的专业性，又能保证没有寻租情况发生，形成既有质量，又能廉洁的理想目标。如果情况的确如此，政府工程采购需要招标投标的，适用《招标投标法》也许并不存在问题。

但是，必须强调的是，如果以上一些假设不成立，或者至少部分不成立，或者根本不可能成立，那么基于这一系列假设所制定的招标投标运行模式和监督管理制度，就可能面临问题和风险，甚至是十分严重的问题和社会、经济风险。事实上，近十几年来，工程招标投标出现的众多问题，比如“楼歪歪”“桥脆脆”“路脆脆”等，证明政府工程招标投标制度设计的系列假设其实是很难成立的，或者很难同时成立，甚至恰恰是因为这些假设下形成的制度，为招标投标中实现有效“操作”埋下了伏笔，形成了可以有效“操作”的空间、平台、渠道、便利，甚至出现更严重的情况是，想不故意“操作”都变得困难。而最能证明工程招标投标制度“操作”缺陷的，莫过于前铁道部刘志军、丁书苗操纵铁路工程招标投标的案例。

据相关部门披露①，投资2000多亿元的京沪高铁建设项目，被刘志军和丁书苗等人当作他们黑色的提款机。2008年开工建设的京沪高速铁路，总里程1300公里，概算总投资2170亿元，是当时我国投资额最大的铁路建设项目，也是一条旨在实现中国铁路跨越式发展的铁路。但在这条铁路的招标投标中却出现许多奇怪的问题。资料显示，一些参加招标投标时存在这样那样违规问题的投标，都能顺利通过资格审查。进一步审查评标资料发现，评委集中对一些施工单位打出最高分，并且都是远远高于其他未中标单位的分数，人为控制招投标结果的痕迹非常明显。

有关部门深入调查发现，在京沪高铁建设工程招标投标过程中，刘志军屡屡打招呼帮助施工企业中标，由丁书苗向中标企业收取高额中介费。最后查明，丁书苗先后帮助23家公司中标57个铁路建设工程项目，中标的标的总额超过1800亿元。在上述57个项目中，刘志军为其中53个打过招呼，丁书苗等人从中获得好处费30多亿元，其中丁书苗个人获利20多

① 《中国青年报》2015年7月20日。

亿元。而他们联手打造的高铁利益帝国最终土崩瓦解竟源于审计署在对京沪高铁建设项目跟踪审计中偶然发现的一份交易金额5000万元的虚假设备采购合同，并进行离奇曲折的调查取证后才发现端倪。而更难以置信的是，在刘志军在位时，京沪高铁公司及中标施工单位有关人员，即使在知道已经被调查的情况下，都不敢公开指认和指证。

从刘志军案可以清晰地看出，我国现行的工程招标投标运行方式和管理体制所基于的假设并不一定靠得住。其实，一种制度设计所基于的N个假设，只要有一个假设靠不住，就可能出现问题，如果几乎所有的假设都靠不住，其结果如何不难预测。更重要的是，如果企业或私人招标适用这种运行模式和管理制度可能靠不住，政府的工程招标适用这种方式，其可靠性应该更值得怀疑。

以下我们可以重点分析一些关于假设的可靠性问题。

第一，基于中介机构在政府工程招标中不偏不倚假设存在问题和风险。《招标投标法》规定招标的实施主体主要为社会中介招标机构，其基本假设是中介招标机构在招标中对于采购委托人、供应商等都没有直接利益关系，为了获得委托方的认可，获得更多的委托订单，中介机构一定会提高专业水平，在选择优质供应商方面实现优化。而且为了强化这种假设，制度规定不允许中介机构与政府部门有隶属关系或者利害关系。显然，这种假设对于私人业主委托者而言，应该是成立的，因为私人业主选择招标机构，一定不会从中去寻租获得回扣或有意指定某供应商中标等特定目标。私人业主和招标中介各自只有一种目标，私人业主只希望用更少的钱，选择尽可能好的中介代理机构。而中介机构也只能通过优质的服务获得更多的委托。

但是，对于公共工程之类的采购招标而言，情况可能大不相同，这既源于招标中介机构的盈利性特点，也源于政府工程的公共性特点。招标中介机构的性质是独立经营、自负盈亏的法人实体和企业单位，其生存的目标是盈利。为了获得盈利，中介机构首先要获得“委托订单”，其次是要有高水平的专业服务。显然，在纯市场竞争状态下，中介机构只能通过高水平、低成本的专业服务获得委托订单。而公共采购事务代理远比私人事务代理复杂，具有鲜明的特点，包括既有明确的公共性，但又可能具有特定的“私人性”，即具体的管理和控制者，名义上代表公共、政府，而实际上可能会带有自身的“爱好”或者私利、“私货”，希望达成一些非公共目标甚至是损公肥私的目标（比如刘志军案等）。在这种情况下，公共利益代表者可能并不单纯只是寻找最能选择优良供应商的中介招标机构，而是寻找最“听话”、最能输送利益的“中介”。而对于中介机构而言，只要是有委托订单和盈利机会，就可能倾向“听话”、倾向利益输送获取订单。如果一方有“私货”要求，一方有盈利目标，在两边动机契合下，寻租的目标就很容易达成。而如果这种潜规则一旦形成，中介招标机构接受委托订单的竞争就可能改变。这时已经不是优质服务、低代理成本的竞争，而可能是“听话”与“利益输送”的竞争。谁更“听话”、更会利益输送，谁更可能获得代理机会。甚至在部分情况下，中介招标机构也可能成为公共采购人单位与供应商之间的另一种“中介”，即串通中介，形成多方联合“做局”和操控的中介。

也许有人认为，作为中介招标机构应该不会如此，应该会坚持原则，为了信誉，依靠良知和道德约束，或者法律的制约，就可能抵御中介为了利益而接受不当要求。事实上，这种认识显然具有片面性。一是的确会有坚持原则、坚持职业道德和操守的招标中介。但是，一方面，在利益面前，道德修养并不一定可靠；另一方面，只要有敢于为利益而违规的中介存在，哪怕只是少量存在，公共采购人单位如果有这方面的需求，就能成功达成目标。因为其有权选择任何一家中介代理机构。二是目前法律制度对中介机构的违规现象，或者因为其操作巧妙难以发现问题，或者因为责任难确定、违规处罚困难，或者即使违规，也没有相关严格管理的机构进行处罚。三是如果“听话”和“利益输送”的中介能获得更多的代理机会成为“潜规则”，公正和有道德的中介可能不得不面临两个艰难的选择，要么因为没有委托订单而退出招标代理市场，要么变本加厉，成为更“听话”的中介机构。这一点从刘志军案中不难看出问题，刘志军和丁书苗都受到了惩罚，而其中涉及的招标机构承担了什么责任，受到了什么处罚？至今却没有见到结果，他们应该仍然在继续进行着类似的“招标”活动。

第二，基于专家专业而公正假设形成的评审制度设计存在问题和风险。如前所述，我国参照一些国家或公共组织的做法，将招标中评标的环节交给社会专家进行，同时保留招标委托单位的人员也可以作为评委参加对方案评审的方式。并将选择供应商的权利交给社会兼职专家和采购人单位人员组成的评标委员会。这种方式基于以下假设：一是专家一定是真正专业的、内行的，专家是对工程质量、要求、指标、技术参数、造价成本等都了如指掌，其评审都是基于专业能力和水平。二是专家是非常正直、客观、公正的，不会徇私舞弊，不会屈从他人意愿。三是专家一定是积极的、认真负责的。这种责任感既来自职业道德，同时来自严格规范的法律制度约束和责任追究，专家不会也绝对不敢抱着不负责的态度。四是专家有充分的时间去做出评价，没有充分的时间就不会进行评价。应当说，无论从理论推理还是现实实践的情况看，对于专家的假设虽然有一定的道理，如果我们所假设的条件真的都能成立或得以保障，这样的专家评审方式的确是一种优良的选择。事实上目前专家评审方式的确在一定程度上发挥了作用。但是必须承认，以上各种对于专家的假设，在现实中并不完全成立，甚至专家评审制已经成为招标中值得讨论的大问题。

首先，从目前的制度设计来看，评审专家很专业、很内行只是一个概念和要求，并没有实际保障措施，如所谓专家只是由某些单位推荐和认定的，其标准也只是专业和职称，没有实质性专业考核和认证标准、认证机构和认证程序，也没有人员或机构对于所选择或聘请的专家是否真正专业承担责任。因此，假设专家一定很专业，其实更多是虚拟而难落到实处的。其次，假定专家是客观的、公正的、无私的，其实也难以保障。这里并不排除有相当多的专家的确是公正无私的，并不愿意有偏向性。但也不排除有些不公正、不客观，甚至带有私利的人进入专家队伍，公正与否同样难在准入环节回避。有私利的人，一旦有人情、利益诱惑就可能失去客观公正，最终会导致评审结果的改变。为什么在刘志军案中，只要刘志军打招呼要照顾的供应商，其所得分数就高出许多，是否与专家倾向有相关性？更重要的是，因为专家是推荐的方式产生，加上主管专家的机构并没有特别的程序和责任追究机制，现实中还可能存在专家“劣胜优汰”的逆淘汰机制，即如果有采购单位或中介机构想通过不当评审获得不当利益，并不欢迎公正、正直的专家，而是需要不公正的、“听话”的专家，如此则出现公正专家逐步淡出和淘汰的情况，剩下的都是“听话”的专家，这种情况现实中屡见不鲜。最后，关于专家的态度一定是积极的、认真负责的假定，的确可能是成立的。但是，专家究竟对谁负责呢？是采购人单位，还是招标机构，还是供应商，还是社会公众，其实并不清楚。特别是对专家激励的机制是什么？是责任追究机制还是盈利机制，或者是奖励机制？从目前的情况看，也许只有道德和良心机制，而道德和良心机制对于有些人而言同样靠不住。此外，对于工程招标而言，往往需要评审的内容很多，而专家除知识面、责任心以外，评审时间能否充分保障也是一个现实问题，如果招标机构给出的评审时间不能保障，即使对专家专业而公正的假设都成立，最终也难以得出客观、正确的结论。

第三，基于公共性质采购人选择中介代理机构不会寻租的假设存在风险。按照《招标投标法》的制度设计，需要招标采购单位可以完全自主，任何人、任何单位都不得干涉选择中介代理招标机构。这种规定是假定招标采购单位是无私利的、公正的。应该说采购单位完全有可能公正无私，在选择招标机构时会出于公心，但同样也可能存在私心。而作为一种制度制定的假设，特别是对于政府公共工程而言，实际情况可能恰好相反，不是假设其无私，而必须假定其可能存在私心，在很大程度上存在借公谋私的可能，然后通过科学的体制设计以避免可能出现的谋私行为。现实也充分证明，在公共工程招标中，采购人单位追求私利的行为不仅存在，而且从诸如刘志军、张曙光等案件暴露的情形看，形势还很严峻。

这里我们可以作另一种假设，即公共采购人单位获得国家的工程建设资金后，至少有来自三个方面的诱惑。一是招标机构，其目标是获得招标代理委托订单，获得招标业务和盈利。二是相关施工建设单位，获得政府工程建设项目是许多施工单位的目标，甚至为达到目标不惜付出代价。三是政府工程采购单位自身的利益和“目标”，或者上级单位的寻租“意思”。这里的关键是工程采购单位，如果工程采购单位公正无私，一切以选择最优招标机构和最优施工单位为原则，并加强监督管理，一种好的结果就会产生，相反就可能出现系列问题。这里我们如果假设公共工程采购单位或其上级部门并非公正无私，而是图谋寻租，情况会如何？

如果图谋私利，采购单位在选择招标机构方面拥有绝对权力时，就一定会优先选择“听话”的招标机构。如获得代理费用回扣、要求特定供应商中标、照顾亲属或其他社会关系户等。而如前所述，中介机构本身以盈利为目的，加上责任追究不严格，为了获得工程采购单位的“业务”，完全存在接受其一些特定要求的可能，比如政府工程采购中的陪标、串标、围标、假标现象，或者采购人与供应商之间合谋签订虚假合同，或者轮流得标、均等得利等现象。一旦工程采购单位的“私下要求”与招标中介的盈利目标最大化在法律规定的工程采购单位对中介机构选择行为任何人、任何单位不得干涉的自由中实现默契配合，工程招标采购的结果就不难想象。

第四，基于综合计分法获得最高分为最优的假设存在风险。与招标程序和方式相对应的另一个问题，就是投标方案的评价和评审方式。现行工程招标采购中主要采取两种评审方式，一是最低评标价格法，即在满足各种功能和服务要求的情况下，寻求价格较低（不低于成本价）的方案。二是综合计分法，就是通过设置不同因素，对不同因素进行评价打分，然后根据设计者认为的轻重程度不同，对不同因素设置权值，以每种因素的得分乘以权值得出总分，以得分最高者作为中标候选人。值得说明的是，综合计分法形成的依据同样来源于人们的假设，即人们认为选择供应商应该考虑综合因素，众多因素综合价值最高者，应成为最优选择。这种假设在理论上并没有错，如果是私人使用，可能的确是可行的方式，即使出现偏差，也可能只是操作技能和业务水平问题。但是，必须指出，如果是公共项目、公共工程的招标采购，情况就可能会发生变化。综合计分评标方法存在明显主观性强问题，或者技术和操作能力不够，或者采购单位或代理机构有不当目标，这个环节很容易“操作”，通过不同的标准、权重设置等出现各种“变数”。这也是有关媒体报道我国某些国家工程项目招标可以“明箱操作”的依据。

综合计分法在操作上可能留下的漏洞，至少包括以下环节：一是因素的设置。评价究竟应该设置哪些因素，因素越多，考虑的面可能越广泛，但变数也会越大。比如《政府采购法实施条例》中规定的政策功能内容，是否必须作为一种因素加入评价，加入与不加入这些因素，结果就会出现偏差等。二是评标标准的设计，综合计分法主要通过设计分数标准进行，问题是分数标准是人设置的，如何属最高分，如何属最低分，分差应该多大等，都人为设计。其设计一定客观科学吗？如果有主观偏私故意参与其中，如何能够避免？三是评审专家打分的主观性。按照通常的做法，标准设置后，许多项由专家打分，又增加了专家的主观裁量权。这里涉及的问题是，专家打分真的很准确吗？如果专家打分并不客观准确，或带有“私货”滥用打分权力，结果会怎样？如何限制专家打分的权力，那么限制专家打分权与干扰专家评标之间的关系如何界定？谁来界定？四是权重比例的设置。对于众多影响选择的因素，如何确定其权值，是最终影响评审结果最重要的内容之一。很明显，如果价格因素的权值高，一定有利于有价格优势的供应商，而价格因素的权重大小可能相差巨大，比如30%与60%相差超过一倍，这种权值的设置必然存在主观性，而不同权值对评审结果是否会产生影响，是不言自明的事。

了解综合计分法可能存在的漏洞与风险，就能更明确某些领导干部对工程招标成功打招呼的原因。事实上，如果采购单位或招标机构有偏私动机和寻租腐败，在评标设计环节的确可以比较方便地实现其目标。

第五，基于行政主管部门能自觉遵守法律、都具有工程及招标专业知识假设，各行政主管部门对本部门的政府工程招标自我管理监督制度存在明显的缺陷和风险。《招标投标法》规定招标投标活动，除重大或特殊项目以外，主要由政府各行政主管部门自行管理和监督，这种分散管理和同体自我监督的方式，早为业界所诟病。但制度设计层面一直没有改变的迹象，之后又通过《政府采购法》第四条，直接延伸到政府工程招标采购之中，并在《招标投标法实施条例》中又得以强化。

政府采购工程招标由各主管部门自行管理、自我监督的制度设计，至少存在以下几个问题。其一，从理论上看，政府采购工程主要是由各行政部门以及其管理的下属机构或团体、事业单位采购，无论是委托中介机构还是自行采购，都是行政部门或事业单位、团体委托和操作的，直接关系到公共工程质量与效益、关系到社会公众利益及供应商是否获得公平竞争的机会等一系列社会公共利益，因此更需要代表社会公共利益的专门机构进行统一的监督管理。行政部门及主管的下属各类工程采购的招标，由行政部门自身监督管理，很难形成有效的社会公信力。其二，从实践的角度看，依靠行政主管部门自觉、自愿地管理和监督好自己工程招标的假设的确不可靠。事实上，一些工程招标腐败问题恰恰出在行政主管部门的主管领导。一旦主管部门特别是主管领导“不自觉”，甚至就是由主管部门或主管领导操纵，其自我的管理和监督便可想而知。实际上，许多寻租现象正是从主管部门，特别是主管领导的“授意”和干预开始的。可以想象，如果一些政府采购工程项目本身就是有行政主管部门的领导利用其行政领导权、资金分配权、人事安排权等干预招标投标，出现违法违纪行为，严重影响采购结果，最后又由行政主管部门监督自己，裁决由自己授意的不当行为，这样的监督管理结果会如何?

此外，各行政主管部门自行监督管理，形成分散监督管理局面，在专业和技术层面存在明显风险。工程招标投标是十分复杂的事，包括选择中介机构、中介机构的监督管理、专家的选择、预期目标、可能的排斥条款、评审标准与方式、评审过程与结果，特别是一些机构或供应商串标、围标、陪标技术高超时如何防止、避免和处罚等。这些问题涉及多方面的利益关系，涉及众多的法律政策问题及技术性问题。对于这些问题的监督管理，特别是仲裁等显然具有很高的专业性要求。而我国各级政府行政主管部门众多，特别是到地级市、县，都由其主管部门自己分散监督管理，其业务能力和水平是否能够达到，是一个很现实的问题。目前，全国情况千差万别，同样的招标，不同地区、同一地区不同部门，监督管理的尺度、标准、方式都千差万别。一些监督管理严重不到位，监督管理能力缺乏，而另一些却严重越位等问题普遍存在，这已是不争的事实。

任何制度设计都是为了规范某些特定行为，实现某些特定目标。而为实现某目标制定的制度，都离不开某些特定假设，关键是各种假设本身应该是客观的、可靠的。如果假设可靠，如人性可能是贪婪的，因此在可能被贪腐侵害的环节设计防火墙，就会减少甚至避免这种情况的发生。相反，不可靠的假设制定出来的制度，一定陷入不可靠的怪圈。众所周知，在众多的涉及制定制度的假设中，只要一种假设不可靠，这种制度就可能出现明显漏洞，而如果几乎全部的假设都不靠谱，这样制定出来的制度，执行起来会怎么样？政府采购工程适用的《招标投标法》，在某种意义上说，其所作的主要假设其实都不太可靠，都存在明显的风险，这也正是目前政府采购工程招标投标领域问题层出不穷的原因。

应该说，对于这些政府采购工程招标适用法律的假设偏差、法律设计漏洞、现实中出现的各种“操纵”行为，只有从更大的法律制度框架构造与设计上进行调整，克服制度设计上的缺陷和风险，才能避免目前政府采购工程招标投标中的各种问题，使政府采购工程进入正确轨道。

建立“管”“采”配合的优良运行机制*

在政府采购发展的新时期，必须加强政府采购监管与操作相分离的体制建设，明确划分监管机构与操作机构的职责权限，完善采购监管和采购操作独立运行的机制。

实现政府采购运行规范化和科学化，包括有效实现节省采购开支、保障采购的公正性、提高采购质量和效率、防止采购领域的腐败等具体目标，首先需要处理好由谁采购、由谁管理、由谁监督、由谁仲裁、出现问题由谁负责等一系列问题；其次，需要建立一套主体明确、责任分明、权力制衡、透明高效，既符合社会公众要求，又符合政府行政原则与市场规则的良性运行的政府采购运行机制和管理模式。

建立和完善“管”“采”分离的运行模式，正是实现政府采购运行机制和管理模式优化的重要组成部分。

一、“管”“采”分离符合法的精神

建立“管”“采”分离的政府采购运行模式主要基于三种因素：一是政府采购本质上是公共采购，是社会大众和纳税人的采购。政府作为社会公共利益的代表者，有责任对社会公共资金的采购进行管理，需要处理好政府采购什么、采购多少、如何采购等一系列涉及社会公众利益的具体问

---

* 本文原载于《中国财经报》2009 年 7 月 8 日第 003 版理论实务。

题，实现公共利益最大化目标。因此，政府毫无疑问需要承担起监督和程序要求。二是各类操作机构依法接受采购人委托，负责组织采购实施。管理机构与操作机构各司其职，互不干预对方履行正常的职能。三是责任分离要求各负其责。管理机构与操作机构明确划分责任，各自对自己的行为承担责任。管理机构在法律规定权限范围内积极作为，并为不作为或滥作为的行为承担责任。操作机构对于其组织实施采购的行为负责，对于不积极组织采购、操作不规范、徇私舞弊等行为承担责任。

二、分离是为了更高目标的统一

自《政府采购法》实施以来，我国政府采购基本上形成了“管”“采”分离的运行格局。但“管”“采”分离方面也存在不少问题：一是管理与操作主体不明确。一些地方监管机构与操作机构仍处于合二为一状态。二是管理部门与操作部门职责权限划分不清。虽然主体分离，但职责交叉，如有些采购项目或协议，有的地方由采购机构实施，有的则是监督管理部门直接操作。三是监管机构行使职权的依据不够明确。如制订集中采购目录、改变采购方式、变换采购执行机构等，缺乏明确的行为准则和客观依据。依据不明确必然导致责任不明确，责任不明确就可能出现不负责的行为和事情。四是监管机构对采购机构的管理只能依照法律和行政规则，缺乏良好的市场竞争和择优的促进机制。

实践表明，目前存在的“管”“采”不分或者主体分离而职权责任不清的现象，已经对政府采购运行产生了不利影响。

因此，在政府采购发展的新时期，按照国务院办公厅《关于进一步加强政府采购管理工作的意见》，必须加强政府采购监管与操作相分离的体制建设，明确划分监管机构与操作机构的职责权限，完善采购监管和采购操作独立运行的机制。其中特别要注意在“管”“采”分离后，监督管理部门除自觉依法履行职责以外，还应该建立相应的社会制约机制，比如通过采购预算审批、政府审计、监察、新闻媒介等对监督管理机构加强监督，防止监管部门享有监管权力却不作为，甚至滥作为。另外，采购机构除接受监管部门管理以外，应该适当建立业务竞争机制以促进采购机构建立优良的操作队伍，不断提高操作能力和质量。

当然，强调“管”“采”分离并不等于强调“两张皮”，不是形成二者相互割裂、互不相干甚至互不买账的对立关系。恰恰相反，虽然管理和操作分开，但实现采购科学化的目标是统一的，采购从预算编制、采购实施、合同授予、履约验收等过程是统一的。所以，分离实质是为了更高的综合目标的统一。政府采购监督管理部门需要树立服务意识，以优良的管理工作为采购操作机构提供操作环境，如科学制订采购目录，搞好专家库、产品信息建设、制定规范的操作规则规程等，及时处理采购人、供应商违规违法行为，为采购实施创造优良的操作环境。而操作机构则必须健全内部监督管理制度，实现采购不同环节之间权责明确、岗位分离，提高操作人员法律、政策水平和自觉遵守法律制度的意识。只有二者相互协作和配合，才能有利于政府采购优良运行，最终实现政府采购管理和操作规范化、科学化。

建立应对重大灾害时期的紧急采购制度*

灾害问题是人类社会发展过程中必须面对的问题。近十年来，我国经历的长江洪水、非典型肺炎和2008年的汶川大地震等重大灾害，都给人民的生命、财产造成巨大损失。重大灾害可能导致许多问题，其中，在灾害发生后对某些物品与服务需求突然增加的情况下，如何有效有序地采购这些物品与服务，并避免可能出现的滥权和腐败行为，显然是最重要的问题之一。灾后政府及社会资金的采购与物资保障，在很大程度上直接关系到救灾与灾后重建的成败。为此，本人拟就建立重大灾害时期紧急采购制度谈一些自己的看法。

一、重大灾害后的需求特征与建立紧急采购供应制度

对于灾后突然产生的大量而紧迫的需求，除了通过储备物资及各界捐赠的物资运送以外，其他政府拨款与社会各界的捐款基本都需要采购。因此，重大灾害时期的采购在保障抗震救灾和灾后重建方面，显然占有极其重要的位置。为了有效保障灾后采购与供应，需要了解灾害时期需求特

* 本文原载于《中国政府采购》杂志2008年第6期本期特稿栏目。编者说明：2003年“非典”疫情期间，全国呼吸机、口罩、抗疫药品等爆发突发性需求，一时供应紧张，采购困难。2008年5月12日四川汶川突发8级以上大地震，一时之间帐篷、药品、食品等物资供应极度紧张。作者正是鉴于重大灾害时期的特殊需求和供需矛盾，提出应该建立特殊时期紧急采购制度。事实上，2020年新型冠状病毒感染疫情暴发，当时抗疫物资紧张，采购困难，甚至出现物资截留等极端现象，再一次证明作者的建议具有前瞻性和现实价值。

征，并根据灾害时期尤其是重大灾害时期需求与供应的特殊性，建立重大灾害时期紧急采购供应制度。重大灾害一般具有突发性、破坏性和不确定性强等特征。正是这些特征导致重大灾害发生后的需求与供应状况可能产生突然变化，特别是使受灾区域的需求产生巨大变化。

一是需求量突然大幅度增加。重大灾害通常导致对某些物品与服务的需求量突然之间迅速增加，比如“非典”时期，口罩、消毒药品与相关医疗器械、服务等需求突然猛增；而汶川地震导致食品、药品、帐篷等突发性需求数量惊人。

二是需求极其紧迫。灾害的突发性造成需求紧急，比如地震后许多灾民顷刻间一无所有，衣、食、住、医都处于十万火急之中。

三是需求种类众多。不同的灾害可能产生不同的需求，突发性多种需求使灾前物资储备和灾后及时组织供应都会变得更加困难。

灾害时期的需求特征决定了灾害时期采购特点。需求量大、需求紧迫、需求种类众多等可能导致需求与供应的矛盾突然紧张。在这种情况下，如果完全按照市场经济规则，必然会出现物资匮乏、价格暴涨，或者供应商囤积居奇等现象，使灾后的采购与物资供应出现严重问题，抗灾救灾及灾后重建也会受到严重威胁。受灾人员会因无力支付高昂的价格而很难获得救助的机会。因此，众所周知的规则是，灾后的采购与物资供应需要社会支援和政府救助，特别是采购与供应方面，必须由政府部门进行干预和管理。其中，社会支援主要是社会捐赠，在采购方面，供应商也是本着对灾害援救原则，不会趁机涨价与囤积物资。但是，社会支援更多是伦理、良知与道德层面的内容，供应商可以根据良知和社会舆论压力规则进行，但也可以不遵循这些规则，使用纯市场规则。因此，重大灾后的采购和供应，最根本的还是要通过建立特殊的国家灾害时期采购制度，通过规范的程序和方式保障重大灾害情况下的采购与供应有序进行。

为了能更好地应对和处理各种灾害引起的紧急状况，我国通过了《突发事件应对法》。但令人遗憾的是，一方面，该法对灾害发生后的物资与服务采购和供应保障问题没有作出任何明确的法律规定。另一方面，我国于2002年通过了《政府采购法》，但在其附则中说明该法不适用于不可抗力灾害情况下的政府采购行为。因此，到目前为止，我国还没有就政府在重大灾害防备、救灾、灾后重建方面的采购行为进行具体的制度规范。汶川地震再次表明，灾害时期的采购与平时采购有很大的区别，规范灾害时期的政府采购行为，对于保障抗灾救灾、灾后恢复与重建具有不可替代的作用。

二、重大灾害时期紧急采购制度的内容

应对重大灾害的采购制度应该包含多方面的内容，要有利于灾害情况下政府采购的及时实现，在不侵犯和损害供应商及社会各方面利益的前提下，最有效地保障因灾采购的需要。

第一，建立防止重大灾害的国家物资储备采购制度。为防患于未然，最好的方法是建立科学有效的灾害物资储备采购制度。对于各种可能出现的灾害，平时进行储备采购。灾害储备采购可以依据《政府采购法》规定的非紧急采购方式，并以招标采购为主。但必须注意的是，用于防灾的储备采购与一般政府采购有所不同，主要是必须与灾害发生时的紧急采购结合考虑。包括：一方面，平时储备采购时采购某供应商的物资，在灾害后紧急采购时，约定该供应商必须无条件地优先、优价（不在灾害时额外盈利）、尽全力保障这种需要；另一方面，采购方应该将合同优先授予能够作出这种承诺的供应商。

第二，建立重大灾害时期实施紧急采购的宣告制度。政府实施灾害时期紧急采购并不能随意决定，而是需要通过某种程序，由中央或地方政府依据相关制度规定，对灾情进行评价，最后宣告是否启动紧急状态采购法令。一旦宣布某场灾害区域救灾和灾后重建进入紧急采购程序，政府紧急采购随之启动。

第三，设定政府紧急采购规范的资金范围和管理范围。灾难时期属于特殊时期，政府对采购的管理职能和范围需要根据特殊情况确定，一般情况下应该比平常政府采购的职能和管理范围更大。

灾害时期采购资金来源主要有以下几个部分：一是政府应对灾害的储备资金；二是政府灾害后临时紧急追加拨付；三是社会各界的捐赠。其中，社会捐赠的情况又分为若干不同类型：一部分是直接捐赠给灾区的物品与服务，这种捐赠不存在采购问题；另一部分属于救灾捐款。在捐款中，又分为三部分，捐赠政府部门的救灾资金，属于典型的财政性资金；捐赠给社会公益组织，如红十字会、慈善总会、青少年基金会等；对灾区有特别指定对象的资金。

灾害时期的政府采购管理规范应该包括：动用政府灾害储备资金的采购；政府紧急追加拨款的采购；值得特别说明的是，各类非政府组织、公益组织所获得的没有指定具体对象的社会各界对救灾的捐赠资金，虽然不属于财政性资金，但显然具有特定的公共性质和特定的区域和使用范围，且不能属于慈善机构本身所有，不能像其他社会主体一样，可以随意支配和随意选择采购方式，而是必须由政府进行管理和干预，同样适用政府相关采购制度规定，纳入公共管理和监督的范围，以取得社会公信和社会监督的效果；而对于捐赠者直接定向捐赠给特定对象的资金，如果其对象属于政府部门和公共事业等单位，其发生采购时同样要纳入政府紧急时期采购管理，反之，则不受政府紧急采购制度规范。

第四，着重解决需求急迫性，规范灾害时期采购方式的选择和运用。灾害发生后的许多需求具有相当急迫性，尤其是在灾情初期更是如此。因此，灾害后的紧急采购必须优先采取效率高的方式。即在保障效率的前提下，根据实际情况，兼顾不同情况，规定选择不同的采购方式的条件。

一是对于十分紧急的物资与服务采购，比如地震后的食品、帐篷、药品、救助工具等物资和服务，能够就近和及时采购的，可以采取单一来源采购和询价采购方式。但采购价格需要进行评估和公开。

二是对于需求比较紧急，但可以适当延缓一些的物资与服务需求，可以采取除询价等以外的谈判采购方式。谈判采购的目标是在保障需求的情况下，尽可能寻找到更好更适合的供应商。

三是对于灾后恢复与重建中采购数量较大、质量要求更高、需要严格控制成本、公开性和透明度要求更高的采购项目，应该采取公开招标方式。对于一些需要招标但时间相对紧迫的采购项目，可以采取特殊时期的特殊办法，即适当缩短招标期限，比如将招标期的 20 天，改为 15 天、10 天甚至 5 天（主要是物资和服务），有效兼顾采购效率和采购的竞争性。

第五，通过良好的制度设计，解决好重大灾害时期采购的援助性、强制性、市场性及补偿性“四性”兼顾的问题。所谓“市场性”，是指虽然灾害时期采购情况特殊，但无论如何，还是应该坚持市场性原则，即尊重供应商的利益、体现等价交换、供应商略有盈余的原则。“援助性”和“强制性”是指根据灾害时期的采购，虽然并不能偏离市场原则，但不能完全按市场原则进行，而是根据灾害时期需求与供应的特殊性，从道德伦理与法律制度两个方面进行规范。道德伦理方面的原则是抗击灾害必须万众一心，本着相互支援和共同救助的原则，供应商应该不计较得失，不从灾害供应中追逐利润，尽最大努力为灾区及受灾民众提供物资与服务。事实上，汶川地震发生后，许多供应商不计得失、加班加点为灾区民众生产物品与服务，充分体现了灾害供应的援助性。另外，重大灾难时期的政府采购也不能完全靠供应商的良知和支援性，还必须有法律与制度保障，通过制度方式规定，对于灾害时期急需的物资与服务需求，供应商一律不得囤积居奇、拒绝提供，或者哄抬价格、大发横财，必要时政府可以通过灾害时期采购制度规定，实行强制性采购，包括强制性供应任务分配、价格限制、交货期限规定等。例如，1998 年长江发生特大洪水时，九江大堤缺口，需要使用船只堵塞缺口，这时可能对任何一只就近且符合要求的船只强迫征用，不可能进行招标或者进行寻找选择，更不能考虑船主是否愿意。需要说明的是，市场性、援助性与强制性的有效结合，必须适当做好灾后的补偿性工作。按照市场原则，应该保障供应商的合理、适当的利益。而按照援助性与强制性的要求，目标是确保灾后的特殊需求通过相对合理的采购得以保障，避免出现供应商非理性的借机盈利行为。但援助性和强制性也可能会违背市场规则，使供应商出现亏损或其他方面的问题。在这种情况下，就需要政府在制度方面适当设计补救措施。

补救措施的内容主要包括：对灾害时期采购作详细记录；通过对灾害时期供应商提供物资与服务的速度、质量、价格及整体贡献进行评估，列出在灾害时期政府采购中有贡献的供应商；政府紧急状态采购结束以后，对于在紧急采购中有贡献的供应商给予适当补偿。对于供应商的补偿可以有几种办法。

1. 授予荣誉。对于大多数供应商而言，在灾害后更多的是出于良知和社会责任感在合理价格条件下提供物品与服务，给予适当的社会和商业荣誉就是最好的认可和补偿。因此，可以授予“抗灾救灾模范企业”等荣誉称号，使其在社会和商业界获得更多信任、认可。

2. 授予商机。对于在灾害中有突出表现的供应商，政府在平时采购或平时为灾害储备采购时，优先授予采购合同，使这类供应商获得优先商机。

3. 利益补差。通过灾害时期采购的评估，如果发现有些供应商确实因为保障灾区供应而产生亏损或在其他方面付出较大代价，事后政府应该给予适当利益补偿。但这些补偿过程和补偿情况应该公开透明。

三、特殊采购需要特殊管理

相对于平时采购的监督管理而言，灾害时期的政府采购必须有特别的要求和特殊管理。救灾资金的使用不仅关系到纳税人的利益和所有捐赠人的目标与信心，更是直接关系到灾区成千上万受灾人员的生命财产安全和福祉，也关系到人民对于政府及相关公益机构的信任和信心，关系到今后灾害救助等许多问题。因此，灾害时期政府资金与捐赠资金的采购，必须要有特殊的、比平时严格数倍的监督与管理。对于灾害情况的宣布、灾害采购的启动、灾害时期政府采购程序、灾害时期政府采购方式的选择、灾害时期政府采购的特殊监督主体组成、灾害时期政府采购供应商及其合同的评估、灾害时期政府采购的货物与服务的供应商、供应数量、质量、价格、交接、验收、支付等，都应该有严格的记录。明确监督主体、监督程序、监督管理者的责任。坚决避免各种趁灾害之机牟取暴利或发生有违救灾宗旨的情况。一旦在灾害特殊时期的采购中发现违规违法行为，一律实行比平时更加严厉的处罚。

建立职业专家评审制度[*]

当前我国政府采购实践操作中不少问题的产生都与现行的专家评审制度相关。从实践反馈来看，现行的专家评审制度主要存在以下问题：一是专家不专，即政府采购评标专家都不是职业专家，专家的流动性较强。二是专家不“责”，目前评标专家一方面责任不明确，另一方面，如果专家有责任，很难追究。还有就是专家难找、专家难管等。我国将几千亿元的采购交给兼职专家决定，是否不妥？这是一个值得认真思考的问题。

对于当前专家制度的改革，我认为应该有一个新的思路，即建立职业专家评审制度、建立专家评审协会进行统一管理。改革的总原则就是专家要专、专家要“责”、专家要好管，建立一支相对稳定的、专业的职业评审队伍。具体而言，要建立四个机制。

第一，建立专家准入机制。这个准入就是要通过考试，在对专家进行适当的分类的基础上进行考试。只有通过各项考试，才可以成为某个方面的评审专家，而不是像目前仅仅是按照职称、学历等标准予以入围。

第二，建立专家的选择和保密机制。对于专家的选择要通过准入考试，建立一支真正的职业专家队伍。而保密机制，就是随机抽取。我有一个不是很成熟的想法：建立一个职业评审专家协会，专家队伍是全国性的，每个地方的项目都可以在全国范围内抽取评标专家，专家评标不一定都要到现场，而是可以进行网上评标。具体抽取的过程完全是网上自动

---

* 本文原载于《中国政府采购报》2011 年 12 月 30 日第 004 版理论前沿。

的、格式化的，而且整个评审过程中都是保密的，评标结束后必须公开专家评审的情况，实现后续透明。

第三，建立专家有序作业机制。这里提到的专家作业和操作的内容主要可以分为三个部分。一是需求把关，即专家可以参与需求论证，对于采购人购买产品从功能和技术角度进行论证。二是参与评审。三是专家决策，即专家建议可以作为解决争议的参考意见。

第四，建立专家的晋升和淘汰机制。对于职业专家，干得好可以晋升，干得不好就要被淘汰，还要有专家的管理机制。

当然，上述改革设想是否可以有效改善当前专家评审制度中凸显出的问题，有待进一步的论证和实践的检验。而且这种改革不涉及修改《政府采购法》等大动作，是否切实可行？希望与大家一起探讨和研究。

建立新型的政府采购职业专家制度*

一、政府采购需要专家参与

政府采购事业需要专业人士，需要专家参与。一方面，政府采购是事关公共利益的大事。政府每年要花巨额资金采购，显然，政府采购什么、采购多少、如何采购以及采购如何等，直接关系到采购人、供应商特别是纳税人的切身利益，关系到社会经济发展的各个方面。另一方面，政府采购是专业性很强的事业。政府采购涉及采购需求定位、产品或服务的功能和性能标准、各种各样的技术指标和技术参数、采购市场的产品更新换代及价格的瞬息万变、政府采购法律政策制度的完善及准确贯彻实施、采购验收及合同签订与履行等，这些都需要专业知识和专业技术能力，由专家和内行操作实施才会更有保障。

二、现行的专家制度值得检讨

我国现行专家制度主要有两种专家主体，一种是主持采购人员的专业要求，比如《政府采购法》要求的“集中采购机构的采购人员，应当具有相关职业素质和专业技能，符合政府采购监督管理部门规定的专业任职要

---

* 本文原载于《中国政府采购》杂志2019年第5期。本文为中央财经大学徐焕东教授在“深化政府采购制度改革政策理论研讨会暨中国政府采购年会”上的发言。

求”。另一种是目前推行的社会专家参与模式。即政府采购评审和竞争性谈判等活动，从财政部门组建专家库中抽取专家，参与政府采购的评标或谈判采购中的谈判。

为什么当初政府采购采用社会评审专家制度？应该是基于这样几个假设。

一是政府采购需要专业人员。如上所述，政府采购需要专业人员，所以聘请专业人员；二是聘请的社会专家应该是真正的专家，是懂得不同方面专业知识的真内行；三是聘请的专家应该是客观、公正的。聘请的专家不涉及第三方利益；四是社会专家参与评审会认真负责；五是专家是随机抽取的，不会也不能实现串通和合谋。也许正是基于这几个假设，形成了现有的专家评审制度。

现行的这些制度的假设是否成立？实际上，这些假设在不少情况下是难以成立的。实际的情况是，这些假设如果有一项不成立，就可能出现问题。如果多项同时都没有成立，问题就会比较严重。

在上面所说的若干假设中，第一个假设显然成立，政府采购需要专业人士，需要专家，但是需要职业专家，而社会聘请的专家显然是值得讨论的。

根据目前的情况看，第二个假设实际上难以成立。目前的专家队伍基本是松散性的，选择专家也基本是根据所谓学历和职称，并没有通过真正的专业知识考试或者测评，水平参差不齐。一些人所学专业很窄，而采购需要的知识范围可能很广。加上现代科学技术进步神速，社会专家由于各种原因，专业知识很容易被淘汰或滞后。所以我们邀请到的专家，并不一定是真正符合要求的专家，这就会使得我们制度设计“好意”大打折扣。很有可能邀请到“假专家”，导致采购评价出现问题。

在第三个假设中，假设社会聘请专家是客观公正的，比政府“自己的专家”更可靠。必须承认，社会聘请的专家中大多数应该是客观公正的。但也很可能有品行不端、心怀不良的人。一旦品行不端，加上威迫利诱，客观公正的尺度偏离，就是大概率事件。

在第四个假设中，社会兼职式专家是负责的。但问题是，现行的专家评审制度并没有科学的激励机制，好像并没有途径激发评审专家的高度责任感。专家是财政部门准入的，代理机构付费的，采购人和供应商对其没有约束力，那么专家究竟对谁负责？对采购人负责吗？对纳税人负责吗？对采购机构负责吗？对供应商负责吗？对监管部门负责吗？好像对谁都应该负责，但可能最后对谁都不负责任，或者根本不知道究竟对谁负责任。更重要的是，究竟怎么划分专家的责任，有些异常打分或者评价，如何确定是其正常的履行职责，还是为某种目的主观故意而为。单独专家的评价与评审小组的"组织"所为，责任如何划分？这在现实中都是问题。

在第五个假设中，抽签可能不会有串通合谋。相信如果制度设计得好，这是有可能的。但现实中许多情况也说明制度设计不是天衣无缝的。

三、建立新型的政府采购职业专家制度

基于目前评审专家制度存在的问题，我们应该探讨建立新型的政府采购专家制度，或者说新型的政府采购职业专家制度。首先我们要承认没有绝对完美的制度，只有相对比较完美的制度。现行的专家制度有问题，也不等于新型的专家制度会十全十美，但相信一种职业专家方式，应该是从长计议的必要尝试。

所谓职业专家包含什么？

第一，职业的专家队伍，而不是兼职的。专家就是从事这个事业。专家对自己的行为承担完全责任，用职业素养和生涯来承担责任。

第二，专家队伍主要有三项职责。一是帮助采购人了解需求，进行必要的需求定位、需求论证。同时，指导采购人单位确定技术指标和参数或者接受委托，直接主持采购；二是对于上了一定金额的采购，参与采购评审或评审（自己参与过指导指标和参数的除外）；三是可参与合同相关事

项，审验合同、履约验收等。

第三，建立健全优良的专家准入、考核、晋升、淘汰机制。经过严格的考核，确定属于哪一类专家，需要在哪些方面确实有真材实料。专家还要懂得一些法律知识、市场知识、参数知识等。要特别注重结果考核，目前很多程序可以应用于评审制度，程序非常严谨、非常完美，但往往出来的结果暴露不出问题，所以要注重结果考核。同时，建立优良的专家业务提升机制，每年对专家进行培训并对水平提升进行考核。另外，要有良好的晋升机制，保证优胜劣汰，最后剩优的体制。

第四，优化专家的选取和工作方式。第一种，非评审项目可以采取委派、聘请或者抽签的方式，比如需求预算、管理合同和履约验收可以采取抽签方式。第二种，特殊的参与评审方式，专家全国共用共享，而且要采用匿名的方式，随机在全国抽取评审专家并在异地网上进行。第三种，采购人直接委托专家主持采购项目。主持者也可以请社会专家来参与，但只充当咨询角色。被委托的专家对全部采购的法律程序和采购结果承担完全责任。

第五，增加专家的组织和管理方式。可以采用协会方式。当然，最好的目标是建立政府采购公务员队伍，形成完全的、职业的采购官制度。

框架协议（协议供货）制度设计十大问题需关注*

随着电子信息技术的发展，协议供货方式在世界范围内得到了广泛发展。据美国专家估计，美国联邦政府通过协议采购方式采购金额，已经占到联邦采购总额的30%。2004年联合国和欧盟将其称为“框架协议”采购，并充分肯定其合法地位与发展前景。我国采用协议供货方式是出于实践需要进行的创新。

近几年来，由于其自身的重要特征和优势，已经获得了广泛的应用和发展，并取得了多方面的成果和经验。但是，协议供货方式并不是一种无条件的方式，也不是完美无缺的。实际上，协议供货方式必须在适合、公开、竞争、便利的框架内进行，脱离了这些原则，结果会适得其反。在此，笔者拟就协议供货在实践中可能出现的问题进行一些探讨。归纳起来，重点需要关注十个方面。

第一，协议供货应该选择适当的产品或服务对象。协议供货的方式并不适用所有的采购对象。一般而言，应该选择经常需要、单次供应量不一定很多、价格相对稳定、维修服务方便的货物、工程和服务。如文具、设备、备件、信息技术产品等。对于一些单件金额大的产品和服务，或一次采购批量大、金额大的产品和服务，仍应以招标或谈判采购方式为主。

第二，协议供货合同的期限必须适当。需要注意的是，协议供货合同

* 本文原载于《中国财经报》2008年7月9日第003版理论实务。

期限的长短应该有一个基本标准。期限过长，不利于政府在一定时期内选择新的供应商，还会导致其他潜在供应商失去进入政府采购市场的机会；期限过短，不利于协议实施和供货的相对稳定性。实际上，权衡优劣，协议供货期限应以 1 年左右为好，特殊情况可以适当调整，但也不宜出入过大。

第三，合理确定协议供应商数量。供货协议与一家供应商还是与多家供应商签订，同样需要有一种原则和标准。采购人只向一家供应商获取货物和服务，能够避免采购人二次选择时提出不适当的要求。但是，签约供应商过少，就会限制采购人的选择余地，同时也会出现独家供应商供货服务欠缺等问题。而签约供应商过多，又可能出现采购人二次选择面过大的问题，容易导致采购人提出新的不当要求。而对于供应商而言，签约条件过于宽松，实际上接近于无协议的广泛采购，已使协议采购变得没有意义。因此，通常情况下，多数国家主张签约供应商在 3 家左右比较适宜。

第四，签订动态价格协议。在协议采购中，需求数量、质量服务等可能是相对固定的，但市场价格总是变动的。为了解决好价格变动问题，必须从几个方面做好工作。一是选择价格相对稳定的产品和服务签订供货协议；二是不签订固定价格供货协议，以优惠折扣率的动态价格为基准签订协议；三是建立科学市场价格估算和评价体系，加强抽查和变动监控管理。

第五，关注采购人的再选择。再选择使采购人在功能、型号、品牌、折扣方面有良好的选择机会，也能对供应商产生一定的竞争压力，促进供应商提高服务质量。但是，采购人再选择也存在滥用权力的可能。因此，在供货协议中需要对再选择可能出现的问题作出具体的防范规定。

第六，异地供货需要服务配套。相对于中央或省直属机构而言，可能存在一地签订采购协议，供应商异地提供产品与服务问题。因此，没有相应的服务配套，不宜进入协议供货范围。

第七，防止忽视中小企业利益。协议供货在某些情况下，对于中小企业的发展可能是有利的，比如定点维修、加油、办公用品定点供应等。但是，协议供货在更多情况下可能会排斥中小企业，比如汽车、电脑、电气设备、软件开发等技术性产品和服务方面。因此，协议供货采购虽然有采购效率目标，但应该有意识地采取措施照顾欠发达地区和扶持中小企业发展。

第八，加强供货验收和监督。为防止供应商不按协议规定的规格、质量、时间和价格供货，防止采购人在供货环节提出不正当要求，以及避免供应商与采购人串通牟取利益等，采购人和采购管理机构必须加强供货阶段的验收监督，对供货情况进行定期不定期抽查和监控，及时纠正和处罚在供货及验收过程中出现的问题。

第九，协议供货不能忽视贯彻政策目标。随着协议供货数量增加，对于落实政府政策目标的作用也会随之增强。因此，协议供货采购必须把政策功能贯彻落实在各个环节，促进政策目标实现。

第十，联合共同采购需谨慎。所谓联合共同采购，是指比较大的集中采购机构联合进行协议供货采购。比如全省甚至全国对某类产品供货使用统一供货协议。由于联合共同采购可能会获得更大的竞争和节约优势，所以有些机构试图采用这种方式。但是，联合共同采购如果规模过大，就可能形成政府采购垄断。一些供应商可能在短期内获得巨额订单，而另一些供应商则可能短时间内失去大量的机会。同时，政府采购协议金额过大，对于已经取得协议供货机会的供应商而言，一旦失去协议供货的机会，必然会产生巨大的业务损失。因此，对于这种采购规模过大、对供应商发展影响过大的联合共同采购，需要谨慎行事。

六大问题困扰政府采购制度改革*

总的来讲，《政府采购法》实施十年来有一个很重要的词就是“反思”，究竟有哪些问题需要认认真真反思，而且应该重新进行构架？我觉得有几个问题需要进行重点考虑。

第一，政府采购的范围不明确。现在的统计口径是最低的一个层次，是世界上最狭隘的政府采购概念，就是使用财政性资金采购依法制定的集中采购目录以内的或者采购限额标准以上的货物、工程和服务。其中工程基本排除，分散采购也没有纳入，而且这里有相当一部分比例是通过协议供货，协议供货实际上是分散采购，是采购人在多家供应商处自主选择。我们现在的财政收入每年以很快的速度在增加，那购买性支出有多大的比例？现在政府采购规模有一万亿元，但这其中有很大一部分是通过协议供货采购的，是分散采购的。

第二，政府采购的目标定位不清楚，究竟是要买到最需要的东西，还是为了预防腐败、政策功能或是高效率？这个目标定位对整个政府采购制度设计至关重要，现在都在说“管”“采”分离，说明我们的制度设计基本上是从预防腐败这个角度来考虑这个问题，而对于管理与采购操作中的分工与协作探讨则很少。

第三，法律制度不完善。目前《招标投标法》与《政府采购法》两法并存，而且《招投标法实施条例》有规范政府采购范围的内容。我觉得两

---

* 本文原载于《政府采购信息报》2012 年 4 月 17 日。

法应该合一，全世界只有中国有这样的设计——招标投标作为一种采购方式的立法，与规范整个政府采购活动的法律并列，甚至其规范的数量还大于《政府采购法》规范的内容。

第四，机制、体制的问题比较大。在管理与实施方面有些混乱，比如工程没有一个真正统一的主体来管，而是规定由各行政管理部门自己去管，明显的同体监督，自己管理自己。招标投标只是一种政府采购方式，有些地方不是政府采购管理招标投标，而是招标办管政府采购，招投标管理办公室下设政府采购科去管理政府采购，实在不合理。

第五，监督管理软约束。政府采购利益涉及面特别广，包括采购人、采购机构、供应商等，这些主体之间存在利益冲突。在剧烈的利益冲突面前，可能会出现各种不正当、不合法甚至违法行为。因此，必须要有严肃而强有力的监督管理。对于各种不正当、不规范的行为，必须加大处罚力度。但从这些年的情况看，力度显然不够大。政府采购领域出现的问题不少，但真正得到严肃处理的并不是很多。时间长了，监督管理的难度也会越来越大。

第六，缺乏科学、公正、全面评价体系。究竟买得好还是不好，价格高还是低，目前缺乏一个客观的评价体系，包括评价的主体是谁，评价的指标是什么等。没有科学的评价体系就会导致社会不同方面各说各话，最后谁也说服不了谁。

对政府采购标准化的思考*

一、政府采购要走向标准化

什么是政府采购标准化？标准化对政府采购而言，就是制度、步骤、流程、操作等方面实现标准作业。政府采购标准化的特点是科学性强，采购什么、采购多少、向谁采购、由谁采购、怎么采购，都是科学问题；操作性强；公众性强，受到社会关注；制度性强。

没有标准化管理，就会出现各行其是的局面，供应商也会无所适从。政府采购的规范，最终要靠标准化的方法来实现。

政府采购标准化的内容包括：制度设计标准化，比如实现节能环保政策功能，《政府采购法》没有明确如何节能环保，所以操作就没有标准；作业流程标准化就是要有标准程序；操作实施标准化，两种代理机构如何参与政府采购，本来应集中采购的项目被批准为非集中采购，依据是什么？方式设计和选择的标准化，即每一种方式都要有规范标准；操作实施者的资格标准化指需要具备什么样的资格要有标准；管理监督程序标准化指由谁监督，监督人员应具有何种水平；仲裁与处罚标准化指处罚要有标准，过重或过轻都不可取；信息处理标准化指信息一定要在指定媒体上发布。

政府采购推行几年来，取得了巨大成绩，也出现了许多问题，现在到了思考标准化的时候了。①

---

* 此篇两部分内容是两次会议发言的一部分。内容不多，但意义在于在国内较早提出。2010年至2011年，政府采购标准化终成热门话题，在政府采购领域得到了更充分的探讨。

① 本文第一部分原载于《政府采购信息报》2005年7月13日。

二、促进政府采购标准化

政府采购最重要的是要加大规范的力度。但是具体怎么规范？很多发达国家最主要实行的是作业标准化制度。

第一，规范对象的标准化。有些地方的工程、货物和服务没有纳入政府采购，因此有必要对规范对象建立一个政府采购的标准。

第二，采购方式和流程的标准化。目前选择采购方式的弹性很大，具体用哪一种方式没有标准化，每个地方有各自的标准。其次应建立流程的标准化。

第三，操作标准化。操作过程中，要求各方政府采购的当事人实行操作的标准化。例如，供应商操作行为的标准化、代理机构操作方式的标准化、评标方式的标准化、电子采购的作业标准化等。

第四，政策功能的标准化。什么是中小企业，什么是国货，什么是绿色（环保），等等，这些都需要标准化。

第五，管理的标准化。计划和预算管理、采购程序和过程管理、供应商管理、投诉管理、信息管理、工程采购管理等都需要标准化的管理。

第六，仲裁和处罚的标准化。法律有许多责任条款，但大多比较抽象，比较难以把握，具体差别也很大，应更细化，更标准化一些才更好。

第七，执业资格标准化。对人的管理是很重要的，对从事政府采购事业的人员要有一定的执业资格要求，要制定一个统一标准来衡量从业人员的资格。应进行行业宣传、行业培训，实施行业维权和行业交流等行业性管理职责。①

① 本文第二部分原载于《政府采购信息报》2005 年 2 月 2 日。

新形势下进一步完善政府采购制度*

步入“十三五”规划新时期，我国社会经济发展正在经历速度变化、结构优化、动力转换的深刻调整，对深化政府采购制度改革、提高采购质量和效率提出了更高的要求，特别是面对供给侧结构性改革、政府资本与社会资本合作（PPP）推进、公共资源交易平台规范整合等一系列新情况，政府采购制度如何进一步完善，如何积极有效应对新变化、新情况，更好地发挥其职能作用，仍然需要继续探讨和加深认识。在当前的经济形势下，完善政府采购制度改革还需做好以下工作。

一是加强需求控制和结果评价，实现政府采购闭环管理。政府采购的理想状态是起于科学合理的预算和采购需求，终于规范有效的供给，而长期以来我国政府采购实践面临最为突出的问题之一便是“开口太大，闭口太松”。政府采购首先是为了满足某种需求，就是“物有所需”。因此，恰当地以尽可能低的成本和代价获得政府履行公共职责的货物、工程和服务，既是采购科学化的根本目标和出发点，也是检验政府采购是否科学合理的基本标准。政府采购应更多地进行需求说明，科学规范需求中是否存在多余或不必要内容、需求确立主体及其责任等，保障真正实现物有所需。政府采购预算是政府采购管理科学化的重要手段，应通过需求、成本分析确定实际采购资金，然后编制采购预算。目前，我国存在预先确定预算资金，然后根据资金数量编制采购预算的现象，应通过科学的采购预算

* 本文原载于《中国政府采购报》2016年3月18日第004版理论前沿。

编制和审批、公开程序，实现对采购资金、采购成本和采购目标的控制，以需求为导向，实现源头控制。而从供应的闭口端来看，要最终实现需求合理性与供应有效性的纵向统一，需进一步健全采购履约验收和结果评价制度机制，规范采购履约验收行为，完善采购结果评价体系和激励惩罚机制，同时充分发挥评价结果对采购制度、采购预算、采购需求、采购评审等辅助决策功能，并构建起评价结果与政府采购信用体系的有效传导通道。

二是立足公开透明和公众参与，促进政府采购程序、过程和操作规范。政府采购被称为“阳光采购”，人们常说阳光是最好的防腐剂，政府采购的全过程，都应该在公开、透明的环境中进行。实际上，对于政府采购而言，反腐需要透明度，提高采购质量和效率需要透明度，提高采购与供应对接的程度需要透明度，潜在供应商、社会公众参与和监督政府采购也需要透明度。因此，公开、透明是政府采购科学、合理的最根本保证。

然而，在实际操作中，一些采购人、采购代理机构、供应商通过隐瞒政府采购信息、改变采购方式、不按采购文件确定事项签订采购合同等手段，达到虚假采购或者让内定供应商中标、成交的目的。为了防止暗箱操作，遏制寻租腐败，保证政府采购公平、公正，《中华人民共和国政府采购法实施条例》（以下简称《条例》）大大增加了公开透明的相关内容，但要增加政府采购透明度，绝不仅仅是《条例》的几款条文就能完全解决的，要贯彻到实际操作过程，必须有严格的监督。对于不按规定公开的单位、机构和具体责任人，要依法进行处罚，同时依靠现代网络信息技术，通过建立统一的采购网络平台，让社会各方广泛参与和监督，这样才能真正提高政府采购的透明度，为实现采购规范化和科学化服务。

三是通过优化制度和政策设计，充分发挥政府采购的调节器作用。当前，供给侧结构性改革已经按下快进键。财政政策是重要的需求管理工具，同时也是天然的公共政策和结构性政策，因而其在整个供给侧改革过程中扮演着重要角色，也要求政府采购政策置于财政政策通盘考量、在更高的工作层次上积极作为。

政府采购涉及的结构性问题主要有两点。一是政府采购需求直接决定的供给结构变化，简而言之，就是政府采购什么，企业就要生产什么；二是通过政府采购政策杠杆撬动的产业、区域等结构调整。从近几年的发展情况来看，政府采购职能演变的一条显性特征便是“外向性增长”，即从行政运行服务保障更多地转向为社会公众提供公共服务、为经济社会发展进行宏观调控，在这个过程中既实现了采购及结构的优化，又发挥了引导产业、区域以及市场主体发展走向的作用。面对供给侧结构性改革提出的新课题、新要求、新任务，政府采购需要更加注重保民生、调结构、促发展，关键在于进一步促进保护型政策和驱动型政策的协调。扶持性政策追求更高层次的社会公平正义，典型的有中小企业、福利企业、监狱企业、不发达地区和少数民族企业扶持等；驱动型政策则追求更高的供给质量和效益，其中最为典型的是创新驱动、绿色驱动。“十三五”规划建议提出了创新、协调、绿色、开放、共享的新发展理念。供给侧结构性改革也提出了去产能、补短板等经济结构调整的部署。这些无疑都要求政府采购加大对新技术、新产品、新业态的政策倾斜，驱动旧业态加快技术更新与产业转型，优化供给结构与质量。可以说，建立创新驱动型政府采购已成为应对经济新常态最需弥补的一块短板。此外，应进一步健全绿色采购政策执行机制，丰富绿色采购工具箱，把政府采购的政策理念切实转化为绿色生产力。

四是强化监督和制衡，实现政府采购良治善为。《政府采购法》在主体平等、“管采分离”基础上构建的政府采购管理运行体系，在监管部门、采购人、采购代理机构、评审专家与供应商之间形成了一种制衡机制，即采购人决定“买什么”，而不“组织买”；采购代理机构“组织买”，而不“监督买”；监管部门负责“监督买”，而不参与“组织买”；同时，供应商发挥内部监督作用。但《政府采购法》实施过程证明，这种主体之间的平衡并不稳固，存在行政干预破坏市场交易规则、代理机构存在泛行政化倾向、部门利益影响统一监管等现象。“十三五”时期的政府采购制度改革，要按照加快形成现代市场体系，着力清除市场壁垒，提高资源配置效率和公平性的要求，着力破除地区封锁、行政人为干预等破坏市场交易规则的行为；加强采购人内部管理制约，健全采购人对采购结果负责的制度机制；推进采购代理机构的专业化发展，提升采购人员专业代理水平和质量；按照“大采购”理念强化统一市场监管，提高监督管理的专业性、权威性、责任感；完善专家评审管理，细化和创新专家选拔、培训、抽取、使用、共享、轮换等方面的工作；培育和树立政府采购的契约精神，制定行业信用评价方法和标准，形成全国范围内政府采购信用信息的互联互通和互认共享。

五是推进互联网、云计算、大数据与政府采购的深度融合。互联网、云计算、大数据为代表的新一轮信息技术革命风生水起，互联网与各领域的融合发展成为不可阻挡的时代潮流。从政府采购实践来看，政府采购信息化建设非常重要，但整体来看，目前依然处于较低层级，与深化政府采购改革、提高政府采购效率的要求不相适应。因而，政府采购应充分利用互联网、云计算、大数据等手段，通过与其深度融合，推进政府采购信息化建设，为新时期推动政府采购管理改革与发展、创新采购监管手段提供有力的技术支撑。

六是与相关事业法律制度规范相结合，形成更全面系统的制度体系。全面推进依法治国进程不断加快，我国也逐步迎来各项制度清理、调整、建设的高峰期。从政府采购内部看，制度建设不仅面临如何按照《条例》要求对各项法规制度清理修订、细化补充等问题，也面临适应新的改革实际修改《政府采购法》的问题。同时，政府采购与其他领域法律制度的交叉衔接问题也变得日益突出。今后政府采购法律制度建设必然要依据全面推进依法治国的总体部署，不仅在全面系统的制度体系构建上不断实现突破，而且要与其他领域法治建设无缝衔接、协调发展。

建立政府“大采购”监督管理体系*

从长远来看，应该在充分认识政府采购的公共本质、确立政府采购科学化目标的基础上，结合我国目前对于财政预算、采购实施监督相对薄弱的问题，法制不够规范和健全的整体运行环境，从完善和修改法律的层面出发，建立一套科学完整的政府“大采购”监督管理体系和运行模式。

这里的“大采购”监督管理体系，是将政府采购当作一个完整的过程来考虑，科学、系统地解决好政府采购什么、采购多少、为谁采购、为何采购、向谁采购、由谁采购、如何采购以及采购如何等问题，避免将完整的政府采购内容和过程分化和割裂。这可以概括为建立“大范围、全过程、统平台、重监管”的大监督管理体系与模式。

应该对政府公共资金实施的采购内容进行全面法律制度规范。具体来讲，包括以下几个方面。

第一，采购对象涵盖工程、货物和服务等方面。改变目前政府工程采购和货物服务采购适用两个不同法律的现状，同时，改变政府采购合同与普通民事合同适用完全一致的合同约束规范。

第二，采购人主体涵盖政府机关、公共事业单位、社会团体，以及国有企业、以政府为背景获得社会捐款的慈善机构。应该增加政府各种公共投资的内容，即便是政府投资经营的国有企业，至少也应该包括国有企业用于消费采购的部分。目前，我国国有企业采购金额巨大，但缺乏相应的

---

* 本文原载于《中国经济导报》2013 年 12 月 7 日第 A02 版。

采购监督管理，滥用国有资金、豪华采购、天价采购以及采购中拿回扣等现象严重。

同时，由于国有企业采购不纳入政府采购范围，即使出现上述情况，也没有有效的处理依据。目前有观点认为，如果将国有企业的采购纳入政府采购管理，会导致国有企业采购适用 WTO《政府采购协定》（GPA）。这些当然需要考虑，但 WTO 有自己的规则，并不会因为某个国家的规则而发生改变，何况有些可以通过选择开放范围加以回避。

第三，资金范围。按照以上所述的采购人主体范围，政府采购法律规范的资金范围应该包括所有纳入规范主体的公共性资金，而不是目前法律框架下只包含纳入集中采购目录的、限额标准以上的资金。在明确一切公共资金都纳入政府采购法律规范的前提下，可以根据一次性采购金额大小，采取不同的监督管理方式。

同时，由于中国的特殊情况，像中国红十字会、中华慈善总会这些以政府为背景的社会机构利用善款进行采购时，同样需要被纳入政府采购的法律规范和监督管理范围。

在我国特殊的行政监督管理体制下，政府资金分配使用的预算管理相对比较宽泛，缺乏社会论证和监督，人大审批相对粗放，对于具体的采购对象和内容，没有被纳入纳税人的监督范围。这几年，在各方面的努力下，部分公共资金使用情况才逐步公开。

既然现实中对政府采购需求、预算、实施方式等约束相对软化，就应该有明确的法律制度规范这些内容。而最好的制约方式，就是对政府采购从需求提出、需求评估和论证、采购预算编制与审批、采购实施、合同授予与纠纷处理这一完整的过程进行法律规范，真正实现政府采购规范化和科学化，而不是像目前的政府采购法律制度，只注重采购环节的规范，甚至只注重招标、谈判环节——这是一种明显不适合我国特殊行政管理体制的、狭窄的采购规范法律体系。

在目前网络、信息技术高度发达的前提下，提高政府采购信息化水平与公开透明程度、提高政府采购的交易效率和减少交易成本、提高监督管理水平等要求，都可以通过政府采购交易、监督管理平台来实现。

我国目前一些部门和地方政府热衷于建立公共资源交易中心，认为把各种交易放在一起就能防止腐败。事实证明，政府采购作为政府满足功能需要的日常购买行为，并不等于为实现某种盈利目标而进行的交易。在现代信息技术条件下，建立优良的电子交易、监督、管理、控制体系，是最现实可行的做法。

实行“大采购”监督管理体系，关系到每年数万亿元，甚至数十万亿元的政府采购金额，涉及采购质量和效率、社会经济政策功能贯彻以及为供应商构建公平参与的制度环境等一系列经济社会问题，具有深刻的意义。因此，必须建立更高“级别”，更具专业性、权威性和责任感的相对独立的监督管理机构。改变目前采购实施机构高于监督管理机构，监督管理由财政部门的一个处室“顺带”管理，监管人员数量少、变动快、缺乏专业性和稳定性的现状。

目前，政府采购法律规范的范围过于狭窄，过程过于单一，且主要将规范内容放在采购实施环节。建立“大采购”监督管理体系，就要统一工程、货物与服务采购监督管理体系，要将采购需求、采购预算、采购实施、采购合同履行等都纳入其中，更加注重监督管理环节。事实证明，没有科学的制度设计，就无法实现政府采购目标科学化；而没有严密且高水平的监督管理，再好的制度也只能“空转”。没有对采购需求和预算的严格监督管理，就很难避免天价、豪华采购之类的事件发生；没有对采购程序和过程的严格监督管理，就很难避免采购程序和过程环节发生的违规现象；没有对采购结果、投诉的严格监督管理，就不容易发现操作过程中出现的各类问题。坦率地讲，目前我国政府采购中比较普遍存在的天价采购、政府采购价格高于市场价等问题，从某种意义上看，都与监督管理松懈、监督管理不到位有直接关系。

从“格力空调采购案”看制度设计精细化对风险控制的作用*

控制采购风险，至少有五个基本层面必须把握好。一是法律与制度设计层面，即通过科学、完整、精细化的制度设计来避免风险。二是采购操作与实施层面。三是采购管理与监督层面。四是采购合同履行层面。五是采购的风险救济层面。以上五者之中，科学、完整、精细化的制度设计是基本前提和根本保障。这里仅以“格力案”为例谈谈该案对于政府采购制度设计精细化的要求与启示。

启示一：采购需求说明是否需要具体的制度规范。“格力案”中采购人要求一台8匹模的空调，而投标者提供2个4匹模的组合是否可行？问题的关键是，需求应该以功能说明为主，还是含有组合的具体要求？什么情况下可以提出组合要求？同时也提醒我们很多风险可能就隐藏在需求说明之中，如何防范？

启示二：关于实质性响应的问题。“格力案”中，投标人未对某项“*”内容有实质性响应。目前，一般情况下会对需要实质性响应的内容加上“*”，没有实质性响应“*”内容即丧失中标资格。问题是，什么样的内容要求必须实质性响应？实质性响应是否需要制度规范，如由谁决定、什么情况下需要加“*”？

---

* 本文原载于《中国政府采购报》2010年11月3日第002版。在2008年广东省广州市政府采购中心组织的一次投标中，广州格力以最低出价成为中标候选供应商，但却在之后集中采购机构组织评标委员会进行的复评中出局，出价较高的一家供应商反而中标。此后，广州格力向广州市番禺区财政局投诉两次均被驳回，遂将维持番禺区财政局处理决定的广州市财政局告上法庭。

启示三：关于专家复审的问题。“格力案”中，出现了两次复审。问题是，专家可不可以复审？究竟该由原专家复审还是新专家？制度要不要对此进行设计？

启示四：专家复审的法律效力问题。一是专家有什么权利和责任，需要精细化确定。二是专家是否可以推翻自己的结论，新专家是否能推翻原专家的结论？这在制度设计上需要做精细化考虑。

启示五：关于采购评价标准问题。“格力案”的焦点之一是高价中标，且获得社会广泛同情和支持。那么，究竟什么样的采购是成功的采购，是否需要有一种制度性评价依据和标准？

启示六：关于谁负责和告谁的问题。“格力案”中，告谁成了大问题。采购人是主要的否定者、专家先后的结论不同、采购中心是主持者并未参与评审和裁决、财政部门是裁决者，但涉及两级，要告哪一级？承担什么责任？

启示七：关于适用何种法律的问题。我国政府采购领域两部法律并存，“格力案”该适用哪部法律？《招标投标法》与政府采购相关法律法规的法律效力问题如何解决？

启示八：关于运行机制问题。“格力案”是区委托市采购中心进行的采购，这种委托由谁管理？假设市采购中心在操作中出现违规行为，区采购办能采取哪些处理措施？如何采取？

启示九：关于供应商利益救济问题。“格力案”中，一方面格力在投诉申诉，另一方面合同签订并迅速进入履约阶段。由此面临两难问题，一方面，如果因为有人投诉申诉停止招标和签订、履行合同，采购人单位可能面临停工，影响整个进度；另一方面，如果不停止采购过程，合同签订并履行进入实质阶段，原告即使赢了，也没有实际意义。

启示十：关于媒体监督问题。在目前新闻法律不健全，媒体监督存在影响大、责任小的问题的情况下，媒体监督有时可能是政府采购中的重大风险。因此，在应对媒体监督方面，同样需要一些制度上的准备。

总之，政府采购涉及的利益面广，涉及的法律制度、政策措施内容复杂，实践中的情况千差万别，制度建设需要从实践中不断总结和探索，不断进行制度设计创新，才能使采购风险越来越小。

透视政府采购“三性”特征*

近几年来，政府采购改革，以其突出的成效，已为越来越多的人所认可。同时，作为一种新生事物，政府采购事业在成长和发展过程中，也难免会存在这样那样的问题，由此也使一些人对政府采购的客观性及前景产生了怀疑。的确，究竟如何认识政府采购改革的客观性和必然性，切实有效地推进政府采购事业的发展，仍然是一个不可忽视的问题。笔者认为，对于政府采购的认识，重要的是透视“三性”。

一、作为交易行为的市场性

政府采购是一种交易行为，具有典型的市场性。政府作为采购者，是市场交易的一方，其行为必然具有市场性。认识政府采购的市场性的意义在于：一是政府作为采购方，与其他任何社会主体一样，都为市场中的一员，其与供应商是一种平等的民事关系，而不是管理者和领导者；二是即具有市场性，就必须遵循市场规律，按市场规则办事。政府采购必须遵循效率原则，以尽可能少的支付获得尽可能多的物品或劳务；必须遵循公平交易、平等竞争规则，维护社会商业公正；必须遵循批量原则和适度集中原则，尽量实行大批量采购；必须引入采购竞争机制，通过集中招标与投标等方式，通过销售方的激烈竞争实现效益目标。

---

* 本文原载于《中国政府采购报》2003 年 1 月 1 日。

二、作为政府行为的行政性

政府采购是一种政府行为，具有典型的行政性。政府采购是以政府为主体的，为满足社会公共需要而进行的采购。政府采购什么、采购多少、如何采购以及采购的操作、监督和管理等事项，都是政府相关部门负责实施的。政府采购的行政性表明：一方面，既然具有行政性，就必须依法行政。必须将政府采购的对象、范围、集中程度、采购程序与方式、合同签订与采购监督等内容都纳入法律规范的范围。这也正是我国当前政府采购立法的重要依据。另一方面，既是行政行为，就必须在采购中贯彻政府的各项相关政策和意图，如调节经济运行、促进社会统一大市场形成、加强环境保护等。

三、作为公众事务的公共性

政府采购是一种公共行为，具有社会公众性。在现代民主社会，政府采购实质上是社会公众采购，是政府为满足社会公共需要，代替社会公众进行的采购。政府采购的社会公众性，是区别于其他社会主体采购最本质的特征。它决定了两个基本点：一是政府采购必须始终围绕社会公众的利益与需求，替社会公众负责，运用最科学的采购方法，为社会公共创造最高的价值；二是既然是社会公共的事业，就必须尊重社会公众的正当合法权益，公开、透明地进行，广泛接受社会公众的检查和监督。

政府采购的“三性”清楚地表明：在现代市场经济、民主与法制社会，政府采购实现批量、竞争采购，依法公开、透明采购，是政府采购的本质要求，是不以人们意志为转移的和必然趋势。政府采购成长与发展的问题，只要通过不断的改革和完善，是一定能够克服的。

政府采购“立信”为要*

商鞅徙木立信的故事，在中国可谓家喻户晓。商鞅为图秦国强大而变法，为变法成功而行“立信”。如今，商鞅变法的时代早已经过去了，而徙木立信的故事却并不过时，这对于我国正在进行政府采购制度改革而言，仍不无借鉴意义。

政府采购被认为是能大大节省政府财政资金的“阳光工程”，并由此受到了社会各界的普遍关注。但是，也必须看到，政府采购改革要想顺利进行，并最终获得成功，必须通过完善的制度设计和规范的采购操作取信于民，得到社会各方面的支持与配合。反之，如果政府采购在制度设计上存在漏洞，在操作中偏离“三公”原则，最后将失信于社会。

首先，政府采购要“立信”于采购人（采购单位）。采购人是政府采购改革必然涉及的利益主体。对于政府采购这种新生事物，大多数采购人采取积极支持与配合的态度，他们也期望通过规范化的集中采购提高采购效率，节省采购资金：有些采购人担心集中采购的物品是否符合自己的要求，采购的成本是否更高，是否会产生集中腐败；还有一些采购人，由于种种原因，对政府采购改革本来就不支持、不配合，甚至有意诋毁和诽谤。在此种情况下，政府采购机关只有严格遵循政府集中采购的规则，尊重采购人的正当权益和合理要求，踏踏实实把采购工作做好，才能取得采购人的信任和支持。反之，如果采购机关以“官方”自居，不尊重采购人

---

* 本文原载于《中国财经报》2001 年 6 月 5 日第 001 版。

正当要求，不解释采购中明显存在的偏差和问题，甚至使采购人敢怒而不敢言，长此以往，必然会失去采购人的信任，增加政府采购改革的阻力。

其次，政府采购要“立信”于供应商。政府采购改革为供应商提供了公平、公正、公开的竞争机会，并由此受到供应商的普遍欢迎。但是，如果政府采购在操作实施中偏离了这些原则，或者暗箱操作，或者搞地方保护主义，或者不尊重供应商正当合法的要求，或者无视供应商的投诉与抗议，就必然会失信于广大供应商。显然，如果崇尚正当竞争原则的供应商对政府采购活动敬而远之，剩下的只能是极少数有背景的供应商在政府采购中“活动”，政府采购的“阳光”和效果就会大打折扣，国家推行政府采购改革的目标也不可能真正实现。

最后，政府采购要“立信”于社会公众。政府采购实质上是社会公众的采购，是纳税人的采购。因此，规范、公开、高效的政府采购必然会得到社会大众的广泛欢迎与支持。毫无疑问，社会公众的支持，必然是政府采购改革成功的可靠保障和坚实基础。因此，政府采购无论是制度建设还是操作实施，都应该有高度的责任感，都应该树立为人民服务的观念，主动接受社会各方面的监督，真正“立信”于民。特别是当前不少人在对政府采购持怀疑和观望态度的情况下，政府采购以其实际行动“立信”于民，更具有非同寻常的意义。

政府采购"要法法""法要法"应相统一*

不久前某市政府采购遇到一件怪事，一家市级事业单位采购信息网络技术，按照正常的政府采购程序，北京一家供应商以其较强的技术优势中标。但是，该单位却以与中标企业没有合作先例为由，拒不与供应商签订采购合同。此事发生已一年有余，问题至今没有被解决。由此，不由使人想起了《管子》中"不法法则事毋常，法不法则令不行"的至理名言。

所谓"不法法则事毋常"，是说凡事不制定法律与规则，事情就没有常态和规范，没有对错的标准；"法不法则令不行"，是说制定了法律，如果不尊崇法律，不依法办事，命令就不能得到贯彻执行。显然，要想实现对事物的规范，"不法法"与"法不法"，都是不可以的。而与之相对应的，必然是"要法法"与"法要法"，二者不可或缺。

实行政府采购制度改革，最根本的要求是要建立规范的政府采购制度。既包括制定完善的政府采购法律，以规范政府采购的范围、程序与方式，即"要法法"，也包括严格按法律制度办事，有法必依，违法必究，就是"法要法"。近几年来，我国各级政府在政府采购制度建设方面已经取得了初步成效。一方面，虽然国家政府采购法的颁布尚需时日，但财政部及相关地方政府都先后颁布了政府采购条例和规定，为推动和完善政府采购事业发挥了极为重要的作用。但另一方面，由于政府采购改革毕竟是新生事物，目前的各种法规制度仍有较多的探索成分，还有不少欠完善的

* 本文原载于《中国财经报》2001 年 7 月 4 日第 001 版，原标题为"不妨亮起'红灯'"。

地方。有些地方仍只注重搞简单的招标投标，而不从制度建设入手，甚至无制度可言，使政府采购在实际操作中找不到制度依据。这种情况表明，要完善政府采购事业，还必须从完善规章制度入手，必须在“要法法”上下功夫。

但是，应该看到，仅仅是“要法法”是远远不够的。事实上，要把政府采购工作做好，关键还在于“法要法”，即必须真正做到按法律要求办事。目前一些地方虽然有了政府采购方面的基本法规，但实践中由于种种原因难以严格执行。或者法制观念淡薄，或者迫于行政压力，或者为利益所驱使，或者碍于情面，使一些明明不符合法律、法规的行为得不到及时制止和处理。显然，“法不法”的结果，必然是“令不行”。试想，以上所述的某事业单位，拒不签订合同而久久不能有效处理，长此以往，该市政府采购法规还会有什么约束力？政府采购制度事业怎么能够顺利进行和有效发展？因此，在推行政府采购制度的起步阶段，对违规者的惩罚一定要严。

完善政府采购制度　培养政府采购人才*

尽快建立和完善政府采购培训制度，建立政府采购岗位责任制度和执业资格制度是十分紧迫的任务。政府采购本质上是社会公共采购。一方面，政府采购的公共本质决定其必须实现恰当地满足公共物品与服务需求、实现社会经济政策目标、促进商业公正、防止腐败等一系列重要目标；另一方面，政府采购又是一项十分复杂的系统工程，不仅涉及采购人、采购机构、供应商和社会公众等多方面的利益关系，而且涉及复杂的法律制度、有关的政策、广泛的商品知识和复杂的采购技术知识。因此，要实现政府采购的多种目标及采购科学化，除建立完善的法律制度以外，还离不开精通采购技术、熟悉采购法律制度、具有较高职业水准和职业道德的管理人员和执行人员，更离不开良好的政府采购从业队伍的形成、晋升、淘汰机制及与之相对应的制度。

十多年来，政府采购管理和操作人员从无到有，初步形成了一支有一定理论基础和执业经验的从业人员队伍。但我国政府采购制度建设基本上处于初期阶段，部分政府采购队伍从业人员缺少专门的学习和训练。因此，尽快建立和完善政府采购培训制度，建立政府采购岗位责任制度和执业资格制度，对于提高我国政府采购质量和效率、实现政府采购科学化和规范化是十分紧迫的任务。

首先，应建立全面系统的政府采购人员培训制度，其内容包括：明确

---

* 本文原载于《经济日报》2010 年 2 月 24 日第 005 版。

培训主体、培训任务、培训对象和培训内容，形成定期培训、定期考核、优胜劣汰的培训制度体系。不但要加强对政府采购管理人员、采购操作人员和评审专家的培训，而且对采购人和供应商也要培训。采购人可以通过培训熟悉政府采购法律制度、商品知识、预算编制技术等；供应商需要通过培训掌握政府采购的法律要求、程序与方式。

其次，还应建立政府采购岗位责任和执业资格制度。按照政府采购管理与操作专业化的要求，建立一支理论基础扎实、操作业务熟练、职业道德优良的政府采购管理和操作队伍，还必须建立一套政府采购执业资格制度，真正有利于推进政府采购职业化。通过建立岗位责任和执业资格的方式，可以形成特定的职业规范化机制。

最后，建立政府采购专业协会管理制度也十分必要。政府采购行业的特殊性在于，一方面，政府采购作为以政府为主体的公共采购，需要政府行政管理；另一方面，由于从事政府采购具体操作的机构和人员是非行政人员，并不宜或不便直接进行行政管理和干预。因此，除法律制度要求必须进行行政管理和监督的情况外，在很多情况下，政府采购还需依靠行业管理和规范来完成，即建立政府采购专门的行业协会，实行行业协会式管理，履行包括制定行业执业规范，进行行业宣传、行业培训，实施行业维权和行业交流等行业性管理职责。

公务用车采购改革的原则与模式*

公务用车采购改革势在必行，这已是不争的事实，但公务用车采购改革涉及一系列的社会和经济问题，涉及不同方面的利益关系。因此，要把公务用车采购改革搞好，必须审时度势、认真规划，把握好改革的原则，选择好改革模式。

就我国当前的情况而言，公务用车采购改革必须坚持以下四个基本原则。

一是不管公务用车采购改革怎样进行，均应以不影响正常的政府职能及社会公益事业为原则。如果在没有很好解决保障政府正常公务用车的情况下简单地取消公务用车，势必影响政府职能实现及社会公共事业的发展。显然，如果我们只注重改革节省资金，而不注重取消公务用车后对政府正常职能的影响，最后可能得不偿失。

二是公私分明原则。现在一种思路是取消现有政府公车，将过去公务用车的经费通过补贴的方式按公务员职位高低不同补助公务员个人，公务用车经费由个人从自己补贴中开支，据说理由是减少政府用车的浪费与增加公务员特别是高级公务人员的收入。实际上，果真如此，最后必然步入公私不分、分配不均的轨道。典型的如平时外出办事较多的低级职员所得补贴过少，平时外出办事少的高级职员所得补贴较多；同级之间，工作需要外出多的个人所得就会减少，外出较少的补贴节省就多；工作积极主动

* 本文原载于《中国财政》1999 年第 2 期问题探讨。本文的意义在于，作者在 20 世纪 90 年代提出公务用车采购改革模式，具有实际应用和参考价值。

的可能车费花销较大，工作不负责任的个人所得就多等。总之，如果公私界限不清，实践中必然会形成多办公务个人所得减少，少办公务个人收入增加的反向激励机制，从而导致管理上的严重混乱，并最终影响政府的正常公务。

三是成本最低原则。目前我国公务车使用中的一个极为重要的问题是用车成本过高，包括公务车数量大、标准高、管理与使用分散，由此带来车辆闲置、公车私用等一系列高消耗、低效率的问题。因此，公务用车采购改革的一个重要原则就是在不影响政府公务的情况下，尽可能降低公务用车成本，寻找切实降低公务用车成本的有效方法。目前，公务车使用货币化、补贴化的思路虽然是一种很好的探索，可实践中会不会出现个人车补照拿，公务用车照样由政府出钱的情形呢？如果这样，结果不仅不能降低成本，反而使政府活动成本上升。

四是切实可行原则。所谓切实可行，就是既要达到改革的目标，又要符合我国当前的国情，考虑到不同方面的实际情况，使公务用车采购改革的方式方法、步骤措施切实可行，而不是脱离实际，一哄而上。

在改革原则确定以后，就要选择一种符合上述原则的改革模式。从目前我国的情况来看，我认为有三种模式可供选择。

一是大庆模式。即将现有政府公车取消（拍卖或转让），将政府原公务用车的经费按照公务人员职位高低发给用车补贴。

二是政府用车市场化。即采取服务采购方式，取消现有公务车辆，政府用车统一由政府向所在地出租汽车招标采购，出租汽车公司在公开、公正、透明的条件下参与投标竞标，凡中标的公司有权独家经营政府用车业务，并以优惠的价格与优良的服务保障政府公务用车的需要。

三是集中管理、统一安排、逐步过渡的模式。即各级政府将现有的所有公务车统一到一个机构管理，如成立政府公务车队（如有必要可按行业组成几个支队）等，政府所有的公务用车都由统一的机构安排供应。一方面，公务车管理机构可以是介于政府与市场之间的一种特殊实体，其归政府部门管理，公车产权归国家所有，司机实行合同制，用车首先保证政府公务的正常需要。另一方面，政府公务车队可以采取市场运作方式，对政府用车可以按成本价有偿供应，在保障政府公务用车的基础上可以面向市场，为社会提供服务。如果政府希望最终取消公务用车，可以采取不购新车的办法，即随着政府公务车的逐步报废而终结政府对该机构的产权，使政府公务用车最终步入市场化的轨道。

综合考虑以上三种模式，应该说第三种模式比较适合我国当前的国情与民情，可以较好地解决公务用车采购改革中的一系列难题，包括不用大规模出卖政府用车，避免国有资产流失；不会影响目前政府正常的公务用车，却因将分散的车辆集中有偿使用而大大降低公车使用成本；避免将车改与个人收入高低挂钩，导致公私不分、分配不均的情况发生；避免大量司机突然下岗，增加本已严重的再就业压力；有利于让原来享有专车服务的中高级公务员及政府管理部门有一个缓冲和适应的过渡阶段，从而减少公务用车采购改革的阻力，并为公务车使用最终市场化作好必要的准备等。

政府采购十年感怀*

岁月流逝，一晃之间，我国的政府采购事业从最初的尝试、探索，到《政府采购法》的出台和操作执行，已经有十个年头了。在这十年中，特别是1998年以后，笔者有幸成为政府采购制度变革的关注者和见证者，见证了这项事业发展的过程，见证了其成就，也见证了这项事业发展的艰辛！同时，随着自己对政府采购思考的增多，也感知到了它的更加美好的未来！值此政府采购改革十周年之际，本人不揣冒昧和浅陋，写些文字以述感怀。

一、深为有幸，与政府采购结缘

第一次听到"政府采购"这个词，还是在1998年4月—5月。在这之前，笔者一直认为政府掌握大量的国有资产与财政性资金，如何科学地用好这些资产与资金，应该有很深的学问，但笔者发现这方面又一直没有好的课程。记得在1995年，笔者在原中央财政管理干部学院任教，主动申请开设了一门名为《政府理财学》的新课程，由于课程内容实用，很受学生欢迎。但是，在课程讲授中也常遇到很多尴尬的问题，例如在政府支出方面，政府资金支出以后怎么用？如果需要买东西，应该怎么买？当时隐约感觉肯定存在管理上的问题，特别是在当时政府购买中经常出现资金流

---

* 本文原载于《中国政府采购》杂志2007年第1期特别报道栏目。

失、豆腐渣工程等诸多问题，社会反响很大。后来联系到政府采购处的王绍双同志，介绍了许多关于政府采购的情况，并在那里收集了一些国外政府采购制度的资料。正是以这些零星的资料为基础，笔者开始了对政府采购的了解和探讨。回想起来，后来之所以在政府采购方面能做这些事情，在很大程度上都源于财政部国库司政府采购处杨晋明、王绍双等许多同志的信任、支持和帮助。

事有凑巧，在 1998 年 6 月，北京某大学培训机构要举办控购和政府采购方面的培训班。他们几经周折联系到了我，希望能讲授。一是事出无奈，二是为了帮人解围，就壮着胆子答应了。记得在黑龙江省哈尔滨市首期开班，参训学员大约有 200 多人。后来听说这班是最早的全国性政府采购培训班，至今一些学员仍笑称为中国“政府采购黄埔一期”。值得一提的是，有许多同志比如辽宁省的周传远、陕西省的王小强、新疆维吾尔自治区的齐新梅等同志都是这个班的学员，他们后来都成了各省（市、自治区）政府采购方面的创业人和负责人。记得后来几期班分别在河北省北戴河区、云南省昆明市等地开班，好像总数也有几百人，他们中一些同志仍然战斗在政府采购前沿，有些还与笔者保持着良好的友谊。

到了 1998 年 9 月，原国家经贸委中国经济录音录像中心策划了包括“亚洲金融危机”“知识经济”等一些电视片专题讲座，政府采购也纳入了专题系列，并决定由笔者来讲授。最后做成了近 7 个小时的录像资料，于 1998 年 10 月正式出版（ISRC，CN – A22 – 98 – 005 – O/V. F）。据说是我国政府采购最早出版物之一，当时山东省、江苏省、湖北省、广西壮族自治区、云南省等多个省、市、区都购买了录像资料。应该说，这套讲座资料内容虽然简单，也不一定都准确，但在当时政府采购资料缺乏的情况下，对于普及和推广政府采购知识，还是发挥了积极作用。

正是这样的机会，使笔者与政府采购结下了不解之缘，成了政府采购事业的见证人。也正是因为结下了这种缘分，后来写文章、做讲座、开新课，得到了许多政府采购领域领导与同行的鼓励和帮助，得到了《中国财经报》《中国政府采购》杂志等许多媒体的信任和支持，并结下了深厚友谊。感受了中国政府采购事业发展进步的喜悦，也真正见证了我国政府采购管理者、操作者每一步探索和创新的艰辛。

二、成果丰硕，实属来之不易

因为主要从事政府采购教学和研究工作，能够经常听到人们对政府采购的评价。多数人对政府采购改革和发展给予了肯定和赞许，也有人持怀疑态度，认为不很成功，还有少数人持否定态度。不能否定，政府采购在制度建设和操作实施中，不可能不出现问题。但是，必须看到，成绩是主要的、巨大的！

经过近十年的探索与实践，我国的政府采购事业已经在一片空白的基础上，形成了以《政府采购法》为主体、《招标投标法》《合同法》等多部法律共同作用的政府采购法律框架体系，以及多个财政部部长令为辅助的初步的制度体系，结束了政府采购法律制度空白历史；形成了财政部门主管、集中采购机构及部门集中采购为主的采购执行体系，实现了“采”“管”分离，避免了自行采购、自行管理的状态；政府采购管理和操作队伍从无到有，从简单到逐步成熟，培养和锻炼了一支数万人的政府采购操作和管理从业队伍；政府采购规模逐步扩大，仅货物与服务采购而言，由1998年的31亿元，扩大到2006年3000多亿元，增加了100倍，资金节省率平均10%左右，共节省数百亿元；政府采购由最初简单地提高采购效率和强调节省资金，发展到实施包括政府绿色采购、激励自主创新等多方面的政策功能，对于社会经济政策的调整和引导作用逐步增强；由于政府采购制度的逐步建立，给我国加入WTO《政府采购协定》、对外开放国际市场提供了良好的制度和技术准备，增强了国际市场的适应性；政府采购公开透明的实现，极大改变了人们对于政府采购公共性和规范性的认识，得到了越来越多人的理解和支持，减少了实施集中采购、集中管理的阻力，改善了采购规范化的环境。

最重要的是，这些成绩是在特定背景下取得的，是在政府采购理论和经验空白的基础上得来的，是来之不易的！这种背景至少有两点需要深入认识到。

第一，政府采购在我国是一项全新的事业，是在空白的基础上开始起步的。1998 年以前，政府采购在我国没有概念，没有理论，也没有自觉的实践。1998 年以后，我国立法机构、财政部门及各级政府采购操作部门，借鉴国际经验，在实践中摸索和创新，进行了大量开创性的工作，才有了今天的成绩。

第二，政府采购是一项关联性极强、过程极其复杂的事业。曾经有人质疑进行政府采购研究的必要性，质疑政府采购教学和研究的价值。可实际情况是政府采购涉及面广、影响面大、关联性强、技术要求极高，是一门少有的学问深奥、意义巨大、挑战性强的事业。首先，政府采购涉及采购人、采购机构、供应商和社会公众等多种利益主体的多方面的利益关系。在数以万亿计的巨额采购中，采购什么、采购多少、为谁采购、向谁采购，如何采购等，对于社会公众、国家民族、社会经济发展的影响可想而知。其次，政府采购从需求提出，到预算编制，到采购实施、履约验收及投诉处理，涉及数十个环节，每一个环节都需要有专业知识。最后，政府采购涉及许多领域的知识，如法律知识、行政政策知识与能力，市场分析和判断知识、商品识别知识、采购技术和能力等，是一门跨领域综合性强的内容。理解了政府采购的这些特点，就能清楚地理解在我国目前一些经济关系还没有完全理顺、一些方面法制还不健全条件下，建立实现政府采购规范化的难度。就笔者个人所知，财政部政府采购管理处的同志，为制定起草各种政策制度作了大量的调查分析工作，付出了艰辛的劳动。其他许多地方负责监管和实务操作的同志，在复杂的管理和操作实务中，常为某种法律政策精神、某一项操作程序的规范、某一项合同内容或投诉处理，不断地寻找最合理合法的答案，他们的负责态度和探索精神让人感动！记得在一本政府采购论文比赛的论文集的题字中，笔者毫不犹豫地写下了自己的心里话：“向十年来所有为我国政府采购事业发展而不断实践、探索的人们致敬。”

三、未来道路，漫长而广阔

十多年来，虽然在我国政府采购制度建设方面已经取得了一定成果，但还只是初步成果。随着我国政府采购制度建设的日趋完善，经验日趋丰富，政府采购制度、科学化的前景必将更加广阔辉煌，政府采购在提高采购质量、防腐倡廉、政府政策功能作用、调节经济运行等方面的重要作用一定能够得到更好的发挥。

第一，政府采购法律法规将进一步完善。相信在建立一套主体明确、责任分明、权力制衡、透明高效，既符合社会公众要求又符合政府行政原则与市场规则的良性运行机制和管理模式方面会有更多的作为；政府采购领域的实施细则、各种配套法律政策等将逐步出台，法律制度将更多地围绕公开、透明、效率、发挥功能作用等方面进行，同时法律条文也会更加突出明确、准确、精确的特点，增强规范性和可操作性。不同的采购利益主体在政府采购中的权利、义务、责任更加明确和细化。与构建和谐社会、效率社会相对应，政府采购法律体系一定会更加人性化，更加符合国家、民族和社会大众的利益要求。

第二，政府采购具体执行过程将进一步规范，采购技术将进一步提高。对于政府采购这样涉及多元利益主体、操作过程复杂的活动，非常需要有相对统一稳定的操作程序和规范。随着法律体系的完善，政府采购操作将进一步得以规范，不同地区、不同行业在操作上的差异也会缩小。同时，随着电子信息技术的快速发展，政府采购将在更大程度上利用现代技术，增加政府采购的透明度和公开性，更多地利用网络技术，实行电子化采购。一些新的与现代技术相适应的采购方式将被创新和运用。

第三，政府采购管理将突出规范性、严肃性和权威性。从根本上说，政府采购制度是否能有效发挥作用，最终还要看监督管理是否能跟上。管理要从多方面加强：一是管理将从需求规划和预算编制环节开始，其中重点突出采购“物有所需”，而不只是强调“性价比”式的“物有所值”，由此延伸到采购的全过程；二是管理将突出严肃性和权威性。在政府采购实施初期，由于操作标准并没有十分严格的规范，人们更多的是在实践探索，所以管理上显得比较宽容和灵活。但是，随着制度的完善，对于涉及各方面利益、需要取信于民的政府采购内容，严格依法办事、严肃处理各种违规违法行为将显得更加重要；三是管理水平将进一步提高，比如预算编制和执行水平，采购过程监控水平、采购效果的评价水平、投诉处理水平，在经过不断的实践之后，相信这方面会有很大的改观。

第四，政府采购政策功能将在更大程度上发挥作用。政府采购必须贯彻保护环境、保护民族产业、照顾和扶持中小企业等一系列社会经济政策，实现多种社会公共目标，这既是社会的要求，也是法律的规定。近几年来，我国在政府采购保护环境、购买国货、促进自主创新方面开始发挥作用，随着政府采购规模和影响力的增加，政策功能将会发挥更大的作用。当然，实施政策功能并不是一件简单的事，它涉及各种标准体系的建立，还会出现政策之间的矛盾现象，不可能一步到位，因此，未来应该会有步骤、有重点、有选择地进行。

第五，政府采购终将迈入国际大市场。我国已经是 WTO 成员，并曾承诺加入 WTO《政府采购协定》。因此，无论是从履行 WTO 的义务，还是从经济全球化总体趋势而言，我国政府采购终将步入国际大市场。虽然加入《政府采购协定》对于政府采购的保护国货功能有一定影响，但是，对于我国供应商迈入国际政府采购市场也带来许多机会。在今后相当长的一段时间里，我们要明确的是：应该在多大的程度上加入；应该做好哪些方面的制度配套工作；做好加入后的利弊测算工作。同时，为了适应政府采购国际化趋势，采购人、采购机构、供应商等应该做什么准备。

当然，政府采购广阔的前景会让人振奋，也会让信心倍增。但是，政府采购毕竟是一项复杂的工作，牵涉的面十分广泛，因此，要实现我们的目标，并不是一件容易的事。未来道路仍然漫长，同行诸君，仍需努力！

十多年来，虽然在我国政府采购制度建设方面已经取得了一定成果，但还只是初步成果。随着我国政府采购制度建设的日趋完善，经验日趋丰富，政府采购制度、科学化的前景必将更加广阔辉煌，政府采购在提高采购质量、防腐倡廉、政府政策功能作用、调节经济运行等方面的重要作用一定能够得到更好的发挥。

如何理解政府采购透明度*

政府采购的较高的公开性和透明度，来源于政府采购的公共性。由于政府采购实质上是社会的公共采购，因此，必须对社会公众负责，接受社会公众的监督，也正是因为如此，政府采购被誉为“阳光下的采购”。实际上，政府采购的公开和透明，是政府采购的生命线，没有全方位公开和透明作为保障，政府采购就不可能真正符合社会公众的要求，也不可能实现科学化采购。

第一，政府采购的法律、法规必须透明。目前，我国已经颁布了《中华人民共和国政府采购法》，还将颁布一些细则，各地方政府也会在国家总体法律框架下研究和制定一些规范地方政府采购的政策与法规。只有与政府采购相关的各项法律法规高度透明，参与政府采购的各方当事人才能很好地掌握政策，供应商才能更明白、更有效地参与政府采购市场，社会各个方面才能更好地监督政府采购行为。

第二，政府采购需求信息应该透明。政府采购需求信息透明，是实现政府采购公开、公平、公正最重要的环节之一。需求信息透明，可以使广大供应商平等、准确地获取政府采购信息，平等地参与政府采购市场竞争，从而防止某些掌握政府采购信息的人，利用这种资源进行暗箱操作，谋取不当利益，并限制供应商之间的有效竞争。按照国际一般准则，各级政府采购中的招标信息必须在全国指定的媒体上公开发布，而不能只在极

* 本文原载于《中国财经报》2002 年 12 月 10 日第 007 版理论纵横。

小的范围或不受大众关注的媒体上发布，更不能为达到不正当目的隐瞒政府采购信息。

第三，供应商资格审查的方法与标准透明。为保证政府采购工作的顺利进行，政府采购的监督管理机构要对供应商资格进行审查，包括临时预审和定期审查等方式。需要说明的是，对供应商进行审查时，审查的方法与标准应该明确、统一，并向社会公开。审查方法公开，可以避免对不同供应商采取不同方式，造成供应商之间不能平等取得政府采购供应商资格。特别是对本地供应商与外地供应商，更不能以不同的标准审查来排挤外地供应商，实现地方保护主义的目的。

第四，政府采购的过程透明。政府采购无论采取哪种采购方式，都应该严格遵守政府采购法律规定的程序进行采购。只有政府采购程序与过程公开，人们才能对采购过程中是否有违规行为进行监督，及时发现采购过程中出现的问题。

第五，政府采购评标的方法与标准透明。评标的方法与标准是涉及政府采购各方面利益关系的重要内容，也是容易失之公正和引起利益纠纷的重要环节。为了确保评标的公正性，评标方法和标准的透明是极为重要的。在评标的标准中，必须公开明确地表达政府采购对象的功能、成本、服务要求，明确什么是评标中最注重的因素和指标，不能有歧视性规定，不能留下太多可以变通的空间。只有评标标准公开，供应商才能更好地有针对性地投标，评委才能有明确的评标尺度，如果出现纠纷，仲裁机构才能准确地仲裁，同时社会各方面才能更好地监督评标的公正性。

第六，政府采购的结果透明。政府采购在结束采购之后，应该向未能中标和签约的供应商及其他潜在的供应商公布与政府签约的商家名称、签约数量及签约条件。同时，还应该向全社会公布政府采购的结果。采购结果透明，使投标供应商和潜在供应商能够对照自身情况，衡量采购结果是否存在问题，从而进行有效监督。

第七，政府采购的记录透明。为了便于随时查阅政府采购情况，《政府采购法》要求采购人或者集中采购机构每次招标、投标结束，都应该做详细的记录。采购记录保存，并处于开放状态。采购记录透明，既可以作为查询政府采购行为是否公正的依据，又可以作为总结采购经验教训、不断完善采购行为的宝贵资料。按照我国政府采购法律规定，政府采购记录必须完整、真实，并保存15年以上，从而为增强政府采购记录透明提供法律保障。

第八，政府采购纠纷处理结果透明。由于政府采购过程，涉及多方面利益主体的实际利益，因此，政府采购在实际操作中，常常会在操作是否规范、财务结算或采购验收等方面出现利益纠纷。在政府采购出现纠纷时，当事一方可以抗议、投诉或提出诉讼请求。政府采购管理监督部门有义务及时进行公正仲裁。按照透明原则要求，仲裁的结果必须公开，以便投诉方及其他相关利益主体和社会公众了解仲裁结果，了解是非对错，同时，也是对仲裁是否公正进行有效监督。

02 第二编 政府采购需求成本管理及预算控制

建立政府采购需求规划和预算控制体系的探讨*

政府采购是为满足社会公共需求而进行的采购活动，虽然政府采购的公共本质决定其必须实现多种目标，发挥多方面的作用，但是，作为一种购买行为，与其他采购一样，政府采购的首要任务还是“买东西”，是恰当的、以尽可能低的成本采购政府为履行社会公共职责所需要的“东西”。

一、树立必要功能观念，坚持一切从必要出发

从采购学原理来看，各种采购行为都是源于采购主体对于某种产品或服务的需要，本质上是源于获得某种特定“功能”。功能是事物内部能够发挥某种特定作用的能力，比如手表的功能是安全、准确、方便地提供时间信息；手机发挥通信和信息记录的功能。人们的采购行为表面看是某种形式的产品和服务，而实质是某种特定的功能。由于资源的有限性，人们通常只采购必要功能，即采购有客观需求、采购费用在支付能力范围以内、在多种需求中必要程度和相对效益高的功能。因此，采购者在采购过程中，必须处理好的基本问题：一是必须确定和保障必要功能。通过必要功能分析，发现并获取必要功能，保障采购主体对功能的需求。二是剔除不必要功能。通过功能分析，不断发现现实条件下不必要的功能，避免不

* 本文原载于《中国政府采购》杂志 2008 年第 3 期专家视点栏目。

必要功能采购和发生不必要开支。三是以尽可能低的成本，实现社会公共所必要的功能。总之，以尽可能低的成本获得必要的功能，是实现采购优化最重要的标志。

与其他采购一样，政府采购源于履行社会公共职责而产生的功能需求。虽然政府采购还需要实现其他如调节经济平衡、促进环境保护等特定作用，但首先是为了获得社会公共所要求的必要功能。包括通过功能分析，确保政府履行职责的必要功能；不断剔除政府采购可能出现的多余和过剩功能；以尽可能少的开支获得必要的功能。以众所周知的某公园湖底铺膜为例，湖底铺膜是否有必要？如果必要，是否应由政府支出？如果不必要，即便采购过程和结果再完美，同样没有意义。事实证明，花费两亿元巨资的湖底铺膜不仅没有必要，反而会对环境产生危害。再如，一些政府部门使用高排放豪华汽车，不仅超出了社会公众的要求和承受能力，而且增加能耗和空气污染，其超高速行驶的功能不仅会因公路限速不能发挥，还会形成潜在交通安全隐患，显然属于“过剩”功能；事实上，从我国目前的情况来看，政府采购中出现这样的情况：一方面，必要功能没有及时采购，一些为社会公共所需要的功能不能得到有效保障；另一方面，大量多余的、过剩的功能被自觉或不自觉采购的现象比较严重。

因此，科学的政府采购管理，必须紧紧围绕必要功能，一切从“必要”出发，切实解决好政府采购什么、采购多少、为何采购、为谁采购等一系列问题，从而保障社会公共必要的功能，剔除多余和不必要的功能，使政府采购成为优化需求组合、控制奢侈浪费的有效“闸门”。

二、以必要功能分析为核心，加强政府采购需求评估和规划

政府采购必须一切从“必要”出发，有效保障社会公共必要功能需求的采购。但是，社会公共需求通常多种多样、纷纭复杂。因此，界定哪些是社会公共必要功能，哪些属于多余、不必要功能，并不是一件容易的事

情，而是需要明确的依据。只有围绕功能必要与不必要的主题，通过科学思维与方法，对政府工程、货物和服务的实际需求进行论证和规划，才能准确地进行必要功能定位，并在必要功能评价和整合的基础上，制订科学的采购需求规划。从采购原理与政府性质综合考虑，确定政府采购必要功能的思路主要包括以下几个方面。

（一）以采购人公共职责为依据确定必要功能

我国政府采购人包括政府机关、事业单位及相关团体组织，其采购行为都是为履行其特定的公共职责。因此，履行公共职责而产生的工程、货物和服务等方面的功能需求，是确定政府采购需求的根本依据，包括明确界定各采购人的公共职责，评估其完成职责的必要功能需求，例如功能的定义和类型，功能的性质，是否属于公共需要，功能需求的数量和时间等。在必要功能需求分析中，最重要的是从履行公共职责的需要出发，使功能需求定位在“必要”和“恰当”的状态。围绕“必要”和“恰当”，不断添加和补充不足功能，例如，一些地方中小学校舍破旧，教学设备短缺，必须将其纳入必要功能采购规划，满足正常的教学需要；不断清理和剔除不必要功能，例如一些地方和部门脱离公众要求，动辄盖豪华办公楼、购豪华汽车，显然是多余、不必要的功能，必须清理和剔除。

（二）以采购成本依据确定必要功能

功能必要与不必要，不仅取决于对功能的需求，也取决于获得功能的成本高低，即支付能力和相对效益。实际上，公共所需要功能的质量与数量，也是相对成本支付能力而言的。有些功能虽然也有必要，但开支过大，属于公共支出难以承受的项目，同样属于不必要功能。例如目前状况下，如果全民均能接受免费教育或免费医疗，也是一种公共需求，但在目前经济和社会条件下，政府财政很难全部承担，因此，义务教育以外的教育目前还是一种非公共采购的必要功能。

此外，以采购成本确定必要功能，也存在一个比较成本效益标准。有些功能虽然是社会公共所需要的，但是相对付出的代价而言却得不偿失，也是不必要功能。例如一些地方为城市夜景美观，不惜装饰大量的灯具，耗费大量能源，甚至产生多种污染，同样属于不必要功能。

（三）以功能必要度为依据确定必要功能

由于各采购人单位为履行公共职责，总会有多种多样的功能需求，而公共经费是有限的。因此，确定必要功能，还必须根据必要程度的不同，按轻重缓急的顺序，优先采购公共必需的、紧急的功能，然后再考虑暂时并不急需的功能。例如一些单位不及时满足一些为公共所急需的功能，而热衷于采购供自身奢侈的楼堂馆所或高档豪华消费品，显然不符合必要度原则。

（四）从动态角度考虑和确定必要功能

政府采购中的功能必要与不必要并不是绝对的、一成不变的。社会经济的发展以及公共需求不断变化，功能的需求也会因时间地点不同而不断发生变化。例如目前九年制义务教育是公共采购中的必要功能，随着社会经济的发展，今后高中甚至高等教育也会变成公共必要的功能。同样，对于一些地方而言是公共必要的功能，在另一些地方可能是多余的、不必要的功能。

通过对必要功能的分析、整理和规划，实现对政府采购需求的评价，最后制定政府采购需求规划，是实现政府采购管理科学化的必然步骤。正如人们所普遍认知的结果：事前的、计划上的节约，才是最大的节约。

三、建立公共产品使用和采购标准体系，实施采购标准控制

政府采购除了按正常程序进行功能需求评估以外，在日常采购中，对

于一些重要的且经常性采购的产品与服务，应该制订使用和采购标准。标准明确，政府采购需求确立、预算编制和执行、结果评价与考核等，都会有依据。我国目前的情况是，一方面，人们对政府部门某些超标准、超豪华采购等浪费现象表示不满；另一方面，对于什么是奢侈浪费，如采购超高功能电脑做打字、编排等简单工作是否属于奢侈浪费，并没有技术和法定判断依据。因此，实现政府采购科学化，防止采购不必要功能，抑制奢侈浪费，必须建立政府货物、工程和服务的使用与采购标准，形成严格的标准控制体系。

首先，建立政府工程使用和采购标准。政府工程项目耗资巨大，与人民利益密切相关，因此，应该成为采购领域控制的重点对象。工程采购在确认工程性质及其必要性之后，至少要有以下方面的标准控制：占地标准、人均办公面积标准、单人最大办公面积标准、办公用品标准、资金预算和成本开支标准、节能环保标准、后续维护费用标准、建筑材料标准等。工程标准的制订应与工程的性质、用途、功能要求、政府级次、地区人口、综合经济实力、后续适应性等相结合。标准一旦确定，严禁地方和部门突破标准。

其次，建立货物和服务使用与采购标准，对于一些政府部门常用的货物与服务，比如汽车、电脑、办公设备、软件系统、装饰装修材料等，制订多重使用和采购控制标准，包括功能标准、国货标准、自主创新率标准、节能环保标准、成本开支标准等。功能标准可以控制产品和服务的实际用途；国货标准、自主创新和节能环保标准保障政府采购政策目标实现；成本开支标准实现直接的费用控制。

最后，形成多层次标准控制体系。货物、工程、服务使用和采购标准可以分全国性统一标准与地方标准体系多个层次。全国性统一标准由中央政府相关部门制订，由全国人民代表大会讨论审批，在全国范围内生效。我国人民代表大会是人民表达意见和行使权利的机构，因此，只有全国人民代表大会通过的标准，才能体现社会公众的意愿，成为反映人民真实需求的标准。在全国总体标准控制下，各地方可以根据地方实际制订地方标准，但不得超过或违反国家标准。如果因为时代发展等因素导致标准需要改变，同样需要人民代表大会调整和修订。

四、加强政府采购预算管理和控制

对于政府采购需求的评估和控制，最终还是要依靠具有法律约束意义的政府采购预算管理和控制。《政府采购法》规定，负有编制部门预算职责的部门在编制下一财政年度部门预算时，应当将该财政年度政府采购的项目及资金预算列出，政府采购应当严格按照批准的预算执行。但是，目前政府采购预算明显存在科学性、公开性、严肃性不足及约束力软化等问题。一些地方和部门基本没有编制政府采购预算，更没有进入审批程序，或者只是一种采购统计的汇总，而不是建立在科学需求评估基础上的科学预算，使预算既不能全面保障必要功能的采购，也不能有效剔除多余功能的采购，失去了预算本有的计划、监管和控制功能，也是导致采购领域产生奢侈浪费的重要原因。

加强预算管理和发挥预算的监控作用，需要做好多方面的工作，建立和完善政府采购预算制度，包括明确的预算编制、审批和执行监控等多方面的制度和政策措施。其中，应该重点做好以下几个方面的工作。首先，采购预算必须建立在采购需求分析和评估的基础上，而不是一种简单的采购需求汇总。需求评估应通过采购人、管理机构及社会公众等多方面的人员参与，并设置专业的评估机构和人员，按照规定的程序进行。明确规定评估机构和人员的职能、权限，对评估结果负责。其次，采购预算需要对资金来源、采购的产品与服务估价、执行时间、采购项目和资金调整、采购项目和规格变动、编制和审批程序、权限与责任等作出详细的规定，充分保障预算的科学性和有效性。例如，目前预算编制应该是先安排采购人单位预算资金再安排采购，还是先根据采购预算再安排资金等程序问题，都需要科学地规范。最后，采购预算审批通过之后，必须严格按照预算执行。由于采购预算可能会存在一些计划与实际需要方面的变化，因此必然会存在一些预算执行中的调整问题，对调整设置合理合法的程序。对于不按预算执行的行为，特别是滥采滥购的行为，必须依法追究责任。

政府采购需求管理需要注重功能分析*

科学合理地确定采购需求，尤其是进行政府采购需求分析，树立和运用“功能”概念，寻找和确立采购的必要功能，避免和剔除采购中的多余和不必要功能，在进行需求定位管理中具有非常重要的意义。

财政部发布的《政府采购需求管理办法》规定，采购需求管理是指采购人组织确定采购需求和编制采购实施计划，并实施相关风险控制管理的活动。实际上，采购需求管理主要包含三个方面：一是采购人通过科学的需求说明、需求分析、需求定位以及论证和控制，确立采购需求；二是通过编制采购实施计划，解决用什么方式、由谁、按什么程序来满足需求；三是满足和实现采购需求中的风险控制，包括需求中技术、商务目标定位以及获取过程的合理、合法性问题。

可见，需求管理是一个复杂的过程，几乎贯穿从需求提出到需求满足的全过程。但是，作为需求管理，最重要的是需求的前期管理，即首先要解决好政府采购中需要什么、需要多少、为何需要、谁需要等问题。解决如何通过需求提出、需求说明、需求论证、需求分析，确立需求定位，从而最恰当地确定政府部门履行公共职责的需要内容和范围。从采购学原理而言，科学合理地确立采购需求，尤其是政府采购需求分析，树立和运用“功能”概念，寻找和确立采购的必要功能，避免和剔除采购中多余和不必要的功能，在进行需求定位管理中具有非常重要的意义。

---

* 本文原载于《中国政府采购》杂志 2021 年第 9 期。

一、政府采购需求定位需要树立和强化功能概念

所谓功能，简而言之是事物能发挥某种特定作用的能力，是指“它是干什么的”或“它能干什么”。从采购学原理来看，各种采购行为都是源于采购主体对于某种产品或服务的需要，本质上是要实现解决需要“干什么”的问题，即源于对某种特定“功能”的需要。例如，采购汽车，一般情况下其功能是运输，学校的功能是教育和培训。从某种意义而言，一切采购活动都是“物有所需”，采购从表面上看是购买不同的产品和服务，实质上是为了获得某种特定的功能。因此，在采购学中，功能是一个不能忽视的重要概念。而在政府采购中，树立和强化功能概念，同时围绕“必要功能”进行功能分析，在优化需求定位、确保政府采购的合理性和恰当性方面具有重要意义。

（一）对需求进行广泛且实质的定义和说明

人们采购的东西可能千奇百怪、品种无数，很难有一种简单、准确的描述。但使用功能概念，可以通过“它是干什么的”发现其实质是要获得某种需要“干什么”的能力。比如，新建一所学校，可以按照“干什么的”进行功能描述。不仅总体功能可以通过功能进行定义和描述，二级结构的内容也能进行新的说明和描述。比如，手表的表带功能、指针功能；学校里的教室、教师、图书馆各自的功能，以至于每一个零部件，都可以从用途方面表达。因此，功能成为采购中需求说明不可缺少的重要内容。

在表达需求的实质性方面，也可以看到《政府采购法》在执行中存在的相关问题。《政府采购法》第十条关于政府采购本国货的规定有例外条件，即政府采购应当采购本国货物工程和服务，但不合理的商业条件或者本国无法获取的例外。其中本国无法获取的，是指什么，是样式、品牌、专利，还是设计？都没有明确。事实上，在审批本国无法获取的进口采购

时，未能有明确的概念，最后可能按照只要本国没有的就可以进口来执行。如果明确规范是本国无法获取的功能，依据就很明确。只要能满足这种功能需求，就不能进口。由此可见，只有功能才是对需求最本质的表达。

（二）树立一切从功能出发，而不是从原有实现功能的方式方法出发的积极思维模式

采购中经常会出现思维定式和先入为主的问题，比如，采购某种产品，立即会想到某品牌，或者立即想到过去用过什么方式。在20世纪40年代国外有个著名案例。政府部门要求企业和娱乐场所必须采取防火措施，并且因为过去防火一直使用石棉板，直接要求安装石棉板。政府这一要求导致石棉板一时供应紧张，价格上涨。这时，有一家公司采用石棉纸代替。后来政府检查石棉板安装情况，安装石板纸被认定不合格，责令重新换成石棉板。最后公司上诉到法院，争论的焦点是政府究竟是要防火的功能，还是要单位安装石棉板，被告也不得不承认是为了防火。最后通过监测，石棉纸具备政府要求的防火功能，公司胜诉。

由此可见，实现同样的功能，可能有很多种方法，树立和增强功能概念，一切从功能本身出发，而不从实现功能的方式方法出发，不将实现功能的方法与功能本身等同起来，可以找到更多更好的实现相同功能的方法，从而有利于破除思维定式，开拓选择思路。

（三）对功能需求、功能结构进行具体分析

首先从干什么出发，寻求需求点，然后在市场上寻找最佳供应对接点。在具体功能描述和定位时，可以对“功能”进行分析，比如，功能需求的内容、类型、定义，功能需求的档次、功能需求的规模或数量、功能发挥作用的条件与环境、总体功能下的功能分支结构及分布、实现功能的方式和途径、功能获得的方式及成本与代价情况等。

功能分析可以分为功能需求分析和功能结构分析。例如，可以将功能划分为基本功能和辅助功能、使用功能和贵重功能、总体功能和分支功能等来进行分析。在基本功能与辅助功能中，基本功能是采购的原因和条件，辅助功能是为了更好实现基本功能或增加其贵重与美观而附加的功能。但在具体的采购操作中，人们很容易把注意力放到辅助功能上，而忽视了基本功能，常常导致缺乏基本功能，辅助功能过剩，既不能有效保障需要，又可能导致大量浪费，从而不能“恰当”地满足需求。又如，在使用功能和贵重功能方面，政府采购更应该注重实际的使用功能，但现实中人们很容易把注意力放到豪华性、品牌价值等奢侈和贵重功能上，从而增加许多不必要，甚至是有害的功能选择。比如，采购豪华高档汽车，实际上，如果只为基本的安全运输目标，目前一般汽车技术并不难实现，也不需要支付很高的采购成本。而因豪华和高价获得的比如超过一般车辆的时速数百公里的高速行驶的功能，则可能因为道路限速无从发挥，成为多余功能，没有实际使用价值。但是，为了高速行驶的能力，为了豪华和尊贵等“面子”功能，则可能会付出高出普通车辆许多倍的采购成本。同时，还会因更高的耗能，更高的保险、维修、保养费，导致增加使用成本和环境污染代价，增加寿命周期成本。

（四）判断采购需求是否具有排斥性、倾向性内容的主要标杆

关于以功能为标准判断排斥性，我们可以通过两个现实案例了解。第一个是空调采购案例，招标文件中要求，带有星号列为实质影响的室外机模块化设计，应至少拥有若干种不同规格模块并可任意搭配，最大能做到若干个模块组合，冷量以 2 匹为单位递增等。双方一直为供应商是否对带星号的要求进行了实质回应争论不休。而实际上，问题并不在是否有实质性响应，而是这一要求是否合理。如果这一要求具有排斥性，那么招标文件本身就有问题。如果按照其要求，会影响制冷功能吗？如果不按文件要求的组合并不影响制冷功能，那是否实质响应有什么意义。答案是明确

的，即不按照招标文件规定的组合，并不影响制冷功能。第二个案例是，某地供应商交货，发现交货的产品与原提供的样品颜色有偏差，由此导致质疑和投诉。最后解决的依据是颜色偏差是否影响产品的功能。当确定颜色偏差并不影响必要功能，争议很快得到解决。

在政府采购中，需求说明不允许用品牌、专利、特定设计进行说明，而只有使用功能说明才是最有效的方式，既能精准地说明需求的实质内容，又能拓宽思路寻找最佳实现功能的方式，还能避免对某种具体产品和服务的倾向性和对其他供应商的排斥性。

二、确保“必要功能”

树立和强化功能概念有多方面的作用，但重点还是在于功能分析，而功能分析的核心在于寻找和确立“必要功能”。政府采购在理论上很明确，要保障公共的必要需求。但是，在政府采购实际操作中，因为种种原因，经常会导致“购非所需”“所需未购”。一方面，应该保障的需求不能有效保障；另一方面，功能需求定位过高，出现例如盲目追求高功能、多功能、功能强大现象，追求大量多余、过剩、实际上没有必要甚至有害的功能。典型的案例是最近发生的某市拆除关公塑像事件，一座高达 57. 3 米、耗费 1. 7 亿元建成、用 1. 55 亿元搬走的巨型关公雕像近日再度引发关注。有媒体评论文章指出，先是违章建筑，后又被强制搬移，3 亿多元就这样浪费了。在那个地方建塑像是否是必要功能，显然缺乏论证。

究竟什么是“必要功能”，怎样才算是必要的，并没有固定的标准，而更多是一种综合因素权衡的界定。一般情况下，所谓“必要功能”是指采购中必不可少的功能，对这些功能的需求，构成采购的原因和条件。具体而言，“必要功能”是否成立，是综合考虑三个基本因素确定的。一是属于采购政府部门履行公共职责所必需的功能，或者说为纳税人提供公共服务所必需的功能；二是政府成本和开支能够承受得起且相对效益高的功能；三是在公共资源有限的情况下，按照轻重缓急排列更急需、相对效率和效益更高的功能。在具体的采购实践中，重点可以按照以下思路考虑。

（一）以采购人履行的公共职责为依据确定必要功能

例如，某地法院在采购信息公告中公布要采购一批按摩椅，引起网络热议。网友质疑，法院回应称采购按摩椅是为了退休法官有较好的健身休养条件，于是引起一场大讨论：法官退休后享用按摩椅的待遇是公共需求吗？是法院履行公共职责所必要的吗？纳税人有义务承担这笔费用吗？最后结论是按摩椅不是公共需要，相关采购取消。这一案例说明，履行公共职责、为社会公共服务才是政府采购必要功能确立的核心依据。政府各采购人单位要准确地把握自身的职责和任务，根据需求是否属于公共性质、需要什么、需要多少、为谁需要和为何需要的思路，确定需要的功能、数量、结构，通过功能分析，不断寻找必要功能，不断剔除可能存在的多余和不必要功能。

（二）以采购成本和支付能力为依据确定必要功能

采购是以支付为代价获得产品与各类服务，即以支付为代价才能获得功能。因此，功能是否必要不仅取决于是否需要，还取决于是否有支付能力，或者是否代价过高。与其他所有需求一样，如果没有稀缺资源的制约和财力的限制，公共需求也可以是无限的量。有些功能虽然也有必要，但开支过大，属于公共支出难以承受的项目，同样属于不必要功能。例如，义务教育普及到什么程度、高等教育私人性、准公共性及纯公共性的比例如何确立，还有一些地方政府大楼的建筑与装饰标准定位等，都必须与财政能力、预算规划挂钩，统一筹划，综合考虑。

同时考虑成本因素，还需要考虑获取功能的代价，以及获得功能的相对效益。虽然必要且能承担，但如果代价太大，相对效益不高，也不一定需要。例如，一些地方过度进行亮化工程，在广场、街道布置大量的灯具和装饰品，彻夜灯火通明，虽然也有一定意义，但成本代价大，甚至消耗能源、污染环境，其实并无必要。

（三）以功能必要度和相对效益为依据确定必要功能

政府采购的需求是多种多样的，而公共经费是有限的。因此，在资源有限的情况下，面对众多需要，如何确定哪些功能是更必要的？对此，必须对各种需求按轻重缓急进行排序，排列出第一序列最急需、必须优先保障的功能需求，比如，社会公共秩序管理的功能需求必须首先得到保障；第二序列次重要、尽可能保障的功能需求；第三序列条件允许的情况下，争取实现的功能需求；第四序列虽然需要，但并不一定需要公共提供的、不可少的功能需求。

（四）以规范的标准体系为依据确定必要功能

一方面，政府采购的对象及功能要求可能各不相同，需要根据具体的需求进行功能分析，确定必要功能的内容和范围；另一方面，政府采购众多的产品和服务，如果每一种、每批次采购都进行必要功能分析，也会增加工作量，降低工作效率。因此，政府采购可以通过对通用类需求进行统一的功能分析，确定基本的功能需求标准，比如公务汽车的运输功能标准、办公楼装修功能标准、办公用品的功能标准。与此相对应，制定相应的价格控制标准，采购预算标准等。当各种具体的产品与服务需求都有了基本标准，一般通用情况下，需求按照标准确定。

我国实行统一领导、分级管理的财政管理体制，标准规范和控制可以分成不同方面。中央财政可以统一制定全国性的政府采购需求的功能标准，标准可以是强制性的，也可以是参考性的，保持对全国政府采购的约束力和参考性。另外，我国各地情况差别大，地方各级政府在自己管辖范围内，可以制定与自身情况相符的产品与服务必要功能控制标准。

（五）从动态角度考虑和确定必要功能

政府采购中的必要与不必要功能并非一成不变。由于社会经济的发展以及公共需求的不断变化，不同功能的需求也会因时间、地点、法律、政策制度等的变化而不断变化。一部分原本并非纳入公共需求的功能，由于情况变化需要纳入公共需求范围。比如，学龄前幼儿教育在我国仍然主要是私人承担，而在世界很多国家却被纳入了公共需求范围，成为政府采购的必要功能。再如，我国目前实行的九年制义务教育，今后随着国力的增加，普通高中及职业高中可能同样要纳入义务教育，如此就变成了政府采购的必要功能。同样，对于一些地方而言，由于各地社会经济状况有所不同，不同公众群体的公共目标和关注的内容不同，在确立必要与不必要功能方面的侧重点也会有所差别。

三、建立完善的需求管理控制机制

政府采购必须注重一切从“必要”出发，确立和保障“必要功能”，这是由政府采购本质和特点决定的。政府采购本质上是社会公众和纳税人的采购，由纳税人出资，为满足纳税人公共需要而进行的。但是，采购的产品与服务的具体使用人并不一定是出钱的纳税人，比如政府部门的办公楼、公办学校、公务汽车，各类办公用品等可能只是由一些特定人群使用。不仅如此，决定采购什么、采购多少等采购需求，也不可能由每个纳税人确定，而是主要由采购人决定。因此，政府采购明显出现了出资人、使用人、采购人等主体相对分离的情况。由于出资人和使用人的分离，作为出资人，希望采购人和使用人少花钱、多办事，提高物品或服务的使用，特别是需求定位合理恰当。但作为采购人和使用人，可能更多注重产品或服务功能的质量、数量，更符合“自身”需要。在这种情况下，如果没有比较好的采购需求确立机制，没有社会公众对采购需求确立的适当参与和监督，采购人确立的采购需求与纳税人的真实需求很容易产生偏差，很容易滋生过度的“三公”消费等多余、不必要功能被纳入采购现象。

因此，政府采购需要建立完善的需求管理制度和流程，形成有专业的人员参与、有社会公众参与和监督、有明确直接间接的责任人的优良管理和控制机制。

（一）建立优良的专业人员和专家审核机制

对于在一定金额以上、具有一定复杂性的功能需求，应该由具有专业水准的人员根据履行职责的需要确定。对于重大项目的采购需求，应该由专家团队根据职责定位和实际需求进行专门论证，以确保功能分析和需求确立的专业性。

（二）建立政府采购从需求提出到需求确立的严格责任控制机制

我国政府采购已经有了初步的政府采购内控制度，但对于需求定位以及确立的具体程序和责任并没有清晰界定。实际上，采购人单位从需求提出、功能分析、需求说明和需求论证，应该有专门的流程。围绕需要什么、为何需要和为谁需要，从采购人履行公共职责、单位预算情况到产品或服务预算价格控制等，既要有科学合理的流程，又要有专门的责任人，特别是需求最后的确立者，需要对是否存在多余、不必要功能以及采购预算价格是否合理等承担责任。

（三）完善社会公众参与和监督机制

为确保政府采购功能需求符合社会公众的要求，必然要有良好的社会公众参与机制。应该通过政府采购网络平台，发布功能需求采购意向，公布采购预算，接受社会公共监督，获得社会反馈，及时调整不合理、不合法的功能采购需求。

我国政府采购没有必要追求过高功能*

一些采购单位之所以偏爱洋品牌，一是一些人有洋品牌崇拜或情绪，而看低国货；二是既然是政府采购，花的是政府的钱，不是自己的钱，既然不花自己的钱，就可以不管成本和代价，自然选择高功能产品，而不是只以能满足功能要求为限。

政府采购是为了获得政府履行职责所“必要的功能”。只要国货能够满足这种功能要求，就必须采购本国货，而不是功能越高越多越好。为片面追求高功能、多功能而付出不必要的代价，绝不是政府采购的选择。只有在“功能”（而不是某种设计或特殊的技术规格）无法替代的情况下，才可能考虑采购非本国货。

必须认识到，政府采购是一种社会公共采购，用的是纳税人的钱，而不是某个人、某个单位“自己”的钱，不能只着眼于某个“单位”、某件事考虑，而是必须从社会大众利益及国家利益出发，贯彻国家的政策功能作用。我国没有加入 WTO《政府采购协定》，采购本国货，是我国政府采购的权利和义务。政府采购国货，涉及保护民族产业、激励自主创新，甚至是经济安全、国家安全等一系列问题，而不仅仅是一个简单的“向谁采购”的问题。①

---

* 本文原载于《中国招标》2007 年第 6 期专家论坛。

① 此篇文章虽然很短，但针对当时有些采购人为追求更多更高的功能，热衷于购买外国货时，作者明确表示如果国内产品功能能满足要求，就不能提出这种需求，强调一切以满足功能要求为准，而不能片面追求高功能。

忽视功能是最大浪费[*]

政府采购要贯彻节能节约精神，正如我们通常所说的，要“少花钱、多办事”。但是，在采购实践中，究竟怎么节能节约？哪些“钱”要少花，且在多办“事”的情况下少花？哪些“事”要多办，在少花钱的基础上多办？到目前为止，还没有明确的概念和依据，但笔者认为，一切从“必要”出发，从“功能”出发，才是实现政府采购节能节约的根本措施。

一、最大的节约是剔除不必要功能

一方面，政府采购虽然要实现多种目标，但最根本的目标还是获得社会公共所需要的功能，例如，军事支出和采购是为了获得保卫政权稳定和国家安全的功能；汽车采购是为了实现快速、高效、安全的交通功能。另一方面，并不是所有的采购都会恰到好处地获得所需要的“功能”。社会公共所需要的功能是一个十分复杂的体系，如何科学确定必要功能，并不是一件容易的事。事实上，在政府采购过程中，不能有效获得“必要功能”与自觉不自觉地获得了“不必要功能”“多余功能”“过剩功能”的情况是经常存在的。不能把握好“功能”必要与不必要界线的直接后果是缺乏必要功能，会使正常、必要的功能得不到保障。例如一些地区义务教育不能有效保证，就是必要功能不能保障的典型事例，采购了“不必要功

---

* 本文原载于《中国财经报》2005 年 9 月 7 日第 003 版。

能”和“过剩功能”必然会导致不必要的支出和成本，特别是增加不可再生资源的消耗。

因此，在政府采购事业中，最大的节约就是符合必要功能要求；最大的浪费是偏离了“必要功能”这个重心，采购了“多余功能”和“不必要功能”。因此，节约的根本是进行功能分析，保障必要功能，剔除不必要功能，而不是简单地在局限操作中使用某种节能节约技术指标与方法。

二、“必要”的依据是什么

政府采购大量的不同功能中，究竟哪些是社会公共所必要的功能，哪些可能是多余的不必要的功能？在实际操作中，是否有明确的决策思路和依据？

就政府的采购而言，确定哪些是其必须保障的必要功能，思路主要包括四个方面。

第一，以“需要”为依据，考察功能的必要性。政府采购是为履行政府职责并最终满足社会公共需要。因此，是否是必要功能，关键是看采购对象的功能是否为现实条件下公共所需要。一是必须为社会公共所需要，不为公共所需要的，就不能采购；二是既要考虑实际需要，又考虑现实条件下实现该种需要的可能。例如，城市的夜景灯火对于城市美化是需要的，但如果考虑到广大农村建设能源紧张的特点，其必要性与必要度就值得考虑。

第二，以“成本”为依据，考察必要功能。必要与不必要，与成本直接相关，有些功能虽然是必要的，但其“成本”和代价过高，就不一定必要。例如，使用木材建筑和装修，据测算，树木的木材价值只是其自然功能价值的九分之一，对于政府而言，一些木材的使用社会成本太高，因此，木材的使用可能是不必要的，而是应该实现功能裁减或替代。

第三，以功能的必要度为依据，考察必要功能。虽然很多功能为社会公共所需要，但是，各种功能会有轻、重、缓、急的差别。一些地方连教师和公务员的基本工资都发不了，却大量采购价值几万元一台的电脑。因此，在确立必要功能时，应优先保障非常必要、必须及时保障的功能；对于介于必要与不必要之间的功能，可以根据情况来确定，在时间上应具有可塑性；对于明显不需要或超出支付可能的功能，则必须坚决剔除。

第四，从动态角度出发，考察必要功能。功能必要不必要并不是一成不变的，不同时间、不同地点、不同情况下，功能必要和不必要会发生转化，需要从发展的、变化的、联系的角度确立必要功能。

三、节约围绕“必要功能”进行

更重要的问题在于，在政府采购操作实施中，如何把“必要功能”的理念和精神贯彻到操作实施中，从根本上改变人们的行事方法和习惯，需要从观念、制度、操作和评价技术等多方面付出努力。

第一，从改变观念开始。树立全新的“功能”理念，树立政府采购必须一切从社会公共需要出发，明确一切采购都是为了获得公共所需要的特定功能。要使政府采购成为保障社会公共必要功能、剔除不必要功能的科学过程，而不是仅从地方、部门、公务人员个人习惯和爱好出发，自觉或不自觉地采购不必要功能，造成不必要的消耗和浪费。只有改变观念和思路，才会积极主动地适应和贯彻科学的方式方法。

第二，通过科学的制度设计加以保障。要真正实现采购围绕必要功能进行，单纯地靠自觉显然是不行的，而是需要建立严格规范的制度才能从根本上提供保障。为了确保政府采购不致采购过剩功能，政府需要履行职责的实际需要，制订政府采购工程、货物、服务使用基本标准限制制度。例如什么情况下采购公务用车属于正常需要，不同级别单位采购公务用车的排气量及价格都应该有明确的限制标准；政府办公设备与系统应该限制标准。

需要特别说明的是，我国财政实行的是分级管理体制，各级政府自主支配财力的权力相对较大，因此，在采购中更容易形成地区性失控，存在地区性预算约束软化。在这种情况下，更应该制订全国性标准。只有有了明确的标准，才能使政府采购的节能节约行为有遵行和监督的制度依据。

第三，在预算编制和预算审批中实施控制。从目前来看，政府采购节能节约上似乎有一种较大的误区：重视在采购操作过程中实现目标，如当前的“清单法”，似乎按照清单采购就实现了节能的目标。但实际上，必须强调的是，真正的节能节约环节应该是在政府采购预算编制和审批阶段，这两个阶段把握得好，才是真正的节约，才是大节约。结合以上所说的政府采购的基本标准限制制度，在预算编制时，进行严格的“功能”分析，包括进行功能说明、功能结构分析，根据功能要求的职能依据和政策依据，进行功能的必要性与必要度分析；另一个重要的控制环节在预算审批阶段。政府采购要按批准的预算执行，在预算审批时，严格按照履行职责的需要和国家的限制标准进行审查。对于不符合功能需求的部分，一律剔除。

第四，在操作实施中进行节能节约控制。无论是观念改变还是制度保障、预算控制，最终都要在操作阶段落实。因此，政府采购的操作实施必须十分科学、规范。在诸如招标采购等采购中，对于采购对象的描述，应该以功能描述为主；在功能评价方面，重点评价必要功能，剔除多余功能；增加必要功能因素的计分权值。其他如“清单法”“标准法”等节能节约的方法，都应该在保障必要功能、剔除多余功能的基础上进行。

采购预算应注意三大事项*

一、规范是首要

编制政府采购预算，是为了便于对政府采购进行主动的计划控制，全面反映政府采购项目和内容，实施有效的管理和监督。政府采购预算要实现这一目标，就必须统一预算编制口径和规范。

政府采购预算不仅涉及资金的使用和安排，涉及不同部门、不同采购人的实际采购需要与具体要求，而且还涉及不同采购项目、目录、方式的分类，涉及市场变化与商品知识。我国普遍推行部门预算，政府采购预算作为部门预算的组成部分，需要与部门预算相协调，由于部门的职能作用和预算科目的差别，容易导致部门差异；我国政府集中采购目录和采购的限额标准可以由各省（区、市）自行确定，所以政府采购预算在不少方面也会产生地方差异。正是由于一系列复杂原因，使得政府采购预算的编制呈现难度大、部门之间和地区之间差异明显等特征，并很容易由此产生政府采购预算编制上的不完整性和不规范性。事实上，政府采购预算编制的实践也证明了这些问题的存在。

虽然由于各种原因，政府采购预算编制的差异性难以避免，但是总体的、基本的要求与标准应该是统一的、规范的。规范的内容主要包括预算的编制程序，编制权限、责任与义务，按工程、货物、服务不同进行的预算类、款、项、目的分类及其归类标准，预算安排的说明、预算的汇总，

---

* 本文原载于《中国财经报》2004 年 3 月 17 日第 004 版理论 · 实务。

部门预算中政府采购预算与总预算的对接口径，采购价格的评估和计算依据，预算调整依据及资金节约率等。

二、需求是关键

政府采购预算作为一种管理手段，不应该只是一种采购项目的编列，还应该体现对采购对象的审查和控制，即合理地确定政府采购的采购需求。政府采购什么，采购多少，什么时候采购，决定的依据是政府履行社会公共服务的职能与目标。如果政府采购的对象与内容超出了政府职责和社会公共服务的目标，就不应该被列入采购目标。这种对采购对象目标的控制，关键就在采购预算编制与预算审批环节。因此，在政府采购预算编制过程中，首先要对政府各机关、事业、团体组织的实际需要进行分析，然后根据各单位履行职责的需要，确定采购人的采购对象目标，包括采购对象目标的功能、种类、数量、价格、技术规格、需要时间等。通过这种定位和控制，达到确保政府和社会公共所需要的功能，保障政府部门履行职能的需要，同时不断地剔除各种多余功能，减少政府不必要的开支和浪费。

三、估价是前提

所谓采购估价，就是对所要采购的工程、货物或服务进行价格估计。政府采购预算与纯粹的资金预算有很大差别。后者只注重资金的安排，而前者还需要对所采购的对象进行价值估计，并根据这种估计安排采购资金，其涉及的内容远比单纯的资金安排复杂。科学的采购预算是以科学的采购估价为前提的。搞好采购估价，需要处理好以下三个方面的问题。

第一，估价的依据。确定采购对象的价格有两种依据。一是以现时市场零售价格为基准进行估价，使产品价格保持在社会零售平均水平。这种估价方法通常会使采购操作出现价格宽松的环境，显示出较大的节约成果，但不利于采购中形成降低成本的压力；二是以产品的批发、批量价格作为估价依据，使预计的采购价格更符合实际可能发生的采购价格。

第二，价格偏离问题。由于编制预算的估价与实际采购通常由不同人员进行，不同人员对价格的估计可能会产生差别。

第三，价格变化问题。由于采购预算是对未来市场采购价格的预测，而市场经济条件下，商品价格瞬息万变，价格可能出现大幅度变动，使预计的价格与实际价格相差悬殊。

因此，政府采购预算编制中的估价要求编制人员相应掌握商品知识、树立市场调查意识，对于重大或重要的工程、货物和服务项目，还应该由专家进行价格论证，以尽可能切合实际，避免主观臆测带来的问题。

建立政府采购框架预算的设想*

我国《政府采购法》规定，政府在编制部门预算时，需要编制政府采购预算。法律的这种要求，打破了过去长期只编制政府财政资金预算的传统格局，使政府预算由单纯的资金预算发展到必须编制具体、明细的采购预算的新阶段。但是，必须看到，政府采购预算无论是编制还是执行，都有更大的难度，都更具有特色。如果没有原则性与灵活性的有效结合，采购预算不仅不能充分发挥正向作用，相反还可能成为实现采购科学化的障碍。在此，笔者提出建立政府采购框架预算的初步设想。

一、政府采购预算的内容及功能作用

政府采购预算是对公共部门履行职责需要进行的各类采购的综合预测和计划。政府采购预算包括采购预算编制、预算控制、预算审批、预算调整等内容。其中，政府采购预算编制包括政府部门采购什么、采购多少、何时采购、采购价格估算和采购总价格预算，甚至应该包括由谁采购和如何采购等具体内容；采购预算控制是指政府部门并不是简单地编制预算，而是需要通过预算的过程，实现采购前期管理科学化，需要通过调动采购人内部各部门的力量，对采购需求进行科学的论证和控制，对资金与需求进行协调，对市场供应、市场价格、市场供需变化进行调查和评价，据此

---

* 本文是作者在政府采购预算管理与执行经验交流研讨会上的发言内容。本文原载于《中国政府采购报》2011 年 9 月 9 日第 004 版。

编制最符合履行公共职责需要的货物与服务的需求；而采购预算的审批则更多的在财政汇总、政府审批和人民代表大会通过等更宏观的层面，通过宏观层面统一汇总和审批，实现对部门政府采购预算统一综合平衡和管理。

实际上，政府采购预算在整个财政预算管理中具有不可替代的作用。除政府转移性支出和必要的人员经费外，政府其他支出基本上属于采购性支出。因此，毫无疑问，政府采购预算是资金预算的基础，也是资金预算的具体化。由此，政府采购预算不可避免地会成为整个预算管理科学化和精细化的基础环节，也是实现对政府支出具体、全面监督管理的核心内容。

二、政府采购预算的特点

相对而言，对政府采购实施预算管理在我国还是新生事物。事实上，虽然《政府采购法》规定编制部门预算需要编制政府采购预算，但在实践中，政府采购预算的编制、审批等并没有统一规范，各行其是，甚至根本没有实际预算的情况仍然很普遍。更为重要的是，许多预算在执行中会遇到很多问题。因为预测本身的错误，或因实际情况发生了很大变化，原来的预计到实际落实时早已发生了变化，导致预算执行起来要么不执行预算，要么必须按原预算执行，削“足”以适“履”。

实践表明，政府采购预算较传统财政纯资金预算，具有很大的差异性。从目前暴露的一些操作执行难的情况看，政府采购预算至少在以下几个方面具有区别于一般资金预算的突出特点。

第一，采购预算包含的内容不同。财政资金预算主要考虑总体需要和费用，在用资金采购什么、采购多少等没有直接确定的情况下，总数不变，可以调剂使用，因此更具有模糊性和灵活性。而政府采购预算则不同，严格规范的采购预算要求直接确定采购需求，包括具体的功能、品目、数量、价格、采购时间等，最后才确定采购金额，其更注重的是采购具有的内容计划。

第二，采购预算编制变量多、难度大。相比纯资金预算中通常使用的基数法，政府采购预算的编制和控制难度要大得多。

首先，政府采购预算编制要涉及采购人的需求说明、论证、控制、定位等一系列内容，需要通盘了解采购人履行公共职责和准确的需求定位，需要在激烈的市场供需变化中了解最必要、最能满足又使成本更低的供应来源，只有进行这种对接优化，才能做好采购预算的第一步。而在实际操作中，这些做起来难度很大。需求是确定资金供应的依据，而资金供应又是制约需求的因素，如何掌握好需要与资金供给的平衡，也是采购预算编制的重要内容。

其次，采购预算面临众多的技术性难题，对于预算编制和审批人员的预测能力、专业水平要求较高。在确定需求之后，还必须准确地了解商品或服务的价格，只有价格合适，才能准确地预算采购总量和总价格，而采购单位的人员有时并不了解市场供应状况。

最后，采购预算的编制还涉及更多法律、政策因素的影响。如政府采购预算标明的需求不能直接说明产品或服务品牌，因此，价格也只能是一种综合性的价格估算，往往缺乏直接的参照系。由于受到优先节能采购、保护中小企业等政策因素的影响，政府采购预算不一定完全遵循市场规则，这也是政府采购预算区别于其他预算的重要特点。

此外，由于政府采购预算最终是纳税人的采购预算，需要公开透明，接受全社会的监督。由此，涉及采购什么、采购多少的政府采购预算更容易引起社会的广泛关注。而要满足社会不同方面的不同要求，也会增加预算编制和审批的难度。

第三，政府采购预算执行变数大。预算是一种建立在预测基础上的计划，而必须按照预算执行的原则和条件是预测必须是准确的，变数很小。显然，如果假定预测并不能十分准确，或者实际情况已经因为新的变数而发生重要改变，那么为了按预算执行而执行，就可能出现很大问题。

需要指出的是，政府采购预算的一个重要特点恰恰是在执行中更容易产生不可预料的变化。就如日常生活中的个人和家庭采购一样，如果预测一年总的资金支出可能相对容易，而要求在今年将明年的采购计划全部列出，并且明年只能按照该计划执行，到时候可能出现的问题就很突出了。而相较个人和家庭预算，政府采购预算在执行中会遇到更多因素变化导致的影响。

政府采购预算变数可以体现在众多方面，一是随着各种客观情况的变化，需求可能发生变化。政府采购是为满足履行公共职责的需要，而政府公共职责可能会因许多自然的、社会的、市场的因素而不断发生变化。典型的如2003年“非典”暴发、2008年汶川大地震，许多政府原来根本没有预测到的需求产生了，而原来预计的需求可能成为不必要。需求的变化还可能体现在需求的数量和质量、什么时候需要等方面。二是供应市场可能发生了变化，如在预测时，市场的供应商状况与执行时发生变化，典型的有整体价格通胀或收缩，导致价格起伏，或者新产品新技术导致某些产品价格大幅度下降。三是法律、政策制度的变化可能导致采购发生变化。我国政府的政策意图等会在较大的程度上影响政府部门的收入和支出倾向。例如，2008年政府出台4万亿元刺激计划，各级政府部门的资金支出迅速增加，从而导致了政府采购项目的增加。

政府采购预算在其他方面还有许多特点，加上我国目前采购预算主要由采购人单位需求部门和财务人员执行，既缺乏高透明度，又缺乏专业制定采购预算的人才，采购预算一般都比较粗略和简单，这样的预算执行起来，与实际的需求、供应和市场价格状况以及发展趋势可能会有更多偏差。如果预算本身就存在问题，而制度上又严格要求按照一些存在问题的预算执行，结果可想而知。

三、构建具有我国特色的政府采购框架预算制度

政府采购预算的目标不是为了预算而预算，也不是为了必须按照预算执行而编制预算，而是为了满足科学化的采购服务，实现采购与需求准确

优质、高效、恰到好处地准确对接。而政府采购预算编制预测难度大、执行中的变数多等特点，决定了其必须将原则性与灵活性结合起来，必须留有更大、更具有弹性的调整空间，以避免采购预算执行中“一刀切”、为执行预算而执行预算的现象，提高预算的实际制约和管理意义。政府采购预算制度应以此为原则设计，而不是简单的“一刀切”的方式。

所谓政府采购的框架预算思路，就是对于采购预算这样的特殊预算方式，在执行中留有更大、更灵活的调整空间。预算并不是一次审批定死，而是先有一个总体预算框架，主体框架确定以后，在实际执行中允许有一部分份额，在执行中可以根据需求、供应及国家政策变化等因素，在预留的份额中进行合理合法的调整。具体内容包括以下几个方面。

第一，政府采购预算的基本要求和原则不变，即编制部门预算时，必须编制政府采购预算。政府采购预算的编制要求、程序、审批等都不发生实质改变。

第二，政府采购预算在执行调整方面，可以在资金总量不发生太大变化的情况下，在具体的采购内容方面享有比资金预算更大更灵活的法定调整空间，包括调整幅度、内容、时间。例如调整幅度，可以考虑允许在资金总额不发生太大变化的情况下，在执行中有20%或30%的采购对象置换空间；调整时间方面，可以分季度和月份对预算进行调整；调整内容方面，可以对需求的内容、数量，特别是价格等进行调整。程序可以不同于资金预算，而是作专门的规定。

第三，建立政府采购框架预算，重点是在原则性与灵活性相结合方面下功夫。要保证采购预算的严肃性，大部分采购预算不宜变化，小部分可以适度调整；采购资金总量不宜过度调整，尤其是必须对调高进行严格控制，除国家特殊政策规定或确实市场价格上涨幅度大的情况以外，一般不能调整，而调整的重点是采购对象、数量、预算价格、采购时间等。在季度和月度调整后，必须按照调整后的预算计划执行；框架预算需要有严格的制度规范，特别是建立科学的调整程序，加强对调整过程的监督和控制。

让周期成本评价进入角色*

在政府采购中，寿命周期成本法就是指政府采购不仅要关注产品或服务的直接采购成本，而且要关注产品或服务的使用过程中发生的成本。在涉及能源消耗产品采购时，要通过对寿命周期成本的核算和评价，寻找节能、环保等寿命周期成本较低的方式实现必要功能。

一、完整的成本概念和评价方法

政府节能采购寿命周期成本评价法特征和意义在于以下几点。

首先，政府涉及节能环保采购时，需要树立完整的成本观念，建立完整的成本考核与评价体系。完整的成本概念是指包括采购成本、使用成本和社会成本等从产品采购到使用的寿命周期内的全部成本，而不仅仅是采购时的购买成本。从节能环保方面看，例如，汽车的功能发挥作用，不仅需要采购成本，也会发生汽油消耗成本，并因汽油燃烧排放废气，导致相关的环保成本；空调、电脑不仅要发生采购成本，还必然消耗电力资源。因此，政府采购在对于采购对象的评价时，要考虑整个产品寿命期内发挥功能作用发生的全部成本，特别是从节能环保成本方面考虑。没有完整的成本概念和评价方法，就不能真实地反映政府采购功能与成本的实际比价，其采购的结果也不可能真正公平、公正，更不可能真正科学合理。

---

* 本文原载于《中国财经报》2005 年 7 月 20 日第 003 版理论·实务。

其次，寿命周期成本评价法要求有科学、优化的成本结构概念，并从优化成本结构方面降低成本，形成科学的成本分析体系。所谓寿命周期成本结构，主要是相对于三种成本之间的结构与比例。为了叙述方便，这里以采购成本与使用成本为例。一般来说，采购成本与使用成本之间可能存在多种结构类型：一是采购成本高，使用成本低。如某些高档、高质量的空调和汽车产品，也可能由于品质好、节能环保性能高，采购价格也较高。由于其品质好，节能环保功能强，能源消耗方面的使用成本相对较低，甚至大大低于不节能环保的同类产品。二是采购成本低，使用成本高。如某些品质较差、耗能大、污染严重的产品，采购价格可能较低，但使用中能耗大等特点使成本增高。三是某些高档产品，其采购成本高、使用成本也高。如一些高档大功率汽车，采购价格高，耗油和维修成本同样会高。四是因产品质量或功能原因，其采购价格低，使用成本也相对较低。

对于寿命周期成本不同的结构，政府采购需要根据对功能的要求来综合选定。选择的基本原则是，二者价格都低的产品，其功能如果符合政府需要，自然是最佳选择；但实际采购中，两种成本都低的产品也许在功能上不能有效满足需要，因此并不一定会是经常性选择；两种成本都偏高，如果的确属于政府必要功能范围之内的，才是可能的选择。因为在大多数情况下，两种成本都高可能导致寿命周期成本过高而不经济。因此，较好较多的选择应该是，既不单纯地关注和选择采购成本低的产品，也不单纯强调使用成本低，而是综合考虑两种成本情况，选择采购成本和使用成本都比较合理的产品结构，或者取二者平均成本之和的成本评价方式。

遗憾的是，我国当前政府节能采购成本评价中，使用寿命周期成本法的情况较少，局限于采购成本价竞争的现象普遍存在，使得完整的寿命周期成本概念和方法不能得以体现。

二、科学成本观的必然方向

节能采购中使用寿命周期成本方法，是建立科学成本观的必然方向，是科学评价成本的必然角色。由于寿命周期成本评价法的使用有一定理念和技术上的难度，特别是对节能环保因素的计算与测定，需要专门的技术知识，需要做多方面的工作。

首先，寿命周期成本法的使用要与必要功能概念相结合。必要功能是政府相关部门履行职责所必需且有支付能力的功能。对于节能产品，政府需要在节能方面研究自身的合理需求，比如有些地区气候特殊，是否需要空调、暖气等耗能设备；一些政府部门办公共用车，是否一定要高档名牌耗能大的小汽车等。寿命周期成本定位高低，需要结合必要功能考虑才能有明确的依据和科学性。

其次，建立科学的寿命周期成本测算体系。寿命周期成本纳入政府节能采购评价范围，需要一种评价要素的基本规范，对采购对象要把握基本的寿命期，设置基本的节能节约指标及测算方法，能够大体确定寿命周期内因节能而降低的使用成本。如果没有具体的方法，周期成本评价法就只能停留在口头和意向上。

最后，从观念到政策，让寿命周期成本法在节能环保中进入角色。与其他方法的使用一样，对于政府节能采购而言，寿命周期成本法的使用同样需要政府的政策措施，需要政府的政策倾向和政策规定。

政府采购异常低价成交当谨慎[*]

2017年以来，政府采购连曝超低价格甚至零预算、零报价中标成交消息。频繁发生的1分钱和0元成交，究竟是由于政务云特殊到没有成本，还是预算价格编制过度离谱导致的。对于这些情况，社会不同方面有质疑，有赞成，莫衷一是。只是有一点可以肯定：不管是采购价格过低，还是预算价太离谱，这些公之于众的政府采购项目都一路绿灯，如期进行或成交，并没有遇到法律制度环节的"阻挠"。

实际上，政府采购究竟是否可以以低于成本价或者低于常理的超低价格成交，是一个世界各国都关注的、关系到多方面规则与利益的老问题。世界各国及国际组织的政府采购制度和规则几乎都有防止超低价格恶性竞争的规定。我国不仅对政府采购在法律制度方面有明确的防止低于成本价成交的要求和条款，而且对于整个市场经济交易和运行，同样禁止为排挤其他供应商而出现的低于成本价成交。

但是为什么现实中却屡屡出现低价成交而没有实际的防范手段？为什么明显有问题的政府采购项目不仅能顺利成交，而且还有许多赞许者？

基于此，本人希望从几个方面针对具体问题做些探讨，并最终提出这样的命题：政府采购异常低价成交当休矣！

---

* 本文原载于《中国政府采购》杂志2017年第11期。

问题一：政府采购成交价越低越好吗？只要政府获得了超额好处，就可以默许甚至放任吗？

毫无疑问，政府采购与市场其他交易一样，必然涉及公共资源稀缺问题，政府采购当然要求尽可能低的价格。在满足政府各项功能需求的情况下，低价可以获得更好的经济效果。但是，政府采购成交价格越低越好吗？政府获得超低价格、获得超高回报就好吗？

事实上，有不少人认为，采购当然追求最低价，政府采购也不例外。政府以 1 分钱价格买下了原本预计需要几百万元才能获得的商品或服务，难道不是巨大的收获吗？不是更符合纳税人和社会公共的利益吗？也许正是基于这种考虑，认为超低价格的供应商才应该顺理成章地中标、成交。

显然，以上的认识出现了很大偏差。应该说，这种认识只看到了一个方面。只看到政府采购的市场性，认为价格越低“便宜”越大。相反，如果全面看问题，就会轻易发现这种偏差。

如上所述，政府采购寻求低价成交并没有错，但是政府采购的公共本质决定了其目标的多样性。政府采购作为一种社会公众行为，不仅要追求经济效果，同时还承担其他多方面的职责。采购价格过低时，必须着重考虑以下要求和目标。

首先，政府采购的主要目标之一，就是能够更好地、恰当地满足公共需要，有效履行公共职责服务。而采购价格过低，很可能带来“便宜无好货”、产品质量和服务低下不能满足需要等履约风险。此种案例比比皆是。事实上，在不少情况下，采购价格可能高一些，但获得的产品功能和性能较高，或者节能环保能力有较大提升，这同样是一种很合算的采购选择。

其次，政府采购必须遵守和维护市场公平经济秩序。我国为建立和维护正常的市场竞争秩序颁布了《反不正当竞争法》，规定不得以低于产品成本的价格排挤竞争对手。显然，政府采购不仅作为一种市场交易行为应该遵循反对不正当竞争的相关法律，而且作为一种政府支配的采购行为，更应该带头遵循反不正当竞争法律。同时，与政府采购相关的法律制度同样作出了若干法律规定（见下文第三个方面问题），要求政府采购不应低于成本价成交。因此，虽然政府采购必须追求尽可能合算的价格成交，但必须以不低于成本价成交，以不破坏市场正当竞争为底线。

再次，政府采购还必须维护供应商的正当利益，以与供应商双赢共利为长久目标。政府采购中采购人与供应商是典型的“对立统一”共存关系。政府作为采购需求方，需要供应商的积极参与和配合，而供应商只有在政府采购市场中获得公正、公平交易机会，才会保持这种积极参与意识。

相反，如果政府采购中一些实力强劲的公司能够通过极端低价排挤其他供应商获得不当得利，而其他供应商无利可图甚至亏损，必然会严重挫伤供应商参与的积极性和主动性，政府采购最终也会因为失去优良供应商和有效竞争而蒙受损失。

根据我们对政府采购价格的调查了解，大多数供应商对于过度低价竞争都心有余悸，认为争报低价是无赖之举。供应商对政府采购价格战的结论是采购人与供应商“双输”。

最后，最重要的是，政府采购作为一种公共行为，必须围绕公共利益、全局利益考虑问题，确立立场和规则，在立场和规则确定之后，就必须坚持立场和遵守规则。遵循市场规则、平等交易、公平竞争是铁律，不应该因为一些额外的利益改变遵循规则的立场。

问题二：市场竞争及政府采购关于防止异常低价竞争的法律制度不够明确吗?

从理论上看，政府采购属于公共行为，必须实现包括公平公正竞争在内的一系列目标。但理论最终要落在行动上才有实际意义，即如何通过法律制度规范来具体实现才有意义。从这个角度看，我国在建立市场经济秩序方面早已经作了明确的规定，在政府采购和招标投标方面都进行了规制。

在法律制度体系方面，有规范整体市场经济运行规则的《反不正当竞争法》，其中第十一条规定，经营者不得以排挤竞争对手为目的，以低于成本的价格销售商品。政府采购是市场交易行为，同样要受到这部法律的约束。《招标投标法》第三十三条规定，投标人不得以低于成本的报价竞标，也不得以他人名义投标或者以其他方式弄虚作假，骗取中标。《招标投标法实施条例》第五十一条第五款规定，投标报价低于成本或者高于招标文件设定的最高投标限价，评标委员会应当否决其投标。第五十四条规定，评标委员会认为，排在前面的中标候选供应商的最低投标价或者某些分项报价明显不合理或者低于成本，有可能影响商品质量和不能诚信履约的，应当要求其在规定的期限内提供书面文件予以解释说明，并提交相关证明材料；否则，评标委员会可以取消该投标人的中标候选资格，按顺序排在后面的中标候选供应商递补，以此类推。《评标委员会和评标方法暂行规定》第二十一条规定，在评标过程中，评标委员会发现投标人的报价明显低于其他投标报价或者在设有标底时明显低于标底，使得其投标报价可能低于其个别成本的，应当要求该投标人作出书面说明并提供相关证明材料。投标人不能合理说明或者不能提供相关证明材料的，由评标委员会认定该投标人以低于成本报价竞标，其投标应作废标处理。

而《政府采购货物和服务招标投标管理办法》（财政部令第 87 号）第六十条规定，评标委员会认为投标人的报价明显低于其他通过符合性审查投标人的报价，有可能影响产品质量或者不能诚信履约的，应当要求其在评标现场合理的时间内提供书面说明，必要时提交相关证明材料；投标人不能证明其报价合理性的，评标委员会应当将其作为无效投标处理。虽然对低价限定还有些粗线条，但也体现了对于异常低价的担忧和预防。

问题三：国际社会政府采购面对低价竞争是何态度？有何具体规定？

需要说明的是，国际社会对于公共采购可能出现的异常低价成交普遍持反对和防范态度，由此明确规定防止异常低价竞争。

联合国于 2011 年重新修订的《公共采购示范法》第一章第二十条新增关于“否决异常低价提交书”的规定，即如果提交书的出价相对于采购标的异常偏低，引起了采购实体对供应商或承包商履约能力的怀疑，在采购实体已经以书面形式请求该供应商或承包商提供可以履行采购合同的资质证明后，仍然对该供应商或承包商持有怀疑，那么，采购实体可以否决该提交书。

2012 年 3 月，《政府采购协定》新文本第十五条第六款规定，收到价格异常低于其他投标价格的投标，采购实体可以核实供应商是否符合参加条件和是否具备履行合同条款的能力。即对于价格异常低于其他投标价格的投标，采购实体可以进行审查，从而避免不合理竞争的发生。审核的内容主要包括供应商是否符合参加条件，以及是否具备履行合同条款的能力。

欧盟 2014 年公共采购法律体系中《2014 公共部门采购指令》（指令 2014/24/EC）第六十九条第三款和第五款规定，（1）给予采购当局拒绝投标书的权力。若能够确定投标书所包含的异常低价的原因归咎于经济运营者并没有履行其应当遵守的社会、环境及劳动方面的法律义务，则采购当局应当拒绝该项投标书；（2）向成员国施加了向其他成员国提供相关信息的义务。根据其他成员国的申请，成员国应当通过行政合作的形式提供任何由其主导的、与经济运营者所提供证明其提交的价格或者成本具备合理性的证据及相关文件。

世界银行新版采购协议《项目新采购框架和规章》（New Procurement Framework and Regulations for Projects）于 2016 年 7 月生效。其中，《世界银行对于投资项目融资借款人的采购规章》（The World Bank Procurement Regulations For IPF Borrowers）5. 65 –5. 67 款新增了对于非正常低价标的规定。5. 65 款定义“非正常低价投标或提案是结合其他因素，投标或提案价格看起来如此之低以至于借款人担心材料问题和投标人或提案人是否具备按合同提供价格履行的能力”。5. 66 款规定借款人针对潜在非正常低价投标应当寻求包含详细价格分析、合同标的物、范围、应用的方法、进度计划、风险与责任分配和投标邀请文件任何其他要求的书面澄清证明。5. 67

款赋予借款人拒绝投标的权力，在价格分析后，如果借款人认为投标人未能证明其有能力按提供价格履行合同，借款人应当拒绝投标。

问题四：产品成本永远说不清吗？成本说不清就没有办法解决吗？

《反不正当竞争法》《招标投标法》等政府采购相关法律制度都明确规定采购价格不得低于成本价。但有人认为，产品成本价并没有尺度和标准，通常很难说明某次成交的产品实际成本究竟是多少。既然说不清，禁止低于成本价成交也就无从说起。于是，关于禁止低于成本价成交的法律条款实际上丧失了法律约束力，并以此为借口，否定存在有如通常所说的低于成本价竞争。

的确，产品成本尤其是参与竞争的某些具体的产品成本，有时难以说清，加上相关法律没有明确界定成本范围和内容，如究竟是生产制造成本，还是批发、进价成本，是社会必要劳动换算的平均成本，还是单位个别成本，法律上并没有明确界定。

但问题是，是不是产品成本难说清，价格是否低于成本就没有办法界定？低价竞争就无法限制，相关法律就无法落实了呢？对此，答案也应该是否定的。

何谓异常低价？一般认为至少应该包括两个方面：一是价格不合常理。典型的如1分钱成交预算890万元的项目，实际成交价比预算价低了8.9亿倍，是不是不合常情常理？二是明显低于成本价格。说1分钱不合情理，那1万元是否就合乎情理，多少钱合乎情理？所以还是需要一个基本标准为依据，这个标准应该是大体的、以社会平均成本为基准成本界线。比如某种产品开发、制造、提供、服务等的社会基本成本，虽然各实体具体的产品成本可能存在差别，但如今企业财务系统、国家税收系统、网络交易系统等大数据高度发达，并不妨碍人们对某种产品成本作一个基本界定。在社会大体成本确定的前提下，确定一个不能再低的成本线，并以此作为异常低价，并规定政府采购中各供应商的报价、成交价不得或者不宜低于此价，这是完全可能的。

也许有人认为异常低价确定困难，或者异常低价界线并不客观，异常低价限制会阻碍价格竞争，严重的可能通过较高的低价限制导致最终只能高价成交。应该承认，这些风险是存在的，就如目前政府采购必须先公开预算价一样，预算价也并不一定都客观准确，但它却成了实际上的法定最高限价。而现实中因最高限价制订偏离出现的问题并不少，但有一个高限价，总比没有要好。异常低价限制类似于预算价的确立，只要规定好制订异常低价的程序、规范异常价格制订人的责任，是完全可以操作的。

问题五：如果中标或成交价格与预算价偏差大，采购预算价格是否太离谱？谁应该对采购预算价负责？

有一种意见认为，供应商愿意 1 分钱成交，前提应该是其认为值得、合算，认为这是市场决定价格，竞争决定价格，因此无可厚非。

问题是，从另一个角度看，如果承认供应商的价格是市场有序竞争形成的，具有合理性，那公布的 890 万元、高出成交价格 8.9 亿倍的预算价格，是不是太离谱了？而且后来山东某市政务云采购标价为 0，是不是间接证明政务云采购不需要成本？那么，是否应该追问数百万元的预算价格是怎么确定的？由谁确定的？依据什么来定的？定得离市场成交价差别如此之大，应该承担责任吗？如果预算价的确太离谱，是否意味着预算价制订有很大的随意性，那预算价意义何在呢？

可以肯定的是，数百万元的预算价格 1 分钱成交，如果预算价格没有问题，那成交价一定远远低于实际成本，符合低成本竞争的不当行为标准，应该被制止或废除；如果成交价格没有问题，不是低于成本竞争，那么预算价格就太过离谱，预算价格的确定者应该承担确定过高预算价格的责任。

问题六：供应商后续有回报收益就可以低价成交吗？还是应该分而论之？

一种似乎理直气壮的看法是，供应商之所以愿意低价竞标和成交，是因为有其他利益，诸如广告效应、后续获利，或者获得维护性服务收益等，甚至后续收益远远大于低价成交时的损失，所以可以理解，或者说不算低价成交。

实际上，有后续收益回报就可以以低价成交吗？这是值得讨论的。需要明确的是，政府采购产生的费用，采购的项目后续可能出现几种情况。

第一，采购的项目需要维护服务，特别是软件系统、信息平台之类的项目，在采购时就应该做好后续安排。一种方案是将后续服务费用包含在采购项目之中，这样只产生一次性采购费用；另一种方案是只采购原产品，至于后续产生的服务维护，可以另行采购。在这样的情况下，供应商就不存在后续服务费用补偿的问题。

第二，采购项目形成和使用后，可能会产生收益。比如某学校采购学生作业信息等系统，学生使用时还要适当交给费用。学生的费用甚至高于采购和维护系统支出而产生盈利。这种情况下，如果由供应商收取学生费用，形成盈利，政府就不应该是采购，而是出让特许经营权。相反，如果由采购人单位收费，那供应商本身并不存在后续收益。应该明确的是，如果政府支付了系统开发费用，收益就应该归采购人所有，不存在供应商的后续收益问题。

因此，一般情况下，应该将现行采购价格与供应商后续可能的收益划分清楚，而不应该捆绑在一起，避免采购成本和未来付出混杂不清，影响不同供应商作出预期差别过大的决定。

问题七：不合情理、不合规则的低价采购为何能屡屡顺利成交？

综上所述，1 分钱中标数百万元预算价格的项目不是严重低价竞争，就是预算价格过度离谱，两者必居其一，左右都不符合政府采购的优良目标及法律制度规定。

这种明显存在问题且广受社会关注和质疑的项目，却能接二连三、没有梗阻地顺利成交，且有继续升级的泛滥之势，说明政府采购运行机制和监督管理方面出现了值得反思的问题。

首先，过度强调低价的意识并没有改变，在采购理念上越来越多地强调低价成交，在具体操作层面，更多地倾向选择低价供应商，低于成本价只是一种概念，没有实际约束意义。

其次，在具体操作中，缺乏实质、有效的低价成交防范机制。有关法律要求不低于成本价，但究竟什么是成本价、怎么计算成本价、计算的依据是什么、以谁认可的为准等，都没有明确，也没有设定最低成本价限制，相对于作为最高限制价的预算价格，限制过低价格缺乏实际的限制标准和措施。

再次，在整个采购过程中，各方当事人都难以有效发挥抵御过低价格中标的作用。从许多人寄托厚望的评审专家看，由于没有最低价格标准和数额限制，评审专家虽然有把关的义务，却缺乏把关的尺度和责任，也缺乏计算成本价的义务，可以轻易“放过”，所以几乎形同虚设；而作为采购人单位，尽管也担心低价成交不能保障产品质量和合格的服务，但只要其拿不出低于成本价的证据，就不能以低于成本价去否定成交，改变采购的结果；对于参与竞争的未成交供应商而言，往往也因为成交供应商没有低于成本价标准而质疑和投诉。

最后，政府采购监督管理不到位、力度不够同样是非常重要的原因。应该说这些年来，豪华高价采购、异常低价成交的现象都存在，但受到处理和纠正的显然偏少。从最近几次低价成交的情况看，虽然广为社会所知，相关部门却没有作出相应反映，既没有及时调查了解异常低价成交的情况，更没有回应社会。这本身说明监督管理需要加强和改善。

问题八：未来何处去？政府采购异常低价成交当休矣！

供应商 1 分钱获得政府采购开价数百万元项目的合同，不管相关当事人是否回应，以及如何回应，社会广泛的关注和质疑是现实存在的。人们更关心的是，未来会怎样？这样的事情还会重演吗？可以说，政府采购应该形成制度严谨、行为规范、结果优良的运行机制。明显低于成本价的异常低价成交，既不利于公平公正竞争，又可能带来产品质量和服务方面的风险；既不符合供需双赢，也为法律制度所禁止，理当休矣！

为避免异常低价竞争，至少应该在以下几个方面作出努力。

一是政府采购应该增强市场规则意识和法治观念，遵循市场公平公正竞争、反对不当竞争的理念和相关法律制度规则。

二是建立实实在在的防范机制。包括科学制订采购预算价格，防止预算价格本身出现太大偏差。特别是应该设置异常低价限制机制，如预算价格作为最高价限制一样，以异常低价作为最低价限制，或者作为低价预警线。只是有所不同的是，最低价限制可以是强制性，即低于此价自动废除；也可以是参考性质，表明低于此价将会受到质疑，或者低于此价专家将会质询；还可以是扣分方式，即低于此价格会有较大幅度扣除。只有建立实实在在的限制机制，才能在实际操作中发挥作用。

三是增加当事主体的责任感，无论是采购人，还是采购机构、评审专家、供应商，都应该认识到自己的义务和责任，对于异常低价竞争，在包括预算、采购文件编制、选择供应商评审、合同授予与履行的每个环节，都按照制度要求落实把关，通过落实每个当事主体的责任，避免不当竞争行为。

同时，监督管理机构履行好监督管理职责，制止各种明显低于成本价的异常低价竞争和成交的行为，对于严重的应该追究责任。

03

第三编

政府采购当事人及权利、义务和责任

政府采购人的权利、义务与责任*

一、采购人的权利

采购是涉及实现政府职能与社会公共利益的事。政府采购制度的建立首先要保障采购人的采购能够顺利、有效地进行，保障采购人为实现公共利益而进行采购的正当、合法的权益。因此，在《政府采购法》中，对于采购人的权利，作了较多的规定。具体而言，采购人在实施集中采购时，其权利至少包括以下方面。

第一，采购人有权按照自己履行职能的需要，提出采购要求。政府采购人为了履行职能，必然需要相应的工程、货物和服务采购。按照我国现行的政府采购法律，对于物品的采购，凡是集中采购目录以内或者限额标准以上的采购，都需要由政府统一编制采购预算，经审批后才能够执行。采购人需要的工程、货物、服务采购并不完全由自己控制，而是按照有关程序，提出采购申请和编制计划。因此，采购人对于满足自身为履行职责与职能的合理需要，有权提出采购要求。

第二，采购人有权根据自己的情况编制政府采购预算计划。按照《政府采购法》的规定，采购人提出采购要求时，需要在部门预算编制中编制政府采购预算。在编制政府采购预算时，采购人有权根据政府财政部门提出的预算编制的方法与原则，编制本部门的采购预算，有权确定与实现自身职能需要相适应的采购对象，确定需要的功能、数量、供应时间等。如

* 本文原载于《中国政府采购》杂志2003年第9期专家视点栏目。

果没有违背政策与法律规定的内容，其正当要求均应得到保障。

第三，在一定范围内，采购人有权选择采购代理机构。采购人是否应该享有自己选择采购代理机构权利，在过去的政府采购理论与实践中，一直有争议。一种意见认为，采购人的采购纳入政府采购预算以后，常规情况下，应该由采购监督管理机构统一组织采购的种类、批量，最后统一由采购监督管理机构委托非营利性的集中采购机构实施采购。如果出现集中采购机构采购有困难，也可以由采购监督管理机构委托社会中介采购代理机构采购。这种意见认为，只有这样，才能扩大采购批量，有利于对采购进行统一监督与控制。另一种意见认为，如果都由采购监督管理机构统一指定机构，或者只指定一个固定的采购机构统一采购。监督管理机构或固定的集中采购机构出现不负责任和牟取私利行为，特别是当某地区或某部门政府采购长期集中在一个集中采购机构时，会形成采购机构独家垄断的局面。没有采购机构之间的竞争，极容易导致采购低效率，以及集中采购机构出现集中腐败等问题。

怎样才能较好地解决采购人选择采购代理机构的问题，我国《政府采购法》第十九条规定，采购人可以委托经国务院或者省级人民政府有关部门认定资格的采购代理机构，在委托的范围内办理采购事宜。采购人有权自行选择采购代理机构，任何单位或个人不得以任何方式为采购人指定采购代理机构。对于这一条款，不同的单位和个人，从不同的角度作了很多解释。一种意见认为，这一条明确规定了采购人有绝对的选择权利。只要是经过国务院、省一级人民政府有关部门认定资格的采购代理机构，采购人都有权自行选择。但是，另一种解释是，第十九条规定重点是对采购人分散采购的规定，因为在第十八条中已经规定，纳入政府集中采购目录以内的，必须由集中采购机构统一采购。言下之意，这里所说的必须由集中采购机构集中采购，是带有强制性的，基本上限制了政府采购人的过度自由。

实际上，对于第十九条的理解，既要综合考虑《政府采购法》的完整意义，又要联系我国行政管理体制的客观实际。从完整的《政府采购法》意义来看，规定设区的市、州以上的行政区域，根据需要建立自己的集中采购机构，这种机构是为本级政府采购服务的，是本级政府拨款建立的非营利公共事业法人。仅这一条，就基本规定了集中采购机构的职能和义务，也确定了采购人对集中采购机构的选择范围和权限。从政府采购监督管理而言，显然，这种管理也必须与我国行政区划管理特点相适应，如果采购人对采购代理机构的选择过于宽泛，甚至出现跨区域的自行选择，那么，在监督管理上必然难以操作。所以，从这个角度来看，第十九条实质上并不是赋予了采购人选择采购代理机构的完全权利，而是只能在特定情况和特定范围内行使的权利。根据我国现实情况，采购人的集中采购部分主要还是在本区域、本级行政区域（部分地方县级不设集中采购机构的除外）内的集中采购机构实施。

第四，采购人有权委托政府集中采购机构进行采购。委托非营利政府集中采购机构采购，既是采购人的义务，也是一种权利。凡是按照《政府采购法》规定应该实行集中采购的项目，采购人有权委托相关政府集中采购机构进行采购。只要是经过政府相关审批的需要集中采购的项目，集中采购机构不得以不正当的理由拒绝或者拖延和刁难采购人的正当要求。

第五，采购人有权要求委托代理机构遵循委托要求，并监督采购机构的采购活动。采购人在委托集中采购机构采购时，有权要求采购机构对采购人的要求作出承诺，接受采购人的合法监督，按照采购人的要求办好各项采购事宜。值得一提的是，我国《政府采购法》中关于质疑的部分更多的是供应商如果遇到问题，可以向采购人质疑，而基本没有提到如果采购人的利益受到损失，是否应该质疑，或者说应该向谁质疑。而实际上，由于采购机构的采购涉及不同方面的利益，如果采购机构不负责任，或者存在违规行为，会经常影响采购人的正当利益。例如，如果采购代理机构采购的货物或服务，不符合采购人的要求，或者不符合实际需要，或者明显存在质量差、成本高等问题，或者存在与供应商串通获取不正当利益的行为，都可能给采购人带来损失。因此，采购人有权监督采购机构的行为，对不规范的采购行为或不应该出现的结果提出疑问，并及时向政府采购监督管理部门反映情况，以确保采购人的正当利益不受侵犯。

第六，采购人有权审查政府采购供应商资格。在我国近几年的政府采购实践中，对于供应商资格的审查，各地存在很大的差别，如审查的内容，审查的程序、审查的方式等。而由谁对供应商资格进行审查方面，更存在许多不同，有的地区由政府采购监督管理部门审查，有的由政府采购中心审查。一般来说，由采购人自己亲自审查的做法并不多见。但是，我国政府采购立法中，可能是考虑到供应商的资格与提供货物与服务的能力直接关系到采购人的采购质量和效率，或许考虑的是一个大的采购人概念。所以，在《政府采购法》第二十三条中，对于采购人参与供应商资格审查的权利作出了规定："采购人可以要求参加政府采购的供应商提供有关资质证明文件和业绩情况，并根据本法规定的供应商条件和采购项目对供应商的特定要求，对供应商的资格进行审查。"但需要注意的是，当采购人将采购事宜委托给采购机构以后，供应商的资格审查显然应该由政府采购机构来进行。如果都由采购人来进行，就会出现许多具体问题，操作中是难以实施的。

第七，采购人有权依法确定中标供应商。采购人根据采购的性质和数额不同，可以采取多种采购方式，包括公开招标采购、竞争性谈判采购、单一来源采购、邀请招标和询价采购。在政府采购过程中，采购人可以依据预先制定的采购标准，确定符合采购要求的优秀供应商中标。在《政府采购法》中，每一种采购方式都有关于采购人选择和确定成交供应商的规定。值得注意的是，在政府采购实际操作中，如果采购人委托集中采购机构采购的话，更多的可能是由集中采购机构确定成交供应商，而不是直接由采购人来确定。因为如果都由采购人确定成交供应商，那么，当集中采购机构一次采购涉及多个采购人的物品或服务时，究竟应该由哪一个采购人来确定，必然是个难以解决的问题。

第八，采购人有权签订采购合同。按照《政府采购法》规定，政府采购合同适用合同法。也就是说，政府采购合同同样是一种民事合同。因为政府作为采购者在市场上出现时，不是社会的领导者和管理者，而是与其他社会主体一样，只是市场买卖双方的一方，因此，以民事合同的方式更符合政府采购当事人双方自愿与平等的关系。有些国家政府采购有专门的签约官员，政府部门公共采购达到一定规模时，只有经过专门的签约官员采购和签约才合法有效。我国《政府采购法》规定，采购人可以直接与供应商签订政府采购合同。而且，采购人和供应商之间的权利和义务必须在平等、自愿的原则下签订。此外，采购人也可以委托采购代理机构代表其与供应商签订政府采购合同。采购人委托采购代理机构签订采购合同，需要提交采购人的授权委托书。

第九，采购人有权参与对供应商采购的履约验收。履约验收是指采购人依据采购合同情况进行的验收，是保障政府采购质量的关键环节。可以说，采购人的采购结果如何，特别是采购质量如何，最重要的衡量标准是验收结果，因此，采购验收对于采购人而言是至关重要的。《政府采购法》还规定，采购人或者委托的采购代理机构应当组织对供应商履约的验收。大型或者复杂的政府采购项目，应当邀请国家认可的质量检测机构参加验收工作。

第十，采购人在特殊情况下有权提出特殊要求。由于采购人需要的工程、产品和服务可能有成千上万种，有些项目的采购对采购实施人员有一些特殊的要求，必须用特殊方式进行采购；有一些项目的采购可能对供应商有特殊要求。因此，《政府采购法》对一些特殊情况进行了相应规定：属于本部门、本系统有特殊要求的项目，应当实行部门采购；属于本单位有特殊要求的项目，经省级以上人民政府批准，可以自行采购。在对供应商的要求方面，《政府采购法》规定，采购人可以根据采购项目的特殊要求，规定供应商的特定条件。但是，为了防止由此引起的对其他供应商的歧视行为，法律同时规定，采购人在提出特殊要求时，不得以不合理的条件对供应商实行差别待遇或者歧视待遇。

第十一，采购人有权决定中标、成交供应商是否可以采取分包方式履行采购合同。在国际上，许多国家对于中标或成交供应商是否可以采取多家供应商分包、转包方式履行合同的事，都十分谨慎。因为分包、转包过程极容易产生分包、转包人从中获得佣金或其他不当利益。但我国采取了比较灵活的政策，规定如果经得采购人同意，中标、成交供应商可以依法采取分包方式履行合同。也就是说，供应商是否可以分包，其决定权在采购人这一方。至于中标、成交供应商是否可以将合同转包，法律上则没有明确规定。

二、采购人的义务

采购人在享有权利的同时，也必须承担其相应的义务。具体而言，采购人必须履行的义务重点应该包括以下几个方面。

第一，按照国家法律规定，各级政府财政部门是政府采购的监督管理部门。采购人在发生采购需求时，有义务遵循国家政府采购的各项法律与法规，同时接受政府采购监督管理部门的管理，对政府采购监督管理部门负责。此外，采购人的采购程序、过程和结果，还需要接受国家审计部门、监察部门的监督检查。采购人有义务积极支持和配合政府采购管理和监督部门的工作。

第二，按照《政府采购法》规定，凡是纳入集中采购目录的采购，除经省以上人民政府特殊批准以外，都应该实行集中采购，而不能擅自自行采购。采购人委托集中采购机构实施采购，有义务出具采购委托书。同时，采购人不得将应该公开采购的货物和服务化整为零，或者以其他方式规避公开招标采购。

第三，采购人对于需要实施集中采购的部分，有义务按相对统一的规格要求，编制政府采购计划和预算。在实施部门预算的单位，按部门预算的要求编制政府采购预算，并与政府财政部门配合，准备好应该由采购人支付的资金。

第四，采购人在采购过程中，必须尊重供应商的正当、合法的权益。在参与供应商资格审查时，必须平等对待不同地区、不同规模的供应商，不得以不合理的要求影响供应商获得采购竞争的资格。在采购实施过程中，采购人有义务回答供应商的正当疑问。在各种方式的采购中，采购人都可能遇到供应商对采购人采购要求、采购标准、交货期限与方式等方面的一些疑问。供应商为了更好地编制投标文件，增加中标机会，通常还十分关心这些疑问的答复。在这种情况下，只要不属于应该保守的机密，采购人就必须认真作出回答。采购人的采购信息已经公开发布，而采购意向有所变动，则必须及时通知已经投标的供应商，并相应延长招标期限。在评标和定标过程中，采购人不得与集中采购机构或其他供应商串通，达到以权谋私或者获得其他不正当利益的目的。如果因为一些特殊情况，发生废标问题，采购人应该将废标事实及废标原因及时通知供应商。同时，采购人确定中标或成交供应商以后，必须及时向参加采购竞争的供应商公布中标结果，以便让未中标和成交的供应商分析和检查自身未中标的原因。

第五，在供应商投标中标或被确定为成交供应商以后，采购人应该在规定的时间内与供应商签订采购合同，接受政府采购机构的合法采购结果。我国目前的政府采购法律中规定，在中标、成交通知发出之日起三十日内，必须按照采购文件确定的事项签订政府采购合同。

第六，为了增强透明度，采购人有义务将政府采购结果向社会公布，以便接受社会各界的监督。采购人（或采购代理机构）还有义务对政府采购过程做详细的记录，包括采购活动、采购预算、招标文件、投标文件、评标标准、评委人员、评估报告、定标文件、合同文本、验收证明、质疑答复等。按照我国现行颁布的法律，这些记录至少要保存十五年，以便根据需要进行查阅和审核。

第七，采购人有义务回复供应商的质疑。《政府采购法》第五十二、

第五十三条规定，供应商认为采购文件、采购过程、成交结果使自己的权益受到损害的，可以在规定的时间内向采购人提出质疑，采购人应当在收到书面申请后七个工作日内作出答复。

三、采购人的相关责任

原则上说，采购人的责任与其权利和义务是紧密相关的。采购人如果滥用权利或者不履行义务，就应该承担相应的责任。包括责令限期改正；给予警告；处以罚款；拒不改正的，停止按预算向其支付资金；对直接负责的主管人员和其他直接责任人员，由其行政主管部门或者其他主管机关给予处分；构成犯罪的，依法追究刑事责任。根据《政府采购法》，导致采购人必须承担相关责任的行为主要包括以下几个方面。

采购人对应当实行集中采购的政府采购项目，不委托集中采购机构实行集中采购，或者通过化整为零的方式，逃避集中采购；应该采取公开招标方式而擅自采取其他采购方式；擅自提高采购标准；委托不具备政府采购代理业务的机构办理采购事务；以不合理的条件对供应商实行差别待遇或者歧视待遇；在招标采购过程中与投标人进行协商谈判；在竞争性谈判采购中，透露其他供应商的机密；中标成交通知书发出之后，不与中标、成交供应商签订政府采购合同；拒绝有关部门依法监督检查：在采购中与供应商或采购代理机构恶意串通；在采购过程中，接受贿赂或获取其他不正当利益对监督检查部门的检查提供虚假情况：开标前泄露标底；无故终止招标活动；采购人单方面终止合同；应该由采购人公布采购结果而不公布的；不按规定记录采购过程，或者隐匿、销毁、伪造、变造采购文件等。

政府采购供应商的权利、义务和责任*

我国政府采购法对供应商的定义是，“供应商是指向采购人提供货物、工程或者服务的法人、其他组织或者自然人。”实际上，供应商是政府采购的贸易伙伴，是政府采购的另一重要当事人。在政府采购过程中，一方面，供应商是采购人工程、货物和服务的提供者，是政府采购中不可缺少的组成部分；另一方面，政府采购实行公开、公平、公正的“阳光”采购，也给供应商平等参与政府采购竞争提供了良好机会。因此，政府采购的行为与制度，与供应商的利益、权利、义务和责任都是紧密相关的。因此，在《政府采购法》关于采购当事人一章中，对于供应商的权利、义务和责任都作了相关规定。在此，笔者以《政府采购法》为根据，对于政府采购中供应商的权利、义务和责任进行归纳与分析。

一、供应商的权利

在政府采购过程中，由于两个方面的原因，供应商比较容易陷入相对被动的地位，正当权益容易被忽略或者被侵犯。一是在市场经济处于买方市场的条件下，供应商之间的竞争日趋激烈，通常导致供应商可能为图谋销售机会而有求于采购者。二是在过去较长的以政府为主体的计划经济时代，政府长期作为社会的领导者和管理者的身份出现。供应商更多的是以

---

* 本文原载于《中国政府采购》杂志2003年第12期专家视点栏目。

政府严格管理的组织而存在的，因此，供应商一般很难把自己与政府部门摆在天平上。在这种心理状态下，供应商的权益相对更容易受到忽视，或者说，可能更容易受到侵犯。所以，政府采购制度建设十分注重保障供应商权利。具体归纳，供应商的自主、平等、正当、合法的权益主要包括以下几个方面。

第一，平等取得政府采购供应商资格的权利。就我国目前的情况来看，任何具有合法经营资格的商家，只要符合《政府采购法》规定的政府采购供应商资格要求，就可以是政府采购的潜在供应商，有权参与政府采购竞争。通常情况下，为了保证政府采购的质量，政府采购人或集中采购机构在政府采购活动开始前，要对供应商的资格进行审查，只有审查合格的供应商，才能参与政府采购竞争。需要指出的是，政府采购人或者采购机构在进行供应商资格审查时，必须平等地对待供应商，不能设置特定的、歧视性条件阻止供应商平等地取得合格供应商的资格，例如，无故指定产品或服务的品牌，片面强调高额注册资本金等。

第二，平等地获得政府采购信息。政府采购是社会公共采购，供应商有权平等获得政府采购的商业机会，而获得这种机会的前提是平等获得政府采购信息。按照《政府采购法》的要求，采购人进行公开招标采购，必须在政府采购监督管理部门指定的全国媒体上公开发布采购信息。不过，需要说明的是，在我国尚未进入政府采购国际市场的条件下，政府采购信息发布必须是在中央政府采购管理监督部门指定的全国统一媒体上发布。如果采购人或者采购机构要在其他非国家指定的媒体上发布信息，也必须先在财政部指定的媒体上发布，而不宜实行任何一级政府采购监督管理部门都有权指定信息发布的媒体。只有这样，供应商才能比较方便地获得政府采购信息。

第三，自主、平等地参加政府采购的竞争。政府采购供应商只要拥有合法的资格，便有权自主决定是否参与政府采购项目竞争，任何单位或个人都不得干扰和阻止，不得通过与国家法律法规相违背的地方保护性条款和行政干预的方式，不得以不合理的条件，歧视和排挤供应商参与政府采购竞争。供应商有权根据采购人的要求自主决定投标报价和编制投标书，政府部门和其他社会组织及个人都无权干涉或阻挠。此外，按照我国现行政府采购法律规定，供应商还可以与其他供应商、自然人联合组成供应商联合体，共同参与投标竞争。

第四，如果是招标采购，供应商应有权在正式投标前，就招标文件的有关问题提出询问和质疑，特别是有权就招标文件中一些有歧视性或模棱两可容易出现误导的内容提出询问或质疑。采购人或集中采购机构应该及时作出答复。招标文件发出后，如果内容有修改，供应商有权要求采购机构及时将修改后的内容通知供应商。

第五，自主、平等签订政府采购合同。供应商中标以后，有权根据招标文件的要求，自主地签订政府采购合同，并要求政府采购机关或采购人遵守承诺，严格履行合同。在政府采购机关变更或修改合同时，有权要求就合同变更进行协商，并维护自身正当的利益。所谓自主地签订采购合同，是指在签订正式合同时，任何单位和个人，不得随意变更招标文件中所规定的中标条件，不得以各种理由增加中标供应商的负担。同时，供应商在签订政府采购合同时，与采购人是平等的民事贸易关系，而不是领导与被领导、管理与被管理的关系。采购人或者集中采购机构不得以管理者的身份凌驾于供应商之上，并以此侵犯供应商的正当合法权益。

第六，供应商有权要求采购人或集中采购机构保守自身的商业机密。首先，供应商参与政府采购市场竞争过程，需要接受采购人或集中采购机构的资格审查，投标过程中需要对一些内容做特殊说明，可能有一些内容涉及供应商的秘密，如果是采购人必须了解的内容，供应商有义务按照规定提供，但作为采购方，应该遵循供应商的正当要求，保守商业机密。在谈判过程中，供应商有权要求采购人或者采购机构对谈判的内容、谈判条件等履行保密的义务和责任。

第七，供应商有权监督政府采购依法公开、公正进行。供应商是政府采购工作最有力的监督，在政府采购监督方面，只有公开、公正、透明才能得到真正的保障。供应商应该有权了解政府采购机关采购的方式、程序、步骤，有权了解招标、评标的内容、方法和过程，有权知道中标单位的名称、中标条件和签约内容，有权查阅政府采购的记录，有权关注中标企业的合同履约情况，有权检查和核实政府采购的采购工作是否符合国家或地方政府采购法规政策要求。

第八，供应商有权保护自身正当、合法利益不受损害。供应商如果认为政府采购程序、结果或其他方面失之公正，或自身正当合法的权益受到损害，有权按照规定的途径向采购人、集中采购机构、政府采购管理机关、仲裁机关或司法机构提出质疑、抗议、申诉或诉讼，有权要求保护自己或其他供应商的正当、合法权益。

第九，政府采购人或集中采购机构因故要变更或中止、终止采购合同，必须与供应商进行协商，供应商有权要求保护自身正当利益，要求采购人给予合理的赔偿。

第十，经采购人同意，中标、成交供应商可以依法采取分包方式履行采购合同。同时，我国现行政府采购法律并没有禁止供应商可以转包合同的做法，这就意味着，如果供应商转包合同也并不违反政府采购法律规定。

第十一，其他应享有的合法权益。例如，可以拒绝采购人或者集中采购机构的各种滥收费行为，拒绝各种不当利益要求，有权要求采购人或者政府采购机构按时退还所交的投标保证金和履约保证金，等等。

实际上，可以说，保护供应商的正当利益，也是在保护政府采购人的利益。如果政府采购不能规范进行，供应商的正当权益就容易受到侵犯。那么，供应商的选择，要么是远离政府采购市场，要么按照采购者的喜好竞相通过不正当的途径达到目标，这时，政府采购事业的发展必然会受到严重影响。

二、供应商的义务

政府采购供应商在参与政府采购的活动中，在享有一系列权利的同时，必须承担法律规定的义务和责任。供应商的义务主要体现在以下几个方面：供应商必须遵循政府采购的各项法律法规，包括政府采购法，国家及相关行业、地区的政府采购制度。按规定接受政府采购供应商资格审查，在资格审查中客观真实地反映自身情况。在政府采购活动中，履行采购人或者集中采购机构的正当要求，包括遵守采购程序，按要求填写投标文件，并保证投标文件的内容真实可靠；按时递交投标文件，交纳投标保证金；在开标、评标现场，供应商必须遵守评标纪律，不得影响正常的采购秩序；在招标采购中，供应商需要按招标人的要求对投标文件进行答疑；投标中标后，按规定的程序与政府采购机构或采购人签订合同，并交纳履约保证金；严格履行政府采购合同等。

三、供应商的相关责任

政府采购对于供应商管理的重点，除必须维护供应商正当权益以外，就是加强对供应商参与政府采购活动的监督与管理。供应商作为政府工程、货物、服务的提供者，其资格是否符合要求，其供应行为与提供的功能或服务是否符合政府采购的要求，在实现政府采购科学化的过程中具有非常重要的意义。为明确供应商的责任，加强对供应商的不良行为的预防和监控，这里特对供应商在政府采购活动中可能出现的违规行为及相关问题进行列举和归类。

第一，提供虚假材料谋取中标和成交。提供虚假材料谋取中标，可能有两种形式：一是在采购人或者采购机构对供应商进行资格审查时，供应商为了获得成为供应商的资格，提供虚假材料；二是在政府采购过程中，特别是参加投标过程中，供应商为了获得中标机会，故意夸大自身技术、提供服务的能力，提供虚假的财务报告，或者隐瞒自身的不足等。

第二，采取不正当手段妨碍、排挤其他供应商投标、中标。供应商为了达到不正当目的，可能采用“诋毁”、利用“领导权威”、利用“地缘优势”干扰其他供应商投标。据悉，某地黑社会性质操纵的企业，为了中标，竟然组织打手现场威胁其他投标供应商，并以并不优惠的条件中标。

第三，为了达到不正当目的，供应商与采购人、采购代理机构或其他供应商恶意串通。《政府采购法》规定采购人在政府采购过程中享有较多的权利，例如采购人可以参与供应商的资格认证，采购人可以对项目和供应商提出特殊要求。这一方面在较大程度上保证了采购人更为便利地实现政府采购目标。但另一方面，正是由于采购人权利较大，也很容易影响供应商的利益，容易导致供应商通过采购人提出一些特殊要求而获得不当利益。供应商不得与采购机构、其他供应商在资格审查、招标、评标、谈判采购等方面相互串通。

第四，供应商向采购人、集中采购机构人员及评委等行贿，以获取不正当利益。这种行为是一种严重的违法行为，最容易引起政府采购的不公正，导致政府资源流失、采购低质量和低效率等严重问题。目前，我国社会各界比较关心的集中采购可能导致“集中腐败”的问题，最容易出现在这个环节。

第五，投标截止期过后，供应商中途无故撤销投标。供应商在递交投标文件以后，由于各方面原因，投标后发现如果中标可能会出现亏损等，决定中途撤销投标，这样做势必影响正常的投标秩序，因此，这也是一种不正当行为。

第六，供应商不遵守招标投标相关纪律。供应商在政府采购活动中不遵守招投标纪律。例如在采购现场与采购人或采购机构人员协商谈判、无理取闹、破坏正常的招标秩序等。

第七，中标后无故放弃合同。有些供应商虽然参加投标，并且最后中标，但中标以后可能会因为一些特殊原因，例如投标时测算有误，或者担心签订合同后实际执行时会出现亏损，或者担心履行合同有困难，以及中标后与中标前自身情况发生了变化，拒绝签订合同。

第八，擅自中止、终止合同。供应商在签订合同以后，由于主观或客观上的原因（遇到不可抗力的原因除外）擅自中途中止合同，或者彻底终止合同。

第九，供应商不能认真履行合同。这种情况比较普遍，主要表现有：(1）擅自降低标的功能标准或改变功能结构。供应商在提供工程、货物、服务时，擅自降低原来规定的功能标准，改变功能结构，使政府采购原有的功能要求得不到保证。(2）使用法定标准以下的材料。包括使用合同规定标准以下的材料，特别是使用假冒伪劣材料，导致采购质量严重下降。我国近几年出现的一些较为严重的“豆腐渣工程”，大部分都与使用伪劣材料有关。（3）故意供给不足，也就是通常人们所说的“短斤少两”。(4）拖延交工、交货日期，拖延执行合同期限。供应商在履行合同过程中，可能因为客观原因，也可能是主观不努力、不作为造成的不能及时交工、交货。更有甚者，可能故意不按时交工、交货。应该说，不管是什么原因，供应商不能按期交工、交货的行为都是违反采购合同的行为，并且都会不同程度地造成采购人的损失，因此，都应该追究责任。而对于一些故意不认真履行合同，对政府采购造成危害的供应商，更需要加大监管和处罚力度。

第十，提供虚假的进度报告。政府对于工程或复杂、大型的货物采购项目，需要进行不断的跟踪监控，要求供应商定期如实报告项目进展情况，包括项目质量、造价、与预计工期的比较等内容。如果供应商出于某些特殊原因，做出不负责任的虚假报告，可能会给采购人造成严重损失。

第十一，擅自把中标项目或合同转让、转包、分包。供应商将获得的合同项目进行转让、转包、分包是普遍存在的现象，特别是有些供应商参与投标竞标的目的并不是自己执行，而是通过转让合同，或者分包、转包获利。在现实的经济活动中，合同转让、分包很容易导致中间环节过多、采购质量下降等严重问题。我国目前的政府采购法律规定，经采购人同意，供应商可以将中标的合同进行分包，前提是必须经过采购人同意。同时，供应商将合同分包或转包时，必须与分包、转包的供应商签订连带责任协议。

第十二，拒绝有关部门的监督与检查。为了保障政府采购工作顺利进行，保障各方当事人的合法权益。对于政府采购活动中供应商不履行义务，甚至违纪违规的问题，政府采购监督管理部门及政府相关管理部门有权对其进行监督检查。在这种情况下，供应商不得拒绝和阻挠。

对于供应商的不承担义务、违纪、违规的行为，《政府采购法》规定的主要处罚措施包括：取消投标资格；扣除投标或者履约保证金；处以罚款，没收非法所得；经济赔偿；列入供应商不良行为记录，禁止在一至三年内参加政府采购活动；情节严重的，由工商机关吊销营业执照；构成犯罪的，依法追究刑事责任等。

供应商的权利在哪里*

没有供应商，也就没有政府采购。《政府采购法》第十四条规定，政府采购当事人是指在政府采购活动中享有权利和承担义务的各类主体，包括采购人、供应商和采购代理机构。在政府采购活动中，供应商担当了重要角色，承担着向采购人提供包括货物、工程、服务等采购对象的重要责任。

一、供应商的分类

（一）法人供应商、其他组织供应商和自然人供应商

《政府采购法》第二十一条规定，供应商是指向采购人提供货物、工程或者服务的法人、其他组织或者自然人。因此，供应商可分为法人供应商、其他组织供应商和自然人供应商。

1. 法人供应商。根据《民法通则》规定，法人是指具有民事权利能力和民事行为能力、承担民事义务和责任的组织。包括企业法人、机关法人、事业单位法人和社会团体法人。法人是依法设立的一种社会组织，拥有自己的财产、组织机构，能够独立地享有民事权利和承担民事责任。我国《民法通则》将法人分为两类，一类是企业法人，另一类是机关、公共事业和社会团体法人。企业法人显然是政府采购主要的供应商，而一些政

* 本文原载于《中小企业科技》2004 年 10 期招标投标/政府采购。

府职能部门、事业单位和团体也有可能为采购人提供有偿服务，同样可以成为政府采购的供应商。

2. 其他组织供应商。其他组织是指不具备法人条件的组织，主要包括法人的分支机构、企业之间或者企业与事业单位之间的联营组织等。

3. 自然人供应商。自然人供应商是一类特殊的供应商群体。自然人是个人主体及居民的总称。包括本国公民和外国籍人士。我国《民法典》规定，个体工商户、农村承包经营户、个人合伙也都属于自然人。自然人参加政府采购的相关活动，必须具有完全的民事行为能力，能够行使民事权利，履行民事义务，特别是要能承担民事责任。自然人作为社会的基本主体，同样具备向政府提供物品、服务的能力，因而也能成为政府采购供应商。

不同主体的供应商，在参与政府采购活动中应该有不同的要求，除要求有承担民事责任的能力等事项外，对法人和组织供应商，还要求有健全的财务制度等，而对自然人则不做此要求。

（二）潜在供应商、投标供应商和成交供应商

在政府采购活动中，根据供应商参加投标与否、投标中标与否，可将供应商分为潜在供应商、投标供应商、成交供应商。采购人发布招标公告或发出投标邀请书后，所有对招标公告或投标邀请书感兴趣并有可能参加投标的供应商，称为潜在供应商；响应采购人招标，购买招标文件，参加投标的供应商，称为投标供应商；经过开标、评标程序中标的供应商，称为中标供应商或成交供应商。

（三）国内供应商和国际供应商

根据供应商的国籍不同，可以将供应商分为国内供应商和国外供应商。与采购人同属一国的，是国内供应商；与采购人分属不同国籍的，称为国际供应商。我国《政府采购法》规定，政府采购支持采购国货，只有

在一些特定情况下才能采购国外产品。因此，我国政府采购将更多地面向国内供应商。

（四）单一供应商和联合体供应商

按照供应商参加政府采购的形式，可以将供应商分为单一供应商和联合体供应商。单一供应商指以自己的名义单独参加政府采购的供应商。联合体供应商，是指两个以上的供应商以联合体的形式参加政府采购。我国《政府采购法》明确规定，两个或两个以上的法人、自然人可以组成供应商联合体，一起参加政府采购。

二、供应商的权利

我国《政府采购法》规定政府采购供应商享有一系列正当合法的权利。在政府采购中，供应商的自主、平等、正当、合法的权益受到尊重和法律的保护。供应商的权利主要包括下列七项。

（一）平等取得政府采购供应商资格的权利

在我国，任何具有合法经营资格的商家，只要符合《政府采购法》规定的政府采购供应商资格要求，都可以成为政府采购的潜在供应商，有权参与政府采购竞争。通常情况下，为了保证政府采购的质量，政府采购人或政府采购代理机构在政府采购活动开始前，要对供应商的资格进行审查。只有审查合格的供应商，才能参与政府采购竞争。需要指出的是，政府在进行供应商资格审查时，必须平等地对待供应商，不能设置特定的、歧视性条件阻止供应商平等地取得合格供应商的资格。

（二）平等地获得政府采购信息

政府采购作为社会公共采购，供应商有权平等地获得政府采购的商业机会，而获得这种机会的前提是平等获得政府采购信息。按照《政府采购法》的要求，采购人进行公开招标采购，必须在国务院政府采购管理监督部门指定的全国媒体上公开发布采购信息，使供应商可以方便地获取相关采购信息。

（三）自主、平等地参加政府采购的竞争

政府采购供应商，只要拥有合法的资格，便有权自主决定是否参与政府采购项目竞争，任何单位或个人都不得干扰和阻止，不得通过与国家法律法规相违背的地方保护性条款和行政干预的方式，歧视和排挤供应商参与投标竞争。供应商有权根据采购人的要求，自主地决定投标报价和编制投标书，政府部门和其他社会组织及个人无权干涉或阻挠。此外，按照我国现行政府采购法律规定，供应商还可以与其他供应商、自然人联合组成供应商联合体，共同参与投标竞争。

（四）对招标文件询问和质疑

如果是招标方式采购，供应商有权在正式投标前，就招标文件的有关问题提出询问和质疑，特别是有权就招标文件中一些有歧视性或模棱两可出现误导的内容提出问题。采购人或集中采购机构应该及时作出答复。招标文件发出后，如果内容有修改，供应商有权要求采购机构及时将修改后的内容通知供应商。

（五）自主、平等签订政府采购合同

供应商中标以后，有权根据招标文件的要求，自主地签订政府采购合同，并要求政府采购机关或采购人遵守承诺，严格履行合同。在政府采购机关变更或修改合同时，有权要求就合同变更进行协商，并维护自身正当的利益。在签订正式合同时，任何单位和个人，不得随意变更招标文件中所规定的中标条件，不得以各种理由增加中标供应商的负担。同时，供应

商在签订政府采购合同时，与采购人是平等的民事贸易关系，采购人或者集中采购机构不得以管理者的身份凌驾于供应商之上，并以此侵犯供应商的正当合法权益。

（六）有权要求采购人或集中采购机构保守商业机密

首先，供应商参与政府采购市场竞争过程，需要接受采购人或采购代理机构的资格审查，或在投标过程中需要对一些内容做特殊说明，可能会涉及供应商的秘密。如果是采购人必须了解的内容，供应商有义务按照规定提供，而采购方也应当遵从供应商的正当要求，保守供应商的商业机密。其次，在谈判采购中，采购人要与不同的供应商进行谈判，对于供应商的谈判内容、谈判条件等，同样有保密的义务和责任。

（七）有权监督政府采购依法公开、公平、公正进行

供应商是政府采购工作最有力的监督者，在政府采购监督方面，只有供应商积极参与，政府采购的公开、公平、公正才能得到真正的保障。供应商应该有权了解政府采购机关采购的方式、程序、步骤；有权了解招标、评标的内容及其方法、过程；有权知道中标单位的名称、中标条件和签约内容；有权查阅政府采购的记录；有权关注中标企业的合同履约情况；有权检查和核实政府的采购工作是否符合国家或地方政府采购的法规政策的要求。此外，可以拒绝采购人或者集中采购机构的各种滥收费行为，拒绝各种不当利益要求。经采购人同意，中标供应商、成交供应商可以依法采取分包方式履行采购合同。

供应商如果认为政府采购程序、结果或其他方面失之公正，或自身正当合法的权益受到损害，有权按规定的途径向政府采购管理机关、仲裁机关或司法机构质疑、抗议或申诉，甚至行政诉讼，并提出索赔要求。

政府采购是社会公共采购，采购数量巨大，竞争比较公平，政府支付能力强，信誉程度高，对供应商有着很强的吸引力。所以，大多数供应商

都会对政府订单产生浓厚的兴趣。但是，我国政府采购推行的时间尚短，许多方面亟待完善，在政府采购活动中，供应商的某些权益仍有可能受到侵犯。供应商应该学好法，用好法，通过法律手段来维护自己的合法权益，与政府采购其他当事人共同努力规范政府采购市场，实现政府采购人和供应商双赢的局面。

政府与供应商沟通＋合作*

政府采购中政府部门与供应商构成需求与供给的两个基本方面。世界各国及我国近年来的实践已充分证明，政府采购规范运作是政府和企业的共同要求。同时，政府采购工作的成功运作也需要政府与企业双方充分的合作与交流。

一方面，政府采购制度化运作，为企业提供了良好的商机。

政府是全社会最大的采购主体，其巨大的购买力，无疑为企业创造了巨大的商机。政府采购属于以政府为主体的商业行为，享有较高的信誉。政府采购通常有严格的预算安排和预算计划，有较强的资金保障和较高的信誉，可以保证及时按合同支付企业销售货款，为企业创造了较好的经营条件。

政府采购有利于促进商业公正，为企业创造公平竞争的环境。过去政府采购项目通常是分散、零星地进行。政府采购权通常掌握在少数人手里，只有少数人知道政府有关部门的采购信息，也只有极少数企业与个人能及时了解这种信息。而对于众多的企业而言，既缺乏政府采购的知情渠道，又缺乏公开、公正、透明的竞争机会。在政府采购实现制度化运作之后，对于超过一定数量的政府采购项目，法律规定必须在公开、公正、透明的条件下进行，政府集中采购信息必须在大众媒体上（一般由政府指定的媒体）公开发布，使所有相关企业都享有知情权，都可以按照政府采购

* 本文原载于《中国财经报》2001年2月6日第002版采购纵横。

法律、法规赋予的权利参加政府采购权标竞争，从而获得公正的商业机会。在许多国家，政府采购项目被认为是社会公众的采购项目，一是必须通过招标、投标方式公开进行，二是必须使所有相关企业都拥有参与竞争的权利。有些国家甚至把政府公开采购促进商业公正的作用看得比提高政府采购效率、节省政府财力更为重要。

政府采购制度化对企业提出了更高要求，有利于促进企业加强内部管理，树立良好的企业形象。许多国家都建立了对供应商参与政府采购市场的资格评审制度，只有那些具有经营资格、财务状况良好、市场资信度高的企业才能获得参与政府采购项目投标的资格。一旦拥有政府采购投标、竞标资格的企业（供应商）在政府采购招标过程中有违规行为，政府可以通过降低其资信度甚至取消其投标资格等方式对企业给予警告或惩罚，从而形成对企业的利益约束。因此，由于政府采购制度化而形成的企业认证与评价体系，在实践中必然会促进企业加强管理、诚实经营、树立良好形象。

另一方面，企业对政府采购市场的积极参与，是促进政府采购工作健康发展的重要条件。

在市场经济条件下，只有各类企业积极关注政府采购工作，积极参与政府采购招标与投标，参与政府采购工作的监督，才能促使政府采购事业不断得以发展与完善。众多供应商积极关注和参与，政府才能在更广泛的范围和空间里选择质量更好、成本更低的产品或服务，从而更好地实现政府采购的目标。企业参与政府采购项目的销售竞争，必然要求政府采购切实依照法定程序、法定方式公开、公正地进行。一旦供应商发现政府采购过程中有违规行为，或者有明显的不合理现象，出于对自身利益的维护，供应商可以按照政府采购制度法律、法规规定的渠道揭露问题，提出抗议、申诉、索赔。实际上，供应商对政府采购的监督，是加强政府采购监督最有效的方式之一，也是促进政府采购事业不断发展与完善最有效的方式之一。

总的来说，增强政府与企业间的合作与交流，是完善政府采购制度的重要条件和途径。

政府采购制度化，是政府与企业之间互利互惠的要求。因此，就政府采购而言，加强政府与企业间合作与交流，不仅是必要的，而且是搞好政府采购工作的前提条件。应加强政府与企业间政府采购法规、制度方面的交流。政府采购制度建设在我国毕竟只是刚刚起步，还存在许多不完善的地方。政府也缺乏对政府采购制度的大力宣传，不少企业尚不知政府采购为何物，因而不能积极、主动、有序地参与政府的采购活动。为了把政府采购工作做好，政府应该尽早完善政府采购的法规制度，征求企业对政府采购管理方式、方法的意见，使政府采购具有更强的操作性，更适合我国国情。

加强政府与企业间采购信息的交流。政府采购部门应按规定在特定的媒体（行政指定或习惯俗成）上发布采购信息，让更多的企业了解政府采购信息。同时，各类企业为获得更多的销售机会，也需要及时关注各类政府采购信息，甚至设置专门的政府采购信息部门。在现代科技迅速发展的今天，以互联网为主体电子信息技术的使用，为政府采购与企业间信息的沟通与交流创造了极好的条件。

加强政府与企业间就政府采购过程中产生的意见、分歧与纠纷的沟通与交流。在市场经济条件下，政府采购作为一种购买行为，直接涉及政府部门、供应商、采购代理商等不同方面的利益关系。而政府采购在操作过程中不可避免地会因为主客观方面的原因或一些部门出于单方面的利益违规操作而出现意见分歧，严重的还会出现违纪违法现象。这些情况的出现，如果处理不当，会导致政府或企业的利益受到损失，甚至严重影响政府采购的声誉与形象。因此，在政府采购实践中，必须建立政府与企业间良好的沟通桥梁。企业作为供应商，在参与政府采购活动中，有权维护自己的利益不受侵犯，对政府采购过程出现的问题要敢于反映与申辩；而政府则须在采购制度建设中明确企业的权利与义务，设置专门政府采购纠纷的申诉与仲裁机构，使企业在对政府采购行为有疑虑时，有畅通的监督、申诉、抗议渠道。仲裁机构应重视企业（供应商）反映的各类问题，并积极予以及时、公正裁决。这样既有利于规范和改进政府采购工作，提高政府采购的信誉，又有利于保护企业的正当合法的利益，增强企业参与政府采购投标和监督的积极性。

供应商如何面对政府采购大市场*

政府采购是以政府为主体，为满足社会公共需要而进行的采购。自20世纪90年代中后期以来，我国开始对政府采购进行一系列改革，政府采购事业进入了一个新的发展阶段。对于供应商来说，不断规范、不断扩大的政府采购市场，究竟意味着什么？

首先，政府采购的规范化以及政府采购市场的发展和完善，对于供应商而言，意味着巨大的商机。第一，政府采购巨大的购买能力，是供应商不得不面对的事实。按照一般国际口径，政府采购支出，占国民生产总值10%左右，我国尽管达到这种比例目前还不现实，但每年政府用于购买性支出的财政预算内、预算外资金数千亿元之多，虽然并不是都纳入政府集中采购的范围，但扩大政府集中采购已是必然的趋势。第二，政府采购以政府为主体，既有法律规范，又在社会各方面监督下进行，所以，相对社会一般采购而言，政府采购具有信誉度高、支付能力强等特点。在目前市场经济环境还不完全成熟、市场上不讲信誉、不守合同、拖欠货款的现象时有发生的情况下，政府采购的这些特点决定了政府必然是更为理想的贸易伙伴。第三，有利于促进商业公正，完善公平竞争的商业环境，保护供应商的正当合法权益。政府采购按照法定的程序和方式，在公开、公平、公正的环境下进行，使供应商的知情权、平等参与竞争的权利等各项权利得到保障，从而有利于促进商业公正和商业竞争，避免传统体制下政府采

---

* 本文原载于《中国财经报》2001年9月25日第003版供应商特刊。本文是基于当时的市场环境而进行的分析。

购的种种弊端。第四，有利于在一定程度上缓冲“入世”带来的压力。由于世界贸易组织中的《政府采购协定》，可以由各国政府自由决定是否加入，而我国政府短期内显然不会加入。这表明，在今后一定时期内，政府采购市场仍然只面对国内供应商，有利于缓解“入世”对部分供应商的冲击。第五，政府采购贯彻国家相关政策，如对不发达地区、少数民族地区的供应商给予适度的政策照顾，并给中小供应商一定比例的政府订单。这样可以在不妨碍发达地区及大企业的商机的情况下，也为落后地区及中小供应商提供适当的商业机会。

其次，面对政府采购市场的发展，供应商宜采取积极的态度和行动，珍惜来之不易的公平、公正的竞争机会，并重点做好以下几个方面的工作。

一是积极了解政府采购，重视政府采购市场带来的商机。近几年来，随着政府采购制度逐步完善，许多供应商对政府采购市场给予了高度关注，一些供应商已经从中获得了实际收益。但也有一些供应商对政府采购不了解，也没有兴趣。甚至有一些供应商仍然用老观念看待新事物。认为政府采购招标不可靠，怀疑其客观公正性，因此，对政府采购抱着不信任、不参与的消极态度。实际上，虽然不能保证政府采购绝对规范，但是，不看到政府采购事业的巨大进步，不研究政府采购制度的变化、不参与政府采购市场竞争，结果必然是坐失“钱”途。

二是积极学习政府采购的法律、法规，做到依法办事，有序进行。供应商参与政府采购市场竞争，必须认真学习和研究政府采购法规，包括政府采购的范围、程序、方式方法，政府采购涉及的各利益主体的权利、义务和责任等。只有懂得政府采购的法律和规则，才能使投标等工作有序进行，使供应商不仅能够保护自身的合法利益，还能依法对政府采购工作进行监督。

三是积极学习和研究招标、投标的专业知识，关注政府采购市场的信息，增加中标机会。从目前的情况来看，有些企业十分注重研究招标、投标的专业知识，研究采购单位的招标文件，并从中获得许多有益的东西。但是，也有些企业对招标、投标知识知之甚少，不愿意在这方面做细致的工作，结果通常是或者投标书不合格，或者因为缺乏必要的论证而丧失中标的机会，甚至闹出笑话：再者，就是要特别关注政府采购的各种信息。作为供应商，只有积极关注这些信息，才有可能进入后面诸如投标之类的工作。

最后，供应商要想真正打入政府采购市场，从政府采购市场中获得商机，必须提高自身素质，遵纪守法，提高质量、成本、服务等方面的竞争能力，真正以实力、以诚信获得政府的订单。

供应商加入《政府采购协定》的准备*

《政府采购协定》（GPA）作为世界贸易组织（WTO）协定中的单项协议，是一个自愿签订的协议，即只限于接受本协议的国家。目前 WTO 成员中，只有少数成员参加了 GPA。由于我国是发展中国家，且政府采购市场份额巨大，因此，在“入世”谈判中，虽然不少国家要求我国同时加入 GPA，但我国政府并没有承诺加入。显然，我们暂不参加 GPA，对于保护我国民族产业的发展，特别是在刚刚跨入 WTO 大门之初，保留政府采购这部分市场，对于缓解国外产品对民族产业的冲击，具有十分重要的作用。

但是，我国暂不参加 GPA，是否意味着 GPA 离我们还很遥远？并不是这样。应该说，我们已经听到了 GPA 的脚步声，而且，对于这悄悄临近的脚步声，我们必须给予足够的重视。

首先，虽然目前 GPA 只是一个自愿加入的协议，但这并不是一成不变的。最初世界贸易协定中有多个单项贸易协议，都是自愿加入的，但随着时代的变化，一些单项协议已经成了 WTO 一揽子计划的一部分。目前，只有包括 GPA 在内的两个单项协议是自愿加入的。可以看出，GPA 作为自愿参加的协议并不会一成不变，它是否会因 WTO 成员新一轮的谈判而有所改变，也未可知。如果 GPA 成为 WTO 的多边协议，就不能由我们自己来选择。

---

* 本文原载于为《中国财经报》2001 年 11 月 20 日第 007 版理论纵横，原名为《修身，融入大市场》，是基于对当时的市场环境进行的分析。

其次，我国是亚太经合组织的成员，该组织规定：到2020年，各成员必须对等开放政府采购市场。我国政府也已明确承诺，向APEC成员对等开放政府采购市场。

再次，虽然我国暂不加入GPA，但，这并不等于说加入GPA没有诱惑力。实际上，加入协定也不是没有好处。一是可以扩大我国政府采购选择的范围，提高政府采购的质量和效率；二是协议成员同时也对我国供应商开放政府采购市场，使我国供应商在国际市场上获得更多的商业机会。因此，不加入协议也不是绝对的。随着我国政府采购制度的完善及民族产业竞争能力的提高，我国政府会主动考虑加入这一协定。

另外，值得注意的是，尽管我国暂不加入GPA，但这并不意味着GPA与我们没有关系。GPA同样会对我们现实工作产生影响。典型的如，我国没有参加GPA，协定成员方不对我开放政府采购市场。同样，我国也不能无原则地对其他成员方开放政府采购市场。采购中，一定要优先采购本国产品，采购人员要学习、研究原产地规则，明确本国产品与外国产品的界限。不然的话，其他成员不向我们开放政府采购市场，而我们却糊里糊涂地大量采购其他成员方的产品与服务，如此，所带来的负面影响则比加入GPA带来的影响更大。

GPA正走近我们，已是不争的事实。正确的态度是，积极争取时间，认真研究GPA的内容，发挥暂不加入协议所带来的优势，尽快完善我国政府采购制度，增加供应商投标、竞标的经验，加快与国际政府采购制度接轨的进程，为最终融入世界政府采购大市场做好各方面的准备。

04

第四编

政府采购政策功能作用

发挥政府采购的政策功能作用*

政府采购是以政府为主体，运用财政资金为满足社会公共需要而进行的采购活动。政府采购具有典型的公共性特征和巨大的市场影响力，不仅是采购公共物品与服务的重要手段，而且是一种有效的政策工具。作为公共采购，政府采购可以通过科学的采购规划与管理提高采购质量和效率，节省财政资金，防止采购过程中公共资源流失和发生腐败现象。同时，政府可以从社会公共利益出发，按照社会公众的要求，综合考虑政府采购的社会效果和经济效果，通过制定政府采购政策、确立采购对象等，控制公共采购资金的使用，规定优先采购什么、禁止采购什么、向谁采购和由谁采购等一系列政策措施，直接影响供应商的生产和销售行为以及投资选择，促进政府多种社会经济政策的贯彻实施。具体来说，政府采购可以在以下几个方面发挥政策功能作用。

一、保护民族产业

我国在加入 WTO 时，并没有加入 WTO 的《政府采购协定》（GPA）这意味着我国政府采购市场没有对外开放。因此，政府采购原则上应该采购本国产品，担负起保护民族产业的重要职责。尤其是在我国加入 WTO 后，面临大量进口产品对民族产业特别是对汽车、信息等高技术产业形成

* 本文原载于《人民日报》2006 年 5 月 12 日理论版：学术动态。

冲击和压力的情况下，保留政府采购市场暂不对外开放，显然具有重要意义。可以以法律和政策的方式，规定政府采购应该采购本国产品、支持民族产业发展，以实现保护民族产业的目标。即便今后我国加入了 GPA，仍然会有大量在协定条款之外的政府采购项目。对于这部分采购，同样需要实施保护本国产品的政策措施。

二、鼓励节能环保

促进节能环保产品的开发和生产是政府的重要职责。政府采购可以通过制订法律和政策措施，规定政府只能采购达到国家节能环保标准的产品和服务；通过建立政府节能环保采购清单，规定政府必须优先采购清单所列产品；通过价格优惠和采购招标过程设置节能环保因素评价等方式，增加具有节能环保优势的产品获得政府采购订单的机会。实行政府优先采购节能环保产品的政策，既有利于政府降低产品使用过程中的能源消耗成本，更有利于促进供应商增加节能环保产品的开发和生产。

三、支持自主创新

政府采购在支持自主创新方面具有不可替代的作用。政府可以制订政策，规定凡是涉及高新技术类产品的采购，一律优先优惠采购自主创新的产品；可以规定政府采购的某些产品技术含量中的自主创新成分必须达到一定的比例；政府与企业、科研机构建立合作与联系，对于那些对促进经济社会发展具有重要意义的自主创新产品实行政府采购；政府逐步改革传统的课题基金预付制，实行创新成果政府采购制。

四、促进协调发展

为促进经济社会协调发展，政府适当扶持中小企业、照顾不发达地区的发展是十分必要的。但是，如果政府采购采取纯粹的市场竞争方式，中小企业和不发达地区、少数民族地区的企业会因竞争力不足而处于不利地位。因此，政府采购应适当运用政策法规等行政力量和非市场机制的方式，增加中小企业和不发达地区、少数民族地区的产品和服务在政府采购市场的销售机会，以促进中小企业及不发达地区和少数民族地区企业的发展。比如，对中小企业和不发达地区企业的产品实行综合优惠的方式；确定其在政府采购中必须占有的份额；等等。

五、强化劳动保障

保护劳动者劳动报酬权、劳动伤残补偿权等，是必须长期坚持的劳动政策。但是，近年来，一些政府采购项目拖欠工程款项、拖欠劳动者工资现象仍然存在。政府可以通过先有资金后采购、及时兑现采购款项、采购合同明确规定供应商不得拖欠劳动者工资等强制性政策条款，保障供应商和劳动者权益。同时，政府在对供应商进行资格审查时，规定参与政府采购的供应商必须以遵守国家劳动政策为资格条件，禁止违反国家劳动政策的供应商进入政府采购市场。

关于政府采购国货若干问题的研究*

在《政府采购法》颁布以前，我国既没有加入 WTO《政府采购协定》(GPA)，没有与相关国家对等开放政府采购市场，也没有关于政府采购保护本国产业的具体规定。因此，我国的政府采购市场，除曾经因一些政府部门过度采购进口汽车采取过控购措施以外，基本上是毫无保留地对外开放。

2003 年《政府采购法》实施以来，政府采购在保护民族产业方面有了明确的法律依据，并在促进民族产业发展中开始发挥作用。在当前国际金融危机加剧之际，不少国家和地区出现了贸易保护主义抬头趋势，纷纷利用政府采购限制其他国家的产品和服务，以扩大本国需求。我国在政府采购国货方面遇到了标准不明确、采购缺乏具体操作依据、国货文化缺失等实际问题。如何清楚认识、落实国货采购相关问题，仍需要研究和探讨。

一、政府采购国货的客观性分析

从采购学原理看，在市场经济条件下，采购作为人们实现对使用价值需求目标的手段，对社会产品的销售总量及结构发挥着重要的扩张、抑制、调整或引导作用。人们采购什么、采购多少、向谁采购以及何时采购等，都会直接或间接地影响经济总量及某些产业和产品的生产与发展。因

* 本文原载于《中国政府采购》杂志 2009 年第 4 期。

此，利用采购调节和促进经济发展的作用，历来为世界各国所重视。

政府采购应该采购国货，是由政府采购本质及其拥有的特殊功能所决定的。政府采购资金是社会公共资金，政府作为社会公共利益的代表，在处理采购什么、采购多少、为谁采购及向谁采购等问题方面，必须从全社会公共利益和总体利益出发，兼顾政府多方面的政策目标。

实际上，为了促进民族产业的发展，许多国家都通过行政或法律手段，要求本国政府部门或机构在采购货物、工程和服务时，必须优先购买本国产品，以保护本国供应商的利益。典型的如美国于20世纪30年代颁布的《购买美国产品法》，从政策上和法律上确保政府机关优先购买美国产品。根据该法的规定，美国的一般产品可以享受6%的优惠，而如果是小型企业或少数民族企业，则可以享受高达12%的优惠，同时，对外国政府在政府采购中对美国产品的歧视性政策规定了严格的报复性程序。澳大利亚在筹备2000年奥运会时规定，所有场馆必须由本国企业承担。在1946年起草《关税与贸易总协定》时，由于政府采购的公共性及其他复杂的原因，各国政府采购是否对等开放的问题并没有被纳入谈判的内容。因此，在一般性市场开放以后，不开放的政府采购市场更被各国用来作为保护民族产业的重要手段。

直到20世纪70年代，由于政府采购的规模越来越大，对于国际贸易发展的影响也日益增强，在东京回合多边贸易谈判中，于1979年签订了《政府采购协定》（GPA），要求“关税与贸易总协定”成员加入这一协定，对等开放政府采购市场。但即便如此，该协定仍有两个重要的保护空间：一是每个成员可以自愿决定是否参加；二是各成员可以通过谈判有选择、有条件地开放政府采购市场。对于一些对民族产业和国家安全有重要影响的产业和产品，可以不开放或者暂缓开放。可见，从保护本国产品的角度出发，各国对于政府采购市场的开放持相当谨慎的态度。

政府采购国货受到各国政府的高度重视，也源于其巨大的采购金额和影响力。随着社会经济的发展，政府的采购性支出占GDP的比例日益增多。据统计，目前，市场经济国家政府采购规模一般占年度 GDP 的 10% ~ 15%。2005 年政府集中采购的货物与服务金额为 2960 亿元。显然，如果包含巨额的政府公共工程采购，采购总额应不低于万亿元。如此巨额且具有集中性、计划性的政府采购金额，其采购什么、向谁采购都会对市场供应及供应商利益产生巨大影响。

政府采购国货可以在多个方面发挥功能作用。

第一，政府采购国货是促进产业发展和拉动经济增长的重要途径。政府采购国货可以增加本国供应商的销售金额和市场占有量，促进经济增长，提高就业率，增强竞争力，发挥西方经济学所阐述的乘数效应。相反，则会增加外国供应商的竞争能力。

第二，可以发挥保护特定产业、促进自主创新的重要作用。现代经济以高科技为核心，一些对于经济全局和经济发展持续性具有决定性影响的产业和行业，比如汽车发动机、计算机芯片、软件等，成为决定经济自主能力、控制能力和持续发展能力的决定性因素。而这些产品与服务往往是政府履行职能所需要的。因此，在未加入 GPA 时，运用政府对具有自主创新的高科技产品实行优先采购、优惠采购，重大创新政府首购和持续订购等方法，对于稳定和推进这类产业及自主创新产品具有不可替代的作用。

第三，政府采购国货是实现国家安全的重要条件。现代技术特别是现代信息技术的发展，诸如 IT、军事产品与服务的使用涉及重要国防、信息及经济安全。2006 年美国政府采购了部分联想收购的 IBM 公司个人电脑，一度引起美国舆论哗然，最终美方以涉嫌妨碍国家安全给了诸多使用限制，可见西方国家对于政府采购涉及安全问题的重视。从我国的情况看，政府采购产品，包括电脑、各类软件、一些涉及国防安全的产品都不乏外国货，为经济安全、信息安全和国防安全埋下了隐患，必须引起高度重视。

第四，政府采购国货具有引导作用和倍数效应。政府是社会的领导者和示范者，政府采购国货会使政府对民间、上级政府对下级政府发挥示范作用，并形成潜在国货精神和产生文化推动效应。

按照 WTO 倡导贸易自由化的精神，一般都鼓励 WTO 成员积极参加旨在对等开放政府采购市场的 GPA。我国加入该协议的程序也已经启动，但目前并没有加入，也就是说，我国政府采购没有义务采购非本国产品和服务。而且即使加入了 GPA，也不可能全面加入，而是选择特定区域、特定行业或特定行政级次的加入，没有加入的部分，仍然需要坚持采购国货原则；同时，加入 GPA 还有门槛价格限制，门槛价以下的，仍需遵循采购国货原则。

但是，必须看到的是，我国政府采购国货的形势并不乐观。法律规定尚不严密，采购人国货意识淡薄，国货判断依据不明确，国外政府采购对中国供应商没有开放，而我国实际上在大量采购非国货产品，对于国货与非国货审查过于宽松等，这些问题的存在已经严重影响了政府采购国货的有效进行。

二、政府采购国货的标准界定

在政府采购国货中，所面临的基本问题之一是国货标准界定。可以说，国货判断标准问题是实现政府采购国货规范化的首要问题。没有明确的国货标准，采购国货就无法规范操作。我国《政府采购法》规定政府采购应该采购本国货，但究竟什么是本国货，目前仍没有十分明确的界定。因此，国货标准问题需要我们进行专门讨论。

关于什么是国货，世界各国都有自己不同的概念和定义，其中最原始最简单的定义大都是指在本国境内生产和提供的工程、货物和服务。随着社会经济的日趋复杂，特别是经济发展全球化、经济投资主体多元化和经济成分复杂化，原有的简单的判定国货与非国货的方法已经不适应新的形势，需要从不同的角度考虑多种因素确定判断国货标准。笔者认为，在当今国际经济条件下，判断是否属于国货，应该把握好以下几个主要标准。

（一）纯原产地标准

原产地标准是指工程、货物和服务最初提供地。凡是由境内提供的是国货，由境外提供的就是非本国货。原产地标准是世界各国划分本国货与非本国货最原始、最根本的依据。1992 年 3 月 8 日我国政府发布了出口货物原产地规则，其中第六条规定，符合下列标准之一的货物，其原产地为中华人民共和国。在这种原产地规则中，又分为全部在中华人民共和国境内生产或者制造和部分在本国制造的产品。在此，我们首先关注全部由中华人民共和国提供的部分，即纯原产地标准，其中主要包括：（1）从中华人民共和国领土和大陆架提取的矿产品。（2）在中华人民共和国境内收获或采集的植物及其产品。（3）在中华人民共和国境内繁殖和饲养的动物及其产品。（4）在中华人民共和国境内狩猎或捕捞获得的产品。（5）由中华人民共和国船只或者其他工具从海洋获得的海产品和其他产品及其加工制成的产品。（6）在中华人民共和国境内制造、加工过程中回收的废料及在中华人民共和国境内收集的其他废旧物品。（7）在中华人民共和国境内完全用于上述产品以及其他非进口原料加工制成的产品。根据这些标准，可以清楚地判断纯本国货与非本国货的界线。

（二）价值比率标准

所谓价值比率标准，就是人们通常所说的产品价值中，国产因素在产品总价值中所占的价值比率。实际上，我们知道，单纯的本国货与非本国货的判断并不难。但在经济全球化的今天，各国经济已经相互融合。随着跨国公司业务的增加及经济投资主体的多元化，许多产品在国产与非国产方面已经形成了你中有我、我中有你的混合产品。在政府采购操作过程中，难以判断的正是介于本国货与非本国货之间的混合产品（工程、货物与服务）。这些混合产品可能是多国合作的结晶，兼有多个国家或地区的“身份”。改革开放以来，我国已有大量的中外合资、中外合作、外国独资等外商投资企业，这种外资机构大多在我国注册，是我国的企业法人，他们生产的产品或提供的劳务应属本国的产品和劳务。但这类企业往往是利用外国的原材料、零配件、外国的品牌价值，因此，他们提供的产品并不一定都是国货。还有一种情况，一些国内法人投资注册的企业，虽然并不是外资企业，但是，其生产主要是通过进口外国的原材料、装备、技术及零配件进行装配或组装而形成的产品。因此，使用“价值比率标准”，就是对于这种混合型产品在本国货与非本国货的认定时，主要依据产品或服务的在境内与境外形成的价值比率高低来计算。也就是说，产品或服务的成本与价值中，国产与非国产的部分哪部分更高，就成为划分的界线。一般情况下，衡量比率高低的基本依据比率是50%。就是说，在国内形成的价值比率超过50%，就是本国货，否则就是非本国货。价值比率法是世界各国最普遍使用的办法，大多数国家和地区在对待非GPA采购项目上，对于含有多种价值成分的产品判断本国货与非本国货时，都是遵循价值含量最高者归属原则。

关于价值比率判断法，有几个具体的情况需要特别说明。第一，中外合资、中外合作、外国独资企业在中国生产、加工、制造或提供服务，其产品或服务价值在中国境内的增值部分超过50%（大于50%）可以判定为本国货，反之为非本国货。第二，本国企业在外国注册，其生产和制造的产品主要使用的是境外原材料、劳务，其中在国外形成的产品或服务价值超过50%，销售到国内时，仍应该判定为非本国货。反之，可以判定为本国货。第三，中国出口的产品，没有经过复杂加工，又销回中国，其价值成分国产比率仍在50%以上，仍应属于本国货。

价值比率标准在实际操作中有一定难度，需要做比较细致的工作。这主要是因为，价值比率标准需要产品成本价值量的计算。特别是在50%之间的区域确定，需要更精确的计算。而目前我国产品成本价值计算比较复杂，一些成本分摊划分没有十分明确的界限。因此，使用价值比率方法还需要明确的制度约束，即采购机构有权利和义务要求所有涉及国货与非国货混合因素的产品都必须清楚地提供产品成本的国内、国外价值构成，并承担法律责任。因此，也需要相应的财务会计制度支持。

（三）注册或国籍标准

注册或国籍标准是针对供应商的国籍和注册地而言，就是经常所说的外国人和外国厂商的概念。比如某地区《外国厂商参与非条约协定采购处理办法》中规定，所称的外国厂商，是指未取得本地区国籍之自然人，或者依外国法律登记的法人、机构或团体。在工程与货物采购方面，划分本国货与非本国货，与国籍和注册地并不一定产生必然联系。但是在劳务服务采购方面，划分本国货与非本国货是有内在联系的。一般情况下，国籍和注册地是劳务服务原产地认定的重要依据。仍以某地区为例，其对于非GPA成员在劳务服务上的认定，就是以注册地为主要依据的：“劳务之原产地，除法令另有规定者外，依实际提供劳务者之国籍或登记地认定之。属于自然人者，依国籍认定之；非属自然人者，依登记地认定之。”实际上，随着社会经济的发展，政府对于劳务服务的采购也会不断增加，劳务服务采购能否把握好国货的标准，同样十分重要。

三、规范政府采购国货的措施与对策

政府采购国货在明确国货标准之后，对于具体的采购实施，需要从观念改变、制度完善、过程控制和监督管理等多方面、全方位采取措施。

（一）强化国货文化的塑造与培育

国货采购从某种意义上说是一个文化问题。树立和塑造保护国货、使用国货、采购国货的国货文化，是做好政府国货采购的基础和根本。对于国民、政府机构及其工作人员而言，热爱国货、支持民族产业发展观念，还是热爱时尚和享受，追求名牌、高档、进口的文化与习惯，在很大程度上影响人们采购什么和向谁采购的价值取向。在过去很长一段时间里，由于生产力落后及其他一些原因，一些人产生了崇洋媚外的心理，以使用进口货为荣，甚至鄙视国货，或者不计成本地片面追求高功能、多功能的进口产品，加上过去我国没有政府采购本国货的相关法律规定，人们更是缺乏这方面的意识和习惯。一些采购人单位为了使用习惯和出于个人便利等原因，不计公共成本，仍坚持采购进口产品或服务，比如汽车、电器，特别是软件产品。也有一些采购人单位法治观念、规则意识淡薄，不按照法律办事，或者采取上有政策、下有对策的方式，逃避采购国货的约束。此外，国货采购还涉及责任感、国家安全等多方面的观念和文化。人们只有在对纳税人的资金使用、对民族产业发展等有强烈责任感的情况下，才会将政府国货采购积极主动贯彻到实际行动之中。2002 年我国《政府采购法》颁布以后，政府采购国货的意识有了很大的增强。但必须看到，文化和习惯的改变并不是轻而易举的事，其需要我们运用宣传、教育、惩戒等方式，强化政府部门和机关单位热爱国货、使用国货、采购国货的意识和观念。同时，政府倡导采购国货的观念和文化还能在很大程度上影响社会其他主体的采购行为，从而在更大程度上形成一种国货精神与文化。

（二）完善政府采购国货法律制度，明确法律解释

我国《政府采购法》规定，政府采购应该采购本国货物、工程和服务，法律意向与要求都十分明确。但是，在政府采购实践中，国货采购仍缺乏明确规定和依据。因此，实现政府国货采购规范化，必须从以下几个方面加强制度建设。

1. 建立完善的国货认定制度

政府需要建立明确的国货认定制度。包括明确国货认定标准，认定程序及认定主体。虽然本文前面已经讨论过国货认定标准，但操作中必须有明确的法定标准；认定程序是指在哪个环节必须确定国货属性，对国货属性进行审定；同时，必须明确国货认定主体，即是否属于国货，应该由什

么机构认定，才具有法律效力。

2. 建立非国货采购许可制度

当国货无法满足社会公共需求和政府履行职能的需要时，政府仍然需要采购非国货。因此，为了控制非国货的采购，必须建立非国货采购许可制度。在我国现行《政府采购法》中，也规定了政府采购非国货的三个方面条件。（1）需要采购的货物、工程、服务在中国境内无法获取或无法以合理的商业条件获取的；（2）为在中国境外使用而进行的采购；（3）其他法律、行政法规另有规定的。也就是说，如果符合这三个方面的条件，政府可以采购非本国货。但是，非国货采购条件也存在不够明确的问题，需要进一步明确和完善。

第一，应该明确“国内无法获取”的含义。“无法获取”是国内无法获取的某种特定设计，还是某种特定品牌和服务。如果这样，显然不能成为采购非本国货的理由。由于采购实质上是为了获取某种特定的功能，因此，法律细则至少应该规定三个条件：一是证明政府所需要的；二是国内无法获取的“功能”；三是国内其他产品无法替代的功能。由此可知，只有功能必要，且国内无法获取和无法替代的情况下，才能考虑采购非本国货。

第二，“合理的商业条件”需要界定。“合理”还是“不合理”，无论是价格还是质量、服务或其他内容，应该有明确的判断标准。以价格因素为例，什么情况下，比如采购本国货的价格是不合理的，是高于非本国货10%还是50%，需要有一个界定。同时，如果出现了不合理的价格条件，是否能够通过相应的办法很好地解决等。否则，“不合理的商业条件”一定会成为采购国货的阻碍，采购非国货的借口。

第三，法律规定“为在中国境外使用而进行的采购”可以采购非国货。这里也需要明确，在中国境外使用，并在境外采购的部分，可以采购非本国货，但是如果在中国境外使用，而在中国境内采购，是否仍应该采购国货，对此需要从制度或制度说明中加以明确。

第四，法律规定“其他法律、行政法规另有规定的”采购，可以随其规定。对此，也需要明确的原则。因为存在“法律”与“法律”“法律”与“行政法规”可能产生冲突的问题。处理这种问题的一般规则应该是：当《政府采购法》仍有法律效力时，不应该有与之相冲突的其他法律（除《宪法》调整以外），更不能出现行政法规与法律相违背的情况。

（三）加强政府采购国货的监督与管理

政府采购国货在文化形成与制度规范之后，关键在于监督执行。从我国的情况看，政府采购国货显然还存在监督管理方面的问题。由于政府采购国货规则不够完善，监督依据难以把握；由于政府采购是一项新事业，一些相关的监督管理部门存在人员少、琐事多、业务不够熟练及相关产品技术知识缺乏等问题，对政府采购国货问题无暇顾及或者不能明确判断；由于政府采购的产品千差万别，既有纯本国货或纯外国货，更有国内、国外不同价值构成，不同股份构成等众多的混合产品，在价值构成测算体系不健全的情况下，监督管理难度大；此外，一些采购人单位及监督管理部门对于政府采购国货认识不足，也是经常导致政府采购国货疏于管理的重要原因。

加强政府采购国货监督管理，需要从多方位、多环节进行。一是在政府采购预算环节，需要对采购需求进行审核，剔除各种没有正当理由的非国货采购安排。二是在采购实施环节，加强对供应商的审查，对于非常明确的外国供应商，有权利按照《政府采购法》的规定加以拒绝。对于存在价值混合的产品或服务，需要提供产品价值构成比例。对于国内价值增值没有超过50%的产品不能采购。对于需要采购非本国货的产品，对其采购条件实行严格限制和审核。三是在采购结果和验收环节，发现无合法理由采购非本国货，需要及时纠正和查处。四是在投诉环节，对于各种关于国货采购的投诉应认真对待，按照投诉的线索进行调查和处理。只有在监督与管理方面做好了工作，实现政府采购国货才真正成为可能。

“洋货”不能随便买*

为了保障本国货采购目标的实现，需要对非本国货采购实行审批和控制制度，“洋货”不能随便买。

“政府应该采购本国货”是一个复杂问题。一方面，按照对等开放政府采购市场的国际规则，在我国未开放政府采购市场条件下，政府采购有权利和义务保护本国货产品和产业；另一方面，政府采购法律要求政府采购本国货，但并不排除为了满足特定需要采购非本国货。《政府采购法》规定的3个采购非本国货条件是：需要采购的货物、工程、服务在中国境内无法获取或无法以合理的商业条件获取的；为在中国境外使用而进行的采购；其他法律、行政法规另有规定的。尽管《政府采购法》规定了3个有利于解决本国货不能满足需要时对非本国货的合理选择，但同时也可能出现采购人利用采购非本国货的条件，使本应采购本国货而逃避本国货采购的行为。因此，为了保障本国货采购目标的实现，需要对非本国货采购实行审批和控制制度。

一、明确界定非本国货采购的法定条件

目前，人们都注意到国货标准判断的问题，但忽视了对于非国货采购条件的判断。实际上，作为保护国货的组成部分，对于非国货采购的条件

---

* 本文原载于《中国财经报》2007年7月11日第003版理论实务。

同样需要明确的判断标准，并通过相应的方式将这种标准作为控制非本国货采购制度执行的公开标准。

第一，需要明确界定“国内无法获取”的内涵。一般认为，“国内无法获取”应该包含政府履行职能所必需、国内无法得到两个方面的内容。但必须明确的是，是政府对某种特定功能的需要，还是对某种特定设计或品牌的需要。由于政府采购实质是为了获取某种特定的功能，因此，“国内无法获取”必须有三个基本限定条件：一是的确属于履行公共职能所需要；二是无法获取的应该是功能而不是指某些特定的设计、专利或品牌；三是所需功能在国内无其他替代产品。

第二，明确界定“合理的商业条件”。对于《政府采购法》中“或无法以合理的商业条件取得的”中的“合理商业条件”，需要界定“合理”与“不合理”的标准。以价格因素为例，在什么样的价格条件下，采购本国货的价格是不合理的，是价格高于非本国货10%，还是50%，还是更多。同时，如果采购国货出现了不合理的价格条件，是否可以通过竞争或批量采购等办法得到解决？否则，如得不到妥善解决，“不合理的商业条件”很容易成为采购非本国货的借口，影响采购本国货目标的实现。

第三，法律规定“为在中国境外使用而进行的采购”可以采购非本国货。这里也应该明确，在中国境外使用并在境外采购的部分，可以采购非本国货。但是如果在中国境外使用，而在中国境内采购，是否仍应该采购本国货。

第四，法律规定“其他法律、行政法规另有规定的可以随其规定”。对此需要解释“法律”与“法律”、“法律”与“行政法规”发生冲突时的法律效力，如当《政府采购法》仍有法律效力时，除宪法以外，不应该有与之相冲突的其他法律条文，更不宜出现行政法规与法律相冲突的情况等。

二、建立完善的非本国货采购的审批和控制机制

在非本国货采购条件认定标准确定后，对于具体的政府非本国货的采购项目，需要依据标准和法律要求，建立专门的审批和控制制度。第一，应该明确非本国货采购条件的认定机构。由于非本国货采购涉及功能需求论证、技术鉴别和市场调查等多方面问题，比如采购的功能是否为政府所需要，国内是否有替代品，国内供应的商业条件是否合理等，需要权威的专业机构界定比较好，或者设立政府部门功能需求评估中心，附带认证非本国货采购的必要性；第二，明确非本国货采购的审批和控制主体。法律规定财政部门是政府采购的监督管理部门，因此各级财政部门是当然的审批和控制主体；第三，确立非本国货采购的审批和控制程序。对于有非本国货采购要求的采购人单位，首先应该在制订需求规划和采购预算环节时，对照政府采购非本国货的条件进行界定。在采购人自身觉得符合条件之后，提出非本国货采购申请，报请管理部门指定的相关机构认定，最后报财政部门审查批准。对于不符合采购非本国货条件的采购，实行严格控制。

三、加强对非本国货采购审批与执行的管理与监督

对于符合法定非本国货采购条件的行为，政府部门不能实行不当控制。但是，对于不符合条件而片面求大求洋的采购行为，必须加强监督与管理。监督管理的基本内容包括：明确规定采购人、非本国货采购条件认定机构、采购审批和管理机构、采购实施机构等各方当事人的权利、义务和责任。对于采购人不经审批或设置虚假功能需求、虚假的不合理商业条件，擅自采购非本国货的，加强控制和处罚；对于采购机构擅自执行没有经过审查批准的非本国货采购的，撤销采购行为或采购合同；对于错误认

定非本国货采购条件的机构或责任人，需要承担出现错误的责任；财政监督管理机构必须严格遵守审批程序，按照公开、公正的原则进行审批把关，并承担审批控制不规范的相关责任。只有建立了健全的、能够相互制约的监督管理机制和体制，政府非本国货采购的审批和控制目标才可能有效实现。

运用政府采购杠杆促进自主创新*

一、企业自主创新是时代的呼唤

改革开放以来，我国经济高速发展，经济连年高速增长，实力大大增强。但众所周知，由于经济起步时期的特殊性、计划经济思维与管理方式的惯性作用及其他一些原因，在我国经济发展中，依靠改革对长期受束缚的生产力的能量释放、依靠资源的高度消耗、依靠相对廉价的劳动力、依靠引进外国资本和技术等都发挥着至关重要的作用，走的主要是粗放型道路，经济技术含量尤其是自主知识产权含量严重偏低。据统计，我国 2004 年汽车总产量 507 万辆，在各项技术中 90% 是“舶来品”，而真正具有自主知识产权的技术仅占 10%；我国 100% 的光纤制造装备，80% 以上的集成电路芯片制造装备和石油化工装备，70% 的数控机床、纺织机械都被进口产品和技术占据。虽然“中国制造”已经在世界制造业中扮演着重要角色，但这种以廉价的劳动力、巨大能源消耗、大面积全方位污染、仅有微薄利润的发展模式绝不应该是我们的选择。长此以往，不仅会导致后续竞争力下降、环境成本越来越高，而且会被扼住发展的咽喉和命脉，使发展之路越走越窄。

自主创新、自主技术开发和应用滞后存在多方面原因，由于技术创新投入高、时间长、风险大、新技术推广应用难，加上缺乏知识产权保护良好环境，一些消费者迷信外国技术，使一些地方政府和企业更愿意“舶

* 本文原载于《中国政府采购》杂志 2005 年第 11 期特别报道栏目。

来”虽然利润低但来得快、风险小的外来技术，形成了急功近利的、不愿意走自主创新道路的粗放型格局。更严重的是，一些地区和行业仍然十分热衷于引进外资、强调利用外国技术，大搞无原则的招商引资，而很少去关心是否得到了核心技术，是否在合作过程中培育了自己的创新能力，更不热心寻求走自主创新之路，不积极支持、应用和推广具有自主知识产权的技术。

实际上，自主创新虽然最初成本较高，但却避免了引进技术时要支付的高昂代价，避免了投产后需将绝大部分利润让给外方。从长远看，对企业核心竞争力的形成和持续发展更是意义深远，企业只有通过研发投入和自主创新，才能真正掌握自身的发展命运。从更高层次来看，自主创新虽然成本较高，却是事关国家经济发展大计、事关未来竞争力的必须付出的代价。

在过去一段时间里，我国政府为促进企业提升创新能力也采取了不少措施，制定了多种财税优惠政策，如规定企业研发费用可划入管理成本，比上一年超额部分的50%可抵扣应税所得额。但实际上，此项财税优惠政策每年在各行业龙头企业、重点企业中的平均落实率低于14%，企业实际享受的金额只占应该享受金额的5.79%。实际效果并不明显。同时，我国对高校、科学研究机构也制定了课题申报和资助政策，但经过几年的运作，这种花钱买“创新可能”的做法，显然已经在很大程度上失去其本来意义和作用。

二、政府采购激励自主创新

首先，政府采购激励自主创新的功能作用是由政府采购本质决定的。政府采购是以政府为主体、为满足社会公共需要而进行的采购活动，是一种典型的“公共采购”。政府采购的政府主体性和社会公共性特征，决定政府采购不仅仅是完成公共物品的采购任务，也不仅是节省政府财政资金的问题，而是必须从社会公共大局出发，围绕国家要实现的总体社会经济目标，通过运用政府采购什么、采购多少、向谁采购、由谁采购、如何采购等政府政策性手段，实现一种全方位、系统的公共服务目标。显然，发展自主创新、获取自主知识产权，正是全社会的共同要求。特别是在知识经济和信息时代，自主创新能力早已经成为经济发展的生命线，成为主导经济发展能力和方向的关键点，政府采购作为一种公共采购模式，有责任从公共利益出发，通过优先、优惠、强制采购自主创新和具有自主知识产权的产品和服务，激励自主创新事业的发展。

政府采购激励自主创新和促进自主知识产权开发的功能，是其他社会主体不能替代的。虽然个人、家庭、企业等各种社会主体都应该在保护民族产业、促进自主创新方面承担义务，但是，在经济全球化的今天，其他社会主体可能会更多地受市场原则导向，更多地追求短期的、自身现实的利益。只有以政府为主体的采购，才会更多地从全局出发，追求总体的民族经济目标。因此，政府的特殊社会公共利益代表的身份，决定其必须在激励自主创新方面发挥其他主体采购不可替代的特殊功能。

其次，政府采购的自主创新激励功能也是政府特殊的政策法规能力和行政能力决定的。政府采购中政府的主导作用，决定政府可以通过政府的政策能力达成激励自主创新的目标。

政策能力是通过政府采购法律与政策的影响力实现的。为了激励自主创新，政府可以通过相关法律政策的强制性规定，促使政府部门投资与消费发生的采购必须优先优惠采购自主创新产品和服务。实际上，世界各国政府采购都有明显的“产权保护”特征。美国《购买美国产品法》规定联邦政府非《政府采购协定》必须购买美国产品，其中包括优先购买具有美国自主知识产权的产品。但是，在过去很长的时间里，我国一直没有制订与激发自主创新的法律和政策，虽然《政府采购法》已经有了“政府采购应当有助力于实现国家经济和社会政策目标”立法理念，但是，对于如何运用政府采购机制激发自主知识产权，并没有具体的规定。因此，在政府采购制度建立和完善过程中，应该研究制定具体的政策措施，实现激励自主创新目标。

政府采购的市场能力或市场影响能力体现在政府雄厚的公共采购资金对供应商决策选择及市场竞争取向。政府通过确定采购什么、采购多少、向谁采购等直接形成不同数量和不同结构的市场购买能力。在促进自主创新方面，政府遵行优先采购和重点支持自主创新产品的原则，加大自主创新产品的采购力度，并对社会其他采购主体形成重要的导向作用，会直接影响供应商的实际利益。供应商为了获得政府采购的合同，必然对自主创新方面加大人力和物力的投入，拓展研发能力，并最终增强竞争，从而对供应商的生产与销售行为产生直接的影响，促进自主创新事业的发展。

最后，政府采购的特殊监控能力对保障支持自主创新事业具有重要作用。政府采购的监控能力是通过政府采购人及政府采购机构对自主创新产品采购行为的监督检查实现的。为了更好地落实政府自主创新产品采购政策目标，政府管理部门需要建立自主创新产品档案，在政府采购过程中，可以强化自主创新产品的执行标准和行动，鉴别是否属于真正的自主创新产品，淘汰非真实的，确认真正的自主创新产品。通过这个过程，防止为获得政策利益而发生的不当行为。

值得特别强调的是，政府采购在激励自主创新方面的功能作用，并不仅仅限于政府政策和政府资金的直接影响。更重要的是能够充分发挥政府在社会中的示范和引导效应。政府在自主创新方面的优先、优惠政策措施，在影响供应商的生产与销售行为的同时，也会对其他社会主体的采购行为产生示范和引导效应。实际上，政府采购的示范效应可能会大大高于政府采购政策与资金本身所发生的直接作用，形成一种正向的倍数影响效应。

三、政府采购面临的新课题

政府采购可以采取以下多种措施，充分发挥其促进自主创新的功能作用。

第一，自主创新优惠采购。政府在采购时，对于具有自主创新及我国自主知识产权的产品或专利成果，实行价格优惠。对于自主创新和拥有自主知识产权的产品和服务，政府可以以高于其他同类不具有自主创新产品的价格采购。通过价格优惠，既可以增加自主权创新企业或服务机构的销售机会，使这些企业不至于因创新成本高而丧失政府采购机会，又可以通过价格优惠的收益，获得进一步技术开发的能力，并鼓励更多的供应商为获得政府采购订单在自主创新方面展开竞争。自主创新产品政府价格优惠的幅度，可以根据创新程度和自主权产权情况规定10% ~40%甚至更高的优惠幅度。

第二，自主创新优先采购。这里“优先”包括两方面的含义：一是在政府采购中，在政府需要的功能条件不变的情况下，凡是具有自主权创新，或者说拥有自主知识的产品，一律优先采购。二是参与政府采购市场的产品或服务都具有自主创新成分，在其他条件基本接近的条件下，优先采购自主创新含量更高的产品或服务。

第三，设置最低权值。政府采购相当多的情况是采取招标采购，招标采购在很多情况下采取综合计分法。因此，政府凡是涉及技术含量较高的产品或服务的采购，都需要设置自主创新、自主知识产权因素，并对该因素进行评分。同时，为了保障自主创新因素对于采购结果产生必要的影响，政府需要规定自主创新因素的最低权值，比如最低不得低于20%。设置最低权值方法的好处在于既考虑了自主创新因素，但又不是唯一因素，而是必须在保障最低权值的情况下合理适度考虑自主创新因素，避免权值比例过低不能真正发挥促进自主创新的作用。

第四，实行唯一性采购。需要说明的是，对于一些特殊的产品和服务，比如涉及军事机密和国家安全的产品或服务，或者对于国民经济发展、对于某个行业发展等具有决定性作用的产权或自主创新的产品，政府采购这类产品应该规定，只采购具有完全自主知识产权的产品和服务，政府必须进行唯一性选择，比如一些特定产品使用的计算机芯片、一些特殊使用的计算机软件产品和服务。虽然这些产品采购时价格可能因特定专利技术而偏高，但与国家安全特别是全局性的安全相比，显然算不了什么，同时也可以促进这类产品的进一步开发和使用。

第五，固定比例规定。所谓固定比例方法，对于政府采购的某些工程、货物和服务，规定本国自主知识产权必须达到的比例，凡是未能达到这种比例要求的，一律不得采购。固定比例方法的特点是，允许有一定比例的非自主创新成分，但自主创新的比例必须达到的程度有利于直接、强制地推进自主创新项目的采购，促进自主创新事业的发展。

第六，废除课题经费预拨制，建立创新成果政府采购制。众所周知，我国长期以来促进自主创新、发展社会和自然科学研究的重要方式之一，就是设立如自然科学基金、社会科学基金等众多的课题研究项目，这些课题往往由少数几个人组成的课题委员会负责命题，由一些教学和科研单位等根据自己的设计思路进行申报。然后，根据课题组进行评审，根据申报思路确定由谁中标。申报成功的单位和个人就可以获得巨额资金的支持，少则几万元，多则几百万元甚至几千万元。

从实际效果来看，虽然这种创新基金方式也能取得一些成果，但客观地说，大部分所谓成果实际上并没有太多创新价值，而更多的只是为了获得成果以外的利益与名声，申报成功后为交差而应付了事现象十分普遍。与该过程所产生的重申报、重虚名、轻实质内容、轻验收把关等严重弊端以及为获得利益和虚名而产生的种种腐败行为相比，可以说不仅无益，反而有害，甚至是贻害无穷。因此，随着市场经济的发展，政府为了获得社会、自然科学方面的创新，应该及时改革方式，彻底改变事前的申报支付制，建立事后的政府采购制。政府对于已经取得了实质性成果的项目，实行招标采购制，得到的是一种实质成果。而事前支付巨额资金，获得的只是一种创新的可能而已，甚至是一成功性实际上很小的可能。实际上，实行创新成果政府采购制，可以让更多的社会力量参与创新，而不仅仅是一些申报中标学校和科研机构，或者只是一些只有学术头衔不能干实事的人去做研究。

运用政府采购机制激励自主创新是一项复杂的工作，它需要多方面的配合和共同的推进。首先，需要建立严密的自主创新产品和技术的界定体系，避免实际操作中因为界定不明而出现问题；其次，需要建立客观公正的自主创新的评价与评估标准体系，包括评价的标准、评价和认定机构，以及评价认定机构的权利责任体系。

激励自主创新　谨防“对策”对抗“政策”*

2006年国务院颁布《国家中长期科学和技术发展规划纲要（2006年～2020年）》（以下简称《纲要》），将自主创新作为我国社会经济发展的基本国策。但是，我们也必须看到，政府采购激励自主创新毕竟是一个涉及方方面面的极其复杂的系统工程，要使政策措施发挥实质性作用，还有许多工作要做，其中重点应该做好以下几个方面的工作。

第一，落实激励自主创新政策，必须从提高对自主创新的认识开始，从认识政府采购激励自主创新的功能作用与神圣职责开始。近几年来，我国政府越来越深刻地认识到自主创新对于保障国家经济安全、信息安全、国防安全、提高国家竞争力、转变经济增长方式中的重要作用。《纲要》将政府采购政策与财税、金融政策一起纳入激励自主创新的重要政策手段。事实上，政府采购从社会整体利益和长远目标出发的特性，以及政策强制力、巨大的市场影响力，对激发自主创新都有着不可替代的重要作用。因此，对于采购人、采购代理机构、采购监管机构及社会大众而言，只有充分认识到自主创新的重大意义及政府采购激励自主创新的重大作用，才有可能从国家和民族利益、全局和长远利益出发，积极主动执行有关政策措施，而不是从局部和单位个人出发，违反政府采购自主创新政策精神和措施，甚至为对抗政策而寻求对策。

第二，做好相关配套措施和基础工作。实行自主创新的政府采购激励

---

* 本文原载于《中国招标》2007年第27期。关于相关部委政府采购激励自主创新政策内容有变动，本文此处删去了原文中与之相关的内容，保留了对策措施。

政策，认定工作是首要，包括明确自主创新认定的主体、程序、标准、过程及方式。因为政策目标是激励自主创新，因此，客观公正地认定自主创新，成为政策执行的关键，如在认定主体方面，是否只能由中央政府部门认定，还是省级政府也可以认定；政府在发布自主创新清单时，是否同时公开发布自主创新的认定标准；如何避免由于认定信息和程序方面的原因，导致本来属于自主创新的产品没有被列入清单，形成歧视行为等。事实上，只有做好配套和基础工作，政府采购激励作用才可能真正到位并成为现实。

第三，防止和克服可能出现的政策性矛盾。政府通过采购自主创新产品可以促进自主创新，但是，再好的政策也不可能兼顾所有的要求。从本质上看，政府采购作为满足社会公共需求而进行的采购手段，需要实现多方面的目标，比如恰当地满足社会公共对产品的需求，包括符合履行公共职责要求的产品质量、产品的稳定性和安全性、较好的兼容性、相对较低的产品价格等。因此，如何在通过价格优惠、评分优惠等手段实现政策功能的同时不致影响其他的目标实现，是一个必须处理好的现实问题。为了避免可能出现的矛盾，需要从政府采购的整体目标出发，在保障满足政府履行公共职责如保障质量合格、产品配套和兼容及控制过高成本代价的前提下，充分发挥激励自主创新的重要作用。

第四，加强监督管理，防止以“对策”对抗“政策”。虽然有了政策精神和规定，但并不是说这样就能很好地发挥激励自主创新的作用。实际上，由于激励自主创新是一种举措，且涉及多方面的利益关系，具有相当的复杂性，执行起来一定会遇到多方面的实际问题，如自主创新的鉴定问题，采购人对于自主创新产品可能出现的规避问题，自主创新产品采购在优先及优惠度上的把握问题等。因此，政策出台后必须加强监督管理。加强需求规划和预算编制、审批管理，通过规范的需求论证和规划，掌握自主创新产品信息，确保优先考虑使用自主创新产品并纳入需求规划和预算计划；加强政策操作管理，对于采购人规避自主创新产品采购、供应商弄虚作假、以假充真，以及采购人、采购机构、供应商相互串通、采购监督管理监管不力等行为，从程序和过程方面严加防范；对于违反政策的行为，及时严肃地处理。

对特殊项目政府采购相关问题的探讨*

——关于免费《新华字典》政府采购事件的思考

2013 年早些时候，央视《每周质量报告》曝光某省教育厅利用国家拨付的补助资金，购买问题字典发放给农村义务教育阶段中小学生一事。报道播出引起社会各界普遍关注，也引起了众多媒体的一片喧嚣。如今喧嚣已经过去，冷静下来，我们可以认真反思一下这次“免费《新华字典》采购事件”，我们不仅要看到免费采购中的盗版事件，还应该看到这次采购的另外一些问题，看到一些“特殊项目”政府采购过程中公平、公正竞争机制是否得到落实，以及在众多行政机构参与下，如何实现产品质量和保障众多供应商具有公平竞争机会双重目标。

2012 年 10 月，财政部和教育部联合发出通知，将《新华字典》纳入“国家免费提供教科书范畴”，自 2013 年春季开学起，国家将为所有农村义务教育阶段 1.2 亿名学生免费提供《新华字典》。为此，财政部和教育部联合下文下拨中央补助资金 17 亿元，中央补助金按各地教育部门上报的学生人数乘以 14 元的单价进行划拨。但某省教育厅却用 6608 万元中央补助金采购了 380 万册被辞书专家形容为“错误百出”的《学生新华字典》发给了当地农村中小学生。此事一经媒体报道，引起了社会各界强烈反响，对于政府采购公信力的质疑声更是不绝于耳。其实，与此类似、关系到国家惠民工程的政府采购腐败事件早已有之，比如某市的盗版《新华字

---

* 本文原载于《中国政府采购》杂志 2013 年第 9 期。

典》采购事件、“学生牛奶采购”事件等。

不难发现，诸如此类的国家惠民工程的政府采购活动都具有广泛的社会影响力和社会关注度，其采购的过程和方法对于今后整个政府采购工作的开展而言，具有十分重要的标杆效应。与此同时，伴随我国国家惠民工作的不断深入和投入的不断加大，今后此类特殊项目的采购活动一定会越来越多，涉及金额也越来越大。因此，保证特殊项目采购活动的质量就变得尤为重要。而这次“免费《新华字典》采购事件”给予了我们启示：要保证政府特殊项目采购的质量，需要解决的并不只是“打击盗版”，更重要的是对现有政府采购体制的全面反思和检讨，从政府采购优化的角度进行更深刻的探讨。

一、何为“特殊项目”

本文所指的“特殊项目”，主要是由中央或地方财政拨款的、为落实国家惠民工程而开展的政府采购项目。可以限定三个特点：一是用途特定。“特殊项目”的采购用途不同于一般的政府采购。一般的政府采购行为是为了满足国家各级政府从事日常的政务活动或更好地提供公共服务的需要而进行的，采购物品最终的服务对象通常是政府及相关部门的工作人员。而“特殊项目”的采购通常与国家惠民政策紧密联系起来，采购物品通常用于改善公众的生活、学习、工作环境等，具有明显的公益性质。二是金额巨大。“特殊项目”的采购金额一般都十分巨大，例如此次教育部和财政部联合发文的为 1.2 亿名农村义务教育阶段学生购买《新华字典》的采购项目，采购金额就高达17 亿元。三是影响广泛。由于“特殊项目”的采购是直接或间接为广大群众服务，因此影响人数多、社会关注程度高。

在我国社会生活中，“特殊项目”的政府采购活动很多，除上文提及的《新华字典》的国家采购之外，还有国家及地方体育局、体彩中心对

“惠民健身器材”的采购活动、教育部对农村义务教育阶段中小学生教材的采购活动、地方政府给低保户和孤寡老人等逢年过节发放的粮油等实物补助的采购活动等。这些“特殊项目”的采购涉及金额少则百万元，多则上亿元。在“特殊项目”的采购活动中，民众通常只是采购物品的发放对象，属于免费的、被动的接收者，对于所发物品的品质没有直接的话语权。这就出现了“采购人只管买不管用，使用者只能用不能选”的局面。试想，在这样的一个特殊的政府采购活动下，如果没有相对完善的政府采购体制，采购活动就很难实现质量和优选并举。

二、17 亿元预算如何而来，节省何处去

对于此次《新华字典》的采购活动，财政部和教育部联合发文下拨中央补助资金 17 亿元，即按各地教育部门上报的学生人数乘以 14 元的单价进行划拨。对于 17 亿元这个数字的合理性是存在质疑的。学生的人数可以统计得出，但是 14 元的单价是如何确定的？确定的依据又是什么？

国家财政部门可以根据当地财政状况以及实际需求确定采购活动的财政预算，但是对于采购物品单价的确定则应该结合市场的实际情况。对于政府采购活动而言，单价的确定最为常用的方法为成本测算法。成本测算法中的价格主要有两种类型，一种是出厂价，另一种是供应价。一本正版商务印书馆出版的《新华字典》零售价为 19. 9 元，那么 14 元的单价相当于是零售价的 7 折。而稍微熟悉图书市场的人都了解，许多图书的批发价格都是零售价格的 5 折左右，有时甚至低于 5 折。尽管存在辞书的成本比一般图书高的情况，可是 14 元/本的成本测算价格应该还是高于实际成本的。另外，据媒体报道，每本字典 14 元的单价是财政部和教育部共同确定的，那么这两个部门确定单价的依据是什么？是主观预测，还是通过市场调查获得？两部委确定的价格是否就是采购部门必须执行的价格？还是在实际采购中仍然需要市场竞争来确定？如果没有市场竞争者（如只有某一

家出版社才有权利出版供应的话），这种价格的确定方式是否存在问题？正是由于我国暂行的政府采购制度还不够完善，对上述问题都没有明确的规定，才导致了目前我国政府采购活动中各个环节都存在明显的问题。

如果中央财政按照14元的单价进行拨款，那么还存在另一个问题：地方政府采购过程中，如果出现节余，节余归谁所有呢？在媒体调查发现，青海、天津、上海、宁夏等地新华书店实际采购价为5.8折，约11.5元/本，政府采购价格都低于14元/本。这就必然存在节余。可是对于节余的去向，中央财政在进行拨款时并没有作明确的规定。如果节余归地方所有，那么地方政府可能为获得更多的节余，出现滥购或者少购甚至不购的现象，学生使用的词典就会受到影响；如果节余归中央财政，则可能让地方政府采购缺乏厉行节约的积极性，从而缺乏竞争性。这本身也是直接关系最终采购效果的重要因素，必须纳入考虑范围。

三、谁有权力确定《新华字典》独家供应

在2012年10月，教育部、财政部下达通知，表明要将《新华字典》纳入“国家免费提供教科书范畴”后，2013年1月，国家新闻出版总署发出通告，要求各地出版发行集团配合做好免费《新华字典》政府采购工作，确保字典“及时足量供应到位”，严禁“以其他工具书替代《新华字典》”。

《新华字典》是中国第一部现代汉语字典。以1957年商务印书馆出版的《新华字典》作为第一版，原由新华辞书社编写，1956年并入中科院语言研究所（原中国社科院语言研究所）词典编辑室。新华字典从第一版问世，到现在的第十一版，一直由商务印书馆出版。如此看来，明令要求“严禁‘以其他工具书替代《新华字典》’”的说法就等同于在此次“特殊项目”的采购活动中指定了唯一的采购品牌——商务印书馆出版《新华字典》。也就是说，在政府采购中，其实只能是单一来源采购。

那么，原国家新闻总署是否有权确定商务印书馆出版《新华字典》为

唯一采购品牌呢?《政府采购货物和服务招标投标管理办法》第二十一条明确规定，招标文件规定的各项技术标准应当符合国家强制性标准；招标文件不得要求或者标明特定的投标人或产品，以及含有倾向性或者排斥潜在投标人的其他内容。因此，原国家出版总署试图通过行政手段实现免费字典采购活动中《新华字典》的独家供应，显然不符合《政府采购法》相关制度的规定。

四、字典独家供应与政府采购法律精神

据了解，在此次某省免费字典采购项目中，供应商是该省新华书店，采购方式为单一来源采购。除此之外，在查阅相关政府采购网站时发现，许多地方政府在进行《新华字典》的采购活动中都选择了单一来源采购，而供应商也多为当地新华书店。从各地申请单一来源采购的理由来看，也都是大同小异，比如，省新华发行集团有限公司网点分布全省各县，有能力保证课前到书，供货及时到校；省新华发行集团是省内唯一一家具有国家新闻出版总署批准的图书总发行资质单位。商务印书馆有限公司第11版(单色本)《新华字典》已通过省中小学教材审定委员会的审定；商务出版社出版的《新华字典》发行量最大，是权威工具用书之一，经中国社会科学院语言研究所的众多专家修订，保证了义务教育阶段学生使用需要。

《政府采购法》第三条规定，政府采购应当遵循公开透明原则、公平竞争原则、公正原则和诚实信用原则。为了保证竞争性，政府采购法律对于选择单一来源采购方式有明确的规定。《政府采购法》第三十一条规定了货物或服务类采购项目可以采用单一来源方式的三种情形：只能从唯一供应商处采购；发生不可预见的紧急情况，不能从其他供应商处采购；必须保证原采购项目一致性或者配套的要求，需要继续从原供应商处添购，且添购资金总额不超过原合同的10%。显然，采购字典的问题并不属于这三种情况中的任何一种，因此，在这次免费字典采购活动中，许多地方采

取的单一来源采购方式是不符合我国《政府采购法》的法律精神的。

事实上，由于原国家出版总署规定严禁以其他工具书替代《新华字典》，许多出版了优质字典的供应商无法参与竞标，这仅排斥了潜在投标人，也使采购成本难以控制，降低了政府采购的经济效果。

由于是行政规定的独家供应，不管是出版商商务印书馆，还是供应商新华书店，在产品价格上都可以享有特殊话语权。尽管由新华书店单一供应的商务印书馆版《新华字典》在品质上可以保障，但在价格上并不具备优势。以某省免费字典采购事件中的《学生新华字典》为例，采购的问题字典是崇文书局出版的 2013 年版《学生新华字典》，这个版本的字典并没有对外发售，而是为了此次免费字典采购而“定制”的劣质字典，成本也就是约 2 元/本。而这本问题字典的原型则是同样为崇文书局出版的 2012 版《学生新华字典》。2012 版《学生新华字典》无论是在字典的纸张、印刷技术上，还是内容的准确率上，都是一本合格的字典，这本词典的市场采购价一般每本约 8 元。从字典的适用性来讲，2012 版《学生新华字典》其实是可以满足中小学生的使用要求的。而各地单一来源采购到商务印书馆出版的第 11 版《新华字典》的采购价格一般都在每本 11 ~ 12 元，比 2012 版《学生新华字典》每本高 3 ~ 4 元。如果不是独家供应，而是通过公开招标采购，各辞书出版社在保证辞书质量的同时，一定会尽可能降低报价，若按照崇文书局 2012 版《学生新华字典》的价格作为全国范围内免费字典采购的平均价格，那么，1.2 亿本字典就可以为国家财政至少节省 4 亿元。

因此，采用独家供应的方式不仅无法满足政府采购活动公平竞争的要求，也不能解决成本效益问题。

五、特殊项目采购如何保证质量和优选并举

（一）应该体现公正公平和竞争优选原则

特殊项目的采购，可能会有更多包括主管部门、专业管理机构等行政

机关参与，因此特别需要明确行政机构的权力、义务和责任，不能因为行政机构的参与违背政府采购科学化和法治化原则。特殊项目的采购必须遵循政府采购公开、公正、公平的基本原则，必须保证有更多的供应商公平公正参与，并通过公平公正竞争提高政府采购的质量和效率。避免行政机构可能通过行政权力设置的不当“框框”影响了公正和公平，使政府采购偏离正常轨道。

（二）采购预算要科学，明确预算确立的主体以及相应的责任

预算的制定是政府采购活动开展的基础，基础是否坚实，直接关系到后续活动开展的成效。特别是对于特殊项目而言，涉及的采购金额动辄千万上亿元，如果不进行科学的预算，势必会降低采购活动的质量，造成资金浪费，政府公信力下降，损害政府形象。

进行科学的预算必须明确预算确立主体以及与之相应的责任。一般而言，由各级财政部门根据当地财政状况和采购需求，制定合理、明确的采购预算并对预算结果负责。采购预算必须以市场价格为依据，同时考虑成本、批量因素。对于特殊物品的采购，必要时可邀请或委托专业人士和团体参与预算制定工作，以保证政府采购预算做到客观严谨。

（三）必须符合政府采购法律要求和精神

2002 年，我国第一部针对政府采购的专门性法规《政府采购法》颁布，并于 2003 年开始实施。它对我国境内的政府采购活动的采购当事人、采购方式、采购程序、质疑与投诉等都进行了明确的规定。虽然该法规还有待进一步完善，但是自法规实施之日起，我国所有政府采购活动就应该严格遵循《政府采购法》的规定，特殊项目的政府采购也不例外，不能因为是“特殊项目”的采购，就在采购活动中的采购方式、采购程序等方面搞特殊，违反政府采购制度规定。对于政府采购中还没涉及的内容，特殊项目的采购活动应在符合采购法精神的基础上参照相关条例开展。

（四）兼顾质量和成本效益

作为国家财政出资的政府采购活动，采购单位在开展采购活动时，应该秉承向广大纳税人负责任的态度，提高采购专项资金的利用效率，购买物美价廉的商品，这也是《政府采购法》对政府采购活动的要求。而特殊项目采购，由于其具有采购金额巨大的特点，采购单位往往认为采购资金充足，而忽视采购商品的价格问题，盲目追求高档、名牌等，增加了政府采购的非必需成本，导致采购行为不经济，采购经费流失等行为的发生，这些行为不仅降低了政府采购活动的有效性，更损害了政府部门的社会形象。因此，特殊项目的采购在保证采购物品质量的同时，也要考虑政府采购的成本效益，做到厉行节约，提高政府采购行为的经济性。

拒绝政府采购部门保护主义*

近年来，我国政府采购事业以其公开、公正、竞争、高效的骄人业绩而受到社会的关注与认可，并得到了绝大多数政府公共部门和社会公益事业单位（以下统称公共、公益部门）的积极支持与配合。但是，也有一些公共、公益部门对政府采购的态度并不积极，一些部门从行业和部门本位利益出发，对政府采购工作表示不理解、不支持，甚至消极抵抗，有意逃避、刁难和诋毁政府组织的集中性采购，明显带有部门保护主义倾向，主要表现为：指责政府采购必然导致集中腐败；认为政府集中采购肯定不符合自己要求；以行业管理自居而不愿意放弃昔日采购大权；坚决不认可集中采购中中标的供应商、拒不签订政府采购合同；为逃避集中采购而将采购数额化整为零；等等。

政府采购中存在部门保护主义，有多方面的原因。首先，政府采购涉及公共部门和公益事业单位行为习惯的改变。在过去计划经济运作中，我国公共（公益）部门形成了“经费由财政拨付、采购由自己作主”的特殊机制，一些单位和部门习惯把拨付到自己账户上的各种财政性资金视“自己”的资金，把采购什么和如何采购当成“自己”的事，实行集中采购以后，把“自己”的采购交给政府采购机关，观念难以转变，行为上难以习惯，并由此产生抵触情绪。其次，部门利益在作祟。一些公共、公益部门在履行职能时不忘把本单位甚至个人利益放在突出的位置，习惯于通过操

---

* 本文原载于《中国财经报》2001 年 3 月 13 日。

作“自有”资金的采购获得各种额外的收益。不久前新闻媒体报道，某市教育局通过控制其所辖中小学电脑、校服的采购而获取丰厚的利润，就是典型的例证。对于这些部门而言，实行政府集中采购，其“利益”必然受到损害，自然不会有积极的态度：此外，从客观上看，由于政府采购工作还是刚刚起步，相关的法规制度还不健全，操作上还缺乏经验，采购中也确实可能出现各种不符合采购单位要求甚至以权谋私的事实，使得一些采购实体对政府采购部门心存疑虑。

政府采购中存在的部门保护主义，不管是什么原因造成的，对于我国政府采购事业的发展都是不利的。来自公共部门、采购实体的阻力会大大增加政府采购的难度，可能使政府采购难于操作或者使政府采购的声誉受损。可以说，如果政府采购法规不及时完善，部门保护主义不能有效防范，政府采购最终中途夭折并不是不可能的事情。为了保证政府采购事业的健康发展，必须防止部门保护主义，并重点做好以下几个方面的工作。

一是转变观念，改变习惯。在市场经济条件下，公共、公益部门的职能就是为社会公共服务。公共部门和公益事业单位的采购最终都是一个目的，即把社会公共的事业办好。从本部门利益出发，按本部门的习惯从事，以自己是否习惯、是否受益为标准的观念，必须转移到为公共服务、为纳税人创造最高价值上来，习惯新事物，适应新事物，积极促进新生事物的成长。

二是改进政府理财机制。过去计划经济的理财机制明显已经不适合新时期建立公共财政的要求。目前我国正在进行预算编制改革，推行财政支出国库集中收付制度。与政府集中采购相结合，各公共部门的采购支出直接由国库统一支付和结算，就能有效地实行采购管理，避免各采购单位随意使用“自己”的资金，从源头上防范政府采购中的部门保护主义。

三是健全政府采购立法，加强政府采购执法。从根本上讲，避免和克服部门保护主义，还是应该从完善政府采购立法着手。在政府采购立法中，明确政府公共部门和公益事业单位在政府采购中的权利和义务，从法律上要求各部门和单位必须履行政府采购法规规定的义务，积极支持和配合政府采购工作；追究违反政府采购法规、妨碍政府采购事业发展的单位与直接责任人的责任。健全的立法和规范的执法，才是规范政府采购行为、摒弃部门保护主义的根本保证。

四是提高政府采购的质量和服务水平，加强政府采购机构与采购单位的交流。政府采购要取得采购单位的信任与支持，还得从规范政府采购自身做起，各级政府采购管理机构和操作机构应该踏踏实实地做好各项工作，更好地满足采购单位履行公共职责的实际需要，提高政府采购质量和服务水平。同时，政府采购机关也需要加强与采购单位的沟通与交流，尊重各采购实体的正当要求，帮助其解决工作中遇到实际问题。只要我们把工作做好，消除各公共部门和采购单位的疑虑，部门保护主义也会逐渐失去市场。

总之，政府采购事业在我国还只是起步阶段，政府采购的法律、法规尚不够健全，政府集中采购的范围相对还比较狭窄，政府集中采购的金额占财政支出总额的比例还很低。发展我国政府采购事业需要各方面的支持和配合，而作为为社会提供公共服务的各政府部门和事业单位，理应更为积极地参与和支持。

政府采购在环保与节能中的功能及方式选择*

一、政府采购在环保与节能中的功能

（一）政府采购的本质决定其环保与节能功能

政府采购是以政府为主体、为满足社会公共需要而进行的采购活动，是一种典型的“公共采购”。政府采购的这种特征决定了政府采购必须一切从社会公众的利益出发，为社会公众提供服务。不仅如此，还表明政府采购不仅是完成公共物品的采购任务，也不仅是节省政府财政资金的问题，而是必须从社会公共大局出发，通过运用采购什么、采购多少、向谁采购、由谁采购、如何采购等政府政策性手段，实现一种全方位、系统的公共服务目标。显然，节约能源、保护人们的生存发展环境，正是全社会的共同要求。特别是在现代工业社会，人口过快增长和资源过度使用形成的环境恶化问题已严重威胁人类生存与发展的情况下，做好环保与节能工作更加紧迫。政府采购从公共利益出发，可以通过采购环保与节能产品、淘汰高能耗、高污染、低效率产品的方式，促进环保节能事业发展。值得强调的是，由政府采购本质特征决定的这种必然责任和功能作用是其他任何社会主体所不能替代的。虽然个人、家庭、企业各种社会主体都在节约能源和环境保护方面负有责任，但是，由于这些社会主体的采购通常会在

---

* 本文原载于《环境保护》2005 年第 8 期绿色采购。

更大的程度上追求“内部经济”利益目标，忽视关系社会整体利益的“外部经济”目标。只有政府采购会在节约能源、保护环境方面更多从全局出发，追求“外部经济”目标。因此，政府“公共采购”的特殊身份决定了其必须而且也可能在环保与节能方面发挥其他任何主体采购不可替代的特殊功能。

（二）政策和行政能力决定政府采购的环保与节能功能

政府采购是以政府为主导的采购方式，通过政府的政策能力、采购形成的市场能力和采购监控能力，共同实现节能环保目标。

政策能力是通过政府采购的法律与政策的影响力实现的。政府采购不是单纯的采购问题，政府采购的性质决定政府必须通过一系列带有强制性的采购节能与环保产品的法规、政策达成更多的目标。实际上，世界各国政府采购都有明显的“绿色”特征，都有特定的节能与环保法律和政策规定。美国联邦政府推动绿色采购是以美国环境保护局的“全面性采购指导纲要”为主，规定政府采购必须贯彻节能环保政策和体现节能环保要求。联邦环境管理者对总统第13101号行政命令实施情况的监督也包括了节能与环境保护符合性评估。日本国会颁布《绿色采购法》，规定政府机关可以采用第三方认证体系或绿色产品信息系统作为绿色产品的参考依据。我国在过去相当长的时间里，并没有颁布政府采购节能与环保产品的法律与政策规定，一直到2002年我国《政府采购法》第九条提出了“政府采购应当有助力于实现国家经济和社会政策目标，包括保护环境”的目标。2004年底，财政部与国家发展改革委的《节能环保政府采购实施意见》成为我国第一个政府采购促进节能与环保的具体政策规定。制订并切实履行这些法律与政策规定，是政府采购最终实现节能与环保目标的基本保障。

政府采购的市场能力或市场影响能力体现在政府雄厚的公共采购资金对供应商决策选择及市场竞争取向。政府通过确定采购什么、采购多少、向谁采购等直接形成不同数量和不同结构的市场购买能力。在节能与环境保护方面，政府遵行采购节能与环保的产品与服务，并对社会其他采购主体形成重要的导向作用，会直接影响供应商的实际利益。供应商为了获得政府采购的合同，必然在节能与环保方面展开充分的竞争，并对供应商的生产与销售行为产生直接的影响，促进节能与环保事业的发展。

政府采购的监控能力是通过政府采购人及政府采购机构对采购节能与环保产品行为的监督检查实现的。为了更好地落实政府节能与环保产品的采购，政府管理部门需要建立节能环保产品档案，并不断发现不利于节能与环保的产品。同时，政府采购监督管理部门、采购人、供应商等共同对于政府采购节能环保产品的采购进行监督，客观上发挥了政府对于是否节约能源和是否有利于环境保护的有效监督作用。

值得特别强调的是，政府采购在促进节能与环保方面的作用并不仅限于政府政策和政府资金的直接影响，更为重要的是，它能充分发挥政府在社会中的示范和引导效应。政府在节能与环保方面的优先或优惠采购政策与标准，一方面能够直接或间接地影响供应商的生产与销售行为；另一方面对社会其他不同主体的消费或投资行为产生示范和引导效应。实际上，政府采购的示范效应可能会大大高于政府采购政策与资金本身所发生的直接作用，形成一种正向的倍数影响效应。

二、政府绿色采购的方式与方法

虽然世界各国政府采购都存在“绿色”倾向，都寻求通过政府采购在一定程度上促进节约能源与环境保护，但是，在实际操作中，各国的方式与方法却有很大的不同，导致实际的效果也产生很大的差别。笔者根据政府采购节能与环保采购的情况，归纳了政府在促进节能与环保采购方面值得我们认真研究和参考实施的几种方式。

（一）绿色清单法

绿色清单法是指政府在工程、货物和服务的采购中，为了达成节能与环保等绿色目标，基于政府认定的节能与环保标准，搜集和监测相关产品或服务的节能与环保功能，形成政府确认的节能与环境保护产品清单。政府采购人或采购机构在采购与节能和环保有关的产品时，需要参考或遵守这个清单的规定，优先或者按照清单列举的产品采购。

绿色清单法在具体执行时，可以分为两种情况：一种是“指导性清单”，清单主要起指导性而不是强制性作用，它要求政府采购人在发生与节能环保相关产品或服务采购时，应该优先考虑采购节能与环保清单的产品；另一种是“强制性清单”，即政府采购相关产品时，必须遵行清单的要求，按照清单指定的产品采购。需要说明的是，一般情况下，清单法主要的功能应该是指导性的。因为政府的采购可能要达成多种目标，而节能环保只能是多种目标中的一部分，何况清单所列的产品并不一定也不可能具有完全的权威性。

绿色清单法还有另一种形式，即“禁止采购清单”。政府通过监测和考察，将一些明显不利于节约能源和破坏环境的产品纳入政府禁止采购清单。这种清单方式，对于避免政府采购不符合社会公众利益与环境要求的产品具有极为重要的作用。

绿色清单法最大的优点在于，其能够将政府的政策意向或流于表面的要求落到实处，使采购人、采购机构的节能与环保型采购有明确的依据，是一种务实有用的方式。但是，这种方式如果使用不好，也会造成另一些问题，例如列入清单的产品是否真实、全面地反映实际情况，列举的过程是否科学、公正及合理合法，如果不能做到，就可能产生不公正和不客观的问题，从而会导致事实上的歧视行为，还可能在清单列制过程中产生寻租便利和腐败行为，并会影响政府采购的公正性和实际效果。因此，绿色清单如果操作不好，就有可能变成“歧视清单”和“腐败清单”。事实上，随着市场经济的发展，政府的需要通常是千差万别的，而市场上供应的产品也各不相同，真正完整、准确地把各种产品节能与环保的全部情况掌握好并列入统一的清单，在实际操作中的确有很大难度。何况，如果我国加入《政府采购协定》，政府采购面对全世界各种产品和服务，能否列出国际国内供应商都能认可的、不带歧视内容的完整而科学的清单，显然是需要审慎的问题。

（二）绿色标准法

绿色标准法即政府并不直接列出节能环保清单，而是由国家相关标准管理部门从节能、增效、环保等多个方面对机械、电子、IT产品、建筑、装饰、装修材料等制订明确的采购标准。规定政府采购必须遵循相关标准，限制或禁止采购节能、环保标准以下的产品或服务。

应该说，在防止形成歧视行为及制订清单时的寻租行为方面，“标准法”要优于“清单法”。因为标准法更注重标准，给采购者提供的是一种标准而不是某种特定的产品。两者从要领和效果上都大不相同。“标准法”无论在政策导向上，还是在具体操作方面，都能更好地起到标准规范的作用，不存在供应商的产品可能出现符合标准而因未纳入“优先采购清单”受到排挤、忽视和歧视的情况。也可以避免政府在列举清单过程不可能包含全部节能环保产品的局限性，避免虽然纳入清单而在节能与环保方面实际功能并不突出的可能。但绿色标准法中，标准一定要按照国家行业标准分类、分项，具有可操作性。同时，政府采购的节能与环保标准，也会给社会其他主体的采购提供参考标准，能在更大程度上促进政府采购人员在产业发展导向上的作用。

绿色标准法中的标准可以分为参考性标准与强制性标准两种。强制性标准是必须执行的标准，而参考性标准是作为一种采购优先的指导。

（三）绿色权值法

这种方法是政府不列具体节能环保采购清单，只有具体的政府采购节能与环保要求和标准，但在执行中并不完全取决于这种标准，而是一种相对比较法。在政府采购评标方法中有一种综合评分法，即将产品或服务的多种因素进行分类、分项打分，然后按不同因素在总标准中的重要度列出权值的方法。从我国目前情况看，在政府采购招标中使用综合评分法的情况比较普遍。绿色权值法就是要在综合评分法中增加节能与环保项目的评价，设置节能与环保分数，并增加节能与环保在总评价中的权值。一般而言，产品的性能与价格都会成为主要的因素。而节能、环保作为政府贯彻的重要政策意图因素，也会随着社会的发展变得愈加重要，其权值也会逐步增加。

绿色权值法最大的好处是在每一次涉及节能与环保的采购中，都可以进行具体的节能、环保评价。它既可以考虑到节能与环保因素，又可以不受某种特定的清单制约，不会完全局限节能环保一项指标，而只是把节能环保当作影响采购的一个因素和指标，根据总体情况和总体需要进行灵活操作。缺点是因为没有具体标准或者没有政府明确的清单和强制性，可能会在操作中出现较强的随意性，或者被忽视。对此，也可以采取一种新的办法，即可以规定任何涉及能源消耗或者环境保护的产品与服务的采购，都必须设置节能与环保作为权值因素，并规定权值的最低百分比。

（四）绿色优惠法

绿色优惠法是指在政府采购中，对于节能和环保有优势的产品和服务，可以给予优先采购或者更加优惠价格的方法。优惠可以通过政府的政策规定直接实现，如政府可以规定政府采购时，在保证政府需要的基本功能的前提下，可以对具有节能与环保优势的产品或服务实行优惠采购。这种优惠可以体现在优先签约和价格优惠上。例如，我国台湾地区的“政府采购法”第九十六条规定，在招标文件中，需要规定优先采购取得政府认可的环境保护标准的产品或服务，在其效能相同或者相似的条件下，符合环保标准的产品或服务允许获得10%以下的差价优惠，并规定“产品或其原料之制造、使用过程及废弃物处理，符合再生材质、可回收、低污染或节省能源者，亦同”。

绿色优惠法实际上也是“绿色鼓励法”，供应商提供了绿色产品或服务，可能会产生相应的成本，因而也应该得到相应的回报。同时，因为对于节能环保产品有价格优惠，又能在很大的程度上鼓励供应商生产和提供节能与环保的产品。

（五）绿色成本法

政府采购不可避免会涉及成本问题，且成本因素通常会在采购中占有极为重要的地位。但是，对于政府采购而言，如何考虑确定成本因素、如何计算成本，显然不是一个简单的问题。因为政府采购不同于其他社会主体的采购，不能只关注货币成本，还必须关注其他如社会成本、环保成本、机会成本等因素，综合考虑政府采购和使用某些产品与服务所付出的代价，形成一种特定的成本概念，即“绿色成本”概念和标准。一般情况下，“绿色成本”因素主要包括：（1）因不节能而产生的开支；（2）因环境污染而产生的社会成本并为清除污染而间接产生的货币成本；（3）因采用某种物品或服务的某种功能而损失该物品的其他功能作用所导致的损失。如较多地采购木材做建筑材料，也许木材本身的价格并不贵，但因为树木的消失会使树木其他极其重要的环保功能同时消失，形成一种无形的环保代价。因此，政府采购必须避免单纯考虑和计算采购时所支付的货币成本，而是必须考虑“绿色成本”，特别是要降低“绿色成本”。

绿色成本法重在政府采购管理与实施过程，要树立绿色成本的概念和意识；形成绿色成本的评价和计算体系；为了降低“绿色成本”，政府采购需要制订一系列的限定内容和标准，寻找节能与环保等绿色替代产品，如政府公务用车应该尽可能社会服务化，减少政府部门大量购置小型汽车，减少能源消耗；政府限制采购诸如木材、纸张等“绿色成本”高、代价大的产品或服务。

（六）绿色资格法

绿色资格法是指政府采购在对供应商资格审查过程中，通过对供应商参与政府采购资格的限制，发挥促进节能与环保的作用。政府采购一个基本的程序是对参与政府采购竞争的供应商进行资格审查，为了贯彻节能与环保政策，政府可以将供应商的节能与环保情况列入资格准入因素。也就是说，供应商不仅是其产品或服务要求达到国家的节能与环保标准，而且其生产、流通、销售过程也必须达到国家节能与环保标准，否则就不能成为政府采购供应商。

绿色资格法的特点是不仅对于产品本身有节能环保要求，而且对其生产和制造过程有节能环保要求，比如纸张采购，不仅要求纸张符合环保要求，还要求纸张的生产过程符合这种要求，这样能更深层次地发挥政府采购在节能与环保中的作用，使政府采购对节能环保的制约作用贯穿供应商生产与销售全过程。

（七）周期成本法

周期成本法是以产品发挥功能作用的整体寿命周期内的成本作为考核依据的。在采购学上，可以把产品或服务的成本分为“购买（采购）成本”“使用成本”两部分。政府需要的产品或服务发挥功能作用，不仅需要花费采购成本，还可能使用过程发生使用成本。因此，从理论上讲，政府采购应该更多地关注寿命周期成本，而不仅仅是采购成本。而从结构上看，采购成本与使用成本会有多种组合方式，有些产品采购成本低而使用成本高，有一些产品则采购成本高而使用成本低。因此，在权衡成本高低时，应该主要以整个寿命周期成本最低为依据，而不是单纯考虑采购成本或使用成本。

树立“寿命周期成本”概念，建立一个完整的成本概念，其在政府采购促进节能环保方面将产生重要的作用。因为对于节能环保产品而言，也许因为具备节能和环保功能而增加采购成本，使采购价格有所上升，但因为节能而使用成本下降，并最终使寿命周期成本下降。当前我国许多政府采购项目太多注意采购成本的高低，围绕采购成本的高低展开竞争，忽视通过完整的寿命周期成本测算方式，使节能与环保的功能因素不能在政府采购竞争中充分体现出来。

三、政府绿色采购方式方法的选择原则

实现政府节能环保采购目标是一项十分复杂的系统工程，虽然可以促进政府节能采购的方式多种多样，但是，简单地使用某一种方式或齐头并"用"，都不一定能产生好的效果。因此，政府绿色采购方式的选择，必须遵循一些基本原则：（1）尽量避免单一方式，而是多种方式扬长避短、优势互补。由于各种方式都有自身的特点，但可能又有局限性，采用一种方法可能不利于全面实现节能控制目标。例如，"清单法"的局限性在于清单是否能全面覆盖各种节能产品，其清单是否是最权威的结论等；（2）在采取某种方式实现某种目标时，应该避免影响政府采购实现其他的甚至是更重要的政策目标。政府采购不仅有节能环保的政策目标，而且还有保护国货、扶持中小企业发展的目标。在不同目标发生矛盾时需要兼顾考虑，而不是只强调达成节能环保一种目标；（3）自主选择使用。因为节能环保采购有多种方式，且各有特点，因此，政府可以提出总体的节能环保需求，不宜过于局限某种方式的限定，而是允许实践中自主选择运用，特别是地方采购机构可以选择适合地方自身的有效方式。

就我国现实情况看，由于2004年财政部、国家发展改革委已经发布了《节能政府采购实施意见》，所选择的主要是绿色清单法。因此，为了保持政府采购节能政策的连续性，近期应该有效宣传和落实该实施意见，完善绿色清单法的实施与管理。在实施"清单产品"优先的同时，开始启动、应用其他相关如"标准法""优惠法"与"权值法"等方式。而从长远来

看，特别是考虑到可能加入《政府采购协定》的情况，通过积累经验以后，应逐步与世界大多数国家和地区一样，形成一种以“标准法”为基础、多种方法并用的有效节能与环保采购政策体系。同时，在区域与管辖方面，中央政府可以作出全国性的统一性的、要求各级政府都遵行的节能采购规定。在此前提下，各省及省以下政府采购也可以根据地方实际情况及节能环保的要求，选择不同的“绿色”采购方式。

德国政府绿色采购及其启示*

德国政府采购也称公共采购，采购对象包括货物、工程、服务三个方面。政府采购的范围很广泛，除了使用财政性资金的政府部门以外，还包括从事供水、能源、交通运输和邮政服务等公共事业的国有或私人企业。由于政府采购范围宽泛，德国政府采购的数额和规模都很庞大，大约占其 GDP 的 18% ~20% 。在加入欧盟以后，德国政府采购受国内和欧盟双重法律约束。其中，凡是符合欧盟规定的政府采购项目，就依据欧盟法律在欧盟成员范围内开展采购活动。德国十分注重环境保护，因此，政府采购作为贯彻国家政策意图的重要工具，不可避免地会带有浓厚的环保倾向。

一、德国政府绿色采购的背景

追求“经济性”是德国政府采购的主要政策目标之一。德国于 20 世纪对原有法律进行了修改，规定政府采购项目不能单纯考虑节约资金，而是要追求经济性，即要经济地使用财政资金。环保和节能便是政府采购经济性的基本要求，并且成为政府采购合同的固定条款。

同时，德国政府采购并不是孤立的目标与政策，由于德国还是欧盟的主要成员，因此，德国绿色政府采购不能脱离在世界环境危机和欧盟及国际大政府职能拓展的大背景之外。20 世纪中后期以来，越来越多的国家关

---

* 本文原载于《中国政府采购》杂志 2006 年第 12 期。

注“我们能否通过更多地使用非物质化的服务来满足这些需要?”或者“我们能否找到新的方式，使用更少的物质化的资源来满足我们的需要?”这种可持续的产品和服务供应方式在1992年里约热内卢国际会议的第21项议程的第4章中有所涉及。2002年在约翰内斯堡的世界可持续发展高峰会议中，这个问题再次被强调和突出。会议制定的实施计划在第18段中决定，公共部门应该“促进公共采购的政策，来鼓励环境友好产品与服务的发展和传播”。

在人们越来越关注环境的同时，欧盟委员会于2001年公布了集成产品政策绿皮书。为了推行其环保政策和可持续发展战略，欧盟将采取税收、政府补贴、产品环保回收、环境责任，环境标签、政府绿色采购、产品环保设计、产品环境标准等一系列措施，促进环保产品的生产与消费，最大限度地减少产品在其生命周期内对环境的影响，这些政府措施被统称为集成产品政策。集成产品政策本身是建立在全世界范围内发展可持续的产品及消费方式的基础之上的。

绿色公共采购是集成产品政策的重要工具之一，其目标是尽可能减少商品和服务的生产、贸易、使用与废弃管理环节中对环境的损害。而在一个市场导向的社会，这些目标将涉及市场的两个方面：一是尽量减少市场对这类产品与服务的需求；二是市场供应者必须在市场上减少环境损害性产品和服务的供给。在各种需求中，以政府为主导的公共采购需求占有很高的份额。据统计，在整个欧洲国家范围，政府每年大约花费15000亿欧元用于采购产品、著作和服务，几乎是欧盟中所有家庭消费的15倍。其中，德国联邦GDP的13%由公共部门管理。这些数据表明了公共部门需求对市场选择将会产生的影响。同时，也显示出环境友好型的公共采购政策对于激励产品革新及增加对设计合理的环保产品的关键性作用。德国政府绿色采购是在环保需求及国际要求等大背景下形成的，是集成产品政策的重要组成部分。

二、德国政府绿色采购的法律基础

作为欧盟成员国，德国绿色政府采购政策是在受国内、国际双重法律约束下产生的。其法律基础在全世界层次是由 WTO 确定，而在欧洲则是由欧盟的及本国的规则所确定。

WTO 从 1994 年在《政府采购协定》（GPA）以及贸易壁垒条约中确定了其规则，如果各国没有贸易上的障碍，WTO 接受在环境方面的特别规定，只要政府间的约定是自愿的，并且对世界生产商是公开、透明及非歧视的。欧洲层次的立法由欧盟条约及部分采购方面的指令构成的，其中采购方面的指令在 2004 年进行了合并修订。这些指令直接对成员国提出了公共采购的要求，各成员国也必须在本国法律中涵盖这些要求。在政府采购指令中，明确规定在各种采购评判指标中，允许包括环境方面的考虑。这些环保方面的评判标准也在基本的评标判断中被采用施行。

德国本国的法律则是建立在德国"预算准则法案"的基础之上，其为采购活动提供了一致的指导准则以及效率、经济的原理。公共采购的框架由两个确切的规则所覆盖。一是评判公共货物及服务采购的章程（VOL/A），即在对投标的要求中包含环保方面的因素，要求公共货物与服务采购要把好绿色环保关，必须符合国家的环保标准。政府机构使用再生纸、太阳能装置，使用低能耗及无噪声等节能环保产品。二是评判公共工程采购的章程（VOB）。它是工程采购的补充规则。在这个章程中，规定公共工程采购必须有环境考核因素，必须符合环境标准并优先采购节能环保产品和材料。在这个基础上，很多州及地方政府对指导原则进行了持续的复查与完善，使公共采购变得更加安全与清晰。这些指导原则还表明，例如在获取产品信息方面，环保标签是很重要的工具。

同时，德国的绿色采购还必须参考 1996 年开始实施的经济循环法案及废物处理条例。法案在单独的一章中提出了环境友好产品采购的要求，所采购的货物及服务应该有较长的使用期限，可以修补或循环再生使用，或是采用再生材料制造，并且能减少污染的数量，或者使其残余或废弃物的危害性较小。法案建议各州及地方政府都采购这种环境友好的产品。

三、绿色采购的有效推动力量——联邦环境机构

德国联邦环境局（UBA）是联邦政府的一个科学性机构，负责环境、自然保护以及核安全等方面事务。其工作任务是向联邦政府报告环境问题，增强民众的意识，开展科学项目，同时为政府当局提供建议。UBA 在德国绿色采购活动中主要承担的四项任务：增强公众意识、提供信息平台、提供科学背景和环保标签以及将采购纳入环保政策之中，是绿色采购的先导者和推进者。

（一）增强公众环境意识

在绿色采购对经济的影响及优势等方面，环境局必须增进公众的意识、知识、了解及接受程度。人们认为公共采购是环保产品政策中最强的驱动力量。早在 1978 年，UBA 创立了“蓝天使”标志，随着对大量消费品打上生态标签，比如包裹、纸张、涂料及表面漆等，全社会对产品在环境方面影响的注重程度大幅度提升。

1980 年，UBA 出版了第一本手册《与环境相关的公共采购》。这本手册概括了关于产品种类、公共部门采购合理的环保要求以及产品适合环境的使用等方面信息的地位。手册所讲述的内容也可以理解为招标时评标某些生态标准。在 2005 年，由于手册早已不能紧跟产品生命周期与市场变化的速度，UBA 通过网络提供了关于标签产品及其标准的信息，提供公共部门绿色采购成功案例。

（二）提供信息平台

环境局必须作为法律方面及宣传优秀操作案例的推动者，同时将好的信息在州、地方政府以及其他国家和世界范围内的网络中传播。为了完成这个任务，UBA 需要来自其他机构以及网络方面的协助（例如国际互联网，地方环保行动国际委员会 ICLEI，当地政府，以及来自非政府性的环境与消费保护团体或顾问机构等）。

地方环保行动国际委员会 ICLEI 曾经进行了调查，认为一些产品和服务在环保方面仍有很大潜力，如通过建筑物隔热、隔音材料、替代燃料及高效能的汽车，欧盟京都委任温室效应气体的 18% 都能被绿色电力所代替。公共采购每年购买 280 万台电脑，占整个欧洲市场的 12%。据测算，如购买绿色电脑产品，可以减少相当于大约 100 万人的二氧化碳排放量。

（三）提供科学背景、环保标签以及将采购纳入环保政策之中

环境局必须制定出科学的货物服务评判标准。这些标准也被公共部门要求看作法律基础及国际和国内的标准（例如 ISO14020 系列，生命周期评估，ISO、CEN 以及 DIN 标准），其中大部分工作是依靠环境标签（德国是蓝天使，欧洲是欧洲花的图案）。还有一些工作是通过参与欧洲产品政策决议，比如浪费电力及电子设备（WEEE）、有毒物质的风险（RoHS），化学品的登记、评估及授权（REACH）等。在这些工作的基础上，生态标签为最佳市场份额和政府优先采购设定了标准，法律规则为欧洲市场的准入制度设定了最低的标准。

值得说明的是，UBA 自身也对货物、服务与工程项目等有十分大的需求量，为此它通过不断地采取新的技术和设计，在环保采购方面发挥了示范作用。

UBA 的新址建在了柏林南 200 公里的一个小镇 DESSAU。在这个项目中，UBA 通过自身在采购方面的力量，为可持续及高能效的办公楼设立了

新的标准，其中心目的在于：比在德国节能协议中所规定的减少40%的能源消耗量，通过显著的生态学及空气状况标准，为营造隔热隔音及智能照明系统而采用证实有效的建材及新型材料，如木材、再生纸等。通过科学的设计与采购，新建筑及其能源消耗在德国最低家庭能耗标准以下，比家庭最低水平少使用了超过40%的能源。

四、德国绿色政府采购的启示

德国绿色政府采购给我们的启示是多方面的。

第一，政府采购绿色采购的功能需要社会及政府的高度重视，需要加大绿色采购的宣传和知识普及。随着我国政府采购事业的规范和发展，政府采购的金额也越来越大，政府采购在倡导和实施绿色环保采购方面的责任和功能作用必然会越来越强，正确认识和宣传传播这些功能作用，树立政府采购的节能环保意识，是推动我国政府绿色环保采购的重要前提。政府加强绿色采购宣传可以发挥多方面的作用：强化政府机构及政府采购人对于绿色采购的重视，使采购人主动优先采购绿色产品或服务；增加供应商对于政府绿色采购要求的了解，促进供应商增加绿色产品的研发、生产和销售；增强社会对于绿色采购意义的认识，引导其他消费者增加绿色采购的意识和份额。

第二，对于政府绿色环保采购，应该尽可能制订全面系统的环境保护标准和标识，对涉及节能环保的产品进行分级分类，明确政府优先采购的产品类型（比如再生产品等）和最低节能环保标准和界限，明确政府优先采购的绿色条件。对一些节能环保影响大的产品，列出明确的优先采购清单。只有绿色标准标识体系齐全，绿色采购才有依据。

第三，充分发挥环保机构的作用。德国政府绿色采购的有效推动者是德国联邦环境机构（UBA）。在我国，同样需要发挥环境保护机构的重要作用，包括由环境保护机构制订采购的节能环保标准，推进绿色采购的执行和实施，加强和协助政府绿色采购的评估和监督。

第四，有效发挥电子信息的作用。随着科学技术的进步，电子信息传播在政府采购中的作用日趋明显。政府利用电子信息公布绿色产品标准，公布绿色产品与服务，发布绿色采购情况和成功案例，防止和监督非绿色采购的行为。

别让清单变了味[*]

（节能采购方法讨论之一）

2004 年 12 月，国家发展和改革委员会和财政部联合发布了《节能政府采购产品实施意见》（以下简称《实施意见》）并首次使用了指导性政府采购节能清单的方法。这次《实施意见》与节能清单的发布是我国政府采购发挥节能政策功能的开端，标志着我国政府节能采购正式走上了制度化轨道。同时，借着节能清单的发布，人们对政府节能采购推广方法之一的清单法有了初步了解。

一、看得见摸得着的"手"

清单法作为国家首先尝试的推广手段，是一种看得见摸得着的务实节能方式，其最大的优点在于能够把政府的节能意向落到实处，使采购人、采购机构进行节能环保采购时有明确的目标和依据。同时，因为清单列举的产品需要认证机构的认证、政府部门的确认，所以可以促进节能产品认证与监测事业的发展，提高政府对节能环保产品情况的了解和管理；对于供应商而言，为了增强产品的竞争力，使其纳入优先采购清单，必然重视产品节能与环保功能并对功能认证、监测，从而促使供应商重视产品节能环保能力的提升。此外，虽然节能采购清单仅限于政府采购，但会对其他

---

* 本文原载于《中国财经报》2005 年 6 月 8 日，是节能采购方法讨论系列文章之一，此系列文章共五篇。

社会主体和采购活动产生示范和导向作用，有利于促进节能与环保事业在全社会范围内的发展。

二、清单也并非“赤金”

但是，清单法在政府采购的节能“阀门”中，并不是尽善尽美。实际上，清单法的使用是有局限性的，特别是我国加入 WTO《政府采购协定》后，情况会更严重。因此有必要了解清单法使用的条件、环境及操作方式。

首先，清单必须以高度的科学性为基础。节能清单的确立必须以科学的认证为基础，包括拥有国际、国内认可的科学节能标准化指标体系；拥有节能认证和监测的技术设备和手段；拥有能够胜任认证的专职技术人员和认证机构。否则，节能清单将难以反映产品真实的节能性能。目前来看，我国从事专业节能认证机构和人员的数量还十分有限，竞争性也不是很强，还不能起到应有的作用。

其次，清单必须具有很强的涵盖性。政府对产品（含工程和服务产品）的需求千差万别，而清单公布的产品种类和型号通常有限，“复杂”与“简单”碰撞之后会出现两个不良结果：一是出现政府调节和控制的盲区；二是供应商不能以节能优势平等地步入政府采购市场。如燃气空调就没有进入我国第一批公布的空调节能产品名单，事实上，燃气空调比电力空调更节能更环保。要解决这个问题，只有不断扩大清单产品的涵盖面，但事实上，由于政府采购的产品种类多、分布广，要想对各种产品进行监测，形成动态的、全面的节能清单，难度是相当大的。特别是加入《政府采购协定》后，面对全世界范围内的采购活动，情况将更加严峻。

再次，清单的形成和调整必须公开、公正。自身产品是否纳入采购清单会直接影响供应商的利益，因此，对于关系到多方利益的清单，务必坚持公正性原则。需要特别指出的是，节能清单如果把握不好，很可能演变成“歧视清单”，甚至是“腐败清单”。

为了使节能采购清单成为一份公正清单，政府机构要解决好一系列问题：明确认证标准体系是否客观公正、认证机构和认证程序是否合法，认证信息是否广泛公布，认证收费是否合理，认证机构是否有竞争性，认证清单的形成是否严格接受政府管理与监督，出现不公正行为或失职情况后，政府管理部门应承担什么责任等。由于公正的认证是清单法的基石和生命，没有公正性的清单，清单法的应用只会起到反作用。

同时，清单法还有很多问题需要我们研究，如指导性清单与强制性清单哪一种更好；清单法如何与其他节能采购的方法合并运用；节能认证应该是无偿服务还是有偿；采用清单法实现节能目标时，是否会与政府采购其他政策功能发生矛盾与冲突等。

采用标准法节能采购的发展方向*

（节能采购方法讨论之二）

标准法能够科学、准确地体现国家节能环保的政策意图，及时快捷地对新节能产品作出反应。

在政府节能采购的多种方式中，绿色标准法是常见方式之一。虽然我国目前还没有应用，但从长远来看，标准法将会成为主流的采购方式。

所谓标准法，是指由国家相关标准管理部门根据政府节能与环保的需要，对政府需要采购的工程、货物和服务，制订统一的节能与环保标准要求。根据这个标准，政府要求政府采购人及采购机构，在涉及节能与环保产品采购时，必须采购或优先采购达到政府节能环保标准的产品（或工程服务，下同）。对于参加政府采购市场的供应商而言，当其提供涉及节能环保产品时，必须接受由具有节能环保认证资格认证机构的认证。只有达到政府规定的节能环保标准，才能获得或者优先获得政府采购合同。

按照是否必须强制执行可以划分为强制性标准和指导性标准。强制性标准是政府在涉及节能采购时，必须无条件采购符合标准的产品；而指导性标准是作为一种政府节能采购的指导标准，它要求政府采购涉及节能环保产品时，应该采购或优先采购达到节能环保标准产品，而不是法律或行政强制性要求。一般而言，为了保证政府采购符合节能环保要求，特别是在节能环保形势严峻的情况下，标准法大多是采取强制方式的。

---

* 本文原载于《中国财经报》2005 年 6 月 22 日第 003 版理论·实务。

目前，世界各国对于政府采购都提出了节能环保要求，而最基本的方式，就是采用标准法。比如2002年美国修改联邦政府采购有关法令时就作出明确规定，政府采购必须采购经过认证符合政府规定的节能环保标准的产品。我国台湾地区“政府采购法”规定，优先采购取得政府认可的节能环保产品，不仅如此，对于具有节能环保优势的产品还规定可以享受价格上的优惠。

一、标准为先

顾名思义，标准法最突出的特征就是注重标准，在执行的全过程中也是围绕标准进行的。具体表现为，政府机构组织制定政府采购必须遵行的节能环保标准；认证机构认证产品是否符合政府节能采购的标准要求；采购人和采购机构依据标准进行采购；对于供应商而言，要进入节能政府采购市场，就必须接受相关认证机构对产品的认证，并且只有被认证符合标准才有资格成为合同缔约者。

同时，标准法也为采购人提供了更大的便利，其给采购者和供应商提供的是一种通用的节能环保标准，而不是某种特定的产品清单。标准法无论在政策上，还是在具体操作方面，都能更好地起到标准规范的作用，不存在供应商的产品可能出现符合标准而因未纳入“优先采购清单”受到排挤和歧视的问题，也可以避免政府在列举清单过程不能涵盖全部节能环保产品的局限性。

二、重在管理

但是，标准法要成为一种完善的、可操作性强的节能环保控制方法，显然还有大量的工作要做，尤其是制度建设和操作管理方面。

第一，建立科学的标准体系。选择标准法首先要有一套客观、真实、能准确反映节能环保实际要求的标准化指标体系。做好这项工作，需要有专门的标准化管理和认证机构，同时，指标体系应该符合国际国内统一的认证标准，而不是某个地区、行业或某个企业专利的特定标准。其次是要根据我国实际情况，处理好一些具体问题。比如标准的“门槛”要适中，要根据社会整体的节能技术、节能要求来确定。太高的节能标准会使很多企业的产品或服务达不到，既会缩小政府采购的选择范围，也会使不少供应商因节能环保标准而被排斥在政府采购之外；而标准定得太低，则会使节能环保的要求得不到有效保障。

第二，建立完善的标准认证管理制度。要使标准制定和认证客观、公正，就必须建立规范、标准、严格的标准认证管理制度。例如，标准的形成与确定制度，标准由谁确定，如何体现社会多方面的意见；标准由谁认证，是由政府机构还是相关公共事业部门，还是社会中介机构来认证；供应商产品认证是否收费，是政府为采购服务进行免费认证，或是由事业单位收取成本费，还是由中介机构进行盈利性认证；由谁承担标准制订和认证的可能出现的责任，承担什么样的责任等。只有建立了良好的认证管理体制与制度，标准法才能真正发挥其应有的良性作用。

第三，建立和完善标准法的执行监控制度。标准法的关键是执行，是按标准执行。要保障节能采购落到实处，必须加强执行管理和监控，包括明确节能采购的专职机构、建立标准认证公开发布制度、建立认证信息公示制度、建立强制标准执行的监督制度、明确不按节能环保标准采购行为的处罚措施和办法等。

让节能在权值中闪光*

（节能采购方法讨论之三）

政府通过对权值比例的控制调节节能的需求，同时，权值比例的高低，也能明确地反映政府采购对节能问题的重视程度。

从我国现实情况看，政府采购中大部分涉及能源消耗的产品，基本上都纳入了政府集中采购目录，由集中采购机构统一采购。由于这类产品采购通常规模和数量较大，按要求需要采用公开招标或邀请招标方式，而招标采购的各种评价方法中，最常用的是综合评价法，即综合考虑包括功能要求、产品性能、采购价格和使用成本、售后服务、交货方式、交货期限及供应商资信等多方面的因素。为了进行量化比较，综合评价法最常用的就是评分法。对于评标中确定的每种因素，按照特定的参照系数由评委评分。对于每种因素在总结论中的影响，是通过其在总因素中所占的权值来确定的。因此，具体地说，绿色节能权值法，就是将节能因素作为政府采购评标的重要因素之一，并且通过规定节能因素的权值比例，实现节约能源的目标。

一、设置节能因素，权值体现要求

绿色节能权值法有着自身的特征，这种特征也决定了其在促进节能方

* 本文原载于《中国财经报》2005年6月22日第003版理论·实务。

面的独特地位和作用。首先，权值法明确了政府在涉及能源消耗的采购中对供应商的投标条件进行评价时，需要考虑节能因素，这使节能成为评价条件和确定中标与否的重要依据；其次，节能因素对于采购而言，只是一个因素，而不是决定是否授予合同的唯一因素。其对招标结果的影响是通过权值比例的方式实现的。一方面，政府可以通过对权值比例的控制调节节能的需求，政府对于节能的需求越高，其权值比例就可以越高；另一方面，权值比例的高低，也能明确地反映政府采购对节能问题的重视程度。

与清单法相比，权值法的功能作用明显不同。清单法是政府直接列出的节能清单，然后要求政府采购人优先或者强制其按清单采购。但无论是清单优先还是清单强制都会存在问题。当只停留在优先的要求上时，采购人可能并不理会；而当强制执行时，又可能会出现唯节能式的“一票否决”。权值法则十分折中，其注重节能因素在定标中的重要作用，规定其必须是定标的一个因素，但不存在“一票否决”的问题，不是决标、定标中全部决定性因素或100%的权值比例，体现的是一种全面的评价观念。因此，其显然比清单法更加客观可行。

同时，权值法与标准法也有很大不同，标准法更多的是强调政府采购涉及能耗产品时，必须达到节能标准，但是，同样达到了节能标准的产品，节能的程度可能并不一样，有的在节能方面可能具有比一般标准更强的节能效果，在这时，单纯靠标准法还不能有效体现节能因素的效果，不能有效体现节能优势在中标中的作用。而设置节能因素评分及节能权值，显然是一个极好的解决办法。所以，当标准法与权值法相结合使用时，才会产生最好的效果。

二、优化权值设置，把握调节阀门

权值法作为政府采购掌控的节能方法，在许多国家得到了广泛使用。比如美国、日本都要求政府采购必须考虑节能因素，并在节能采购中使用权值方法。长期以来，我国政府采购在节能方面重视不够，一直没有直接的节能采购规定。随着我国能源使用问题日益严峻，政府部门已经意识到节能采购的重要价值，并及时采用了节能采购清单法。但作为政府采购中具有独特作用的节能权值法，并没有得到鼓励和采用。应该说，在未来政府节能采购事业发展中，权值法必定会拥有广阔的舞台，特别是当其与标准法等其他相关方法有效结合，情况更是如此。

但是，有效使用权值法也并不是十分简单的事，为了科学使用这种方法，必须做好以下几个方面的工作。

第一，政府必须要有明确的政策要求和规定。要想使权值法发挥有效作用，政府必须采取强制的政策或法律手段，规定节能因素纳入政府采购评标的评价体系，使节能因素成为确定政府授予合同的重要条件。可以说，没有强制手段，仅依靠政府的倡导和鼓励，权值法是很难发挥作用的。

第二，权值的设计必须科学可靠。由于权值比例直接影响对投标文件的总体评价，影响评标结果。节能因素的权值过高，就可能影响其他如质量、价格、服务等因素的作用；权值过低，则会使节能因素对评标结果的影响太小，不足以产生节能促进作用。因此，使用权值法一定要依据节能的需要和要求，科学地设置权值。为了实现这个目标，比较可靠的做法是，中央政府统一规定所有政府涉及能源消耗的产品的采购，节能因素作为评标因素之一，其权值的最低比例限制。任何该类采购节能权值都不得低于这个比例，在此基础上，各地方和部门可以根据节能形势和要求不同，自己设定权值比例。同时，还可以根据整个节能形势的变化适当调整最低比例。

第三，权值法只是众多方法中的一种。因此，要做节能采购工作，特别是要发挥权值法的作用，还需要注重权值法与多种方法的配套使用，特别是标准法等具有普遍共性的方法的配套使用。

三、绿色采购引领绿色消费

发展循环经济的基本条件是建立可持续发展消费模式。一些专家学者认为政府绿色采购因具有消费规模大和市场带动作用明显等特点，可以成为引领绿色消费的重要手段，是我国建立可持续消费模式的突破口。具体实行政府绿色采购，需要从以下几个方面入手。

首先，要制定具有可操作性的绿色采购制度，完善相关法律法规，为政府绿色采购建立法律基础。从长远来看，我国应像许多发达国家一样，制定专门的《政府绿色采购法》，对政府实行绿色采购的主体、责任、绿色采购标准和绿色采购清单的制定和发布进行明确规定。

其次，要建立绿色采购标准，发布绿色采购清单。从国际经验看，环境标志产品是各国制定绿色采购产品标准和指南的重要基础。为了核查和设计的方便，许多国家都以环境标志产品为依据和基础，要求政府采购环境标志产品。因此，环境标志产品认证成为推动政府绿色采购的重要制度。

此外，还要建立并完善监督制约机制。

一切从“必要”出发，节能采购以满足实际需求为第一原则[*]

（节能采购方法讨论之四）

在不久前的节能讨论中，有关室内空调最佳制冷温度的讨论让人印象深刻。香港人习惯冬天空调开得很热，人们在室内只穿衬衣；而夏天习惯把冷气开得很冷，在室内不得不穿西服，电力资源浪费非常严重。香港媒体的统计数字显示，冷气每调低一度，大约增加 5% 的电能消耗。媒体称，如果香港夏天室内空调制冷温度都控制在 25 摄氏度，不仅可以减少空调给人体带来的诸多负面影响，还可以节省 10% 以上的空调用电量，并能每年减少约 250 万吨二氧化碳的排放量。正因为如此，香港特区政府要求政府公务空调制冷温度控制在 25 摄氏度左右。人们不禁会问，空调制冷的温度有这么多讲究吗？政府连室内制冷温度也要干涉吗？这还需从“必要功能”说起。

一、“必要功能”是根本

在采购学原理中，“必要功能”是一个极其重要的概念，也是实现科学化采购必须重点研究的问题。功能是事物内部所具有的能够发挥特定作用的能力。人们不难发现，采购者的采购行为是基于对不同功能需求产生

* 本文原载于《中国财经报》2005 年 8 月 24 日第 003 版理论实务。

的，比如手表的基本功能是方便、安全、准确提供时间信息，而采购手表，就是为了满足这些功能的需求。所以说，采购行为源于对功能的需求和必要，但采购者对功能的需求是多种多样甚至是无限的，而其支付能力却是有限的，因此，采购学所阐述的“必要功能”，需要从几个方面界定：一是必须是采购者生活或履行某种职责所必需的功能；二是采购者有相应支付能力；三是获得功能与支付成本相比是“合算”且有效益的。“必要功能”的相对概念，是不必要功能。采购中容易出现的问题是，必要功能没有采购，不能满足实际需求；采购了不必要或过剩功能则会发生不必要的费用。因此，采购面临的首要问题是，紧扣必要功能，保障生活或履行职责的实际需要，剔除多余、不必要功能，节省采购开支。

现在让我们再回到香港特区政府要求空调制冷的温度问题上来。首先，空调制冷要满足人们适度气温的功能需要，实践表明，25 摄氏度的气温是适合人体的温度，因此，在现有经济条件下气温冷热变化较大时，通过空调适度调节气温是多数人生活和工作的“必要功能”。但如果空调气温过高或过低，不仅不能起到调节适度气温的作用，反而可能有害于身体，显然没有必要。其次，由于空调制热、制冷都需要能源，过度的制冷、制热必然会增加能源消耗，同样没有必要。最后，政府针对公务使用空调提出要求，缘于公务空调的使用是政府行为，花的是纳税人的钱，不必要的“冷”“热”只会增加纳税人的负担。

虽然从理论上采购要围绕“必要功能”进行，但在实际操作过程中，采购偏离“必要功能”目标的现象经常发生。北京市的一项调查显示，48 家市、区政府机构 2004 年人均耗能量、年人均用水量、年人均用电量分别是北京居民的 4 倍、3 倍和 7 倍，明显高于一般居民的消耗。因政府采购是政府代理纳税人进行的采购，如果没有监督，很容易偏离纳税人的“必要”。事实上，在节能采购方面，政府采购偏离“必要功能”的情况经常发生。以我国目前的情况为例，一些城市建设过度地追求“广场效应”，为突显繁华，大街小巷灯火通明，消耗大量的电力；公务用车本来满足安全行驶的功能即可，一些地方和部门却盲目追求高档次、大排量，不仅花费了大量采购费用，更大大增加了能源的消耗。

二、节能采购从“必要功能”出发

虽然政府节能采购要从多方面着手，但紧扣“必要功能”、一切从“必要功能”出发，确保必要功能，剔除不必要功能，才是减少能源消耗最根本的途径。

第一，把握“必要功能”定位，在功能分析中实现节能目标。政府节能采购运用“必要功能”法，首先是要确定哪些是必要的功能，在保障必要功能的前提下，剔除不必要功能和不必要的能源消耗。以公务汽车采购为例，首先要考察采购的汽车本身是否有必要。据焦点访谈报道，几年前西部某省一个国家级贫困县，年财政收入不过1000万元，可仅县财政局就有小汽车近30辆，这显然超过了实际需要，也大大增加了不必要的能源消耗。其次是考察汽车能源消耗。需要特别说明的是，在当今我国一些地方和部门动辄就要采购排气量2.0、3.0的高档汽车，而西方有些国家却规定政府公务使用小汽车排气量不得超过1.4，其能源消耗量大大减少。道理很简单，1.4的排气量完全可以满足公务使用的需要。

第二，加强预算控制，在预算环节实现节能目标。《政府采购法》规定，政府采购需要结合部门预算编制政府采购预算，并按批准的预算执行。因此，节能首先要做在预算环节，在预算编制和审批过程中，对涉及节能产品和服务的采购进行必要的功能分析，保障必要功能，剔除不必要功能，达成节约能源的目标。

第三，完善采购方式，在操作过程中实现节能目标。政府节能采购应该贯穿操作实施全过程。在公开招标采购和竞争性谈判采购方式中，对涉及节能产品和服务的采购，设置能源消耗必要与不必要的评价，并以此作为决标和授予合同的标尺。

政府节能采购必走强制之路*

（节能采购方法讨论之五）

政府实施强制性节能采购的政策措施，标志着政府节能采购进入实质性实施阶段，必将在促进节能环保方面产生重要的推动作用。但是，由于人们对于强制政府节能采购的必要性和紧迫性的认识并不一致，而强制政策又涉及多方面利益关系，因此需要多项措施来协调配套。对此，本人有一些看法。

第一，政府节能采购作用不可替代。首先，政府采购的公共性质决定政府采购必须一切公共利益出发，在保障满足政府对于工程、货物、服务功能需求的同时，必须有利于实现包括节能环保在内的公共利益目标，并通过强制手段实现这种目标，这是其他社会利益主体的采购不能替代的。其次，政府巨额的、集中性的资金采购所形成的巨大的市场影响力，在政府优先采购节能产品的政策导向下，必然形成供应商对节能产品开发、生产和销售方面的重要推动力，从而增强节能产品的市场发展机会。需要说明的是，对于政府节能采购的市场影响力，一直以来有一种误解，认为只有各级政府纳入集中采购目录的货物和服务才有节能促进作用，而这部分资金目前只有3000多亿元，因此作用有限。实际上，必须更多地从广义上看待政府采购的资金量和市场影响力，一些适用于《招标投标法》的工程采购是我国政府资金采购的大额项目，且影响长远，同样应该适用促进节能环保的内容。最后，政府节能采购政策不仅能够通过市场利益机制直接

* 本文原载于《中国财经报》2007年12月15日第002版特刊。

作用于供应商，还可以通过节能清单等方式表示政府和社会对节能产品的认可和鼓励，从而强化社会其他采购主体的节能采购理念，这既有利于社会性节能消费，又能在更大程度上推动供应商节能产品的开发和供应。

第二，强制是实施节能采购政策的根本保障。强制性应该体现在以下几个方面。一是政策要求是强制的。即政府在涉及节能产品时，必须有明确的采购节能产品要求。二是要严格地按照政策执行，不能规避政府节能采购的规定和要求。三是加强节能产品采购的监督与处罚。不按政策要求执行的，监督管理部门可以责令拒付政府采购资金，宣布采购无效，赔偿有关方面的损失，处以罚款和追究责任人责任。只有具备强制前提，节能采购才会落到实处，产生实效。

第三，强制节能采购的依据必须客观、公正、科学。实施强制节能采购的重要前提，就是制订科学的、客观公正的节能产品采购依据。对此，至少有三个基本要求：一是有科学的节能环保评价标准和体系，通过科学的评价体系，形成真正能反映节能的标准或清单；二是形成一套科学的评价监督管理机制，保障评价的客观性和公正性。为此，必须建立良好的节能评价和鉴定机制，明确鉴定者权利、责任和义务，加强节能产品鉴定的监督管理；三是建立立体的、动态的节能依据（清单）体系。现代社会技术和市场瞬息万变，节能的标准也在不断变化，因此，节能采购的依据（清单）也必须随着情况的变化及时更新，这样既有利于不断推出新的节能采购对象，又有利于进一步推动供应商在产品节能方面的开发与竞争。

第四，政策实施需要综合运用与协调。需要注意的是，按照政府采购的本质特点和法律要求，政府采购应该贯彻诸如采购国货、激励自主创新、扶持中小企业等多种政策要求。促进政府节能采购是多种政策之一，因此在设计和使用节能采购政策时，也不能只考虑节能一个方面，还需要考虑多种政策之间的综合运用与协调，否则很容易出现节能“一票否决”或“一票成功”的问题，这不利于采购综合政策因素的权衡。

把握采购方向　服务扩大内需*

在扩大内需方面，政府采购应该是大有可为的。甚至可以说，在扩大内需方面，政府采购的作用不可替代，因为经济不景气时，一般会出现市场消费和投资低迷，企业与个人只能从自身利益考虑，减少消费和投资，这时只有政府可以从全社会公共利益出发，通过增加采购总量和适当的采购结构，拉动市场需求。在 20 世纪 90 年代末和 21 世纪前几年，我国在扩大内需方面采取了积极的财政政策。实际上，政府适度举债，增加基础建设及其他方面的采购，这种积极的财政政策有助于政府采购政策的实施。

在当前经济不景气、内需外需均不足的情况下，通过增加政府采购数量、频率，调整政府采购结构，对于扩大内需将发挥不可替代的作用。也正因如此，目前我国 10 项扩大内需的措施，有 8 项甚至 9 项都与政府采购有关。目前中央投入 4 万亿元，加上地方的投入，已经不是一个小数目，一定会在刺激经济方面发挥重要作用。

但是，我们也应该看到，运用政府采购扩大内需并不是一件简单的事情。要保证政府采购真正扩大内需，至少有几个方面的问题需要引起重视并解决。

首先，应该有一个完整准确的政府采购概念，或者说应该有一个政府大采购的观念。目前人们对政府采购的概念并不明确，在理解上存在很大差别。可以说，10 个人可能有 10 种理解。例如，政府采购的范围究竟是

---

* 本文原载于《中国财经报》2007 年 12 月 15 日第 002 版特刊。

公共资金的采购，还是只包含财政性资金的采购，还是因一些法规政策方面不清楚导致政府采购只是政府货物和服务的采购。人们甚至认为只是更小的概念，即政府部门纳入集中采购目录以内的采购。如果只是最小概念的政府采购，特别是政府工程采购被排除在政府采购之外，那么对于扩大内需的作用显然十分有限。

关于政府采购的范围，还有些新的现象也是很值得研究的。如政府发消费券，是政府支出但不是货币方式，而是一种用于消费的凭证，且必须在规定的时间采购，这种现象是政府采购还是政府转移支付。还有目前政府采取的多种民间采购补贴的方式，比如对农民采购农机具的补贴等，是否可以算作政府与民间的联合采购方式。

因此，我个人认为，做好政府采购扩大内需的工作，首先要明确政府采购的概念，树立政府大采购的概念，包括财政性甚至全部公共性资金的货物、工程、服务采购。

其次，应该围绕扩大内需，主要是来提振本国市场，而不是其他。政府运用纳税人的资金采取多项采购政策，主要目标是扩大国内的需求，而不是别国的需求。政府采购与民间采购不同，因为我国已经是 WTO 成员方，民间采购可以对国货和非国货一视同仁。但是，在政府采购方面，我国还没有正式加入《政府采购协定》，外国政府采购没有义务和责任采购我国产品和服务，我国政府采购同样有不采购外国产品和服务的权利，符合国际规则。同时，我国《政府采购法》明确规定，政府采购应该采购本国货物、工程和服务。

因此，我国政府采购于情、于理、于法都应该采购本国货，扩大内需，而不是其他。

最后，保障政府采购真正发挥扩大内需的作用，除了明确政府采购的概念和范围之外，还必须珍惜机会，尽快从法律政策完善方面做工作。比如解决《政府采购法》与《招标投标法》在采购国货政策方面的一致性问题，明确政府采购优先采购本国货，注重扩大内需。政府应该尽早明确国货标准，制订国货采购的具体政策，明确限制政府非国货采购的措施等。不从制度和政策方面保障，政府采购国货和扩大内需很可能沦为空话。

政府采购激励自主创新的九种政策思路*

在国家发布的《国家中长期科学和技术发展规划纲要（2006—2020年）》（以下简称《纲要》）和《中共中央 国务院关于实施科技规划纲要增强自主创新能力的决定》（以下简称《决定》）中，都明确提到运用政府采购政策激励自主创新。这充分说明党和国家对政府采购政策功能作用有了全面深刻的认识，预示着政府采购将在更多方面发挥重要作用。但同时，我们也要看到，运用政府采购政策促进自主创新是一项十分复杂的工作，必须科学地设计政策措施、实施范围和实施步骤，使政策切实可行，并落到实处。在此，笔者归纳了九种基本方式，为政策设计参考使用。

一、坚持自主创新产品优先采购原则

自主创新产品和技术优先采购，是作为一种原则和法理存在的，体现了政府采购的政策精神和政策要求。在政府采购操作实践中，“优先”包括两方面含义：一是政府采购过程中，在功能要求相同的情况下，凡是具有自主权创新，或者说拥有自主知识产权的产品与技术，实行政府优先采购；二是当参与政府采购市场的产品都具有自主创新成分时，在其他条件基本相同的条件下，优先采购自主创新含量更高的产品和技术。

---

* 本文原载于《中国财经报》2006年2月22日004版理论实务。本文原名：捅破高科技的“窗户纸”。

二、实行重大创新项目政府“首购”政策

对于一些重大的、在技术发展中具有战略意义的创新产品和技术，可以走市场与政府采购两种消化方式。一方面，可以通过市场运作的方式开拓开发渠道，获得回报；另一方面如果短期内市场开发和销售机会有限，或者进一步开发有风险，可以实行政府“首购”政策，由政府首先采购，寻求开发和生产机会。

三、实行创新技术政府订购政策

对于一些创新价值极高，同时难度很大的创新项目，政府可以实行预先订购政策。预先订购的作用在于既能鼓励和促进特定项目的自主创新，又能减少创新单位的投入风险。但订购的依据必须十分明确，包括明确的创新概念、创新标准和创新认定程序与责任，遵循先有创新成果然后采购的原则且订购对象通过竞争的方式获得。

四、创新项目政府招标采购制

在过去很长的时间里，为了促进科研机构发挥创新的优势，我国实行了各种项目申报及创新基金预拨制。虽然这种方式在一定程度上发挥了促进自主创新的作用，特别是促进了一些特殊项目的创新与开发，但随着市场化运作方式日趋普遍，这种方式也存在人们只注重事前申报，不注重实际成果，政府花钱买创新的“可能”，而不是实际成果等问题。因此，为了更好地与市场原则相结合，应该逐步改变传统方法，对政府需要的创新项目，实行提前发布采购信息，定期实行现实成果招标采购，既可以鼓励众多的机构和人员参与研究，又可以保证政府采购的一定是现实的创新成果。

五、将国家重大建设工程项目纳入政府采购主体范围，实施政府采购管理，贯彻自主创新激励政策

《决定》规定将国家重大建设工程项目纳入政府采购主体范围，这在扩大政府采购范围及增加政府采购功能作用方面具有极其重要的意义，同时，也为增加政府采购激励自主创新提供了更广阔的空间。由于我国的特殊情况，过去对于建设工程项目是否纳入政府采购主体范围，一直有不同看法。政府采购在很长时间里主要限于货物和服务的采购，政策功能作用也主要限于货物与服务方面。而将国家重大建设项目纳入政府采购主体范围，政府采购可以通过对重大建设工程项目采购中使用的建筑材料、建筑技术等提出自主创新的要求，从而使政府采购激励自主创新的功能在重大建设项目中发挥重要作用。

六、实行政府优惠采购

政府采购具有自主创新及自主知识产权的产品、装备或专利成果，实行价格优惠。对于自主创新和拥有自主知识产权的产品，政府可以以高于同类不具有自主创新产品的价格采购。价格优惠幅度可以实行全国统一规定，也可以具体情况具体规定，或者分别规定最低和最高优惠限度。通过适度的价格优惠，既可以增加自主创新企业的产品销售机会，使这些企业不至于因创新成本高而丧失政府采购市场，又可以通过价格优惠的收益，获得进一步技术开发的能力。同时，能激励更多的供应商为获得政府采购订单在自主创新方面展开竞争。

七、设置最低权值方法

政府采购在相当多的情况下采取招标采购方式。招标采购通常采用综

合计分法，即将采购人不同方面的需求分成多种因素，然后进行评分，再根据每种因素的重要性设置权值，以总分最高者中标。因此，在政府涉及技术含量高的工程、产品采购时，必须设置自主创新、自主权知识产权因素进行评价。为了保障自主创新因素对采购结果产生必要的影响，政府应该规定自主创新因素在总体因素中的最低权值，比如最低权值不得低于20%。最低权值法既考虑了自主权创新因素，使创新产品获得更多的得分和成交机会，也避免了权值比例过低不能有效发挥促进自主创新的作用。同时，适度的权值比例，也不会导致自主权创新因素成为影响采购成交唯一因素或“一票否决”因素，而是成为影响成交的多种因素之一。

八、设置固定比例方法

所谓固定比例方法，对于政府采购的某些建筑工程，特别是诸如汽车、软件、计算机等高科技产品和服务规定本国自主知识产权必须达到的比例，凡是未能达到这种比例要求的，一律不得采购。固定比例方法的特点是允许有一定比例的非自主创新成分，但自主创新的比例必须达到一定程度，有利于直接、强制地推进自主创新项目的采购，促进自主创新事业的发展。

九、实行唯一性采购

所谓唯一性采购，是对一些特殊的产品和服务，比如涉及军事机密和国家安全的产品或服务，或者对于国民经济发展、对于某个行业发展等具有决定性影响作用的工程和产品，只要是自主创新、拥有自主知识产权，政府实行唯一性采购。典型的如一些特定用途的建筑工程、计算机芯片，一些特殊使用的计算软件产品和服务。值得说明的是，虽然这些产品采购时价格可能因特定专利技术而偏高，但与国家安全等全局性利益相比，显然算不了什么，同时也可以促进这类产品的进一步开发和使用。

“自主创新、自主知识产权、中国设计、中国制造……”这些标志着中国自主创新成果的词汇随着中宣部、科技部共同组织的自主创新报告团的足迹，令每一个中国人感到振奋，激励着每一个中国人的心。

不过，令政府采购人更感到自豪的是，在促进国民经济增长方式转变、支持自主创新的过程中，国家赋予了政府采购重大使命。《决定》和《纲要》明确提出要制定《中华人民共和国政府采购法》实施细则，以鼓励和保护自主创新，而且还明确地提出了首购、订购、对企业采购国产高新技术设备提供政策支持、建立政府采购自主创新产品协调机制等 7 种具体的办法来推动政府采购支持自主创新政策目标的实现。

众所周知，《政府采购法》颁布实施的时候强调的是提高采购资金的使用效益，促进廉政建设。随着政府采购影响力的扩大，政府采购在调整产业结构、促进公共利益最大化等方面发挥的作用越来越大，维护国家利益和社会公共利益成为政府采购的主旨。而在“十一五”规划建议中更是对政府采购有了明确的定位，即实行支持自主创新的政府采购政策，刚刚颁布的《决定》与《纲要》则把政府采购的作用具体化、细化。如何为经济增长方式转变提供支持、实现自主创新政策目标摆在了每一个政府采购人的面前。《决定》和《纲要》的出台，把政府采购推到了一个非常重要的位置。正如清华大学于安教授日前所言，政府采购从正面促进国民经济发展，尤其是促进国民经济中心环节的实现，能够起到独立的政策作用，是国家赋予政府采购的重大使命。支持企业自主创新，让政府采购有了一个展示的舞台，使政府采购的政策功能可以发挥到极致。这也再一次表明，国家在运用政府采购政策上已经越来越娴熟，政府执政能力迈上了一个新台阶。

05

第五编

政府采购运行模式与操作规范

关于建立政府采购行业协会的若干问题*

政府采购协会是在政府采购实践中诞生的新事物，无论在理论上，还是在实际操作中，都有很多问题需要研究。

一、政府采购需要建立行业协会式组织

行业协会是一种特殊的行业组织，它既不同于以行政管理为特征的纯行政性组织，也不同于以营利为目的的企业法人组织，而是一种以行业规范、行业自律为主要特征的社会团体性组织。一般来说，行业协会由同行业人员共同组成，有政府参与管理和民间自动形成两种方式。我国行业协会大多数是由政府部门参与管理和指导的。

行业协会主要有以下几个方面的功能和作用：一是负责制订统一行业标准和行业规范。在现代社会，每一种行业都会有自己的行业规范与标准，行业协会这样的组织制定规范和标准是比较可行的。二是行业协调与管理。同行业成员选拔行业内的专门人员（有些是政府任命），对同行业中的相关事务进行组织和管理，包括资格管理、道德要求等。三是实现行业自律。要求凡是参加协会组织的成员，都必须遵守统一的行业规范，实行行业自律。四是促进行业进步。重点体现为组织行业业务培训和学术交

---

* 本文原载于《中国政府采购》杂志 2003 年第 2 期。如今全国多省建立了政府采购协会组织，但较早系统提出建立政府采购协会并把握好相关问题处理的，应该是本篇作者徐焕东教授。本文全面阐述了建立协会的必要性、协会的职能定位和运作模式。

流。五是行业维权。行业之间共同维护自身的正当权益不受侵犯等。但同时，协会组织如果存在较大的行业垄断，也可能会出现过度的行业保护。因此，协会制度需要良好的设计，否则可能导致相反的作用。

政府采购作为一种以政府为主体的、为满足社会公共需要而进行的采购，其实现科学化目标，不仅需要相应的制度规范，而且还必须有一支精通采购业务熟悉商品知识、具备优良作风和道德水准的政府采购专业队伍。我国《政府采购法》已明确规定集中采购机构的采购人员应当具备相关职业素质和专业技能，集中采购机构应对其工作人员加强教育和培训，对采购人员的专业水平、工作实绩和职业道德状况定期进行考核。从我国几年来的实践看，经过各方面的努力，已经初步形成了一支专业采购队伍，并为政府采购工作的开展发挥了重要作用。但是，由于政府采购工作刚刚步入全面推行阶段，采购人员主要来源于原财政工作人员，其知识结构、采购技术、市场操作能力以及道德准则和综合素质等，离高质量、高效率的采购要求显然还有相当大的差距。采购人员没有统一的职业资格标准和职业标准，没有行业成员共同交流学术问题的组织。一些坚持原则、主张正义的采购人员正当权益受损，也没有同行业的共同维护等。因此，如何有效地规范政府采购行业标准，加强采购者的职业培训和约束，维护采购者的正当合法权益，已经成为政府采购工作中十分紧迫的事情。

如何建立一支高素质、高效率的政府采购从业人员队伍，如何有效地管理政府采购从业人员队伍，目前我国还没有十分明确、定型的思路。按照我国《政府采购法》的精神，规定政府采购人员必须符合政府采购监督管理部门的专业岗位资格要求，同时规定集中采购机构应该对其从业人员加强教育、培训，对其业绩进行考核。这里重点强调政府采购监督管理部门与集中采购机构在完善政府采购人员职业资格制度中的作用，并没有规定也没有否定某种特定的职业资格管理方式。导致这种情况有多方面的原因，一方面，完善政府采购职业管理制度，与这两种机构的职能作用紧密相关，政府采购监督管理机构有权从行政角度对政府采购人员从业提出岗位资格要求，而集中采购机构在从事政府采购实务的过程中，有义务对政府采购人员加强教育和培训，需要对其经营的业绩进行考核，并从法律上明确了这种关系；另一方面，我国政府采购工作目前刚刚全面推行，对于政府采购从业人员行业管理还没有成熟的经验和深入的探讨，因而不会在法律制度中作出明确的规定。

值得强调的是，虽然《政府采购法》中并没有明确规定政府采购人员行业管理需要设立专门机构，但是，在政府采购管理实践中，围绕政府采购管理科学化和政府采购事业发展的需要进行探索则是完全必要的。协会组织应在其中发挥重要作用。

首先，虽然政府采购监督管理部门对政府采购人员提出岗位任职资格要求是必需的，但其作为一种行政管理机构，更多的是履行行政职能，最主要的职责是管理和监督政府采购过程，处理政府采购过程中出现的各种问题。而对于政府采购的行业资格标准、准入办法、行业自律和考核制度，并不是管理监督的重点，也不宜过多采取行政手段。

其次，政府采购法律规定集中采购机构应该对政府采购人员进行教育、培训和考核，但是，在实际工作中，集中采购机构的主要职能是进行采购服务，培训虽然是必要的，但并不是该机构的主要职责。同时，每一个集中采购机构实力并不相同，作业标准也可能存在较大差别。因此，不仅教育、培训、考核的能力可能是十分有限的，而且教育、培训、考核的标准也很难统一，因而不可避免地存在较大的局限性。

因此，可以说，结合我国政府采购队伍的现状和科学管理的需要，建立政府采购协会组织，是规范我国政府采购队伍、加强政府采购管理、提高政府采购人员素质较可行的方式。行业协会组织既不是单纯的行政管理方式，也不以营利为目的，是一种行业标准化管理、行业自律型的组织。通过成立政府采购协会方式，制订行业职业规范、行业自律标准，开展行业维权、行业培训、行业学术交流活动，可以使纯行政手段和单个采购机构很难解决的问题得到很好的解决，从而对促进我国政府采购事业发展产生极其重要的作用。

从国际情况来看，许多国家都有采购者协会，并因情况不同而各有差别。有的属于采购者自己的组织，有的属于政府参与，有的则是半民间、半政府型组织。比较典型的如美国联邦政府实行签约官员制度，就有不同方面的政府采购者协会。美国具有政府采购资格的人，代表政府进行采购，被称为合同缔约官员，或称合同官员。他们既是“官员”，又是行业协会成员。比如美国全国采购管理协会、全国州采购官员协会、后勤工程师协会等多个采购行业性组织。需要说明的是，美国没有特殊的采购中心，而是以具有签约资格的合同官员主持政府采购的方式为主。

二、政府采购协会的作用与职能定位

政府采购协会本质上是一种由采购者共同组织的行业性组织，其基本的职责是围绕政府采购行业规范与管理、行业自律、行业发展、行业维权几个方面开展工作。具体应该包括以下几个方面。

第一，依法设立专门机构，起草并通过公司章程，组织和协调与政府采购人员职业相关的各项工作。由于政府采购是以政府为主体的社会共同采购，因此，政府采购协会的章程，必须符合政府采购监督管理部门的要求，符合做好政府采购工作的目标，带有一定政府公益性的行业规范。

第二，建立会员制，明确采购从业人员在协会中的权利、义务和责任。凡是愿意从事政府采购职业并参加政府采购协会的人员，都应该承认政府采购协会的章程和规定，接受政府采购协会的行业管理规定。

第三，起草和制定政府采购的行业标准、职业资格标准。包括行业人员执业的知识水准、技术要求与职业道德规范。

第四，负责政府采购执业人员的职业资格考试、考核工作，实行统一的考试与考核标准负责政府采购职业资格的认证、注册登记和职业资格管理。

第五，负责组织政府采购职业人员的技术培训、组织专家和会员交流经验，促进政府采购职业人员提高执业水平。

第六，监督和考核政府采购职业人员的执业情况。通过定期考核，决定政府采购执业人员资格的晋升、处罚、淘汰等事宜（此处带有行业性质）。

第七，保护政府采购执业人员的正当利益。如果政府采购执业人员在执业中，由于坚持公正执法而受到迫害或者其他不公正对待，政府采购协会应为其主持公道，通过合法的途径帮助政府采购执业人员。

第八，其他可能的职责与权限。政府采购协会的职能定位必然与政府采购监督管理机构、政府采购中心等机构的职能产生某种联系。只有明确地认识各自的区别与联系，才能更好地划分各自的职能范围。

政府采购协会与政府采购监督管理机构是两种不同性质的机构。二者区别在于，后者是政府行政监督管理机构，是直接代表政府对政府采购行使协调、监督、管理的行政机构，职责包括汇总政府采购预算、监督政府采购预算执行、接受政府采购过程的投诉、处理政府采购过程中各种纠纷。前者是一个行业性社团组织，重点是实现政府采购行业规范、促进政府采购人员相互交流，不具有直接的行政处罚权力和行政职能。但是，政府采购协会涉及政府采购人员的规范与管理，与政府采购监督管理机构存在着必然的联系。政府采购协会制订行业标准，对政府采购人员的要求与管理等必须遵从和贯彻国家政府采购方面的相关政策法规，对于一些涉及国家政策法规方面的活动，同样要接受政府采购监督管理部门的监督和管理。

政府采购协会与集中采购机构也是不同类型的机构。我国《政府采购法》规定设区的市及州以上的政府可以设立集中采购机构。集中采购机构是一种公益性的事业单位，主要负责政府集中采购的执行和实施。政府采购协会并不直接参与政府集中采购的实施，而是对集中采购单位的从业人员资格标准、业务能力、道德水准等进行规范、管理和促进。

三、政府采购协会的运作模式

政府采购协会作为一种行业协调和管理式团体，采取什么样的运作模式，不仅关系其功能作用的发挥，而且会影响其运作效率和质量。由于政府采购行业具有相当的特殊性，考虑到我国政府采购事业发展的现状，政府采购协会的运作模式可以按以下思路进行设计。

首先，政府采购协会作为一种行业性社团机构，在实际运作过程中，其自身的定位必须准确，既要体现政府的政策、法规要求，接受政府相应的指导和管理，又不能完全采取行政机构的运作模式，形成一个事实上的行政机构。政府采购行业从业人员的管理问题，不仅仅是采购人员个人的私事，而是关系国家和社会公共利益的大事。因此，政府采购协会不同于纯粹的民间行业协会，不能由执业人员自发地组成和自发管理。政府采购协会本质上是为社会公众服务的，因此，一方面，就行业团体组织而言，政府采购协会与其他各类社会团体组织一样，应该接受国家民政部门的管理，拥有国家规定的协会式团体的各种权利和义务，能在较大程度上体现团体的意志和要求，采取团体组织的运作模式，比如社团组织可以进行会长、理事等的选举，可以在法律规定的范围内开展各种职能范围以内的活动。另一方面，政府采购协会的经费不可能采取会员费的方式，而只能作为政府出资的社会团体方式供应，政府采购协会在开展业务和履行职能方面，必须体现政府采购方面的政策与法规，需要与具备政府采购监督管理职权的财政部门不断沟通，并接受其必要的管理、指导和监督。

其次，就政府采购协会内部上下级运行模式而言，最好是建立全国性统一组织。建立全国性的行业协会，有利于制订全国统一的行业标准、职业资格标准，组织口径较为统一的培训，从而较好地保障政府采购在全国按照统一标准作业。就我国情况而言，应该采取中央政府成立全国性政府采购协会，地方政府成立政府采购分会。成立全国政府采购协会，以便统一和规范各种标准，全面促进政府采购行业管理与发展。地方政府采购分会设立到设区的市这一级，一方面，作为全国性协会的一个组成部分，在业务上接受上级协会的领导，遵循全国的统一标准和规则：另一方面，在经费、协会领导及其人选方面，由地方协会保持自主权。在地方相关部门协助下有序开展工作。近期，我国有些地区率先成立了政府采购协会，在较大程度上代表了政府采购行业管理方面的发展方向，也将对全国统一的政府采购协会的成立起到推动作用。

执业资格模式探讨连载之一：执业资格制度化势在必行*

政府采购是一项技术性强、责任重大的工作，政府采购的管理人员及执行人员是政府采购的实施者，其专业技术能力、职业道德水准等都直接影响政府采购工作的质量，影响政府采购目标的实现。因此，作为整个政府采购制度建设的重要组成部分，建立科学的政府采购从业人员执业资格制度、加速政府采购人员专业化和职业化进程，是一项迫切的任务，理应提到议事日程上来。

所谓政府采购执业资格，是指从事政府采购的人员包括政府采购管理人员和执行操作人员必须掌握政府采购方面的专业知识和专门技术，具有良好的职业道德水准，通过国家特定的资格考试和资格认定，获得从事政府采购执业的合法资格。归纳而言，建立政府采购资格制度，就是建立一套符合中国国情的以政府晋升、资格淘汰等为主要内容的管理制度。

建立政府采购资格管理制度，国际上有些国家已经实行多年，最典型如美国，美国有一支素质很高的专业采购队伍，其中有约 30000 名采购专家，15000 名采购官员。这些人基本上都是通过资格认证的。美国政府采

---

* 本文原载于《中国财经报》2002 年 03 月 12 日第 007 版理论纵横。本文写于 2002 年，当时政府采购法尚未正式出台。笔者认为，政府采购是一项专业性强、影响大、责任性重的事业，在商品知识、采购技术、职业道德、法律规范等方面要求很高，因此对于操作实施、履约验收、监督管理等流程应该有特别的要求，执业需要有资格要求。因为当初探讨时的情况与现在有很大不同，有些内容可能已不适合现实情况。但笔者认为，具有执业资格的职业采购官等方式，仍然是可以考虑和借鉴的重要选择，尤其是在智能、智慧机器人日益发展进步的时代。本文为“建立符合国情的政府采购执业资格模式”系列文章，共十一篇。

购人员资格认证的称号有：专业公共采购员（PPB）、注册公共采购官员（CPPO）、注册采购管理员（CPM）、注册专业合同官员、注册专业后勤师等。

在我国建立政府采购人员执业资格制度，是推行政府采购制度的客观要求和必然趋势，也是近几年政府采购实践提出的重要课题。从目前的情况来看，国家对于政府采购管理人员和采购执行人员执业方面没有特殊规定，一般只规定政府采购管理机构及采购执行机构人员的学历和职称结构，要求高等学历和高级职称占多少比例。由于政府采购工作只是刚刚起步，这几年政府采购管理与执行人员的来源与结构比较复杂。

此外，我国目前对政府采购的管理重点是对政府采购过程的管理，如招标、投标、合同签订等，而对从业人员的管理比较松散。采购人没有执业资格要求，没有明确的责任分工，谁都可以主持采购，谁都可以在采购合同上签字，谁都可以去验收。采购中一旦出现问题，责任究竟在谁，是采购人（实体），还是采购机构，还是评委，还是签订合同的单位或个人，都没有明确的责任界限。出了问题常常是集体负责，而集体负责的结果通常是谁也不负责。从近两年的政府采购实践来看，由于政府采购人员素质跟不上而产生的问题并不在少数。虽然目前我国并未加入《政府采购协定》，还谈不上国际要求和水准，但中国加入《政府采购协定》是必然趋势。为了适应未来在世界范围内采购的需要，培养和锤炼具有世界水准的政府采购专家，实行与国际接轨的规范执业，无疑是十分重要的。

执业资格模式探讨连载之二：执业人员的资格要求*

政府采购执业资格要求，是对从事政府采购工作，获得政府采购执业资格的人所提出的要求。政府采购是一项十分复杂的工作，涉及社会公共需要、政府政策、商品知识、采购技术等许多方面。但总体上看，对政府采购人员的技术资格要求，可以归纳为六类。

第一类，综合知识。经济学原理、国家宏观经济政策采购原理与理论、国际经济规则、政府采购的国际惯例等。

第二类，采购对象（商品）所涉及的技术与知识。政府采购的对象主要由三类构成，即工程、货物与服务。作为专业从事采购的人员，特别是从事某一类型的专业采购人员，必须具备相关的商品知识。

在实际应用中，由于人们很难全面掌握各类采购对象（商品）的专门知识，因此，在实际资格分类中，又可以根据采购人员所选择的采购对象类型进行分类。同时，还可以根据情况对大的类型进行细分。例如工程又可以分为桥梁、道路、管道等基础工程，办公楼、住宅、安装调试等一般工程。对于初级资格而言，采购不同对象的采购人员，可以选择不同方面技术知识的考试题目参与资格竞争。

第三类，市场分析与判断技术。在现代市场经济社会，市场的需求与供应、产品的更新、市场的价格等因素，都处在经常变化之中。作为专业

---

* 本文原载于《中国财经报》2002 年 4 月 2 日。

的采购人员，必须具备商业运行知识，具备对市场调查、市场研究、分析和判断的能力，能够及时掌握国际、国内市场变化的特征及发展趋势。

市场分析知识重点包括两个方面：政府需求与市场供应。政府需求包括：根据政府相关部门职能所提出的功能需要，准确地界定政府采购的需求定位，尽可能地去掉多余功能，节省不必要的开支，弥补必要功能，保障政府履行职能的需要；市场供应包括：广泛收集市场变化信息，包括收集整理各类产品的供应渠道、主要产品品牌、主要供应商、国内产品与国外产品的分析与比较，研究产品的寿命周期。最终目的是及时发现最符合政府和社会公共需要的各类产品，包括不同类型的新型产品。避免采购不符合政府需求的产品，尤其是即将淘汰的过时产品。同时，研究和分析产品价格的变动趋向，善于进行采购价格和采购成本的核算，对各种不同产品成本进行科学的估算，实现以尽可能低的采购成本，获得政府所需要的功能等。可以说，不具备以上这些知识，就不可能成为一个真正的采购专家。

第四类，采购技术。随着社会分工不断细化，特别是科学技术越来越发达，采购也越来越成为一门深奥的学问。作为政府采购专职人员，同时也应该是精通采购技术的专家。采购技术包括：（1）采购原理。采购科学化标准，采购科学化应遵循的原则，采购管理的科学化，等等。（2）采购程序与方式。对于招标采购、谈判采购、有限性竞争采购等各种方式的程序、操作规程与方法，适用范围等，都要求掌握与精通。特别是编制采购计划和招标文件，组织采购，组织评委评标，主持采购谈判的技术，价值判断和决标的技术。（3）国际、国内政府采购的各种法律和法规。

第五类，缔约与履约验收的知识与技术。政府采购的一切形式，最终都以合同的方式体现出来。合同的缔约与履行，是政府采购工作的目标和结果，也是评价政府采购成功与否的依据。因此，关于政府采购合同与履约验收的技术与知识，其重要性不言自明。

作为政府采购人员，特别是政府采购合同的签约人，必须精通国家

《合同法》，掌握合同的真谛。包括合同的起草，合同条款的设计，合同的合法性，合同中所涉及的当事各方的权利、义务和责任。在合同的起草与缔结中，做到合同设计合理，减少合同纠纷，避免合同陷阱，规避合同风险。真正做到替政府负责，替供应商负责，替社会负责。

履约验收，是政府采购人员必须具备的技能。也就是说，要具备及时了解政府采购的工程、货物、服务履约情况的能力，以及从技术、规格、履约能力、交货期限、交货地点、服务到位状况等各方多方面进行验收的能力；掌握质量与技术监督方面的知识和技能。

此外，采购验收人员也需要具备对整个采购过程、采购结果进行评价和管理的能力，诸如采购的结果是否符合实际需要，是否符合合同要求，是否合乎常情，是否属于合法、优良采购。

第六类，政府采购管理技术与知识。政府采购管理是对整个政府采购过程的组织、协调、监督与控制过程。它贯穿整个政府采购过程。政府采购管理的水平，对于政府采购工作的成败发挥着决定性的作用。因此，作为政府采购执业人员，都应该懂得政府采购的管理知识与技术，包括政府采购的法律、法规知识、政府采购的管理政策与制度、政府采购计划和预算编制、政府采购执行过程的管理与监督等。如果是专门从事政府采购管理工作的人员，具备管理知识是执业的重点要求。

此外，对政府采购人员还有职业道德的要求。其最基本的素质要求就是公正、诚实和责任感。

执业资格模式探讨连载之三：签约资格模式*

——签约人员的知识构成及职责

就我国情况来看，政府采购工作仍处于起步阶段，各方面的情况还比较复杂，鉴于此种情况，政府采购人员执业资格制度可以设计为单一资格模式、双重资格模式和三重资格模式。我国应该选择哪种模式，可以根据具体情况进行讨论和选择，逐步调整到位。

所谓单一资格模式，就是政府采购人员只在从事某一方面工作时，需要专业的执业资格认证。从事其他与政府采购相关的工作，不需要特定的资格认证。本人认为，如果是单一的资格模式，则应以政府采购合同签约资格为基本资格模式。这是因为，政府采购是围绕采购合同进行的，并最终体现在合同上。政府采购合同的签订与履行，是对整个政府采购的总把关。因此，为了提高政府采购的质量，把好政府采购合同关，明确政府采购合同签订的责任，就必须对签订政府采购合同的人进行资格限制。凡是签订政府采购合同的人，必须进行特定的资格认证，具有执业资格。

值得说明的是，我国目前有不少地方，政府采购工作由采购中心主持，但合同却由采购单位（真实的采购人）自己与供应商签订，对采购人签约没有任何资格要求。但是，实践表明这种方式存在问题。一是签约人对于所采购的商品并不懂得多少，很可能签出糊涂合同；二是出现问题责

* 本文原载于《中国财经报》2002 年 4 月 16 日。

任不清，不知究竟是政府采购机构的责任，还是签约人的责任；三是可能会发生一种特殊情况，即政府采购机构招标结束，确定了中标人，但采购单位拒绝签约，严重侵犯供应商的利益，破坏政府采购的信誉。再者，有一部分采购人在正式签约时，又向供应商提出一些新的附加条件，甚至以权谋私，使政府采购工作出现新的漏洞。显然，从长远来看，这种方法是不合适的。

在单一资格模式中，合同签约具有极为重要的意义。以下就单一资格模式的有关问题，描述初步的构想。

一是合同签约人员的名称可称为政府采购合同官员、政府采购师、政府采购合同官、政府采购责任人等。在此，本人暂且称作政府采购合同签约（资格）人。

二是政府采购签约人员的知识结构。合同签约人员应该具备以上所述的六种作为采购人员必须具备的知识与技术，特别是有关商品知识、采购技术及合同知识。但是，政府采购合同签约人员的知识结构，可以根据其所承担的采购类别的不同有所侧重。

三是政府采购合同签约人的职责与权限。政府采购合同签约人应代表政府和社会公共利益，是政府采购的主要代理人。其职责权限包括：（1）主持政府采购项目，参与政府采购的各个过程，包括选择和组织参与采购的部分工作人员（不宜是全部）落实采购计划，选择采购方式，编制采购文件，发布采购信息，接受供应商投标，参与供应商预审，参与采购谈判，监督其他参与采购人员的工作，组织和监督评标工作。但不直接参与评标。（2）签订政府采购合同。凡是政府采购合同，都必须由具有政府采购合同签约资格的人员来签约，否则无效。签约权包括起草、编制、审核以及签订政府采购合同。（3）政府采购合同签约人对其所主持的政府采购项目，有权要求合理的报酬；有权拒绝委托单位带有不正当附加条件的委托；在签订合同时，有权拒绝各个方面不正当的权力干预；如果签约资格人发现评委评标有明显不公正或幕后交易行为，有权拒绝承认评委评出的结果，拒绝在合同上签字。（4）代表政府部门应承政府采购合同中出现的纠纷和诉讼。（5）监督供应商履行政府采购合同。（6）其他职责与权利。

值得说明的是，合同签约权力应该因合同签约人员的不同级别而有所不同。合同签约人员因水平、能力、资历不同可以分为若干等级。不同等级的签约资格者，主持采购项目的金额应有区别。等级较低的，只能参与较小数额项目的采购。等级高的可以相应增加签约的数额。等级越高，管辖他的政府采购协会级别也应该越高。例如凡是最高等级合同签约人员，都必须由省以上政府采购协会直接管理，而较低级别的则可以由市级采购协会管理。

执业资格模式探讨连载之四：签约资格模式*

——签约人的义务与责任

合同签约人必须明确自己的义务：包括有义务接受委托单位的合法委托；接受委托单位的监督与检查；接受参与政府采购操作人员的监督检查；接受职业管理单位的资格审查、考核；定期汇报工作情况；及时报告政府采购操作过程中出现或可能出现的不法行为；接受社会各方面的监督；接受一切对于其违法和不合理行为的批评、指正；等等。

由于政府采购签约人员有主持政府采购的权利，其所签订的采购合同是否公正、是否富有成效，事关政府和社会公众的利益，也关系政府采购的优良目标是否能顺利实现，关系政府采购的信誉和形象，实属责任重大。因此，对政府采购签约资格人的责任必须十分明确，对不负责任的行为必须严厉追究。

政府采购人员的责任主要体现在三个方面：对受托单位负责，对政府采购法律、法规负责，对社会公众负责。合同签约人员受托于相关政府部门，但在主持采购过程中不受政府行政干预，只对法律负责，这是公正维护政府采购事业、有责任不使政府和社会公共的利益受损失的基本保证。采购签约资格人必须保证采购合同是合理、合法的符合市场要求，符合国家政策要求，是在公开、公平、公正的基础上进行的，并对政府采购合同

* 本文原载于《中国财经报》2002 年 5 月 14 日第 007 版理论纵横。

产生的实际效果负责。除非有特殊协议约定，一般不承担合同履行和验收责任。

一般情况下，合同资格人主要应对以下行为负责：一是工作态度不积极，玩忽职守，导致采购工作出现明显失误，对国家或社会造成损失；二是采购工作中出现明显的欺骗、误导、偏袒等不公正行为，影响了中标结果，侵犯了社会公众和供应商的权益；三是收受贿赂，或受某种特殊不当利益驱使，故意在采购中实现特殊企图等犯罪行为。

值得强调的是，政府采购签约资格人工作对社会公众利益影响极大，又很容易出现从中牟利的可能，因此，必须承担无限责任。而对于一些重大项目的采购，或者金额巨大的采购，签约资格人应该负终身责任。

政府采购签约人应从三个方面承担责任：一是政府采购职业管理机构的处理，从执业资格考查、记过、降级、经济处罚、资格取消等方面加以控制；二是政府采购行政管理部门给予行政监督的处理。如纳入合同签约资格人“黑名单”，不允许委托其主持政府采购项目；三是送交司法部门按照《政府采购法》有关条款依法处置。

执业资格模式探讨连载之五：签约资格模式*

——对签约资格人的管理

鉴于我国政府采购刚刚起步，所以在对政府采购合同签约资格人的管理上要从实际出发。按本人的设想，有三种方式可供研究与选择。

第一，实行政府公共事业管理方式。政府采购签约资格人代表政府履行职责，属于各级政府采购中心事业人员，或者事业单位公务员管理。与一般事业管理人员不同的是，只有政府采购签约资格人才可以直接代表政府部门，主持政府采购项目，代表政府与供应商签约。在我国现实机构设置情况下，政府采购合同签约资格人在政府采购中心执业，而其资格取得、晋升、淘汰等管理工作由中央和省级政府采购管理机构负责。由于签约资格人属于各级政府采购中心人员，因此，不容易也不可能实现跨行业、跨地区流动执业。

第二，实行纯粹的中介管理方式。由政府组织成立采购者协会，负责采购签约资格人的资格考试、执业监督、业务考核、培训提高、资格升级等。政府采购机构根据采购签约资格人的执业能力、业绩、信誉程度等因素，自由选择人员主持政府采购项目。合同签约资格人承担采购的责任，并根据采购的金额、难度、责任大小获得采购酬金。如果采用这种方式，也可以发展成社会采购中介事业，即发展采购师中介事业方式，这时，采

* 本文原载于《中国财经报》2002 年 5 月 21 日第 007 版理论纵横。

购师工作的目的就是营利。这种方式类似社会其他如会计师事务所之类的中介机构执业方式。

第三，特殊的行业协会管理方式。这种管理方式基于政府采购执业的特殊性。从美国情况看，美国具有政府采购执业资格的人员代表政府进行采购，被称为合同缔约官员或称合同官员。他们既是“官员”，又接受行业协会管理。美国有多个政府采购专业性组织和协会，比如美国全国采购管理协会、全国州采购官员协会、后勤工程师协会等。需要说明的是，美国没有特殊的采购中心，而是以具有签约资格的合同官员主持政府采购方式为主。政府部门的采购直接委托给合同签约官员，合同签约官员直接对政府部门的采购负责。

在这方面，我国更偏重于机构操作，不太注重个人的能力和责任。但是，要真正实现政府采购的科学化，科学的管理方式是必不可少的。本人认为，政府采购合同签约资格人的特殊行业管理构想为：政府公务员身份，特殊行业协会式管理。所谓“政府公务员身份”是指政府采购签约资格人，应该而且也必须代表政府因此纳入政府“官员”系列，确定其是“政府的人”，替政府负责。这样做不仅是合乎情理，也是公共事业发展的保证。只是政府采购资格人所代表的不一定是一个地区政府，而是全国范围内的各级政府，即可以在全国范围内代表政府履行采购职责。

所谓“行业协会管理”，就是这类公务员不像其他公务人员，而是一种特殊的公务人员。其不完全按行政隶属关系管理，而是实行协会式的垂直管理方式。全国建立政府采购管理协会，在省、地级市设立分会。协会与分会之间实行垂直领导。政府采购签约资格的取得、考核、晋升、处罚、淘汰都由协会组织负责。每个取得资格的人，虽然属于公务员系列，但却作为政府采购协会专业资格成员方式管理，这些人也可以相对固定在某省或某地、市协会，但又不能单属某一个地区或行业所有，而是在全国范围内接受不同地区政府采购部门的委托，实行全国流动、竞争执业，以充分发挥其采购方面的才能和优势。

在上述三种管理方式中，在建立执业资格制度的初期，可以采取第一种方式而后应该逐步接近第三种管理方式。原因在于，在第一种管理方式下签约资格人不能流动执业，比较容易受地方行政干预和制约，不容易排除各种阻力公正执法，也不容易形成签约资格人大范围内的竞争，从而不利于提高政府采购质量。而且，没有行业管理不利于行业内部的培训、交流及建立良好的责任追究机制。而第二种方式同样存在问题。目前中介市场发展并不完善，典型的如上市公司中"琼民源""银广夏"事件，而采购师几乎是空白，更谈不上中介采购市场。在此种情况下把数额巨大、影响巨大的政府采购事业委托给中介采购机构去做，显然是不可行的。而第三种管理方式强调对政府采购签约资格人进行统一管理，统一对国家利益、社会公众利益负责，避免不妥的地方行政干预，并能实现竞争执业，因而较适合我国现实情况。

执业资格模式探讨连载之六：执业管理与委托、收益方式*

政府采购者协会属于一种特殊的行业专业协会，由财政部或其他政府部门管理，直接对政府（特别是中央政府）和社会公众负责。可以采取全行业统一管理和调配签约资格人，不同地区之间的政府采购协会不应存在竞争关系，而只使不同的签约资格人之间产生竞争关系。

采购协会的职责与权限大体如下：

（1）起草和统一行业执业资格标准，包括资格技术要求与职业道德规范。（2）负责执业资格考试、考核工作，实行统一的考试与考核标准。（3）注册登记政府采购执业人员执业资格，管理政府采购签约资格人的人事档案支付签约资格人的基本工资。高级签约资格人应由省以上协会管理。低级签约资格人可以由地市一级协会管理。人员在整个协会内部可以调剂使用。政府采购签约资格人人员允许更新，但总数量应有所限制。（4）负责政府采购执业人员的培训、交流执业经验，促进政府采购执业人员提高执业水平。（5）监督和考核政府采购执业人员的执业情况。通过定期考核，决定政府采购执业人员的晋升、处罚、淘汰等事宜。（6）保护政府采购执业人员的正当利益。如果政府采购执业人员在执业中，由于坚持公正执法，受到迫害或者其他不公正待遇，政府采购协会应为其主持公道，通过合法的途径，帮助政府采购执业人员。

---

* 本文原载于《中国财经报》2002 年 6 月 4 日第 007 版理论纵横。

值得说明的是，按以上的管理模式，政府采购协会机构并不影响目前的政府采购行政管理机构和政府采购中心，只是签约资格人既不属采购行政管理机构直接管理，也不属政府采购中心直接管理，政府采购中心有自己的操作人员、验收人员，但没有政府采购主持人员主持政府采购项目、签订政府采购合同，必须到政府采购业协会委托具备签约资格的人进行。这其中的道理很简单，如果签约资格人归属各级政府采购中心，就很难实现流动竞争执业，同时签约人也极易受地区行政领导干预。

执业资格模式探讨连载之七：合同签约资格模式*

——签约资格人执业管理方式

在单一资格模式中，由于笔者比较倾向于第三种管理方式，这里就按被确定为“公务员身份、协会式管理”的第三种管理方式作一种设想。想法是：统一注册、三级管理、权利差别、多级晋升、流动执业、定期考核、数量限制、优胜劣汰。

一是统一注册。政府采购合同签约资格的取得，应该由国家主管政府采购部门考核认定。最好的方法是成立官方的政府采购协会，由政府采购协会统一考试，由各地政府采购协会按照国家的统一标准进行考核，然后统一认定。一旦考试考核合格，就注册登记，并建立相关的档案资料，实行统一管理。

二是三级管理。三级管理的设想，是考虑政府采购协会只设三级，即中央、省、市三级，凡是具有政府采购签约资格的人，一般分属于这三级协会专业执业成员。这三级体制中，实行行业垂直管理，也可以实行行业管理与地方管理相结合，以行业管理为主的方法。三级管理只是为管理方便，而作为签约资格人，其差别不在于受哪一级管理，而在于其执业级别的高低。强调三级管理的原因是县、乡两级特别是县区级政府，可以有自己的采购队伍，但不一定要有签约资格人，需要主持政府采购项目，可以

---

* 本文原载于《中国财经报》2002 年 6 月 11 日。

从上级或其他地区调配。由于县级采购任务相对较小，也可以由地市级政府统一组织采购，这有利于扩大采购规模，降低采购成本。

三是权利差别。以上说明中已提到，合同签约资格制度中，应该实行多级资格制度，即对于采购签约资格人，按其考试成绩、执业能力、执业业绩等因素，分为高低若干等级。而不同级别，所主持的采购的规模和数额不同。级别越高，其所主持的采购项目数额可以越大，反之亦然。同时，级别越高，收入也越高，责任也越大。

四是多级晋升。政府采购合同签约人，实行等级制度的情况下，签约资格人需从低级到高级逐级晋升。晋升的依据是采购水准、工作业绩、职业道德、社会评价，等等。

五是流动执业。政府采购合同签约资格人，可以凭借执业资格、执业水准和信誉，在全国范围内受托于各级政府采购实体主持采购工作，实行流动执业制度。当合同签约人员作为政府采购项目主持人时，也可以根据需要，选一些采购操作人员一起工作。但原则上仍应以委托方的人员为主。以保证委托方人员能够实施相应的监督。流动执业只能是受政府采购机构委托，对于接受非政府采购单位的委托，应有专门的规定。

六是定期考核。对于政府采购合同签约资格人，管理机构应对其执业绩、职业道德、被投诉情况及结果、机构评价及信誉程度等，都要进入档案，定期进行考核。考核的结果是资格等级升降的主要依据。

七是数量限制。所谓数量限制，是指政府合同签约人的数量必须根据政府采购需要在总量上给予数量限制。目的是保证政府合同签约资格人的素质，避免人多而滥，同时避免发生不必要的政府支出。

八是优胜劣汰。政府采购资格获得者，不是终身资格，在定期考核及总量不变的情况下，实行严格的优胜劣汰制度。

执业资格模式探讨连载之八：政府签约资格人的委托与收益方式*

合同签约资格人如果归属各级政府采购中心，即实行以上所说的第一种管理方式，一般只对本级政府负责，只能限于本地执业。只有在特殊情况下才有可能被其他地方邀请委托从事特殊项目采购。此种情况下，除具有特殊资格和责任外，与其他采购人员不会有太大区别。但级别与权限挂钩、多级晋升、定期考核、收益与业绩相联系等，仍是必须实行的管理方式。

如果属于第二种管理方式——纯中介方式，合同签约资格人则不属政府人员。当他接受政府采购委托时是以自身盈利为目的，与其他所有纯中介组织一样，其收益完全与其采购业绩挂钩。如果是第三种管理方式，一方面，政府采购签约资格人归属于政府公务员，代表政府工作。因此，应该有基本的生存、发展的收益保证，获得政府财政发放的基本工资；另一方面，与一般公务员的情况不同，合同签约资格人可以跨地区、跨行业主持政府采购工作。应该使其收入与其执业的水准和业绩直接挂钩，只要其采购能力很强，业绩突出，就应该获得很高的收入回报，特别是应该高于一般公务员，具有市场调节性。只有这样，才能把采购资格人的利益与责任紧密挂钩，保证政府采购签约资格人的工作热情使其把对社会和政府的责任转变为对自己的利益与前景负责。在此种情况下，其收入结算可以有

* 本文原载于《中国财经报》2002 年 6 月 25 日第 007 版理论纵横。

两种方式：一是由所在的政府采购协会与委托单位决定受托费用，然后由所在协会单位，按照签约资格人的业绩发放到签约资格人。二是由政府采购签约资格人自己根据国家规定的费用标准进行。但无论如何，由于签约资格人带有公务员性质，因此，其工作始终不能以盈利为主要目的，否则情况就会发生变化。

在单一资格模式当中，除签约资格人拥有资格要求以外，其他从事采购操作及采购验收的人员没有特定的资格要求。

执业资格模式探讨连载之九：双重资格模式*

所谓双重执业资格模式，是指在政府采购执业中，两种执业必须有特定的执业资格。一方面，按照上面所说的建立合同签约资格模式，以把好合同关。这种资格要求与管理方式，基本与以上所述的单一资格模式要求相同。另一方面，建立政府采购的履约验收资格模式，即凡是从事政府采购合同履约验收的人员，都要求具备特定的验收资格。

我们知道，既然是政府采购，就应该遵循一种完整的采购和管理过程，即从制订采购计划，直到采购结果验收。而在这个过程中，最重要的是把握好两个关口：一是把好合同关。保证签订的采购合同科学合理，符合政府采购的目标；二是把好验收关。如果只签订了合同，而在合同履行方面监察不严格，没有客观可靠的验收，或者不按合同验收，采购依然会出问题。而要保证验收客观公正、技术到位，必须解决好三个问题：一是验收人不应该与合同签约人是同一个人，也就是说，合同签约资格人不宜再主持验收。因为这样容易出现合同规定与履约不一致的漏洞。二是验收人必须是技术方面的专家。验收人必须懂得工程或商品、服务的性能，懂得技术监督方面的专门知识，不能随便找人就可以验收，对于重大工程项目而言，不能找一个不能长久负责的人验收。三是验收人必须是客观公正的人，必须承担验收的责任，而且这种责任应该同样是明确无误的，是无

---

* 本文原载于《中国财经报》2002 年 7 月 16 日第 007 版理论纵横。

限的、终身的。正是基于此，笔者设想在合同签约资格模式之外建立一种验收资格制度，即凡是从事政府采购验收的人，应该通过考试和考核的方式，取得验收资格，任何不具备验收资格的人，其主持的验收均属无效。

验收资格制度的主要特征如下。

一是验收资格人的技术要求与知识结构。基本同于第一个大问题中的资格要求，但重点偏重于验收方面的知识，特别是质量、技术监督的知识。同时，由于验收要求的技术水准较高，应该根据情况划分验收的技术类别，比如某类工程验收、某类货物验收等。

二是验收资格人的职责与权限。验收资格人可以参与政府采购操作活动，但不能同合同签约资格人一样主持政府采购项目。其主要的职责独立从事验收工作，负责政府采购合同的履约与验收，监督供应商执行合同，从以下几个方面发现履约中的问题：验收政府采购的程序、方式、过程是否符合政府采购的各项法律法规；注意政府采购合同是否有问题和漏洞；验收合同履约情况，是否按时、按质、按量、按约定的服务完成了合同的规定；追缴未兑现的工程项目和货物。特别加强对工程项目和高技术类采购项目的监督与验收。最后在验收文件上签字。

此外，验收资格也应该设立高低多个级别。不同级别行使的验收职责权限也不相同，收益也有所区别。

三是验收资格人的责任。验收资格人对其所进行的验收与监督独立承担法律责任。对于工程及较大项目的验收，应该承担无限、终身责任。但验收资格人只对验收负责，不对合同签约过程中出现的问题负责。

四是验收资格人资格管理。验收资格人的资格由政府采购协会（如果成立这样的协会的话）统一考试与考核，合格后统一认证与注册登记，在业务上接受协会的培训与指导。但是，验收人员仍应是各级政府采购中心人员，不归协会统一管理，对本级政府采购的验收结果负责，一般不流动执业。工资及报酬都由各级政府采购中心支付，工资收入高低与其工作业绩、其所承担的责任挂钩。由此也可以看出，验收资格人与合同签约资格人的管理方式有所不同。

五是验收资格人的责任追究与处罚。验收资格人责任十分重大，特别是对于工程类项目，务必要为政府和社会公众负责。如果验收人员不负责任，对供应商在履约中的问题视而不见，或者看出来而不加以制止，或者串通一气，收受贿赂，隐瞒不报，其对国家和社会造成的损失可能是十分巨大的。也正是因为关系重大，笔者认为应该建立专门的采购验收队伍，并将一切不负责、违规、违法行为的责任落实到个人，给予严厉的处罚。这种处罚同样包括三个方面：政府采购协会组织对其执业资格进行审查，做出不良执业记录、降级或取消执业资格，政府采购管理部门的行政处罚，司法部门的司法追究等。

双重资格模式的重点是把好政府采购中的合同关和验收关。其中，政府采购合同签约人主要负责签订科学、合理、公开、公正的政府采购合同，签约资格人可以在政府采购协会的统一管理下，全国范围内流动执业，而验收资格人则主要为本级政府的采购负责把关，归属本级政府采购执行机构管理。

执业资格模式探讨连载之十：三重资格模式[*]

所谓三重资格模式，就是除签订采购合同、验收签字必须具备执业资格以外，其他从事政府采购管理（设想为省以下政府采购管理人员）和一般操作人员，也要通过资格认定，取得从业资格，这里暂且可以称作政府采购从业资格。但是政府采购从业资格的要求，比前两者相对较低。

提出第三种执业资格的原因在于，政府采购是一种专业性、技术性、法规性很强的工作，同时，事关社会各个方面的利益。因此，虽然不要求所有从业人员都是采购专家，也不要人人都能主持政府采购项目，但作为政府采购从业人员，必须具备从事政府采购工作所要求的基本知识和技术，并通过职业道德考核。以政府采购管理人员而言，虽然是走政府公务员系列，但因其肩负着管理和监督政府采购活动、调解和仲裁政府采购纠纷、处罚政府采购过程中违规单位和个人的重任，因此，应该有更高的专业知识和技术、更高的鉴别能力、更强的责任感和更高的道德素质要求。按照“内行管理、不要外行指挥”的原则，对政府采购管理人员提出执业资格的要求，也是合乎情理的。

在三重资格模式中，合同签约资格及验收资格的要求与管理，基本上同于“双重资格模式”。这里重点说明第三种资格——政府采购从业人员资格及其管理。

---

* 本文原载于《中国财经报》2002 年 7 月 23 日第 007 版理论纵横。

政府采购从业资格要求基本同于前面所述的资格要求，但其要求低于签约资格与验收资格要求。管理人员资格要求偏重于政府采购管理方面知识与道德要求，而政府采购操作、执行方面则更注重采购实施方面的技术与道德要求。

资格认证考试可由政府采购协会统一进行，也可以由各省相关部门进行。成绩合格以后，省以上相关部门根据全国统一的标准进行考核，进行资格认定。选拔从事政府采购从业人员的原则是：通过了政府采购从业资格认定的人，不一定就能从事政府采购管理或操作工作；但是，要想从事政府采购管理或者操作工作，就必须通过资格认定。

政府采购从业资格与目前我国现成的基本政府采购机构框架相近，从事政府采购管理工作的人，属政府公务员系列，而从事政府采购操作执行的人，仍属于事业单位公务员管理，但其业务上应接受政府采购协会的指导。

按照初步设想，政府采购从业人员资格，可以不搞多级晋升制，也不能大范围流动执业（人事关系调动例外），但同样应该搞定期技术与职业道德考核，优胜劣汰。对于续考不合格的，可以取消其从事政府采购工作的资格。

第三种模式的特点是三种资格并存，重点突出前两者的专业资格和责任要求。同时，要求所有从事政府采购管理与操作执行的人员都具备政府采购的知识与技能，具有良好的职业道德。

总之，以上所述三种资格模式只是一种构想，这种构想是否合适，还有待大家讨论和研究。同样地，究竟哪一种模式适合我国国情，也是有待研究的课题。

执业资格模式探讨连载之十一：五大作用机制确保良性循环*

建立政府采购执业资格制度，对于政府采购这种事关社会公共利益的大事而言，具有十分重大的意义，具体体现在其所形成的五大作用机制方面。通过这五大作用机制，使政府采购工作能够在发展中不断优化，步入良性循环的轨道。

第一，建立优良政府采购队伍的形成机制。我国政府采购事业处于起步阶段，建立一支熟悉商品性能、善于市场分析、精通采购技术、具备职业道德的采购队伍，是关系政府采购事业成败的关键。而要形成一支优良队伍，最好的办法无疑是通过科学设计的考核方式，将获取执业资格作为一种准入的机制；避免把采购当作简单的购物，什么人都可以从事政府采购工作；避免部分地区把政府采购部门当成机构改革安置人员的安置点。同时，实行统一规范的考试机制，也能激励所有愿意从事政府采购工作的人，为通过考试而系统地去学习，这个过程，本身也是提高和进步的过程。显然，这样的准入机制，是形成高水平、高素质采购队伍的重要保证。

第二，统一规范机制。近几年来，我国政府采购制度建设处于探索阶段，很多规定和做法都还不规范、不统一，各个地方政府也发挥了相当的创造性，使地区之间政府采购的法规、制度、操作方式与方法存在较大的

* 本文原载于《中国财经报》2002 年 7 月 30 日第 007 版理论纵横。

差异，这种情况不利于政府采购事业的发展。建立政府采购执业资格制度，全国统一考试和考核，就能最大限度地统一执业标准，使政府采购制度及操作方法更加科学与规范。

第三，建立严格规范的责任追究机制。要使政府采购事业不断优化，必须建立一套完整的责任明确机制和责任追究机制。实行执业资格制度，就能形成最好的执业人员责任机制。通过资格的方式，把过去抽象的机构负责、单位负责、集体负责直接落实到拥有资格的个人身上，包括采购经办、合同签约、合同验收、监督管理四个主要方面的责任。每个方面都由具有专门执业资格的人员进行，形成分工明确、权利规范、权利与责任相统一，责任与个人前途相联系的特定机制。避免集体决策、集体负责、出了问题无人负责的情况。

第四，形成了特定的监督机制。在执业资格的构想中，有三种资格模式，每一种都包含着特定的监督机制。以第一种资格模式合同签约资格模式为例，在此种体制下，政府采购中心的采购必须委托具有合同签约资格的人主持，在此，采购人和采购中心对签约资格人形成了第一监督；其他与政府采购相关的人员，比如一般采购操作人、供应商、评委、验收人等，对签约人的行为也可以进行监督，以此形成第二监督；而合同签约资格人必须对合同的签订负责。在此，签约人可以对参与采购工作的其他人进行监督，如果发现有关操作不规范，或发现评委评标有问题，发现有人企图进行权利干预，签约人可以提出纠正，并拒绝签约；总之，各方都能发挥作用，形成一种特定的监督机制。

第五，形成有效同行竞争机制。没有竞争的事业，就是没有活力、没有前途的事业。政府采购执业资格制度中，对资格人实行多级晋升、利益挂钩、优胜劣汰的管理方式，必然导致从业人员之间形成展开激烈的竞争，只要引导规范，这种竞争必然激发采购人员的活力，激发他们的从业热情，增强他们执业的责任感，最后是政府采购质量和效率的提高，是政府采购工作的不断优化。

特别值得一提的是，政府采购资格人同业之间的竞争，尤其是签约资格人、验收资格人之间的竞争，对于解决目前我国各地政府采购中心单一作业方面出现的一系列问题有着巨大的、不可替代的作用。由于各地区一般都只有一个地方政府采购中心，政府采购中心的工作业绩如何？没有竞争和比较，很难进行评价。更重要的问题还在于，由于只有一家，即使工作做得不好，也只有委托这一家来采购，客观上形成了一种地区采购垄断，极不利于政府采购水平的提高。而实行签约资格制度、验收资格制度，使采购竞争变成了资格人之间的竞争不限于一种采购机构，而是有几个甚至几十个签约、验收资格人，不同人主持的采购或验收，水准或质量差别就非常明显地显现出来，只有执业水准高的人，才有执业市场，这种竞争完全解决了上述的不足，其意义不容小觑。

鉴于我国政府采购工作才刚刚起步，政府采购资格制度一步到位，显然是不可能的事，因此，应根据实际情况，分步进行，与时俱进。由于各级政府采购部门大多在组建和扩充阶段，选拔合格的政府采购从业人员是当务之急。因此，在近两年内，首先考虑政府采购从业人员资格制度，即从事政府采购管理（省以下）和操作人员资格认证，而这其中又应该分情况进行。一方面，对于近几年已经从事政府采购管理和操作的人员，由于他们已经取得了一定的工作经验，一些人为政府采购事业作出了贡献，因此应以培训为主，通过全国统一或地区的培训，成绩合格者，就可以确认其政府采购从业资格。另一方面，对于新进入政府采购人员，则需要进行全国或地区范围内的统一考试和考核，只有考试合格者，才有机会进行政府采购从业行列。

在政府采购从业资格制度初步建立之后，在三到五年时间，逐步推进和完善政府采购签约资格制度与验收资格制度。最终形成一套分工明确、责任清晰、相互监督、竞争激励的政府采购执业机制，形成一支业务过硬、素质精良、执业规范的政府采购队伍。

推进从业人员职业化进程*

尽快建立和完善政府采购培训制度，建立政府采购岗位责任制度和执业资格制度，对于提高我国政府采购质量和效率、实现政府采购科学化和规范化是十分紧迫的任务。

政府采购是一项十分复杂的系统工程。政府采购什么、采购多少、如何采购等，不仅涉及采购人、采购机构、供应商和社会公众等多方面的利益关系，而且涉及复杂的法律制度、政策精神与内容、广泛的商品知识和复杂的采购技术知识。因此，要实现政府采购的多种目标及采购科学化，除建立完善的法律制度以外，还离不开精通采购技术、熟悉采购法律制度、具有较高职业水准和职业道德的管理人员和执行人员，更离不开良好的政府采购从业队伍的形成、晋升、淘汰机制及与之相对应的制度。

一、人员总体素质仍有待提高

我国政府采购制度建设基本上处于初期阶段。10 多年来，政府采购管理和操作人员从无到有，初步形成了一支有一定理论基础和执业经验的从业人员队伍。正是这支队伍担负着政府采购管理与操作的重任，为政府采购事业发展发挥了重要作用。

但我们也要看到，政府采购队伍从业人员基本上属于半路出家，从一

* 本文原载于《中国财经报》2009 年 8 月 26 日第 003 版。

开始就缺少专门学习和训练。虽然《政府采购法》明确规定集中采购机构人员应当具有相关职业素质和专业技能，符合监督管理部门规定的专业岗位任职要求，但到目前为止，系统的培训和考核制度并未真正建立，培训主体与培训内容都没有明确，更没有形成有效的政府采购执业岗位制度，仍然存在政府采购管理和操作职业化水平不高、管理和操作人员总体素质仍有待提高的问题。

显然，目前这种状况与政府采购的重要职责以及对高素质采购人才要求存在很大的差距。长此下去必然会影响政府采购事业的健康发展。因此，尽快建立和完善政府采购培训制度，建立政府采购岗位责任制度和执业资格制度，对于提高我国政府采购质量和效率、实现政府采购科学化和规范化是十分紧迫的任务。

二、建立执业资格制度

第一，建立全面系统的政府采购人员培训制度。建立系统的培训制度的内容包括：明确培训主体、培训任务、培训对象和培训内容，形成定期培训、定期考核、优胜劣汰的培训制度体系。

在培训对象和内容方面，一是要加强对政府采购管理人员的培训。政府采购管理包括预算管理、信息管理、审批管理、采购程序与方式管理、采购过程管理、投诉管理等多方面的专业性内容。只有提高采购监督管理理论水平和管理能力，政府采购实现管理和操作规范才能成为可能；二是要加强采购操作人员的培训。采购操作实施人员需要通过培训掌握政府采购法律制度、政策精神、采购技术等操作实务性内容；三是要加强评审专家的培训。采购评审专家直接影响政府采购结果，但大多数评审专家都是兼职，对于采购技术、法律制度、政策要求等并不完全了解。只有对评审专家加强培训，才能把握好评审的原则和尺度。此外，采购人和供应商同样需要进行培训。采购人需要通过培训熟悉政府采购法律制度、商品知识、预算编制技术等。供应商需要通过培训掌握政府采购的法律要求、程序与方式。

第二，建立政府采购岗位责任和执业资格制度。按照政府采购管理与操作专业化的要求，建立一支理论基础扎实、操作业务熟练、职业道德优良的政府采购管理和操作队伍，还必须建立政府采购执业资格制度，这才能真正有利于推进政府采购职业化。通过建立岗位责任和执业资格的方式，形成特定的职业规范化机制。

一是通过执业资格制度可以形成从业人员准入机制。具体通过科学的考试设计，只有通过国家统一考试和道德素质资格审查的人员才能从事政府采购管理和操作工作。准入机制可以确保进入政府采购队伍的人员具备良好的业务水平和执业道德水准。

二是通过执业资格要求，形成统一规范机制。建立执业资格制度，实行全国统一考试和考核，能够最大限度统一管理与操作标准，避免目前普遍存在的因管理和操作不规范和不统一造成的问题。

三是通过执业资格要求，形成同行竞争机制。在推行执业资格制度中，对采购人员实行多级晋升、利益挂钩、优胜劣汰的管理方式，促进从业人员之间展开竞争。通过竞争激发采购人员的活力，激发学习和从业热情，增强执业责任感。

第三，建立政府采购专业协会管理制度。政府采购行业的特殊性还在于：一方面，政府采购作为以政府为主体的公共采购，需要政府行政管理；另一方面，由于从事政府采购具体操作的机构和人员是非行政人员，有些是社会中介组织人员，许多与政府采购直接相关的技术培训、道德伦理、行业规范与行业自律问题并不宜或不便直接进行行政管理和干预。因此，除法律制度要求必须进行行政管理和监督的情况外，在很多情况下，政府采购应该依靠行业管理和规范来完成。即建立政府采购专门的行业协会，实行行业协会式管理，履行包括制定行业执业规范，进行行业宣传、行业培训，实施行业维权和行业交流等行业性管理职责。

政府协议供货采购方式（框架协议）的特点与作用*

（系列之一）

协议供货采购是采购方依据特定的方式，与供应商一次签约、多次供货的采购方式。其基本前提是以信用和合同为基础，采购、销售双方达成采购和供货的协议，然后按照规定的条件，在一定期限内，长期多次供货。实际上，以协议的方式确定供应商按照协议进行供货，原本普遍地存在于企业采购之中。企业对于一些燃料、原材料长期、大批量的采购，不可能每次采购都进行谈判或者讨价还价，也不可能不断更换供应商，更不能完全准确地预测何时需要、需要多少。因此，只能签订一定期限内定期、不定期（不定供应时间）、不定量供应合同。这种合同又被称为框架合同（framework agreement）、总括合同（blanket contracts）或持续性合同（standing orders）。

由于政府采购同样存在部分产品功能相对固定、每次批量有限但反复多次需要的产品与服务。因此，在政府公共采购中，协议采购方式也被广泛使用。特别是近10年来，协议供货方式使用更为普遍，只不过名称和叫

* 本文原载于《中国政府采购》杂志2021年第3期。政府协议供货采购方式，在联合国贸易法委员会的《货物工程服务采购示范法》中的名称是框架协议采购，我国当初普遍称协议供货。本文是作者2009年所做的协议供货采购研究的课题，2021年由《中国政府采购》杂志分三次发表，发表时对原课题内容有较大删减，这里作为系列录入文集。时过境迁，课题结题已经十几年过去，有些内容也许不完全符合现实情况。但笔者认为，文中探讨的不少问题，在当下对框架协议制度的建立和操作完善仍具有意义。

法有所不同。比如，美国协议采购方式通常被称为任务单和交货单合同，或者称为多项授标不定期交付、不定量供应合同，或者是较普遍的总括合同。2004 年，欧洲联盟采购指令则明确这一概念为“框架协议”采购方式。在一些包括联合王国和实行英国法律制度的非洲和亚洲国家中，也使用“框架协议”这一术语。2004 年联合国贸易法委员会提出的对《贸易法委员会货物、工程、服务采购示范法》（以下简称《示范法》）进行增订和修改的提案中，决定对于协议采购方式进行系统的总结和归纳，并增订到《示范法》中。但是，对协议采购方式确定一个什么样的名称则有不同的认识和看法。在众多的候选名称中，最终还是选择了“框架协议”的术语。

我国政府采购采用协议供货的方式起源于政府采购面临的实际矛盾和问题，首先由中央机构试行并实施，一开始名称就定义为“协议供货”方式。不仅如此，我国协议供货采购方式是一种典型的创新模式。因为，我国《政府采购法》规定了五种政府采购法定方式，其中并没有协议供货的方式。但有一款内容规定，也可以采取“国务院政府采购监督管理部门认定的其他方式”。到目前为止，协议供货采购方式已经成为中央国家机关采购中心、中央中直机关政府采购中心以及我国各级政府采购普遍使用的方式。

一、协议供货方式的特点

协议供货方式是采用框架协议方式采购的总称，在具体操作中还有各种不同的类型与模式。就我国各级政府采购采用的协议供货方式看，核心内容是通过协议方式，授予签订协议的供应商供货的权利和资格，即在特定时期内，协议供应商有资格向政府采购人提供其产品或服务。归纳起来，协议供货方式主要有以下几个明显的特征。

（一）定货不定量

所谓“定货”，是指采购方首先确定采购标的物，即政府采购人需要的货物、工程、服务的项目与品目。由于协议供货方式的特殊限定性，协议供货方式通常需要选择适合的采购标的物。所谓“不定量”，是在授予供货权利和资格时，只确定资格，不承诺采购方的实际采购数量。

（二）定“折”不定价

所谓“不定价”，是因为协议供货方式只是授予供应商一定时期内的供货资格，而不确定供货的数量和具体的供货时间，在市场产品或服务价格瞬息万变的情况下，供货协议不可能规定确定的价格。为此，在供货授权协议中，通常采取规定以正式供货时的市场价格为基准，确定固定价格折扣比率的方式，即采取“定折”的方式。

（三）定期不定时

所谓“定期”，是指确定授予供应商供货资格的期限。政府采取协议供货方式，必须有一个确定的限定期限，即在一定时期内，形成的有效合同和协议。政府采购协议期限的长短，涉及采购成本和效果、采购选择的范围、供应商公平、平等竞争等多方面的问题。一般情况下，当约定的授权供应合同时间结束时，政府采购机构必须通过公开的方式，重新选择和授权供应商供货资格。所谓“不定时”，是指虽然确定在一定时期内供应商有供货的权利，但采购方并不确定在什么时间向供应商实施采购，甚至虽然获得了供货权，但最终并没有采购人实施采购。

（四）“入围”再选择

所谓“入围”，是指供应商获得了供货资格，通过竞争方式进入了被授予供货的范围。“再选择”是指采购方发生采购时，再在入围的供应商中进行二次选择。

政府协议供货采购方式，在完善政府采购程度与方式中，具有独特的、不可替代的作用。

政府采购科学化的最重要内容之一，就是采购程序与采购方式的科学化。在我国《政府采购法》中，具体指定了五种政府采购方式，即公开招标采购、邀请招标采购、竞争性谈判采购、询价采购、单一来源采购。由于在《政府采购法》颁布时协议供货方式并没有形成相对完整的体系，加上在授予供应商协议过程中，可能同时又使用招标、谈判等采购程序和方式，供货协议有时只被看成是一种特定的合同方式，或者特定的合同内容或合同授予方式。因此，《政府采购法》并没有直接将协议供货方式纳入法定的方式。但是《政府采购法》明确规定，除法律规定的方式以外，政府采购还可以采取国务院政府采购监督管理部门规定的其他方式。实际上，协议供货方式的应用，正是在我国政府采购实施过程中出现特殊需要的背景下产生的。

从《政府采购法》规定的五种基本方式看，基本上各有优势和特点。招标方式具有节省率大、透明度高、利于防止腐败、促进商业公正和平等竞争等特点。但主要限于政府采购数额较大的项目，且具有招标周期长、招标成本相对较高等问题；竞争性谈判采购同样是政府采购的常用形式，具有通过谈判进行沟通、更能了解买卖双方的需要、不过多地受采购周期和时间的限制、保持较强的竞争性等优势。但是，竞争性谈判采购同样要求采购具有一定规模和数量，需要制订谈判文件、进行具体谈判等，不仅需要一定的准备和采购时间，同样也会产生一定的采购成本；询价采购比较适合小额采购，也具有较强的灵活性，但不利于产生规模效益，对于本来可能是大规模需求却只能分散为多次采购的项目，会造成不产生规模效益，反而产生很大工作量等问题；单一来源采购方式限定了来源唯一性的条件，因此，并不适合大多数产品和服务的采购。

一般情况下，我国政府采购主要采用公开招标方式，通过公开竞争方式一次性授予供应商合同，一次性获得政府部门需要的产品与服务。对于另一些方面的采购，经常采用谈判或询价方式。但是，我国政府采购采取了特殊的规范方式。一方面，采购人是真实的采购主体，政府采购什么、采购多少等主要由采购人自己决定。不仅如此，采购人需要采购时，也由采购人自己委托，采购机构只是被委托执行采购事宜；另一方面，我国《政府采购法》对于进入政府采购管理范围的产品与服务的特殊规范方式，是采取政府集中采购目录制。集中采购目录制的特点是由省以上政府采购监督管理机构编制政府集中采购的产品与服务目录，纳入集中采购目录的产品与服务由集中采购机构采购。

需要说明的是，集中采购目录的特点是重视必须集中采购的产品和服务种类，而不是每次采购的数量与规模。对于诸如电脑、汽车、办公用品、会议服务等产品与服务而言，纳入集中采购目录意味着需要集中采购，但因为基本上都由分散的采购人分散式地提出采购要求，加上不同时间有不同方面的需要，由此经常产生的现象是：目录是集中的，但采购是分散的。于是形成了一种特殊情况，集中采购的采购任务大、采购活动频繁，但大多数采购难成规模。

以上情况往往形成以下困局：金额偏小不适合招标和谈判等采购方式，比如需要几台电脑，很难适用招标采购等方式；等待积累规模集中招标或谈判采购，往往又存在时间与效率方面的问题，即不能迅速满足采购人的需求；采购数量与规模不足，必然失去采购方的集中与价格优势；集中采购机构采购任务过重和频率过高，导致采购人力不足和采购活动成本增加。此外，分散的需求与采购对于供应商也缺乏吸引力，从而大大减少采购的竞争性，影响采购效果。正是由于集中采购的目录特征与采购人的分散需求，使政府采购在时间、效率、成本等方面面临很多困难的选择。

二、作用

我国协议供货采购方式正是在采购方有很多困难的背景下产生并获得发展的，即针对以上困局，选择了一次性招标或谈判，一次性签约，按照供应商的承诺授予供应商供货权利和资格的方式。从理论上看，协议供货的方式可能产生以下几个方面的作用和便利。

（一）需求保障与供应安全

需求保障是指采购方满足需要的保障，包括及时供应、质量、服务和价格保障。需求保障在政府采购中具有重要的地位，也是可能面临的重要的采购风险。特别是资源性产品，特殊时期出现特殊需要的产品等，可能出现需求不能及时保障的问题。比如煤、电、油、天然气及紧急状态下产生的特殊需求等。由于供货协议是通过供应商之间的竞争方式签订，供应商的资格经过集中采购机构审查，对于其信誉、专业技术能力、产出能力、供应能力及财务状况等都进行审查和比较，确认其供应能力及供应承诺。因此，采购人按照协议采购，基本具有需求和供应安全保障。

（二）集中采购与分散供货

在授予供应商合同时，采取集中统一招标或谈判方式，但在实际需要时，可以在不同时间向不同供应商获得不同的产品与服务。因此，具有典型的集中与分散相结合的特点。

（三）规模效益与及时效率

集中签订供货协议能在一定程度上保证需求的总体规模，即在一定时期内可能产生一定数量的需求（但是实际上并不是确定的），从而获得供应商的优惠承诺，产生规模效益。与此同时，又能满足采购人的及时需要，采购人发生需求时，按照协议规定的方式、优惠等条件及时采购，保障采购效率。

（四）基本框定与适度选择

在协议供货方式中，采购机构在众多的供应商中选择部分供应商作为具有供货资格的供应商，而不是全部或者任意的供应商，使一定时期内供货商基本框定。采购人可以在框定的供应商中，在商品性能、配套使用、价格优势、运输方便等方面具有相对灵活的选择权。这样既能保障相对优惠、集中管理监督，又能兼顾采购人相对灵活的需求满足。

（五）一地采购与异地共享

对于一个系统或行业而言，可以由总部一个地方与供应商签订供货协议，同一系统的其他分支系统可以在全国不同的地方按照协议进行采购。

（六）原则固定与方式灵活

协议签订的原则和总体要求是相对固定的，例如争取更优惠的价格、更高的采购质量和效果等。但是，具体采取的方式可以多种多样，包括单一供应商制、多供应商制、开放式协议供货方式、封闭性协议供货方式等。

（七）采购节省与商家便利

所谓采购节省是指采购方通过一次性协议的方式，避免经常性的招标、谈判、询价等，可以节省采购成本。而对于供应商而言，避免经常性的投标、谈判和报价，不仅同样节省了销售活动成本，同时也变得更加便利。

（八）公开透明与监管方便

目前的协议供货方式往往与互联网等电子信息手段配套。协议供货商确定之后，采购方将供应方的情况及其产品、价格等各种因素在采购网上公布，增加公开性和透明度。网上公开有利于采购人、采购机构以及政府采购监督管理机构、社会公众等对供应商产品与服务供应的质量、价格等因素进行广泛监督。

但是，与其他采购方式总会存在局限性一样，协议供货采购方式也不可能十全十美。比如，协议期限如果过长，可能在执行中排斥未入围的潜在供应商；可能发生采购方重视协议授予过程，轻视协议执行过程，放松对协议执行过程中各种问题的控制和处罚；供应商可能在实际供货过程中抬高价格，甚至相互串通，控制价格；采购人可能在协议入围供应商内，进行二次选择时，向供应商提出某些额外的不合理甚至是不正当的要求。

此外，协议供货方式对于中小企业的进入通常并不便利。因为通常情况下，协议供货方式要求供应稳定、维修与服务方便（网点方面有不少要求）、要求企业创造性和创新性强、价格有竞争力等。在这种情况下，采购方最后基本都选择实力强的大型供应商，使中小企业很容易失去协议供应机会。

所以，协议供货采购方式虽然具有许多优势特征，是一种很有特点的采购方式，但如果不能科学使用，也会出现负面作用，甚至完全背离政府采购的初衷。正是因为如此，才需要对协议供货采购方式进行深入的探讨和研究。实际上，如何科学使用协议供货（框架协议）方式，已经是世界各国实现政府采购科学化普遍面临的重要课题。

对政府协议供货（框架协议）实践基本情况的调查与反馈*

（系列之二）

一、某采购机构政府协议供货采购的基本情况

某采购机构自某年下半年开展协议供货，一年两期，在该采购机构的采购任务中，相当数量是通过协议供货采购方式完成的。

该协议供货的主要做法包括确定实行协议供货采购的项目与内容、发布该采购机构协议供货采购公告、组织对供应商资格与供货条件的评议，根据资格评审及供货条件的评审，确定签订定期向采购人提供销售机会的供应商，并签订定期供货协议。在协议签订后，采购机构向采购人单位公布政府采购协议供应商的条件和名单，采购人在发生协议供应项目方面的需求时，可以在已经签订供货协议的供应商中，按照协议条件选择采购。其中，供货协议的内容主要包括供货的项目（品目）、时间和期限、供货的价格、交货期及价格条件等。

从政府采购机构协议供货采购方式实施多期的情况看，协议供货采购的确有其特殊的效果，包括采购时效性高、采购人为满足需求有了更多的选择、采购价格及采购的实际效果相对透明，基本上既能符合政府采购法律制度的要求，又能较好地满足采购人的采购需要。但是，实践也证明，

* 本文原载于《中国政府采购》杂志 2021 年第 4 期。

目前的协议供货采购方式存在不少实际问题。例如，采购人分散零星采购既导致采购情况不容掌握，又使政府集中采购优势相对缺损，采购人按协议选择供应商时，有时会出现品牌偏好，甚至可以与供应商之间形成不正当的协作关系。特别是对于供应商而言，经常会出现强势供应商因获得过高订单而不在意政府采购的机会，而较弱势的供应商因政府采购订单过少而缺乏积极性等问题，导致供应商之间竞争动能不够等问题。而在各种问题之中，最集中和最突出的表现是采购价格难以控制，而且，由于采购价格问题，导致采购人及社会大众对于协议供货采购方式存在疑虑和缺乏信心，甚至影响政府采购的信誉。

为了对政府协议供货采购方式进行比较全面的了解，本课题开题之初，就对采购机构协议供货方式进行了调查分析。

二、关于某采购机构协议供货问卷调查反馈的情况报告

此次调查共发放问卷160份，回收有效问卷114份，回收率71%。回收问卷中大部分填写完整，但也有个别问卷中部分问题没有回答或回答不是很贴合题意。在114名受访者中，行政部门的工作人员占63%，资产部门的人员占17%，财务部门的人员占15%，信息部门的人员占5%。114名受访者中，约有87%经办过政府采购事务。现将问卷汇总情况简要汇报如下。

（一）采购人比较重视协议供货采购方式

经过统计分析我们发现，93名受访者中有80人认为本单位各类采购中，通过协议供货方式进行的采购占总量的50%以上，其中有45人认为占本单位采购总量的90%以上。由此可见，受访者普遍认为协议供货采购方式在各单位政府采购活动中具有很重要的地位，做好协议供货采购工作，对于完善政府采购体制机制、提高政府采购的质量和效率具有重要的

实践意义。但是由于此次培训班主要邀请的是各单位负责货物类政府采购工作的领导和工作人员，他们可能对工程和服务类政府采购工作了解不是很深，所以在客观上导致了统计结果偏高。

（二）采购人采购时集中在少数品牌

在被问及是否集中在少数比较熟识的供应商处采购时，有将近半数的受访者认为本单位一般主要集中在少数供应商处采购。在回答“采购人采购电脑时通常选择的品牌（多选题）”这一问题时，66%的受访者，也就是114人中竟有75人选择了联想电脑，占到了所有选择次数的58%。由此可见，受访者普遍认为本单位在不同程度上存在集中在少数供应商处采购和倾向联想、Think Centre等少数品牌的现象。虽然实际情况和调查结果有些许出入，但是联想品牌无论是受访者的主观印象还是实际成交结果都稳坐某采购机构电脑协议供货的头把交椅（参见表1）。

表1　采购人采购电脑时品牌选择情况　单位：人次

品牌	联想	方正	Think Centre（IBM）	惠普	戴尔	清华同方	华硕	宏基	海尔
选择	75	9	22	8	5	7	1	1	1

（三）采购人一般比较注重产品的品牌和质量

在问及采购人选择产品，通常优先选择考虑哪些因素时，受访者集中选择了“品牌形象”和“质量优劣”。而“价格优势”并非采购人考虑的最主要因素。只有5份问卷选择了价格优势为第一考虑的因素，仅占81份有效问卷的6%左右。从表2的分析我们可以看出，采购人最不关注的因素是“情感因素”，为46份选卷，即受访者认为采购人不受供应商公关和情感因素影响的可能性最大（参见表2）。

表 2　　采购人采购时优先考虑的因素详细情况　　单位：人次

排序	品牌形象	供应商实力	质量优劣	价格优势	服务好坏	政策因素	情感因素	使用习惯	供应商诚信度
1	35	2	34	5	2	2			4
2	11	10	17	25	7	4		3	6
3	10	7	18	18	17	6	1	1	6
4	6	14	4	16	17	5	2	4	13
5	8	13	3	9	13	2	1	9	17
6	2	12	4	4	16	14	2	3	13
7	6	9	1	2	5	16	2	17	10
8	1	2	—	2	3	13	15	27	6
9	1	4	1	—	1	7	46	7	1

（四）采购人认为购买方便是协议供货最突出的优势

在回答“与单个项目公开招标、邀请招标、竞争性谈判和询价采购相比，协议供货方式具有哪些优点”这一问题时，课题组设置了“购买方面、服务周到、供应商责任心更强、价格合理”等 4 项内容。85 位受访者按照最高分 10 分进行了打分，课题组对打分情况进行了汇总，在此基础上依次得出的平均分为：1. “购买方便”为 8.22 分；2. “服务周到”为 7.65 分；3. “供应商责任心更强”为 7.57 分；4. “价格合理化”为 7.42 分。由此可见，采购人普遍认为协议供货采购最重要的特点是采购方便，价格合理排在了最后，可见价格并不被认为是协议供货最为突出的优势。

（五）采购人对产品质量、服务态度满意程度最高

大约有 109 位受访者回答了“协议供货中的供货进度、产品质量、服务态度、产品价格和保修承诺等五个方面的满意程度”一题。调查结果显示，采购人对采购产品质量最为满意，其中“很满意”和“较满意”两项之和达到了 91%。排在第二位的是供应商的服务态度，再次是保修承诺和

供货进度。相对而言，采购人对协议供货的采购价格满意度最低，选择“很满意”和“较满意”的只有50%，有大约9%的受访者选择了“不太满意”甚至“很不满意”（参见表3）。

表3　　满意程度调查结果汇总　　单位：人次

调查项目	很满意	较满意	一般	不太满意	很不满意
供货进度	18	67	20	4	
产品质量	28	72	8	1	
服务态度	36	61	12		
产品价格	10	44	45	9	1
保修承诺	24	64	20	1	

（六）与自由采购相比，采购人认为协议供货价格偏高

为了更进一步了解价格情况，问卷希望采购人比较一下协议供货价格与市场上一般自由采购价格的高低情况。在受访者中，有40位受访者认为协议供货的价格比一般自由采购的价格高，占总体受访者的35.1%；有23位受访者认为协议供货的价格比一般自由采购的价格低，占总体受访者的20.2%；其余有52位受访者则认为差不多，占总体受访者的44.7%。认为“价格偏高”的比认为“价格偏低”的受访者多出了15%。调查表明部分采购人认为协议供货还是存在价格偏高的问题。

（七）采购人最反感供应商虚报价格、产品与服务质量欠缺等问题

为了解采购人对供应商不当行为的评价，问卷就“采购人不喜欢的供应商行为”进行了调查。在最不喜欢的供应商行为选项中，共设计了五项内容，包括供货商虚报价格、产品质量或性能方面有欠缺、服务质量差、公关因素太明显、供货商只注重短期效益等，该问题共有91份有效问卷。表4是问卷的具体统计情况，“虚报价格”成为采购人最不喜欢的供应商

行为，采购人对供应商“产品质量或性能方面欠缺”次之，两项相加为72人，占全部选择的78%（参见表4）。

表4　　采购人最不喜欢的供应商行为排序选择情况汇总　　单位：人次

排序	虚报价格	产品质量或性能方面欠缺	服务质量差	公关因素太明显	只注重短期利益
1	18	33	12	6	3
2	28	28	25	10	9
3	36	13	39	9	9
4	10	9	12	37	20
5	24	8	2	25	43

相对而言，选择“公关因素太明显”和“只注重短期利益”等行为的受访者较少，说明受访者认为供应商在这两方面的问题不是很突出（参见图1）。

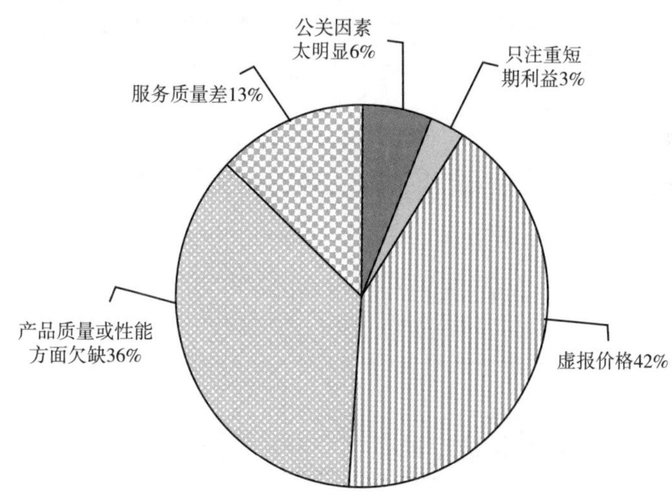

图1　采购人最不喜欢的供应商行为

（八）选择余地小、价格偏高是协议供货管理中存在的主要问题

为了掌握协议供货采购中主要存在的问题，问卷在“您认为协议供货中存在的主要问题”方面共设置了 7 个选项，要求受访者按照重要程度进行排序。约有 80 份问卷对此进行了回答。

由表 5 可以看出，在排序第一位的问题是“产品选择余地小”，共有 36 人选择此项，占全部答卷数量的 45% 左右；位居第二的是“价格高”，共有 20 位受访者选择了这一项，占全部的 25%；“产品选择余地小”和“价格高”两项相加，共占有效问卷的 70%。由此可见，受访者认为选择范围和价格问题是协议供货采购中最主要的问题，而“验收困难”“不能有效制约”等问题则在受访者心目中居于次要地位（参见表 5）。

表 5　　协议供货的主要问题全部调查结果汇总　　单位：人次

排序	价格高	合同麻烦	验收困难	产品选择余地小	不能选择好的	不能有效制约	唯利是图
1	20	11	1	36	11	2	7
2	10	5	5	19	28	13	6
3	17	10	10	2	16	16	2
4	15	15	11	11	13	7	4
5	10	15	12	3	5	17	9
6	2	16	19	3	5	16	6
7	6	5	12	3	4	3	36

（九）采购人认为供应商的范围控制在三至五家最好

在协议供应商入围数量方面，课题组设置了“每次签订供货的协议商是多些好，还是控制在三家左右为好，还是无关紧要”的问题。回答是“多些好”的占 38%，回答“三至五家”的占 46%，回答“关系不大”的占 16%。由此可以看出，采购人认为协议供货商不宜太少，也不宜太多。

（十）采购人建议通过多种方式控制协议供货价格

为了了解受访者对控制协议供货价格各类措施的倾向性，问卷设置了包括“强化协议中的低价约定、实行价格跟踪监督、随时允许价格更优的供应商介入、随时取消价格不守约的供应商供货资格”等4个方面的措施，希望受访者按重要程度进行排序选择。经过统计分析发现，受访者对几种控制方式的偏好程度较为接近，普遍认为以上4种措施都有利于控制协议供货价格偏高情况的发生。

其中“价格监督”与“低价约定”的选择较高，且从数据分析上看该两项的标准差较小，表明受访者对这两种方式更加认同。而选择“允许进入”和“取消资格”这两种方式的人略少，且标准差较大，表明受访者对这两种方式是否是控制协议供货价格的有效方式存在不同的见解。特别是其中有30位受访者不认同“取消资格”这一方式，说明受访者认为取消资格并不是最佳的选择。

（十一）采购人提出了许多建设性的意见和建议

受访者在此次调查中对于如何完善协议供货采购方式提出了许多具体的意见和建议，归并起来大约有30条。建议的内容包括协议供货管理的方方面面，这些意见和建议对于完善协议供货采购方式具有很好的参考和借鉴作用。

一是在价格方面。受访者希望采购机构加大举措力度，加强对供应商的监管，确保协议供货价格合理。希望有关部门从源头加强监管和引导，提高采购人与供应商谈判的积极性和主动性，消除供应商和具体经办人员合谋等行为发生的可能性。二是在信息沟通方面。希望采购机构能够及时发布有关信息，将供应商、中标入围产品的资料披露得更加详尽。加强网站的稳定性，解决网站有时打不开的问题。三是在供应商和产品范围方面。希望采购机构扩大协议供货的产品种类和品牌、型号，积极协调解决入围产品停产的问题，提高协议供货商的整体质量和水平，建议信息类涉密产品纳入协议供货范围。四是在服务方面。希望采购机构继续加强对供应商的监管力度，督促供应商提高服务质量、改善服务方式、提升服务效率、努力做好售后服务，建立健全对供应商奖惩机制。五是其他方面。受访者还就加强各方交流、加大宣传培训力度、缩短协议供货执行期限、简化有关操作程序、落实政府采购政策功能、强化后续监管以及其他一些具体操作上的问题提出了宝贵的意见和建议。

（十二）采购人对采购机构的工作评价很高

问卷最后对采购机构的工作从工作态度、工作效率、采购质量、行为规范等方面进行了调查，调查采取了选项方式，包括“很满意、较满意、一般、不太满意、很不满意”等5个评价项，一共有102位受访者回答了该问题。在102人中只有5人在个别方面选择了“一般”和“不太满意”，其他人都选择了“较满意”及以上标准。其中，对“工作态度”“工作效率”“行为规范”等方面评价“很满意”的都超过了60%，只有对“采购质量”“很满意”的评价稍低，但也超过了55%。可以说，受访者是十分肯定采购机构的各项工作的。

以上就是本次问卷调查结果的主要情况。最后需要说明的是，由于本次问卷调查采取的是无记名方式，受访者可以无拘束地发表意见，所以课题组认为受访者的选择是真实意图的表达，所获得的数据是真实可靠的。但是，由于课题组一共发出了160份问卷，收回有效问卷114份，再加上部分问卷未填写或者填写不完整，调查问卷的数据并不能完全代表所有人的意见，正常的误差是可能存在的。

协议供货采购方式（框架协议）的改进思路*

（系列之三）

针对政府协议供货采购出现的各种情况，课题组主要提出以下改进思路与方案。

一、适当控制政府协议入围供应商的数量

（一）关于供应商入围数量的一般理论

协议入围供应商的数量，在协议供货采购中具有十分重要的影响。入围供应商过少，可能不能有效满足采购人的需求，而入围供应商过多，则必然存在竞争弱、供应分散、采购人选择余地过宽等情况。比如，浙江省某地电器入围供应商达到 18 家，采购人采购选择余地过大，导致采购控制处于失控状态。

究竟协议供应商数量多少适合，是世界许多国家政府采购都在探讨的问题。一般情况下，协议供应商数量主要有两种情形，即单一供应商协议与多供应商协议方式。

1. 单一供应商协议模式

单一供应商协议模式，是指采购实体只与一家供应商签订采购供应协

* 本文原载于《中国政府采购》杂志 2021 年第 5 期。

议，然后根据协议中规定的条款和条件向协议供应商发出订单。因此，在某种意义上，单一供应商协议也像是一种正常的合同，或者说是一种不定期交付、不确定数量合同。在大多数情况下，为了保障供应和多种选择，协议供货基本上采取的是多供应商协议模式。但是，在有些国家或地区，也采取单一供应商协议模式。

单一供应商又分为封闭式单一供应商协议采购和开放式单一供应商协议采购；按照是否可以修改又分为一次定型式协议和执行修改式协议。

（1）封闭式单一供应商协议采购

指只与独家供应商签订供应协议，在协议存续期，不再与其他供应商发生采购往来。

（2）开放式单一供应商协议采购

指虽与独家供应商签订协议，但当市场中出现优于协议供应商的供应时，同样可以采购其他供应商产品与服务。条件是优于，而不是等同。

（3）一次定型式

指供应协议内容一次确定，确定之后在协议存续期内，不允许随意修改和调整。需要调整只能经双方同意，在规定的条件下进行。

（4）执行修改式

指供应协议在存续期内，可以根据市场情况变化，对协议的部分内容进行适当调整和修改，比如供应的数量或者价格等。

单一供应商协议的优势在于，只与一家供应商签订供应协议，采购实体可能会获得更好的采购优惠条件；采购实体在实际获取货物或服务时，不必再去进行选择，而是由一家供应商直接供应；单一供应商可以减少采购实体在二次选择供应商时可能产生的多种麻烦和费用。而且，当只有一家供应商可以选择时，采购实体就无法利用二次选择供应商的机会，对供应商提出不正当要求，或者与多家供应商中的部分供应商串通，获得不当利益。

但是，单一供应商并不太多为采购者所使用。因为与单一供应商签订框架性协议的弊端也是明显的。与单一供应商签订供货协议，可能使采购实体获得的供应选择余地很小；从政府采购的角度而言，与单一供应商签订协议也意味着其他供应商在某方面的供应中，失去了政府采购的市场机会。单一供应商协议供应还容易出现的问题是，由于是单一供应商，在相对较长的时间内与采购人发生业务关系，可能会产生两种不同的倾向。一种是产生垄断行为，因为协议范围内基本没有竞争。另一种可能正好相反，长期的合作使供应商与采购人产生某种感情默契，不愿意更换供应商。

从政府协议供货采购来看，由于采购人数量众多，各采购人的需求差别明显，所以，政府协议供货采取单一供应商的情况相对较少。一般只有对于具有较高垄断程度的产品与服务可能会出现比较单一的供应商。

2. 多供应商协议模式

与单一供应商协议不同的是，多供应商协议是采购人（采购机构）与多家供应商同时签订的产品与服务供应协议。

与单一供应商协议一样，多供应商协议也有封闭式多供应商协议采购、开放式多供应商协议采购等几种不同内容。由于后面专门涉及封闭式与开放式协议问题，这里只提出协议供应商数量问题。

相对于单一供应商协议模式，多供应商模式具有几个明显的特点：多供应商使政府需求能更有效地获得保障；只有多供应商，才能使采购人在具体的采购选择中保持竞争；符合政府采购的适度公平原则，使更多供应商获得政府采购的市场机会；多供应商还便于供应商之间的互相监督；多供应商还能避免独家供应商可能带来的垄断方面的问题。

正是因为多供应商有明显的优势，因此，世界大多数国家及相关国际组织，在采用协议供应方式时，除少数特定采购以外，基本上都倾向于选择多供应商协议模式。

但是，多供应商协议模式也同样会存在问题。其中，供应商之间相互串通、需要二次选择与二次竞争；采购数量少时，分散的规模会导致对供应商吸引力下降；政府采购中，当采购人在再选择时，可能会出现与供应商之间存在串通甚至获取不正当利益等问题。

多供应商协议有一些不同方式，比较典型的有两种方式：一是与所有通过资格审查的供应商签订供货协议；二是与通过资格审查的供应商签订供货协议，通过竞争方式，选择部分或者至少不少于三家最适合、最优秀的供应商签订供货议。

事实上，在协议授予第一阶段的供应商选择问题上，各国对多供应商框架协议的选择上的确存在很大的差别。主要区别在于，是允许所有合格的供应商，还是只允许部分供应商进入框架协议采购。以欧盟为例，第2004/18/EC号指令第32（2）条规定，采购实体“在直接授予基于该框架协议合同的各个阶段均应遵守本指令所提到的程序规则。应当采用根据第五十三条确定的授标标准选择框架协议的当事方”。这一规定意味着，并没有具体规定第一阶段可以授予协议供应商的具体数目。但是，不论数目如何，采购实体可能不会接受所有符合要求的供应商进入框架协议，而必须根据授标标准或某种原则作出选择。该指令还在第三十二（四）条中规定，在有足够的供应商符合筛选标准，或者有足够的“有资格的投标符合授标标准”的情况下，至少必须有三家供应商被允许进入框架协议。在其他制度中也可找到类似规定。这就意味着，虽然多少协议供应商不能确定，但是至少不得少于三家。而且，这种框架协议一经签订，即成为封闭式的框架协议。

现在的问题是：在多供应商协议中，究竟多少供应商为好？是越多越好，还是确定的数目为好？依据应该是什么？

一般认为，确定协议供应商的多少，可能会造成影响的因素包括以下几个方面。

一是产品与服务的复杂程度。产品与服务越复杂，需要的供应商越多。

二是社会要求的公正公平程度。在有些国家，对于政府采购的公正公平要求程度高，凡是有供应能力的供应商，都不希望被一份“协议”长期排除在政府供应之外（特别是超过一年期的协议）。不仅如此，政府采购甚至还要求适当照顾中小型企业，并不是纯粹以竞争力强弱作为判断标准。

三是采购数量的大小。采购数量越大，参与的供应商应该相对增多，既有利于分化风险，也有利于公正公平。数量相对较小，供应商多，对于采购方不会有规模效益，对于供应商同样缺乏吸引力。

四是最重要的还要看二次竞争采取了什么方式。不同国家和地区，对于协议供货方式的选用，很注重二次竞争方式的采用。是否采取两次授标的方式，会对入围供应商数量产生重要的影响。

（二）对协议供货入围供应商数量的意见

综合上述基本理论和现实情况，在控制入围供应商数量方面，提出以下建议。

关于确定供应商数量方面，具体可以分两种情况。

第一，如果采购中心采取一次性签订协议，采购人直接按协议自选供应商采购，不需要进行第二次竞标时，如何确定供应商的数量。建议在采取一次性签订协议方式下，即只考虑授予入围供应商享有供货权，然后由采购人在其中自行选择供应商的方式，不考虑由采购人或者中直机关采购中心进行二次竞标、谈判、询价等方式采购时，应该特别注意控制入围供应商的数量，即在三家以上，最多不宜超过七家。原因在于以下几个方面。

一是增加供应商准入的难度，大大增加供应商取得入围协议供货资格难度，有利于增强入围的竞争性。

二是由于进入的供应商数量相对有限，每家供应商供货的机会大大增多，才会有利于招标方获得供应商更优惠的承诺和条件。

三是供应商一旦进入，也会更加珍惜机会，惧怕失去协议供货机会，对供应商的处罚也会更有威慑力。

四是由于入围供应商数量少，跟踪与监督供应商的行为也会更容易。

实际上，目前入围供应商数量较多，且入围过于容易经常是较大的问题。供应商入围过于容易，且政府采购有限数量被众多供应商瓜分，一方面不便获得良好的优惠条件；另一方面对于供应商吸引力不大，供应商既不会认真对待协议资格和作为供应商的机会，更不容易对政府的供货十分负责。

第二，如果能够实现协议供货进行二次竞标，供应商数量可以多一些。即第一次授予合同，只是授予一种供货权利，并不等于实质采购。实质采购需要进行二次相对集中的竞争，即在入围供应商中进行再竞标或竞价，那么，供应商的数量可以多一些。比如五家以上，甚至十几家都没有问题。这种方法既可以使采购人有更多的选择机会，又可以使更多的供应商获得参与直接竞争的机会。同时，在第二次竞争中，供应商的增多，可以增加第二次选择的竞争性，强化供应商之间的相互监督，减少供应商之间合谋或垄断市场的可能性。

二、建立二次竞争（授标）制度，增强竞争性

所谓二次授标制度，是通过第一次竞争，使若干供应同类商品和服务的供应商获得向政府提供货物和服务的资格。这种协议只是一种供应资格协议，或者说是一种供应可能性的授权协议，而不确定具体供应的数量。在价格方面，甚至可以没有具体的价格规定，而是一个定价原则性的规定，如不得超过当时市场价格（或者预算价格）。在采购人发生实质采购时，则在已经获得资格的供应商中，通过再竞争，正式授予供应商供货的机会。所以，关键应该在于二次竞争。

二次竞争应该是政府协议供货中最重要的内容之一，缺乏二次竞争，就很难制约采购人和供应商的行为，更难控制协议采购的结果和实际效

果。因此，建议中直机关政府采购在实行二次竞争方面进行大胆改进和实践。以下是关于实行二次竞争的操作性内容。

（一）二次竞争的两种主要方式

第一，对于相对小额的采购，采购人必须在网上进行询价式的竞争采购，或者由采购中心询价，采购人选择采购。

第二，对于相对较大数额的采购，或者多家采购人需要，需要由集中采购机构执行，采取询价、竞争性谈判的方式，甚至在协议供应商之内进行邀请现场再次竞价或招标的方式。同时，降低由集中采购机构集中二次授标的金额限制标准，比如20万元以上或者其他相接近的标准以上的，均需要在入围供应商中进行二次集中竞争。在集中组织二次采购竞争时，可以实行定额、定期、定量二次竞争等三种方式。定额即规定必须进行集中二次竞争的最低采购金额，当采购人采购金额达到规定的标准时，需要集中或由集中采购机构组织或监督的二次竞争；定期竞争如对某些产品与服务，不管数量和金额是多少，在一定时期内如每十天、每半月或一个月组织一次集中竞争采购；定量竞争即某种产品或服务采购达到多少数量，就进行二次集中竞争采购。

（二）多种二次竞争的方式

一是采取网上直接的价格竞争，也称网上竞价。重点是同类功能，只进行价格竞争。二是对于批量和金额较大的项目，可以组织在入围供应商中的招标竞争（但不同于公开招标需要公开发布公告、等标期二十天等）；或在入围供应商中组织竞争性谈判；或在入围供应商中组织询价采购。

（三）需要进行二次竞争的原因

如果只是一次协议约定，在实际采购时，只由采购人自己按协议去选择和采购，可能存在许多严重的问题。协议供货价格高，最主要的原因之一，就是缺乏有效的二次竞争。实际上，需要二次竞争的主要原因包括：没有明确的二次竞争规定，采购人可能并不知道需要二次竞争和如何进行二次竞争；采购人可能不知道有二次竞争的空间，不明确可以通过二次竞争获得更好的采购优惠条件，这也是目前协议供货价格过高的重要原因；采购人可能会盲目追求高性能和多功能，不顾及价格等因素，并最后造成价格偏高，且将责任推到政府采购；缺乏二次竞争可能导致供应商选择多种不当行为对付政府采购；可能导致采购人借二次选择的机会，对供应商提出不当要求，或者采购人与供应商合谋，产生腐败行为，并将责任推到政府采购方式上。

为了使责任分明，使集中采购机构在完整意义上完成采购任务，需要主要由集中采购机构引导或者主导的二次竞争和二次授标。

（四）实行二次竞争可能造成的问题

一是采购人采购程序和过程会增加工作量；二是采购人的采购时间效率可能会稍有影响，不如随时直接采购方便；三是可能会在一定程度上影响采购人需要的品牌、特定供应商的意愿；四是集中采购机构会增加工作量；五是集中采购机构可能会增加责任。

但是，实行二次竞争后，总体效果会好很多。明确而有序的二次竞争程序与方式，并不会对采购效率有太大的影响。而且，采购人与采购机构之间可以实现责任分明；集中采购机构对于协议供货的采购过程可以实现全程控制；采购机构能够直接而方便地发现供应商可能出现的问题，有利于增加对供应商行为的监督。

（五）实行二次竞争对原来采购方式的影响

如果设置了有效的二次竞争，那么，在第一次授标时，可以适当增加入围的产品和供应商数量。使采购人二次选择时，选择余地较宽，增加二次授标时的竞争性；同时，使更多的供应商通过第一次竞争获得入围资格，增加平等性。二次竞争过程同样需要公开、透明，最好有采购人与集中采购机构的共同参与。

三、统一需求的功能要求与采购标准可实行适度合并、联项集中采购

要求政府（财政）部门或者采购机构等统一规定和设计通用产品和服务的需求标准和使用标准。对于统一标准的同类产品实行合并联项集中采购，扩大采购的规模和批量。

实行全并联项集中采购改进的理论前提是采购人的所有需求最终都是为实现社会公共利益目标的功能需求。因此，对于同类功能的需求，特别是对于各采购人单位通用产品与服务的需求，其实都是可以统一的，比如电脑、汽车等，确定统一功能标准完全可能。对于同类、通用的功能需求，可以按照为履行职责的实际需要和政府财政资金的安排，确定功能需求标准，然后按照需求标准与供应商签订供货协议。在协议的二次竞争及其他合并联项、批量采购等方面，存在很大的优势。

但是，我国目前大多数地区和部门都没有就政府履行职责所需要的功能与种类进行归类，更没有统一需求的功能标准，导致政府部门需要的某种功能可能并没有差别，但实现同类功能的方式和产品却千差万别。比如对电脑类产品的功能需求可能没有差别，但同样的功能，同时采购许多种品牌产品，每一种品牌产品又可以产生无数种配置。按照现在的协议采购方式，采购人需要电脑，不是统一功能配置的标准选择，而是可以在相对广泛的协议供应商中自行选择，结果导致每一种具体产品和服务的采购都比较分散、零星，既不成规模，又不能系统地监控。在此种情况下，要想获得采购价格优势，显然是很难实现的，也很难取得其他方面的采购优势。

因此，根据功能需求原理和采购批量原理，建议采购机构对每类功能需求，按照高、中、低档功能标准，紧密结合政府部门履行职责的实际需

要，设计统一的标准配置。使每种相同类功能需要的产品和服务，相对比较集中在少数几种产品和服务上，既能满足政府履行职责的需要，又能增加采购批量和规模。

在设计统一标准配置时，应考虑以下几个方面的内容：按照高、中、低功能标准设计相对集中的产品和服务；大体规定采购人单位需求的标准，限制超标准、过高标准的采购；增加同类功能标准的产品和服务的集中采购；以具体产品和服务作为入围选择标准；不以品牌和供应商作为指定标准参数；在功能标准明确的前提下，选择入围协议供应商。

实行全并联项采购，也可能在不同方面会出现一些问题。主要包括：实行同类功能的需求，相对集中在少数产品上，可能会不符合采购人的单位或个人习惯，在采购人方面会遇到阻力，甚至很大阻力；可能对少数采购人的特殊要求性采购产生影响；可能导致采购人对政府采购更加不支持，或者选择其他集中采购机构的协议产品。

对于这些问题，可以从以下几个方面考虑解决的办法。可以与政府采购主管部门，比如，财政部或者集中采购机构的上级管理部门联合，共同作出原则性要求和具体规定。根据这种原则和规定制订功能标准，以及采购产品的对象和范围；对于一些采购人的确存在的特殊需求，可以经过财政部门或其他部门批准以后，实行协议约束范围以外的采购；对于采购人可能采购其他集中采购机构的协议产品，可以通过扩大统一标准与配置的方式协调解决，或者不加干涉。

四、建立相对开放性的协议供货系统

协议供货方式可以有封闭性、开放性两种。封闭性是在一定时期内，与相对固定的供应商签订供应协议。没有特殊情况，供应商一般不会变动。开放性的协议是在一定时期内，供应商是可以变动的，表现良好的供应商可以维持协议供应权利，但对于表现不佳，或者发现有明显问题的供应商，可以暂停或解除协议。而在此期间，如果有其他供应商愿意以更优惠、更好的合作诚意加入的话，可以接纳新的供应商参与供应。

（一）实行开放性协议供货的优势

实行开放式协议相对封闭式协议在有些方面具有明显的优势。

一是对于政府采购人而言，能够更好地适应市场动态变化，扩大产品及供应商选择空间，更好地满足政府需求。

二是对于潜在供应商而言，更能体现政府采购的机会均等原则。

三是对于已经入围协议供应商而言，使其不敢在协议期间稍有松懈，否则可能被新的协议供应商所替代，有利于进一步增强入围协议供应商的责任感和行为规范性。

四是采购过程更能体现竞争的持续性，调动所有潜在供应商的注意力，便于众多外围供应商的协助监督。

开放式协议竞争采购，是一种典型的持续性的竞争采购方式。通过授予协议的方式，框定基本的供应商。但同时又并不排除有更优秀的供应商进入，从而使竞争保持在一种持续的状态。

持续的竞争也是一种持续的淘汰与优化过程，是一种全面的监督过程。实行开放的协议采购方式，必然使众多的潜在供应商关注现实的供应过程，对比协议供应商与自身的条件和状况。一旦发现协议供应商的供应条件不如自身的情况，即会参与竞争。引起众多同行的供应商的密切关注，并随时提出挑战，就是政府采购中最佳监督方式。任何情况下，采购人、采购机构及监督管理机构的监督，都不如引入潜在供应商的监督，来得更加直接、更加彻底。

不过，开放式协议供货方式同样也会产生一些问题，需要在实施中加以避免。例如，供应商对于第一阶段的协议可能不太在意，使第一阶段竞争不够激烈。原因是供应商随时可能获得进入的机会；部分协议供应商可能不够负责，或者不做长远打算，出现短期行为，因为有可能被新进入的供应商替代；操作过程相对复杂，采购机构的工作量会有增加；采购人可能会有一个更复杂的适应过程，对于有些采购人而言，可能更喜欢相对熟悉、稳定的供应商；也可能出现潜在供应商抱着“我不成你也别好”的心态，形成不良竞争。对于新进入供应商的成本价格的准确性考察方面，也会增加一些风险。

因此，按照政府协议供货采购的基本的目标和原则综合考虑，建议采购机构的协议供货采购形式尽可能采用开放式方式。

（二）实行开放性协议采购的操作

开放式协议操作可以分为几种方式，可以考虑其中两种典型的方式。

第一，明确协议是开放型的，原则上看，以第一轮入围的产品和供应商为主。但如果已入围供应商表现不好，或外围有更好的供应商，可以直接加入新的协议供应商范围。一般在以下几种情况下，可以更换或者新增其他供应商。

（1）供应商不遵守承诺。（2）供应的产品或服务在质量、价格、交货等方面存在明显的问题。（3）出现了新的、特殊性的需要。（4）有提供更优惠条件产品与服务的供应商出现。

这种方式的特征是，并不具体限制哪些供应商可以进入，而是允许所有具备资格的潜在的供应商进入。

第一种方式在实施中既有优点，也有缺点。明显优点是有更多的供应商可能获得中途进入的机会，并充分发挥外围供应商对入围供应商的监督。缺点是如果外围供应商存在机会，反而降低了供应商争取成为第一轮入围供应商的积极性，甚至导致供应商对入围没有兴趣。

第二，在通过竞争与供应商签订协议供货协议、授予供应商供货权利时，对于供货价格稍次、得分稍靠后的供应商，虽然不能成为正式入围的供应商，但可以建立后备供应商系列，即在正式协议供应商系列之外，签订后备协议供应商。当第一层次供应商没有问题时，后备供应商处于后备供应状态。但是，当第一层次供应商出现价格偏高或者产品质量和服务有问题时，则随时可以从协议供应商中剔除，按原得分顺序，将相应数量的后备供应商纳入正式供货协议供应商。

实行后备供应商系统的好处体现在多个方面。

一是可以防止已经入围的供应商获得特殊的、不可替换的优势，防止已经入围的供应商相互串通。

二是特别重要的是，可以给后备供应商以机会和希望，增加后备供应商对于正式供货的供应商行为的监督。

三是时时有第二层次的供应商威慑已经入围的供应商，给入围供应商以压力，促使其自觉地履行职责和承诺。

四是给后备供应商机会，既体现了政府采购各供应商都有机会的政策，又能使其具有很高的积极参与意识，特别是参与对第一层次协议供应商的监督，充分发挥供应商的监督作用。

但是，设置后备供应商系统的开放式供货协议，也存在操作上的难度，需要处理好一些问题，比如什么条件下才能变更或新增供应商，可能条件难以确定；后备供应商获得供应的机会可能有多大，对于供应商而言，是否真正具有吸引力，改变供应商的行为中是否会出现人情关系等，都应该有所考虑和准备。

五、增加报价优惠科学性及全程价格管理

（一）协议供货方式中报价方式及其选择

协议供货中协议价格是关键内容之一。一般情况下，主要采取以下几种报价方式。

1. 固定价格法

固定价格法是在协议中确定固定的供应价格。在双方愿意的情况下，特别是在需求数量比较明确的情况下，采购方与销售方在签订协议时，在

竞争状态下达成供应期内固定的供应价格。即不管市场价格如何变动，在供应期限内价格不允许发生变化。这种方式主要属于不定期交货协议，即量价基本确定，只是交货期不确定。这里存在一个价格风险问题，在协议供应期间，如果市场价格上涨，那么供应商会受到相应的损失，而如果价格下跌，那么采购方将获得更好的价格效益。采用固定价格方法，一般比较适用于价格相对稳定、供货协议期限不宜过长的产品或服务采购，否则对双方都会有较大风险。

2. 折扣价格法

折扣价格法是规定一种相对固定的价格折扣率，即正式发生采购时执行价格折扣率。因为市场价格总是在不断变化，使固定价格方法有时会导致市场适应性差等问题。因此，比较常见的是采取某种固定变动公式的方法，比如价格折扣率，即在协议签订时，根据政府基本需求量，双方确定一个都能接受的市场价格折扣率。利用这种方法，能够保证协议价格处于一种动态状态，保证采购人和供应商双方的利益不至于因价格过度波动出现问题。

从理论上看，这种方法无疑是一种科学的方法，但在实际执行中，最难掌握的是现时市场价。这个价格将以什么为标准，是以零售为标准，还是以批发价为标准；是由供应商确认，还是由采购机构、采购人、监督管理部门确认。

3. 量、价比法

量、价比法是在签订协议时，不仅考虑供货价格，还必须考虑采购方的采购数量。由于是多供应商协议，采购需求量很难在协议签订时完全确认，加上采购人的再选择，使每一家供应商究竟能获得多少采购数量并不确定。在不确定的条件下，采购方要想获得很好的价格条件显然有难度。因此，协议时也可以采取另一种变动方法，即价格条件与采购数量直接挂钩，在协议中明确，当采购量达到多少时，采购价格要相应下降多少，形成一种动态的价格应变系统。

4. 讨价还价法

这种方法也可以放到第二阶段竞争模式中讨论，在那里可以当作询价法进行二次竞争。这里所说的讨价还法，实际上也是一种比较价格法。因为，虽然协议上可能对价格折扣等内容作了规定，但是受实际计算方法及其他因素的影响，可能导致价格还会有偏差。在此种情况下，可以与其他方法结合使用，采用讨价还价法。虽然不进行二次授标竞争，但可以在价格比较的基础上，与供应商讨价还价，以获得更好的价格条件。

不管采取哪种方式，必须说明的是，价格问题始终是协议采购方式的主要问题之一，必须有报价的有效控制方法。

5. 折扣率的确定，需要较好地掌握成交时的价格基数

必须报一个基准的价格基数，即究竟以什么为基础标准，是当地价，还是当时价、批发价、零售价，其中包含哪些价格因素，比如运输、安装等。哪些价格在优惠之列，哪些在优惠折扣之外等，都必须十分明确。

6. 不能允许供应商以种种借口（不是政府必须要求的情况下）为政府采购进行单独的配置，或者只是一种特定配置

只能是该供应商在市场上销售的主要配置标准。因为一些供应商一方面确定很高价格基准，另一方面又使采购方无法比较，做出一些特殊配置来，以达到抬高折扣价格基准、最终抬高实际价格的目的。

7. 明确报价

如果以采购当时直接报价，务必明确是最高限制价，还是最低价，还是所谓的市场均价。如果是均价，需要明确是否属于当天均价，还是几天的均价。只有让所有的采购人都明确，才不会导致价格模糊的事情出现。

（二）实行定期不定期实际成交价格的跟踪与监测

形成相对稳定的价格监督和跟踪主体。包括采购人、采购机构、相关供应商、监督管理机构、社会公众等。各自从不同方面实施价格监督与控制。制定规范的价格评价标准，明确价格计算和供需双方认可的评价依据。依靠电子技术，实现网上实际成交价格跟踪。不断实行价格调查与分析，实施定期、不定期的市场价格抽查。建立科学的市场价格核算体系和核算基准。形成价格变动的评价机构和监控体系。

六、加强对执行过程的跟踪、监控和奖惩

在协议供货方式中，签订协议并不是采购成功与否的关键，关键是采购执行情况如何。在此，需要明确采购人委托采购机构的是什么，如果只委托签订协议，采购执行并不由采购机构实施，那么，采购机构可以只管协议内容，不管其他工作。但是，如果采购人委托的是采购，那么采购机构应该要对采购全过程负责，特别对是采购执行过程和执行结果负责。事实上，不管属于哪一种情况，社会各方面的人士一般都会习惯性地认为，不管采购结果好坏，都应该由采购机构承担责任。因此，对于采购机构而言，除签订好协议以外，更重要的内容是跟踪和监督协议的履行。对此改进建议如下。

（一）设立专门机构

在集中采购机构内部，设立专门负责协议履行的人员或科室机构。设立专门科室，对协议的履行实行专人、专职、专业水平的监督，是保障协议供货采购方式产生良好效果的必要前提。

（二）增加对采购人采购行为的跟踪、评价与反馈

需要说明的是，从法律上讲，采购中心签订协议供货协议，究竟是受谁的委托，与委托方是一种什么样的关系，这一点很重要。述及这一点原因在于厘清委托方与采购招标方究竟是一种什么样的权利、义务和责任关系。委托方对采购机构究竟有什么样的要求，而采购委托方应该具有什么样的权利、义务和责任。

如果采购机构的权利、义务和责任，只定位在签订协议方面，那么，

签约完成后，事情就算结束，责任也到此为止。但如果需要对采购全过程的规范和合理、合法负责，就需要全面承担义务和责任。

此外，采购机构作为被委托方时，是否有权对委托方进行监督？这是个法律问题，也是影响协议供货采购能否有效执行的问题。或者说，采购机构究竟对谁负责，是对采购人负责，还是对法律、对社会公众负责？需要在法理上和具体实施时定位清楚。

如果要求采购机构对采购人负更多责任的话，就应该有更多权利对采购人的一些行为进行必要的参与和干预，主要包括以下几个方面。

一是掌握采购人基本的采购计划和概算。一般应该能在采购人采购实施前一个月以上，知道采购要求和采购安排。只有这样，采购机构才能做好二次集中竞争、二次授标的工作。而且，也应该能够做到。

二是主导采购过程，对采购人的采购要参与、跟踪、服务、评价和监督。包括采购人的采购需求、采购种类、数量、质量和服务要求、价格要求、供应商情况等。在跟踪和了解中，及时发现和解决采购过程中可能存在的问题。

三是要求采购人保持并报送采购记录情况，以便掌握协议履行情况。

四是参与采购结果验收。监督采购过程，承担相应责任。只有掌握了采购人采购的实际情况，才能有效地发现采购中存在的问题，包括供应商、采购人等不同方面的问题，实现综合管理。

因此，希望能够明确采购人与采购机构之间的相互关系。特别是各方面的权利、义务、责任关系，明确采购机构对于采购人行为是否有监督和制约关系。争取对于采购人的采购行为具有制约和监督关系，同时也接受采购人单位的监督。

（三）加强对供应商在协议履行过程中的跟踪、监控、奖赏和惩罚

目前，在协议供货采购中，供应商方面的问题比较明显。因此，加强对供应商行为的跟踪、监督，对于负责任的供应商适当奖励、对于不负责

任的供应商给予处罚，显然是十分必要的工作。

一是在供应商进入时，十分明确地规定供应商享有的权利、义务，特别是可能承担的责任。这一部分应有较多的考虑，对于不合适的种种表现都列清楚，对于各种违约的情况直接明确处理措施。

二是建立多层次的对供应商的跟踪、监督体系。包括采购人、采购机构、社会各界（群众与媒介等）、供应商之间的综合监督体系。由多方面跟踪并发现供应商可能导致的各种问题，增加监督线索。包括要求供应商提供销售记录、销售报告，竞争中的表现等各种情况。

三是对于在协议供货中表现好的供应商，应该设置表现分。对于获得表现分高的供应商，应该给予更多的商机。比如，在新一轮选择入围供应商时，如果过去是协议供应商，且表现被评价为良好，就应该获得加分；反之则扣分，表现很不好的，可以一票否决。这样既能把表现不良的供应商排除出去，又能增加入围供应商的压力。

四是对供应商的处罚。加强对供应商行为的监控和违规的处罚，必须解决好几个问题：一是如何鉴定是否按合同执行，需要评价、监督和控制；二是如果违反合同了，是否具有处罚的权利；三是如果具有处罚权利，或者有约定的处罚供应商的条款，应该设置哪些条款。

一般情况下，应该对于供应商的行为有明确的处罚约定。比如，（1）暂定协议供应商资格、暂停多久；（2）撤销其资格；（3）是否可以考虑收取适量的履约保证金，当发现价格方面的问题不履约，扣除履约保证金；（4）处以罚款，如果发现有价格欺诈，不能履约，可以按照不实价格的数倍罚款，部分地区实行这种办法，效果良好；（5）纳入“不良供应商”名单；（6）控制或排除下一轮参与机会。

七、建立采购人、采购机构、采购管理机构和供应商之间的交流与沟通机制

为了使协议采购方式尽可能完整和完善，建议建立良好的多方沟通和

互动机制，具体包括采购人、采购机构、采购监督管理机构、供应商之间的互动和沟通机制。

沟通的内容可以包括：通过沟通，详细明确不同方面的权利、义务和责任；指定多方沟通的联系人；实行定期适当沟通方式；明确沟通的内容。比如采购人的要求，供应商的要求和行为，实际采购的数量、质量、价格、服务和满意程度，与市场的差异程度；通过沟通，合理解决协议供货过程中存在的各类问题。

八、完善采购软件技术，增强网络透明程度、网络交易与网络监督控制的力度

改进协议供货采购涉及许多方面，其中特别涉及网络系统的运用和软件系统的设计等重要内容。从目前采购机构的协议供货的软件系统看，如果要实现协议供货方式的改进，那么在网络和软件技术方面还存在需要改进的地方。比如，网上统计采购人的采购情况、网上统一价格排序方面、网上实现二次竞争、网上实现采购结果的调查和分析、网上搜寻市场真实价格状况等功能尚不够完善。建议从实现协议供货的完整科学性目标出发，改善采购机构的协议供货方式的电子技术环境。

烟台“大采购”运行模式探析*

山东省烟台市政府采购工作自1999年正式运行以来，在市委、市政府的正确领导以及财政部、省财政厅的大力支持下，坚持以科学发展观为指导，按照“创新机制、拓宽领域、科学运作、规范管理”的工作思路，经过十年的探索和努力，在实践中逐步建立起一整套独具烟台特色的政府采购模式。在以部门预算为基础、投资评审为支持、政府采购为手段、国库集中支付为保障的“四位一体”财政支出管理模式中，充分发挥承上启下作用，与各个环节相互衔接、相互配合，形成了“自成体系、优势互补，相互制约、配套联动”的运作机制。

一、确立完整采购理念，全方位推进政府采购制度

烟台市政府采购工作遵循市场规律要求，坚持“大采购”理念，通过拓展政府采购领域，拉长政府采购链条，强化采购全程监管，建立健全制度体系，实现了政府采购的宽领域、广覆盖，使政府采购更加全面和完整。突出体现在以下两个方面：一是采购内容和采购过程包括了需求提

---

* 本文原载于《中国政府采购》杂志2008年第9期。2006年5月至2008年8月，作者与山东省烟台市财政局合作，承担烟台政府采购运行模式研究课题。课题主要是从理论、法律制度建设、操作实施模式、特别的管理监督等若干方面，对烟台政府采购运行模式进行分析归纳和总结。课题组认为，烟台市政府采购，采取注重需求管理、采取招标中介代理机构集中实施、相对固定采购代理费用、提高监督管理机构职能地位、关键放在监督管理规范等做法，具有很强的创新性，具有典型的“大采购”概念，适合地方政府采购实施和管理。

出、需求评审、预算编制、计划制订、采购实施、合同执行、货款结算及投诉处理等系列环节；二是采购对象和采购范围目前已覆盖货物、工程、服务三大领域。

（一）采购内容和采购过程的完整

在采购内容和采购过程方面，烟台市围绕解决采购什么、采购多少、为何采购、如何采购等问题，对政府采购事前、事中、事后三个方面进行全方位管理，深入采购全过程。

1. 事前论证

事前论证是以立项前论证为主要方式的需求评价与规划。烟台市以政府采购项目是否合理、能否真正实现“物有所需”为重点，通过搭建技术论证平台，将专家论证意见引入政府采购的立项环节。对于采购规模较大、技术较复杂的项目，烟台市政府采购办组织财政部门相关科室、采购人代表、有关专家对采购人拟实施采购方案的合理性进行综合分析和全面科学论证，并将结果作为财政项目预算的重要依据，极大地节约了财政资金。

（1）减少采购数量，满足必要需求

比如，某部门申请采购近200万元的省市县三级网络系统，经专家需求论证后，认为该系统不具备三级联网条件，最终为该部门采购了几台电脑就解决了问题。

（2）合理整合资源，实现设备共享

烟台市公积金综合管理信息系统经过需求论证后，由独立建网改为依托市综合信息中心搭建，原方案中提出的核心交换机、网络安全设备、数据库软件等与市综合信息中心实现了共享，避免了重复采购。

（3）优化需求方案，提升功能档次

烟台市供水管网检测设备采购方案经专家现场勘查论证后，采纳专家意见，对原方案中档次偏低的气象色谱等设备进行了升级换代，使检测功能达到了国内领先水平。

2. 事中规范

事中规范主要体现在具体采购操作环节上的严格管理。

（1）实行中介机构职业代理

通过集中采购代理机构公开招标制、随机抽取制、代理费用财政统一支付制，有效避免了政府采购过程中商业贿赂等问题的发生。

（2）加强采购环节监督力度

对于每一个政府采购项目，烟台市政府采购办都安排专人从信息发布到合同签订实行跟踪监督，避免出现采购人带有倾向性意见、指定品牌、规避公开招标及供应商弄虚作假等现象。对于大型、综合类政府采购项目，还邀请纪检、监察部门进行现场监督。

2007 年，某供应商投诉烟台某单位信息化建设项目招标过程中采购人有倾向性言论。烟台市政府采购办立即对此项目进行调查落实，认定评标过程中采购人代表的言行有可能影响中标结果，根据《政府采购供应商投诉处理办法》第十九条规定，对本项目作出了废标处理，并按规定程序对该项目重新组织招投标。

（3）规范代理机构执业行为

制定了严格的考核内容，对集中采购代理机构具体业务实行现场打分，对考核优异的给予通报表扬，对考核不合格的给予暂停代理业务资格的处罚并进行内部整顿，规范了采购代理行为，有效地促进了代理机构服务质量的提高。

3. 事后评价

事后评价主要体现在采购项目的履约验收和投诉处理上。对采购人项目验收工作，烟台市采取抽查方式，特别是对在招标投标过程中竞争激烈项目进行重点抽查，由烟台市政府采购办聘请相关专家，共同组成工作组，直接到被抽查单位核对项目完成情况。在供应商方面，重点对交货期、交货价格、交货的质量与数量、附带的服务等因素进行抽查，避免供应商履约过程中偷工减料、以次充好、损害采购人合法利益等行为影响政府采购结果。在采购人方面，重点检查是否尊重采购结果，有无单方违约，是否存在履约中侵犯供应商权益的现象，是否有验而不收或者收而不实现象，保证了政府采购结果落到实处。

（二）采购对象和采购范围的完整

1. 政府货物和服务采购实现广覆盖

在完整的“大采购”理念下，烟台市不断加大政府集中采购管理范围，货物和服务采购目录内容更加丰富，集中采购金额更加庞大。目前，烟台市政府采购目录基本上涵盖了政府货物与服务采购的方方面面。货物与服务采购支出数额大，增长快。以《政府采购法》实施以来情况为例，烟台市货物与服务采购额从 2003 年的 3.05 亿元逐年增长，到 2007 年达到 7.1 亿元，增长 132.79%。

2. 建设工程项目纳入监管范围

建设工程项目纳入政府采购范围是烟台市体现完整政府采购理念的重要内容之一。针对政府工程采购项目情况复杂，采购管理难度较大的实际情况，烟台市财政部门与建设部门通力合作，在不改变现行工程招标管理模式的前提下，充分发挥建设部门参与工程招投标监管较早，拥有一整套行之有效监督管理办法的优势，合理规划角色分工，财政部门着力抓好从采购资金、采购过程到合同履行的全方位、全过程监管，建设部门突出发挥在招标投标环节及对工程事中规范主要体现在具体采购操作环节上的严格管理。由于职责分工明确、监督管理到位，烟台市政府采购顺利介入工程领域，市级城建、水利、民航等所有工程项目的施工、安装、设备、材料及监理等全部程序实行政府采购。目前，工程采购已成为烟台市政府采购的重头戏，采购规模占采购总额的 70% 以上。

二、强化管理机构职能，实现政府采购专业监管

严格规范的监督管理是实现政府采购科学化和规范化的重要前提条件。烟台市在运行机制和管理体制方面，把更多的职能放在监督管理上，具体表现为：提高政府采购管理机构级别，加强监督管理部门职能责任，建立稳定的监督管理队伍。

（一）政府采购管理机构设置

1. 正处级的政府采购管理办公室

烟台市政府采购管理办公室自成立起，规格即为正处级事业单位，采购办主任由财政局局长兼任，采购办作为烟台市财政局的下属单位，参照国家公务员管理，现有编制 27 名。

2. 相对稳定的专业管理队伍

烟台政府采购办公室成立 10 年来，单位负责人、业务骨干相对固定，从业 10 年的业务骨干 5 人，占 18.5%。从业 5 年以上的干部 20 人，5 年以下干部 7 人，形成了一支管理人员相对稳定，干部队伍级次发展的专业化管理队伍。

3. 权限明晰的职能定位

（1）烟台市政府采购管理办公室的主要职能

烟台市政府采购管理办公室的主要职能是贯彻执行国家、省、市政府采购政策、制度和办法，制定烟台市政府采购的各类实施办法及细则。负责编制市级政府采购目录草案，审核政府采购计划，审批政府采购方式，负责对政府采购的全过程实施监督管理。监督政府采购合同执行及政府采购资金的拨付。规范政府采购当事人行为。对政府采购定点单位进行监督、检查。建立和管理市政府采购网站。组建并管理政府采购专家库和供应商库。培训政府采购管理人员和技术人员。受理政府采购中的投诉事

项。指导县（市）、区政府采购工作，收集、统计和发布政府采购信息。

（2）烟台市集中采购代理机构的主要职能

烟台市集中采购代理机构的主要职能是受采购人委托，制定政府集中采购的具体操作方案并组织实施。

（二）政府采购管理机构内部职能划分

烟台市政府采购办公室内设综合科、管理科、监督科、支付科四个科室。

综合科主要负责日常行政事务、采购项目的需求论证、代理机构的抽取、采购信息的发布、政府采购专家库的管理维护。

管理科主要负责货物、服务和工程的采购监管工作，审批政府采购方式，集中采购代理机构的考核，政府采购供应商库的管理维护，投诉事项的受理。

监督科主要负责管理公务车辆的保险、维修、加油等定点服务类的监督管理工作，监督政府采购合同的执行，对采购人验收工作进行检查。

支付科根据政府采购合同和验收报告，对采购人验收合格的政府采购项目进行资金拨付。

（三）政府采购管理机构与财政职能科室配套联动

按照“四位一体”财政支出管理运行模式要求，烟台市政府采购办与财政职能科室在工作职责上相互配合、在工作程序上相互衔接。特别是在需求论证环节，利用采购办拥有专家库、接近市场的优势进行需求论证。

以烟台市公安局金盾建设采购为例，公安局将需求方案报财政局业务科室进行初审后，转至烟台市政府采购办进行需求论证。市政府采购办搭建技术论证平台，主持召开论证会议，公安局、财政局业务科室及本专业的高水平专家组成论证组共同论证需求方案。公安局最终根据专家意见确定采购计划。计划确定后按照政府采购程序进入政府采购环节。

（四）建立健全政府采购管理制度体系

制度建设是强化政府采购管理的基础。烟台政府采购办公室坚持在实践中探索、在总结中完善、在完善中提高，把工作创新成果固化成各项规章制度。先后出台了《烟台市市级政府采购工作程序》《烟台市政府采购当事人行为规范》《烟台市集中采购代理机构考核实施细则》等13个规范性文件，形成了涵盖招投标、集中代理、合同监督、信息公告、采购目录、采购监督等政府采购各项工作的制度体系，明确了政府采购的范围、流程和操作要求，实现了以制度管人、靠制度管事的目标。

三、联项采购同类产品，实现政府采购规模化效益

规模是提高采购活动效益的基础。烟台市政府采购办将各部门、单位相同类别或相同性质的小型项目在分析“解剖”的基础上进行合并打包，变多次采购为一次采购，不断提高批量采购规模，避免了采购单位各自为政、互不通气，对同类材料、设备重复招标，浪费人力、物力的现象，有效降低了采购成本。在具体联项采购实施过程中，技术复杂的项目按采购人进行分包，采购人代表只对各自分包进行评标打分，并分别签订合同，保证了采购人的主体地位。

市直各部门需要的通用办公设备，每季度合并采购一次，由专家论证需求档次，坚持实行统一标准、统一采购，既避免了部门对办公设备“贪大求洋”现象，又形成了规模效益。目前，在计算机等通用设备类采购中，联项采购占采购总额的90%以上。

四、择优随机选择代理机构，实现政府采购高效率执行

烟台市在具体采购操作上实行中介职业代理制。按照“政府搭台，中

介唱戏”的市场化运作思路，招标等具体采购业务都由采购人委托中介机构办理，烟台市政府采购办通过系列管理办法对集中采购代理机构进行规范管理，使其为采购人提供更为优质高效的服务。

（一）择优选择集中采购代理机构

根据烟台市政府采购工作量，通过程序完备的公开招标方式，选择一批业务熟练、执业诚信的社会中介机构，由财政部门授予“集中采购代理机构”名称，并明确了代理范围、代理期限、代理项目委托、费用支付、从业人员要求、代理机构考核等方面的要求，使集中采购代理机构代为履行“政府采购中心，职能的做法成为烟台政府采购工作的一大特色。目前，已有7家具有政府采购“双甲”资质的代理机构通过公开招标方式成为烟台市集中采购代理机构。为了能够在烟台市政府采购办公室的考核中争取优先名次，各代理机构在内部分工、执业操作等各方面加强管理，形成了相互竞争、相互学习、相互促进的良好氛围。

优秀的代理机构必须配备业务精干的工作人员。集中采购代理机构中从事政府采购的工作人员，都必须经过烟台市政府采购办公室组织的业务考试，成绩合格者方能挂牌上岗，从事政府采购委托代理工作。烟台市还根据工作开展需要，重点在法律法规、业务操作等方面聘请业内知名专家对从业人员进行定期培训，以确保从业人员形成更加完备的法律制度储备和得到及时的知识更新。

（二）采购人随机选择项目执行机构

烟台市在集中采购代理机构的选择上采取随机抽取的方式，采购人在烟台市政府采购办的监督下，随机抽取集中采购代理机构，双方签订委托协议，由集中采购代理机构根据委托办理政府采购具体事宜，既调动了代理机构工作积极性和主动性，又保证了操作过程中不受任何倾向性意见影响，做到依法代理、独立执行。

五、场所统一、费用固定，实现政府采购规范化操作

为体现政府采购的公益性、集中性、规范性和严肃性，营造公开、公平、公正的政府采购环境，烟台市政府采购办发挥市场力量，搭建平台，整合资源，力求每一个采购项目都能实现价值最大化、行为规范化。

（一）统一规定采购执行场所

在烟台，工程类政府采购项目的公开招标在烟台市工程交易大厅进行，由烟台市政府采购办、烟台市招标办共同监管，货物、服务及工程类项目的非公开招标在烟台市政府采购大厅进行。烟台市政府采购大厅面积1000多平方米，采购大厅实行统一管理，内部墙壁张贴《政府采购法》《烟台市政府采购当事人行为规范》等法律规章，使政府采购当事人能够以严肃、规范的态度开展政府采购活动。大厅配置了信号屏蔽系统、声像监控系统等先进的操作与监控设备，对所有采购项目全程录音录像。

采购大厅分为外部办公区域和内部开标评标区域。代理机构所从事的供应商登记、保证金收取等前期工作均在外部办公区内进行。封闭区域主要进行政府采购开标评标工作，非政府采购相关人员不得随意出入。

（二）统一规定委托代理费用

为体现政府采购的公益性原则，烟台市在全省率先改变代理服务费用与中标金额挂钩的传统做法，按照市场定价原则，对采购项目代理服务工作进行定量分析，分类分档制定代理服务费用标准，根据代理机构实际完成工作量，由财政定期直接支付给集中采购代理机构。代理费用相对固定，财政统一支付。不仅防止了代理机构片面追求经济效益的举动，让其专心致力于招标采购的组织工作，而且每年可节约近2/3的“中标服务费”。

六、专家评审主导结果，实现政府采购决策科学化

政府采购什么、采购多少、如何采购等问题，是政府采购的热点和难点。几年来，烟台市借助专家力量，形成了专家主导结果的运行机制，保证了政府采购的科学合理，使政府采购工作经受住了时间的考验。

（一）建立全方位、外向型的动态政府采购专家库

烟台市通过审核汇总集中采购代理机构专家库人员、网上征集等手段，现已建立起包含5000余名专家的政府采购专家库。为保证专家库的质量，烟台市政府采购办在日常管理上着重抓好“三个突出”。一是突出全方位。专家库内既包括评标、谈判专家，又包括需求论证专家，涵盖了办公自动化设备、信息技术、建筑工程、地质勘查、化学化工等87个类别。二是突出动态型。随着对专家评审质量要求的不断提高，烟台市政府采购办公室对专家库进行及时更新维护。对各行业内的知名专家广开渠道、及时聘请入库，对专业知识过时或因其他条件不能胜任政府采购评审工作的，经审核后停止专家资格。三是突出外向型。为了提高专家的档次，避免专家本地化、“见面熟”等问题，在建立专家库方面，更多地增加烟台市以外的专家，特别是北京市、上海市、广州市等地大专院校和科研院所的权威专家。尤其是对采购资金数额巨大项目的需求论证，主要以聘请外地高水平专家为主，外地专家在论证中的比例达到了80%以上。

（二）强化专家抽取环节监督管理

为确保专家评委抽取过程的公正性，烟台市政府采购办公室专门研究开发了专家抽取管理软件，开标前，由采购人代表、集中采购代理机构工作人员及政府采购办监督人员在烟台市政府采购大厅监控室内，按专家抽取程序对所需类别专家进行随机抽取。

（三）专家全程参与采购评审决策

1. 前期需求论证

聘请业内知名专家对采购项目进行论证，着重分析政府采购项目是否合理、能否真正实现“物有所需”，以保证采购计划的科学性和客观公正性。

2. 事中评标

由采购人代表和评审专家组成的评审委员会确定中标、成交供应商，为项目供应商最终确定发挥主导作用。

3. 后期评价

聘请专家参与重要项目验收，对采购人验收和供应商履约进行监测与评价，以确保采购结果真正落到实处，维护政府采购的良好声誉。

几年来，烟台市先后从清华大学、北京大学、复旦大学、中国科学院、中国建筑设计院等全国大专院校、科研院所，聘请国家级研究员、博士生导师等专家700多人次，确保了采购项目取得理想的效果。

烟台政府采购模式突出体现了全面的政府采购管理观*

自我国开始建立政府采购制度以来，如何恰当地确立政府采购制度的规范范围、政府采购如何管理、由谁采购、如何实现采购管理与操作的专业化、如何提高采购透明度和采购效率等，一直是人们普遍关心的问题，也一直是政府采购理论探讨与实践探索的重点问题。在过去近十年的探索中，我国各级政府尝试过不同的运行模式，且不同模式各有特点。但是，在众多的运行模式中，笔者认为山东省烟台市政府采购运行模式具有许多特别之处。笔者在经过两年的观察和调查了解，承担了“烟台政府采购运行模式”的课题研究，获得很多启发。应该说，烟台政府采购运行模式具有多方面的内容，但笔者感觉更深刻的，还是这种模式突出地体现了政府采购的本质要求。之所以下这样的结论，主要归因于以下几个方面。

一、烟台政府采购被放到“四位一体”财政支出管理模式中进行综合布局

烟台政府采购被放入政府财政资金全面运作的大循环系统进行布局和考虑，即放入了烟台市的“四位一体”财政支出管理模式进行综合布局，而不是简单的政府采购购买环节。“四位一体”包括以部门预算为基础、

---

* 本文原载于《中国政府采购》杂志2008年第9期。

投资评审为支撑、政府采购为手段、国库集中支付为保障的这种模式从预算管理科学化出发，通过对政府支出项目进行评价、审核，确立政府为实现公共目标而产生的对货物、工程和服务的需要，然后通过优良的政府采购体制和方式，实施政府采购。由此在财政支出方面形成了财政分配与政府采购领域“前后连贯、优势互补、相互制约、配套联动”的运作机制。实际上，政府采购的确不应该是孤立的，不是仅仅购买东西而已，而必须是政府财政支出总体管理体系的组成部分，只有从全部财政支出管理优化出发，将政府公共财政资金的采购实现总体规划，才能科学地解决好政府应该采购什么、采购多少、何时采购、为谁采购等关键性问题。

二、树立完整的政府采购理念，全面规范政府采购行为

从政府采购本质要求看，政府采购科学化应该是一个全面、完整的过程，包括完整的政府采购对象、从采购需求提出到履约验收的完整过程等。但遗憾的是，我国目前政府采购仍然只在一个比较狭窄的范围之内，采购对象不完整，采购过程也主要限于极其简单的购买过程。

烟台政府采购模式是基于全面、完整的政府“大采购”的认识和理念建立的。首先，我国与任何国家不同，政府工程采购管理处于一种“模糊地带”，《招标投标法》《政府采购法》都涉及政府工程采购，但对于工程采购的管理却没有一处有明确的规定，导致目前政府工程采购管理上出现严重的混乱局面。烟台市政府采购力求实现政府采购规范对象的完整，通过恰当的方式，将政府工程采购纳入政府采购管理和规范的范围。二是在政府货物和服务采购方面，通过形成较广泛的集中采购目录，提高集中采购的程度。三是对于政府与公共事业等部门的采购，从采购需求提出，到需求论证、采购预算编制与审批、采购实施、合同授予与纠纷处理等，实行全面的规范和管理，而不是我国各级政府大多数情况下实行的一种简单的购买环节的管理。

三、强化政府采购管理，尤其是前期管理

政府采购过程主要涉及两个方面：一是采购操作实施，即具体的采购过程；二是政府采购管理过程。在这两个过程中，各地侧重点是明显不一样的。有的地区侧重加强管理，有些地区则侧重具体的采购过程操作。烟台市采取了政府部门重点加强采购管理的方式。烟台强化政府采购管理主要表现为：增加政府监督管理范围，增强政府采购管理队伍和管理能力，提高政府采购管理机构的“级别”等措施。在增强政府采购管理范围方面，主要如前所述增加采购的对象范围、增加集中采购和集中管理的程度等，参与政府采购全过程管理；在增加政府采购管理队伍方面，烟台市将一些地市级政府用于直接实施采购的人员直接用于采购管理，目前政府采购管理机构的编制达到 27 人，应该是我国地市级政府采购管理人员中最多的编制。此外，烟台市政府采购管理机构具有相对独立性，是独立的法人单位，相当于“正处”级行政级别，政府采购管理办公室主任由财政局局长兼任。烟台的这种管理机构的设置，主要是突出其管理的特殊性，有利于做好政府采购管理的全面性工作。

烟台市加强政府采购管理的另一个特征是加强政府采购的前期管理。根据政府采购科学化，首先需要解决好采购什么、采购多少、为何采购等问题，做好采购需求论证和需求规划等工作。应该说，在这方面烟台市做了大量的工作，也取得了比较突出的成绩。实际上，在我国现实情况下，政府采购科学化与否，在很大程度上并不只体现在采购操作环节，而是应该更多地通过有效的采购需求和预算管理，解决好政府为何采购、采购什么、采购多少等问题，从而有效抑制超过实际需要的、奢侈浪费的不必要采购，节省不必要的政府支出。因此，从实现政府采购整体和全面科学化方面，烟台市的做法应该具有参考价值和借鉴意义。

统一电子化平台应具备“八种属性”*

建立全国统一的政府采购管理交易平台，绝不是一件简单的事情。它需要制度层面、技术层面的协调，需要政府投入、平台监督管理等多方面利益的调整，在许多问题上都需要进行深入论证和综合考虑。但毫无疑问，建立全国统一规范的政府采购管理交易平台是不可回避的必然方向，是推进我国政府采购制度完善和操作科学化的不二选择。

一、采购活动就是信息处理过程

从某种意义上看，采购活动本身就是一个处理信息问题的过程。在瞬息万变的市场经济时代，人们需要什么，如何寻找到最符合需要的产品？究竟谁在供应这些产品？供应商如何寻找到需要这些产品的客户？解答这些问题，实现供应与需求的最佳对接，就是典型的信息处理过程。

政府采购作为一种公共采购，是代表纳税人进行的群体性采购，比私人采购要复杂得多，涉及纳税人、采购人、采购机构、采购监督管理机构、供应商等在内的多方面利益关系，涉及从需求论证到资产交付等一系列的环节。而所有各方面的利益保障、各环节之间的联结，要实现在公开透明环境下的科学操作，都离不开包括信息发布、信息交换、信息储存、信息查询在内的准确、快捷、灵活的信息服务。

---

* 本文原载于《政府采购信息报》2012 年 3 月 30 日第 004 版理论与探索。

二、直面不足 抓住机遇 推进电子化

对于政府采购信息化建设的方向，我国政府采购监督管理及实际操作部门早已经有充分的认识，也进行了一系列的探讨，中央机关及地方政府采购都做了许多有益的实践，有些已经达到了很高的水准，发挥了十分重要的作用。但是，总体来看，目前的政府采购信息建设和使用方面还存在不少问题，其中主要表现在以下几个方面。

一是缺乏统一、规范的管理制度。显然，要实现政府采购信息化建设，首先应该有信息建设的制度规范，如信息化建设的主要内容、基本流程，实现信息化监督管理的内容与手段，采购活动公开和透明化程度，信息安全保障，以及上述工作与传统的以纸质文件为载体、手工签署合同为结果的采购活动有何区别等。由于政府采购信息化是一项全新事业，其制度的建立与完善需要一个长期探索和实践总结的过程，这一过程目前仍在进行之中。因此，统一的制度建设方面目前仍是相对空白的状态。

二是缺乏统一、规范的信息公开与交易平台。目前虽然一些部门和地方在发展电子信息采购事业方面做了不少有益探索，建立了自己的政府采购信息发布和交易平台，但都相对独立和封闭，最多是一个全省性或者区域性的统一平台，而不是全国性统一平台，因此不能进行全面统一规范。不仅如此，各部门、地方信息化建设的自成体系，也存在投资成本和维护成本过高过大的问题。

三是缺乏有效的信息安全保障。在电子信息发布和交易系统运行方面，如何确保招标、投标、评标等重要的信息安全？如何解决电子交易流程与实质性的现场交易流程的同质性？如何很好地解决信息化后的法律取证？……上述种种问题，仍然没有有效解决的确切保证。

四是缺乏操作与交易技术训练。建立和使用政府采购信息网络平台，涉及采购人、采购机构、供应商、监督管理机构及纳税人等众多主体的联

结和使用，需要相应的硬件配套建设和软件操作技术，需要熟悉政府采购的法律、法规及商品性能等知识。但目前这方面的人才还很缺乏，相关的培训未能跟上。

显然，目前的情况显示，一方面，为提升政府采购的效率、加大政府采购的公开性，便于政府采购的监督管理，政府采购走向高度信息化、高度便捷的交易途径非常必要；另一方面，高度发达的电子信息技术已经为政府采购各方面综合信息目标的实现提供了可能。因此，基于当前的政府采购法律制度框架，利用现代信息技术，建立政府采购信息发布、交易、监督、管理网络平台，已经成为实现政府采购操作和监督管理全面精细化、科学化的必然选择。

三、一个平台　八种属性

由于我国实行的是全国统一规范的政府采购制度，为了提高效率和透明度，并方便供应商参与竞争，我国必须着眼建立全国性的统一、规范的政府采购信息平台。为了更明确地说明此问题，笔者提出建立以“八种基本属性”为内涵的综合统一平台。

（一）统一规范平台

按照法律和制度要求，建立全国统一的政府采购流程规范、操作规则和监督窗口，通过统一的、相对固定的模式和标准化作业，实现政府采购操作和监督管理的统一规范。

（二）公开透明平台

通过在统一的政府采购网络上，发布政府采购计划、采购信息公告、采购过程和采购结果的各种公告，实现政府采购全过程公开透明。

（三）公平竞争平台

通过政府采购信息发布，吸引各类具有潜力的供应商参与竞争。供应商可以在统一规范、公开透明的环境下获得公平的机会。政府通过供应商的公平竞争获得价廉物美的功能需求。

（四）操作便利平台

显然，在统一、完善的网络上进行操作，将大大提高操作便利性，从而提高采购效率和质量。通过完整的网络设计，将采购人申报、采购管理机构的审批、信息发布、供应商获取信息、供应商参与、采购具体实施、供应商确定等活动中，所有不同的参与主体、不同的环节，都统一联结为一体，以此创造前所未有的便利平台。

（五）买卖交易平台

政府采购网络系统的建立，最重要的功能目标就是实现网上直接采购和交易。通过对网络环境的完善，逐步实现网上竞价、询价，网上投标、评标、定标、签约、支付等所有交易活动的统一。

（六）管理监督平台

应该说，最好的监督管理手段就是通过网络监督管理平台来实现。包括政府采购监管机构、参与竞争和潜在的供应商、所有关心政府采购的社会公众，都可以通过政府采购网络平台了解各类相关情况，包括政府采购法规制度及其执行情况，政府采购需求与计划，政府采购的方式与方法，政府采购结果，投诉及投诉处理情况，并以此为基础进行管理和监督。

（七）科学评价平台

目前，政府采购实行的是专家评审制度。但是，真正的评价者应该是来自多方面的，包括各方当事人、采购管理者和社会公众。需求是否合理，采购方式与过程是否合法，采购结果是否公正、科学，只要在网络上公开透明，人们自会有公正的评价。

（八）采购优化平台

统一的政府采购平台也是一个促进采购活动不断优化的平台。通过公开和透明采购操作、监督管理，以及供应商、社会公众等多方面的监督和评价，可以不断发现采购中不科学、不合理的因素，然后不断改进，就形成了促进政府采购不断优化的平台。

招标文件如何作价*

不久前，报载某政府部门采购的一份招标文件，要价高达3800元，供应商对此颇有微词。享有凑巧，笔者近来对一些供应商进行了调查，发现不少供应商都对招标文件的售价极为关心。招标文件是什么，究竟值多少钱，值得思考和探讨。

一、招标文件不是商品

招标文件是种采购说明书，不是商品。政府采购机构向供应商提供招标文件是一种义务，而不是买卖。政府采购选择集中招标采购方式，主要是通过批量、竞争采购，获得更好的采购效果。而招标采购的实施，必须编制招标文件，并对供应商提供这种文件。也就是说，政府采购机构为供应商提供招标文件，是一种义务。如将标书作为谋求利润的商品出售，必然会违背公共财政原则，也不符合政府采购的初衷。

既然政府采购招标文件不是商品，可政府采购机构在提供招标文件时，为什么会收取一些费用呢？应该说，这种收费只是一种工本费，政府采购机构制作和印刷政府采购招标文件，会发生一定量的支出。采购机构为补偿这种支出，才适当收费。招标文件收费的另一个重要原因，可以防

* 本文原载于《中国财经报》2002年2月26日第007版理论纵横。政府采购实施之初，采购文件卖价一度成为比较严重的问题。本文是应媒体邀请所写。原文题目为《招标文件卖多少钱》，此处题目有改动。

止与招标无关的单位和个人无偿地从采购机构处获得招标文件，增加政府采购的费用。

二、招标文件如何定价

招标文件应该如何收费和定价？人们对此有不同的看法。一部分人认为，招标文件定价应以制作费用为依据。也有人认为，应该以政府采购的总价值为依据。还有一种意见是应该以预计的投标人数量为依据。

究竟招标文件收费的依据是什么？政府是否应该对此有一个准确的说法？是否应该进行管理？从《招标投标法》看，该法并没有作出具体规定。同样，在一些国际组织的公共采购规范中，大多也没有明确规定。但是，作为引导各国制定政府采购制度的联合国国际贸易法委员会的《示范法》，对于招标文件如何定价和收费问题，却有明确的规定。该法第二十六条规定："采购实体对招标文件收取的费用，只能是印制和将其寄送供应商或承包商的成本。"由此可知，答案是明确的：政府采购机构提供招标文件，只能收取工本费。而且，在《示范法》中，这种工本费只限于"印制和寄送"费用。

确定招标文件的定价或收费依据之后，同时也确定了政府对招标文件定价进行管理的依据和必要性。政府应该明确规定招标文件的定价或收费依据，明确招标文件制作费、印制费用计算的标准，实行规范管理。

三、标书定价不能忽视

事实上，招标文件收费并不是个无足轻重的小问题。招标文件收费过高，其危害是明显的。一方面，由于购买招标文件的供应商并不确定投标和中标，因此，过高的价格往往会因增加供应商投标风险，而使其望而却步，从而减少了竞争者，最终影响政府采购效果；另一方面，招标文件收费过高，供应商必然在投标报价中冲减这笔开支，间接增加政府采购成本。此外，招标文件卖价过高，使政府采购有盈利之嫌，也违背了政府采购的初衷。

如果对招标文件收费问题不加控制，可能会因采购人追求出售招标文件所获得的“小利”，而严重影响社会公共利益和政府采购事业发展的“大利”。

五大问题困扰信息发布*

政府采购信息发布，是政府采购工作的重要环节。但是，从我国近几年的情况来看，政府采购信息发布中明显存在一些不规范的现象，亟待改进和完善。

第一，政府采购信息发布仍然存在媒体不统一的问题。从目前的情况看，大多数政府采购招标信息都是在财政部指定的信息发布媒体上发布。但是，有一些地方政府采购信息并未在指定媒体上发布，只在地方性媒体发布招标信息，必然导致政府采购选择范围缩小，外地供应商失去知情权，甚至会演化成地方保护主义。

第二，政府采购信息发布在时间上欠规范。政府采购信息发布，应该考虑供应商接受信息、信息反馈的时间。另外，还必须考虑到不同地区供应商在接收、反馈信息上受信息传播的方式、距离远近不同等因素的影响。因此，WTO《政府采购协定》规定，发布招标信息到正式开标，一般不少于40天。可是，由于我国目前没有这方面的规范，许多招标信息的发布，存在留给供应商的时间过短的问题。对于较远地区的供应商而言，实际上是被剥夺了投标机会。如果因故推迟了发布公告的时间，则应相应推迟购买招标文件及开标的时间。

第三，部分招标文件卖价偏高。招标文件主要是为供应商投标提供招标清单，即说明招标标的、规格、要求的基本文件。从某种意义上说，提

---

* 本文原载于《中国财经报》2001年12月4日第007版理论纵横。

供招标文件，是招标人对投标人的基本义务。为了搞好招标工作，招标单位适当收取制作招标文件的工本费也是合理的。但是，一些政府招标机构在招标文件收费方面明显存在收费过高的问题，其价格大大超过了制作招标文件的费用。

第四，招标公告中标的物品名称说明方面存在问题。招标公告的一个基本内容是必须说明招标标的。供应商根据标的名称来决定是否购买招标文件，是否参与投标。这种说明应该清楚、明确，既要说明具体的采购需求，比如台式电脑、某种具体的医疗设备，又不宜直接说明某种品牌（按国际要求，招标公告和招标说明书中说明品牌，有歧视其他供应商之嫌）。但是，目前有些招标公告中却存在这方面问题，比如有些招标公告中，标的为医疗设备，但并不说明究竟是哪一种医疗设备，而是在招标公告中注明在招标文件第几章中有说明。也就是说，不买招标文件，就别想知道究竟是什么设备。另一种情况是，在招标公告中，直接指定购买什么品牌。某地招标公告一共采购 8 类产品，每种都指定了特定品牌。指定品牌，既不利于采购人扩大选择空间，也不利于供应商之间的竞争，并会导致排斥和歧视别的供应商。

第五，要多为供应商着想。政府采购供应商，是政府采购的贸易伙伴，与政府采购机构是平等的关系。政府采购信息发布，应该多替供应商着想，多为供应商投标提供方便。但是，在目前的招标公告中，经常看到一些不太为供应商着想的现象。例如，一些招标公告中注明，招标文件一律不办理邮寄，必须到指定的地方购买。试想远地供应商怎么办，难道必须为买一份招标文件远赴千里之外吗？再如，招标时间紧迫，对供应商附加条件过多，供应商购买招标文件后，原定的招标轻易取消等，都是为对方着想不够的行为，都应该在今后的采购工作中规范信息发布的程序。

政府采购信息发布中的问题及对策*

公开性与透明度是政府采购的基本原则，而贯彻这一原则最有效的办法就是建立规范的政府采购信息发布和披露制度。世界各国及不同国际组织都十分重视政府采购信息发布及其规范化问题。随着我国政府采购事业的发展，政府采购信息发布制度已经初步形成，并发挥着日益重要的作用。但是，政府采购信息发布中也存在不同方面的问题，并在一定程度上影响了政府采购工作的透明度和公正性。

问题一：不公开发布应该发布的信息

这是当前政府采购信息发布中一个比较突出的问题，并表现在多个方面。比如：一些地区通过的地方性政府采购政策与法规，按规定应该在全国范围内发布，便于社会监督其是否与政府采购法律相冲突，便于供应商了解该地区政府采购的政策特征。但是，有的地方以为本地区政府采购政策与别的地区无关，只在本地区发布。一些地方和部门对于招标采购的信息也不正规发布，而是采取在一定范围内通知部分供应商的方式，特别是采取只在本地地方性的媒体上披露信息，使外地供应商失去进入本地政府采购市场的知情机会。另外，一些政府采购中标结果和纠纷仲裁结果没有或者没有及时发布。许多采购机构认为，招标采购需要发布信息，而中标结果是否公开无所谓。可以看到的现象是，在国家指定的发布政府采购招标信息的媒体上，发布招标信息内容远远多于发布中标结果的信息。对于

---

* 本文原载于《中国政府采购报》2003 年 1 月 1 日。

纠纷仲裁结果，尽管几年来政府采购中出现的纠纷并不少，但真正在媒体上公布仲裁结果的并不多见，比如2002年某机关引人注目的采购纠纷，至今也没有见到发布相关仲裁结果。此外，还有一个值得重视的问题是，一些本应该公开招标采购的项目，可能因为采购人或采购机构擅自采取邀请招标或询价采购等非招标采购的方式，从而逃避了采购信息的公开发布。

问题二：信息发布的媒体不科学

为了便于政府采购监督管理部门的管理以及供应商及时获得政府采购信息，有关部门指定了政府采购信息发布的统一媒体。不管采购机构是否已在其他地方性和行业性媒体上发布，都不能改变这一规定。但实际上，一些地方或行业的政府采购却并没有完全遵循这一规定，而是热衷在本地区或本行业媒体上发布信息。据笔者所知，在不少地区，其相关应公开的信息基本上都没有在指定媒体上发布。在《政府采购法》出台后，有些地方政府采购监督管理机构甚至片面理解《政府采购法》中关于政府采购信息需要在政府采购监督管理机构的指定媒体上发布的规定，认为只要是政府采购监督管理机构，就可以指定发布政府采购信息的媒体。一些地方纷纷颁布规定，指定政府采购集中机构的采购，必须在其指定地方或行业媒体上发布信息，有的还规定向采购机构收取不菲的信息发布费用，使政府采购信息发布渠道更趋复杂，供应商了解政府采购信息的困难增加。

问题三：招标信息内容不规范

一些招标信息中内容含糊不清。例如，说明要采购医疗设备，不说明是哪一种医疗设备，而只是在括弧中说明见招标文件第几章第几页；有的要求招标文件不能邮购，只能现场购买，对供应商获取招标文件造成不便；有的同一种招标信息登在不同媒体上，内容却有明显的差别；有的获取招标文件的价格太高，少则几百元，多则数千元，使一些潜在的供应商望而却步。

问题四：信息内容不符合政府采购原则

从发布的政府采购信息内容来看，有不少内容与政府采购的原则与初衷是相违背的，特别是一些带有歧视性的信息也不同程度地被公开发布出来。例如，一些招标信息中明确规定采购产品的品牌，或者要求必须是名牌；有的直接从产品的形象、外观设计出发提出采购要求；有的随意规定供应商的注册资本必须在多少元以上；有的要求供应商必须有多少年的经营经验等。这些内容看起来有道理，但实际上却有违政府采购的初衷和原则，违背了不歧视性原则，同时也与我国《政府采购法》关于适当扶持不发达地区与中小企业发展的政策目标相违背。此外，需要特别警惕的是，有极少数政府采购代理机构还存在发布虚假采购信息问题，或者采购信息中含有欺诈性内容。

信息发布是否规范，是关系到政府采购是否规范的核心问题，是规范政府采购行为、实现政府采购制度目标的关键性因素。只有信息发布的渠道规范，信息发布的内容准确、客观、真实，符合政府采购法律法规的要求，政府采购的高效、透明才有可能实现。此外，建立规范的信息发布制度，加强信息的监督管理，也是我国政府采购走向世界的重要步骤，只有在实践中不断完善政府采购信息发布制度，才能更好地适应各种国际规则的要求。

一个案子引发的思考：公益事业该不该市场化运作，如何运作？*

道斯公司状告南山区政府和财政局一案（以下简称“道案”），给我国公共财政建设及政府采购司法规范提出了新问题。①

首先，“道案”涉及我国的公共财政建设问题。在“道案”中，道斯公司与被告一个重要的分歧在于，南山垃圾焚烧发电项目是不是政府行为，是否应该由政府财政投资建设。这就涉及目前我国正在讨论的公共财政框架，公共财政的基本精神是财政为社会公共事务、公益事业服务。也就是说，凡是属于社会公众的事务、社会公益事业，原则上都应该由政府财政操办。正因如此，国外普遍把政府操办的公益事业的采购统称为公共采购。但是，为了提高办事效率，同时减轻政府和社会公众的负担，有些社会公益事业也可以根据不同情况下放到企业，实行市场化运作。比如，一些国家的铁路、地铁、学校等公益事业由私人企业承办。从“道案”来看，垃圾焚烧发电，是公共环境保护及政府基础建设的内容，属于社会公

---

* 本文原载于《中国财经报》2001 年 3 月 6 日第 007 版。

① 新闻背景：据《中国经营报》2001 年 2 月 22 日报道，道斯环保科技（香港）有限公司（以下简称道斯公司）状告深圳南山区政府工程采购违法。事情的原委是：1999 年 8 月，深圳市南山区政府把南山垃圾焚烧发电厂项目直接指派给深圳能源集团。道斯公司已跟踪此项目长达 5 年。为承揽深圳市南山区垃圾焚烧发电厂项目，道斯公司与深圳市南山区政府接触密切，前期投入大量人力、物力。道斯公司还曾与南山区政府签署一份合作意向书。但最终项目给了深圳能源集团。道斯公司认为该项目没有就有关工程、服务项目进行公开招标，此举是违法的，这损害了他们的利益，把他们拒于竞争大门之外，遂一纸诉状把深圳市南山区政府和区财政局告上法庭。双方的分歧点是，该项目是否属于政府采购范围？政府采购资金来源到底如何界定？3 月 5 日，深圳市中级人民法院开庭审理此案。

益事业范围，理应由政府筹建。而南山区政府出于一些特定原因（或为了提高垃圾处理和发电的效率），将垃圾焚烧发电业务下放到企业。作为一种政府行为，这种做法有何法律和实践上的根据？是否符合公共财政原则？不仅如此，“道案”还提出了更深层次的问题：即政府公益事业的界限如何界定，公益事业该不该市场化运作，市场化的程度如何掌握等。实际上，“道案”提出的问题，在我国并非是特殊现象，我国目前仍有诸多如铁路、航空、邮政、城市供水、供电等大量公益事业市场化运作问题。如何规范这些公益事业的运作，都是我国在构建公共财政框架、规范财政立法（含政府采购立法）时，必然面临、并急需深入探讨的问题。

其次，“道案”涉及公益事业市场化运作准入机制的问题。一般情况下，公益事业市场化运作主要有两种情形：一种是企业自由进入机制。即任何企业只要愿意参与投资经营，就可以自由进入。如某些国家的私立学校、医院等。另一种是政府经营授予或转让方式。由于某些公益事业自身的特点，政府只能将其投资或经营权授予极少数企业。如地铁运营、垃圾处理等。在第二种情况下，政府应该建立什么样的企业准入机制，换句话说，根据国际一般原则，政府应该通过招标的方式择优选择承办者。就我国的情况而言，为了更好地选择承办公益事业的企业，理应由政府通过招标择优方式来进行。但是目前并没有这方面的法律规定，并且形成了众多的垄断集团。这次南山区政府是采取指定的方式，指定的依据是什么？是否科学合理？今后我国将有许多如以上提到的公益事业特许经营权应该怎样授予和转让的问题，这些转让是由政府指定，还是招标选择？是由政府机关直接操作，还是纳入政府（公共）采购范围？这同样是亟待研究和规范的问题。

再次，政府采购公益事业市场化运作之后，其工程采购是否属于政府采购范围。应该说，社会公益事业市场化以后，如果取得经营权的企业属于自主经营、自负盈亏，其工程、物品、服务的采购属于自筹资金，不是政府财政性资金采购，则不应该属于政府采购范围。从这个角度来看，南山区财政局政府采购中心并没有违反深圳市政府采购规定，不应承担法律责任。当然，如果南山区政府参与投资，并且其投资部分符合深圳市政府采购法律必须纳入政府采购范围的规定，那么政府投资的部分则应纳入政府采购范围。

最后，此次香港公司的诉讼案，也提出另一个十分现实的问题，即作为一种政府行为，应该怎样对待供应商的权利与利益；作为供应商，又应该怎样维护自身的合法权益。此次诉讼纠纷，一个重要的起因是香港道斯公司称追踪垃圾焚烧项目已经5个年头，在此过程中并没有得到南山区政府否定的答复，并因此花费大量的人力和财力，最后却在没有招标、没有比较道斯公司与其他公司的实力的基础上失去投资机会。果真如此，道斯公司感到自身的权益受到损害，力图通过法律手段要个“说法”，实属情有可原。同时，此案也可以告诫政府部门（或采购机构）：一方面，政府部门应该尊重供应商的权利，积极、主动地维护供应商的正当合法权益，尽量避免因决策不当或信息误导损害供应商的利益；另一方面，目前，我国政府采购制度正在建立之中，作为供应商，也应该积极了解和明确自身的权利与义务，参与政府采购的监督。如果发现自身的权益受到损害，也可以效仿道斯公司，大胆运用司法武器，维护自身的正当权益。这样做，只会有利于我国政府采购事业的发展。

总之，香港道斯公司诉讼案，给了我们有益的启示，值得我们深思！

06

第六编

国际政府采购制度

国际政府采购制度新趋势*

——联合国国际贸易法委员会《示范法》修订的方案与思路

政府采购是以政府为主体、为满足公共需要而进行的采购活动。政府采购资金来源于社会公众，并为社会公共服务，因此，其本质上是一种社会公共的采购。政府采购什么、采购多少、为谁采购、如何采购等问题，是关系到经济发展、社会和谐及社会公众切身利益的大事。同时，随着经济全球化进程加快，政府采购也越来越成为政府间市场开放的国际贸易问题。为了规范世界各国政府采购行为，实现政府采购科学化并促进各国政府采购贸易市场开放，联合国国际贸易法委员会（以下简称“贸易法委员会”）于 1994 年正式发布了以政府公共采购为主要规范对象的《联合国国际贸易法委员会货物、工程与服务采购示范法》（以下简称《示范法》）。该法的颁布为世界各国政府采购法律制度的建设与完善提供了良好的示范，为许多国家政府采购立法或者修订提供了示范依据。但是，随着国际经济形势的变化，特别是以电子技术为主的科学技术的迅速发展，实现政府采购的规范化和科学化又有了更高的要求。因此，2004 年贸易法委员会决定对《示范法》进行增订和修改，并先后举行了多次修订会议。笔者有幸作为中国政府专家代表直接参与了这项工作。现对以《示范法》修订为代表的国际政府采购制度建设的发展趋势进行分析和介绍。

---

* 本文原载于《国际贸易》2006 年第 12 期。

一、《示范法》的性质及其修订背景

《示范法》是联合国国际贸易法委员会1994年在其第二十七届年会上通过的。其规范的主体包括：参照国从事采购的任何政府部门、机构、机关或其他公共单位或其他下属机构，或者参照国政府列入的其他实体或企业（公有性质企业）。由于规范的主体主要是以公共部门为主的政府部门，因此，基本上属于政府采购。根据联合国国际贸易法委员会的决议，制订该法的目的是“促使政府公共采购过程更具有竞争性和透明度，尽可能节省资金和提高效率与质量，增强政府采购的公开性和透明度，使政府采购更公平公正、更具经济效益和效率”。贸易法委员会作为联合国大会的政府间机构，是联合国为促进和协调国际贸易、消除因贸易法差异而对国际贸易造成不必要障碍而设立的。因此，促进和鼓励供应商与承包商参与采购过程，尤其在适当情况下促进和鼓励无论任何国籍的供应商和承包商的参与，从而促进国际贸易，同样是《示范法》制订的主要目标之一。但是，从性质上看，《示范法》不同于WTO《政府采购协定》（以下简称GPA）。《示范法》的内容是以世界大多数国家政府采购法律制度为基础，综合各国的制度设计和操作经验，由联合国国际贸易法委员会组织各国专家起草制订，而不是像GPA一样通过WTO成员间谈判形成。《示范法》的立法目的不在于为国际贸易和国际经济发展提供一套具有强制性和普遍约束力的法律规则，而在于为不同制度、不同法系、不同文化条件下的国家或国际组织的政府公共采购行为，提供一种综合的、示范性的立法理念和制度模式。

《示范法》包括政府公共采购制度建设目标价值、采购的类型、方式、供应商资格审查、国际商界参与采购进程的规定、采购的程序要求与组织管理等内容。该法通过以来，已经成为许多国家和地区完善采购法律的参考依据和借鉴，被认为是国际政府采购制度情况的综合反映。同时，《示范法》也被认为是执行 WTO《政府采购协定》的一个范例。它的条款、原则和法律框架，已成为执行《政府采购协定》的主要内容标准。其中，在有关使用标准技术规范和评估供应商资格规则、招标文件内容等方面，两个文件基本一致。

贸易法委员会重点对政府采购透明度、现代电子技术的应用、政府采购政策功能等十几个方面的内容进行增订与修改。

《示范法》通过以来，政府采购的情况已经发生了很大变化。采购程序和过程日趋复杂，贸易全球化迅速发展，特别是电子通信和网络技术的发展，使采购方法正发生革命性的改变。因此，政府采购领域中出现的许多新情况新问题，现行的《示范法》已经无法找到示范依据。此外，《示范法》之后，世界各国在政府采购方面进行了广泛的实践，积累了大量的经验，对《示范法》原法的不足及需要补充的内容已经有了更多的认识。鉴于此种情况，联合国国际贸易法委员会于 2004 年第三十七届会议决定，结合当前政府采购发展现状及未来的发展趋势，对原《示范法》进行增订和修改，以适应新的形势，更好地为各国建立和完善公共采购法律提供指导。

二、《示范法》修订的思路与方案

《示范法》的增订和修改是一项十分复杂的工作，内容涉及许多方面。从 2004 年以来，贸易法委员会组织世界各国及国际组织的专家进行了广泛而深入的磋商与讨论。其中，重点对政府采购透明度、现代电子技术的应用、政府采购政策功能等十几个方面的内容进行增订与修改。

第一，进一步增强政府采购透明度，提升采购的公平公正性，增强政府采购市场的开放性。由于政府采购具有很强社会公众性，公平、公正、透明是政府采购的永恒的主题。在原《示范法》的六条目标价值中，就有“使有关采购的程序具有透明度，促使采购过程诚实公平，给所有供应商和承包商以公平和平等的待遇”等三条与此目标相关。但是，随着社会进步和科技发展，原有的实现公开透明及社会参与的规定仍不能适应需要。因此，在《示范法》修订中，增强公开性、参与度及保护公平竞争仍成为一项重要的议题。

在增加公开性和透明度等方面，重点强调在预算规划、信息发布、采购程序与过程、采购结果、采购记录、投诉处理等各方面进一步透明，以增强采购的公平公正性。为此，《示范法》拟从以下几个方面做好工作：一是增加采购信息的传播功能，重点增加电子信息发布。因为电子信息发布会比纸质信息发布具有更快捷、更广泛的传播功能和更高的公开度和透明度，特别是在政府采购日趋国际化条件下，情况尤其如此。二是增强社会参与程度。《示范法》将对原法的条款进行审核，通过采购程序设计和完善，尽可能增加社会公众参与监督的机会，减少一切妨碍社会公众参与的条款。三是增加对供应商进入程序的规范，增强对供应商权利受到侵犯的救济机制，如减少各种对供应商进入采购竞争的资格限制，保证供应商有更加通畅的质疑投诉渠道。

《示范法》修订的另一个任务是促进政府采购市场的开放。委员会强调，通过政府采购的公开透明和规范，以及各国制度的逐步趋同，以便于促进更多的国家开放政府采购市场，在更大程度上促进国际贸易的繁荣与发展。

第二，发挥政府采购的功能作用，促进社会和经济政策目标实施。政府采购作为以政府为主导的采购行为，除通过采购满足政府履行职责所需要的货物、工程和服务以外，还存在着贯彻实施环境保护、促进中小企业发展等多方面的社会经济政策功能。近十年来，这种功能已经被许多国家广泛使用。但是，《示范法》颁布时更注重的是采购程序过程规范，对采购政策功能并没有给予足够重视。在《示范法》的六条目标价值中可以看出，采购的政策功能并没有纳入立法目标之中。但是，鉴于政府活动对于社会、经济环境影响的日益加深，以及许多国家和地区已经注重发挥采购功能作用的事实，委员会决定在新规则的修订中，讨论并增加政府采购政策功能作用的相关内容。

政府采购的政策功能是通过其特殊的作用能力实现的，可以通过立法手段及政府政策措施，通过确定政府采购什么、向谁采购、采购多少、如何采购等，从利益上影响供应商的行为和引导其他主体采购行为，实现对社会经济的调节和控制。比如，通过采购国货保护民族产业、采购节能环保产品改善生态环境、采购自主创新产品促进科技发展与自主创新，通过优先、优惠采购中小企业和不发达地区企业产品，扶持中小企业和不发达地区企业发展，通过限制对外采购不安全产品，保证经济和信息安全等。为此，委员会决定采取通过供应商资格要求、政府采购的内容、招标文件的要求控制等，采用优先、优惠采购及在评标中设置相关权值因素等方法，贯彻实施政府采购的政策功能作用。

第三，广泛利用现代科技成果，提高采购技术和效率。需要说明的是，《示范法》是国际贸易法委员会 1986 年开始起草，1993 年基本完成，1994 年正式发布的。当时，以互联网为基础的信息技术是 1990 年开始的，远不如今天这样发达和普及。因此，当时并没有将现代信息技术在采购中的应用因素考虑进去。但是，十几年来科学技术的发展，特别是电子技术迅速发展和普及，已经在很大程度上改变了采购技术和效率。包括电子通信技术、电子信息传递、网上信息搜寻、网上提交投标、网上评标、电子签约、电子支付、电子查阅和电子投诉等。电子技术在采购提供的潜在好处是多方面的，包括在更广泛的市场范围内，通过更为激烈的竞争增加资金的使用价值，给供应商提供更多的信息，也能使采购实体更容易获得需求与产品信息，采取更具有竞争性的方法，节省采购时间和成本，改进授予合同的管理，减少权力滥用和腐败的机会。因此，贸易法委员会充分认识到这种技术应用的必要性，确认电子通信技术成为改进采购的重要手段，并将对于通信技术使用作为增订规范的重点内容。

电子通信和技术的应用涉及许多实际问题，电子的虚拟性、客观性和真实性往往成为人们操作中面临的问题。电子信息传播和采购操作的安全性同样为许多人所顾虑。为此，委员会认为，高效和可靠的电子采购系统需要在电子安全性、保密性和真实性以及数据的完整性方面有适当的控制措施，在这方面需要制定特殊的规则和标准。并确立重点解决以下问题：电子采购法律认可；电子通信手段的类型和内容；电子通信与“纸质通信”在法律上的“功能等同”；电子采购的法律效力，包括电子信息发布、电子信息提交、电子签字、电子合同的法律效力；电子采购的“普及标准”，规定必须使用大众性和普及性的电子通信手段，以防止采购实体利用电子通信的技术标准和措施，在采购中形成部分供应商准入性障碍，从而形成对潜在供应商的歧视和排斥。委员会希望通过增订电子政府采购的条款，实现从法律角度保持电子政府采购的确定性、真实性、完整性、可检索性和保密性，并确保发送和接收系统的相互兼容性。

第四，增订和修改采购方式与方法。政府采购的科学化在很大程度上取决于采购方式设计与规范。委员会鉴于欧盟和世界大多数国家近十年来新型采购方式的实践，拟对采购方式进行增订和补充。在新增采购方式方面，决定主要增加框架协议采购方式与电子反向拍卖采购方式。

所谓框架协议采购，是指采购方通过招标或谈判的方式，一次性与供应商签订提供货物、工程和服务的协议。协议确定在固定期限内（如一年）供应商不定期不定量按协议规定的条件多次分散提供货物和服务。框架协议采购在不同国家所用的名称有很大差别。比如美国称为“任务单”和“交货单”，或者“多项授标不定期交付、不定量应用合同”。欧盟2004年修订政府采购指令时称为“框架协议”，并得到联合国国际贸易法委员会的认可。在我国，人们统称为“协议供货”。随着电子采购的兴起，框架协议采购已经成为一种日益流行的采购工具。据美国专家提供的报告，截至2003年，框架协议采购占美国联邦政府合同定购约32%。

由于框架协议采购是一项实用性与复杂性都很突出的采购方式，委员会重点研究了框架协议采购可能产生的优势和问题，框架协议应用的条件和范围，框架协议程序、方式和优化与规范，以及如何避免和应对框架协议采购可能出现的负面效应等问题。委员会特别强调，应该对各国及相关国际组织实施框架协议采购的情况进行调查分析和归纳论证，然后才能增订相关条目。笔者作为中国政府代表，介绍了我国实施协议供货采购的方法与经验。

电子反向拍卖是联合国国际贸易法委员会提出的一个新概念。简单的理解就是电子“拍买”。与一般“拍卖”相反，不是一个卖家，众多买家，高价竞卖；而是一个买家，众多卖家，购买者以低价竞买。由于没有“拍买”一词，人们将采购竞价称为“反向拍卖”，我国称为网上竞价采购。在《示范法》修订中，一项重要的议程是对近年被较多运用的电子反向拍卖问题的讨论。委员会认为，电子反向拍卖是一种简单、便捷的采购方式，随着电子商务的发展，电子反向拍卖的使用已经日渐增多。因此，修订后的《示范法》应当载有关于电子反向拍卖的专门条款。这些条款可以采取一般的授权条款形式，规定使用电子反向拍卖的主要原则、形式，特别是使用电子反向拍卖的条件和限制性措施。同时，讨论反向拍卖的主要竞争目标，如何界定标的物的规格，如何有效防止出现异常低价竞标等问题，并就这类问题作出详细明确的规定。

第五，制度设计与表述更加明确规范。政府采购是一项涉及面很广，过程和环节多，政策性、操作性极强的工作。政府采购包括采购规划制定、采购预算编制与审批、采购操作与执行、采购政策实施、采购合同授予、采购结果验收与评价、采购投诉处理等，涉及许多环节。政府采购涉及采购实体、采购机构、专家评委、供应商及纳税人等多方面的切身利益。显然，对于这种复杂工作的法律规范，必须尽可能明确和准确，才能便于科学、公平、公正地操作实施。

从目前世界各国的政府采购制度设计来看，大多数国家和地区的采购制度都比较完善。但是，对于一些难以界定、操作弹性大的问题，存在规定和表述模糊等问题。例如，供应商参与政府采购的机会问题，一些国家采取了供应商名单方式（我国名为供应商库）。对于这种方式要研究是否会侵犯未纳入名单的供应商权利，什么条件下供应商的权利才能得到保障。又如，应该如何确定采购规划和预算编制的程序与方法，招标文件中对采购需求说明采用什么标准，如何确定投标文件评审和比较的标准和方法，电子通信与电子签名在何种条件下与纸质具有同等法律效力，等等。由于这些内容在操作中“弹性”很大，没有明确而精确的说明通常会导致采购偏离目标。因此，委员会在《示范法》修改过程中，对于条款的表述力求明白精确，形成统一规范标准，便于理解和操作。同时，对于一些以前表述模糊或者过于繁杂的内容进行精简和删改。

除以上五个方面的主要内容以外，委员会还提出了其他多种需要考虑的趋势和修订的内容。包括服务采购中如何根据服务的类型和相关情况，对每种方法使用的条件和选择原因制订指导性意见，如何选择替代采购方式，如何增加社会的参与及对于政府公共采购的监督与管理等重要内容。

三、我国政府采购制度建设的借鉴与完善

西方发达国家政府采购制度建设大多起源于 18 世纪，至今走过了 200 多年不断创新和完善的历程。联合国《示范法》也正是在总结各国经验的基础上起草制定的，因此最具有国际代表性。相形之下，我国政府采购制度建设起步较晚。1999 年我国才有第一部由财政部颁布的《政府采购管理暂行办法》这一行政性文件，2002 年通过了第一部《政府采购法》。《政府采购法》的颁布在我国具有划时代意义，标志着我国政府采购走上了法治化的轨道。但是，因为政府采购本身的复杂性，加上理论总结不足、实践经验缺乏，所以我国政府采购法律制度不可能一开始就十分完善。《政府采购法》的实施情况表明，目前法律规范的范围和内容还比较狭窄，一些法律条文显得比较宽泛和粗略，因制度不够完善而造成的操作不规范、政策功能不能有效落实、纠纷与投诉增多等现象比较普遍，有些还很严

重。同时，我国还面临着即将加入 WTO《政府采购协定》（商务部已经明确承诺2007 年 12 月前正式拿出第一份加入《政府采购协定》的清单）的紧迫问题，我国政府采购国际化趋势已不可逆转。因此，以联合国政府采购制度完善为代表的新趋势，对于完善我国政府采购制度显然具有重要的借鉴意义。我国政府采购在制度设计、操作实施、监督管理等多方面，同样需要增加公开性和透明度，需要发挥政府采购的政策功能，积极利用现代科学技术，创新采购方式，提高采购效率和质量。同时，制度建设也应该更加注重完整性、系统性和准确性，使制度便于操作、执行和控制，真正实现政府采购的规范化和科学化。

我的联合国之旅*

——联合国政府采购工作会议见闻

2006年4月底，我有幸作为中国政府专家代表，随商务部组织的代表团，到美国纽约联合国总部参加联合国国际贸易法律委员会组织召开的"联合国政府采购工作会议"。会议的议题是增订和修改联合国《贸易法律委员会货物、工程、服务采购示范法》（以下简称《示范法》）。参加会议的有美国、德国、法国等众多国家及WTO、世界银行、亚洲银行等国际组织代表。由于会议内容丰富，讨论充分，本人深感受益良多，在这里摘些见闻和感受与大家共享。

一、政府采购深受重视

也许有人会问，政府采购不就是买东西吗？还用得着联合国操心吗？的确，人们想象中联合国应该是解决全球发展和争端大问题的地方，怎么会召开政府采购工作会议呢？说起这些，还得从联合国对贸易规则的建立谈起。

我们知道，联合国一项重要的职责是促进和协商国际贸易的规范和发展。为此，1967年联合国大会成立政府间机构——国际法贸易法律委员会。该委员会的主要使命是制订一系列具有国际协议和条约形式的法律文

* 本文原载于《中国财经报》2006年8月9日第004版理论实务。

件，比如联合国《国际货物销售合同公约》等，以为那些需要建立和完善贸易法律规则的国家提供帮助和指导。值得说明的是，政府采购作为一种政府交易行为，一直深受贸易法委员会的关注和重视。委员会认为，政府采购数量巨大，直接影响社会公众利益，也是国际间贸易的重要组成部分。因此，为使政府采购获得最大限度竞争和最好的效果，使参与政府采购的供应商获得公平待遇，以及最大限度地提高透明度和客观性，促进贸易的国际化，委员会必须高度重视政府采购，制订可供各国参照的法律规范。1994 年《示范法》获得正式通过。《示范法》通过以来，已经为许多国家和地区采购立法或采购法律完善所借鉴。其中，我国在制定《政府采购法》的过程中，也将其作为主要参考内容之一。

联合国不仅对于制定《示范法》高度重视，而且对于政府采购方面出现的各种新情况新问题同样高度重视。2004 年贸易法委员会第三十七届会议决定，针对政府采购方面许多新变化对《示范法》进行修改和增订。并将《示范法》修订工作纳入委员会多个工作组的第一工作组。

二、积极参与意义非凡

积极参加国际制度和规则制订，的确具有非凡的意义。出发前，商务部的一位公务员说："我国要积极参与各种国际规则的制定，要体现大国的影响，成为规则的制定者。"会议期间，这让人体会十分深刻。

的确，大家都知道时下一句时髦的话是"与国际接轨"。同样也知道实际上主要是与西方发达国家"接轨"。也就是说，等西方发达国家把"轨"制定出来，我们"接"上去。如今我国政府改变了观念，积极参加各种国际性法律法规的起草、制定和修改。通过参与多国专家的讨论与交流，产生很多有益的认识，也十分有利于我国政府在一些领域修改和完善相关法规制度。实际上，本次会议期间，我国代表在电子采购普及、电子采购技术应用、政府采购规划、框架协议采购及其在我国的应用等方面，都提出了很好的意见，受到了大会的重视。

而就我个人而言，参加这样的国际规则修订会议，大大开阔了眼界，增进了对国际政府采购事业发展的了解，也大大增强了对政府采购教学和科研工作的自豪感。同时，对于加强政府采购学科建设、增强政府采购学科国际交流与合作也有了更为深刻的理解。

三、作风务实令人感动

委员会工作组在增订和修改《示范法》的工作中，目标明确，态度严谨、务实，给我留下了十分深刻的印象。会议采取开放性讨论的方式。会议之前，大会通知各相关方做好准备，与会人员都被明确地告知讨论的内容，详细布置讨论细节。会议期间，大会主席团选举主席，秘书组组织对问题进行逐个深入讨论。对于讨论内容，每一项条款的内容，每一种表述或用词，每项条款可能产生的正面、负面效应，都进行反复论证，以真正保证示范性作用，甚至对不同语言中不同词汇可能产生的不同理解都进行细致区分。会议期间，准时开会，准时散会，不同国家代表可以随时申请发表意见，充分讨论，体现了高效务实作风。

政府采购救济制度比较及借鉴*

在政府采购实践中，采购机构与供应商建立合同关系，在合同投予和履行阶段容易产生性质不同的争议。WTO《政府采购协定》、美国及中国台湾地区的政府采购立法对于政府采购实践中的争议，均有相应的救济制度。借鉴其成功经验，有助于完善我国的政府采购救济制度。

在政府采购活动中，政府采购机构与供应商会签订政府采购合同，建立合同关系。然而，在合同的授予和履行过程中往往会出现争议。比如，对供应商资格的认定、采购合同的订立程序、采购合同的授予、合同的条件以及合同的履行方式、地点及期限等方面的争议。为此，各国（地区）大多在政府采购制度中设立相应的争议解决机制，以促进政府采购活动有序开展。笔者尝试对 WTO《政府采购协定》、美国、中国台湾地区的政府采购救济制度进行比较分析，以期完善我国的政府采购救济制度。

一、WTO《政府采购协定》

WTO《政府采购协定》构建了质疑程序和争端解决机制这一双层救济机制。质疑程序要求在质疑程序中遵循不歧视原则、及时原则、透明原则及有效原则，并且通过法院或其他公平、独立的审查实体来确保程序的实现。争端解决机制是 WTO 争端解决机制在《政府采购协定》中的应用，

---

* 本文原载于《经济》杂志 2005 年 5 月政府采购专刊，作者为徐焕东、李红梅。

有助于更加程序化和司法化地提高规则导向系统的可预见力和效力。

《政府采购协定》在质疑程序中将救济程序分为磋商与质疑两种。《政府采购协定》的参加方遇到有一家供应商提出申诉时应鼓励其将磋商方式作为解决申诉的首选，但磋商并非质疑的必经前置程序，即供应商并非必须经过磋商程序后，才能进入质疑程序，可以直接向采购机构提出质疑。对质疑案件的审理，应采取下列三种方式之一。第一，直接由法院审理。第二，由对采购结果无利害关系的公正独立的审查机构进行审理，其机构成员在任职期间应不受外部影响，且该机构应接受司法审查。第三，不受司法审查，但其程序必须规定有下列内容：可在提出意见或作出决定前听取参加人的意见，参加人可参加所有程序，诉讼程序可公开进行，意见或决定可以书面形式提出，并附关于描述提出意见或作出决定依据的说明，证人可出席，文件可向审查单位公开。

《政府采购协定》第二十二条规定，成员之间争议的磋商和解决争端应适用《政府采购协定》项下的《关于争端解决规则与程序的谅解》规定，《政府采购协定》对争端解决别有规定的除外。如果任何一个参加方认为由于另一个或多个参加方未能履行其在本协定项下的义务，或由于另一个或多个参加方实施无论是否违背本协定规定的任何措施，而使其在本协定项下直接或间接获得的利益丧失或减损，或阻碍本协定任何目标的实现，则该参加方为达成关于该事项的双方满意的解决方法可向其认为有关的另一个或多个参加方提出书面交涉或建议，且这种行为应迅速通知 WTO 争端解决机构。

二、美国政府采购救济制度

美国《政府采购法》规定了复杂的争议解决机制。美国政府采购争议，按照其发生的阶段不同而划分为合同授予争议与合同履行争议两种，均可分别依照行政争议程序及司法诉讼程序加以救济。

美国《政府采购法》对于采购行为中合同形成过程中所产生的争议称为合后授予争议。供应商对于合同授予争议可以选择依《联邦采购规则》第33部分的规定向采购机构或联邦审计总署提起异议或依司法诉讼程序向联邦诉讼法庭起诉。因此，美国政府采购中的合同授予争议既可以通过向行政机构提出异议的方式解决，也可以依据司法途径寻求救济。但在实践中，由于司法程序比较复杂，而且诉讼旷日持久，因此，在发生争议时，供应商通常会首先选择向行政机构提出异议。

规范合同履行争议的依据主要是美国国会1978年制定的《合同争议法》。依据该法规定，关于合同争议可以由合同官裁定、向公共合同申诉委员会申诉和向法院起诉。《合同争议法》规定，合同争议由合同当事人提出，由合同官作出初步裁决。对于该裁决，采购机构必须服从。但供应商有权提出不服。供应商如果不服合同官的裁决，或认为合同官逾期未予裁决，可以在法定期间内选择向缔约机构公共合同申诉委员会申诉，或向联邦赔偿法院提起诉讼。如供应商选择向缔约机构公共合同申诉委员会申诉，应于收到合同官裁决书之日起90日内提起，而且，依据《合同争议法》的规定，申诉委员会应尽可能利用非正式、便捷、经济的方法解决争议。如果供应商选择向联邦赔偿法院提起诉讼，则应于收到合同官裁决书之日起12个月内提起，其程序依据联邦民事诉讼程序规则进行。供应商如果对申诉委员会的决定或法院的判决不服，均可向联邦区巡回上诉法院上诉。对于申诉委员会的决定，除有重大错误或欠缺实体证据外，联邦区巡回上诉法院不得变更其决定；对于联邦赔偿法院的判决，当其“显然错误”时，联邦区巡回上诉法院可否认其判决。

三、中国台湾地区政府采购救济制度

中国台湾地区政府采购争议类型主要有以下两类。一是采购法规的争议类型。包括招标争议（广义）、履约争议（广义）、不良厂商争议三种。

其中，招标争议（广义）包括招标争议、审标争议、开标争议、决标争议。履约争议（广义）包括履约争议（狭义）、验收争议、保固争议。不良厂商争议的异议与申诉程序基本与招标争议（广义）相同。

台湾地区招标争议的救济采用“异议前置主义”，即厂商对于招标争议提出异议，异议遭到驳回处理或提出异议之后，机构逾期不予处理，才能提出申诉台湾地区关于有如下采购规定，申诉审议应在收受申诉书的次日起40日内完成。招标争议（广义）必要时可延长40日。对申诉事件的审理要先行审查程序，通过程序审查后，即依申诉审议规则规定，由主任委员指定一至三位委员组成预审会议，在预审期间就案件进行实体审查（包括指定预审期日令厂商与机构到场陈述、调查证据、争议点的整理与提示、暂停采购程序）。申诉审议委员会完成审议判断书并依规定送达后，审议判断即生效力。审议判断视同诉愿决定，有约束各机构的效力。申诉如有理由，厂商可向招标机构请求偿付其准备投标、异议及申诉所支出的必要费用。

台湾地区招标争议（广义）的审议实务中视同诉愿决定，因而后续的司法救济是向高等行政部门提起诉讼。目前，实务上诉讼类型基本上是撤销诉讼。

台湾地区关于采购的规定有：采用机构与厂商因履约争议未能达成协定者，可以向采购申述审议委员会申请调解。若是厂商申请，采购机构不得拒绝。履约争议调解程序为：准用民事诉讼法有关调解之规定，先为程序审查，通知当事人到场陈述，调解之参加，应于收受调解申请书起4个月内完成等。

如果履约争议（广义）调解不成立，后续的司法救济是民事诉讼。履约争议解决依民事诉讼程序进行。

对于政府采购行为的性质，历来多有争议，但从国际立法实践来看，普遍做法是以有无签订合同为标准。缔约之前的招标、审标、开标、决标阶段属公法关系，供应商与招标机构在缔约之后即履行阶段的法律关系属于私法关系。因此政府采购争议区分为合同授予争议与合同履行争议两类。前者是指在政府采购合同成立前，从拟定采购规格、公告、选择供应商、竞标、开标至决标为止的采购过程中发生的争议。后者是指政府采购合同的履行阶段及履行完毕后的验收阶段所产生的争议。

笔者认为可以借鉴上述办法，根据政府采购的两阶段及在每个阶段政府采购行为的不同性质，采取不同的救济方式，进一步完善我国的政府采购救济制度。

四、合同授予争议救济机制

政府采购合同授予争议主要集中在采购方式选择和操作阶段。由于采购方式的多样化以及在招标采购中供应商众多，采购机构如何依照法定程序选择供应商直接涉及供应商的利益。因此，这一阶段的救济主要针对采购机构违反采购程序、损害供应商合法权益的行为。若供应商认为采购机构在采购方式的选择、招标文件的发布、招标程序的操作等方面违反法律规定导致其利益受损，可采取的救济方式有：询问、质疑、投诉、行政复议和行政诉讼。结合国际政府采购救济经验，笔者对完善我国合同授予争议救济机制有如下思考。

质疑是一种内部救济制度。《政府采购法》第五十二条规定，供应商认为采购文件、采购过程和中标、成交结果使自己的权益受到损害的，可以在知道或者应知其权益受到损害之日起 7 个工作日内，以书面形式向采购人（采购代理机构）质疑。由此可知，供应商只能向采购人（采购代理机构）质疑，作为争议的一方当事人，采购人（采购代理机构）很可能会偏执于自己的意见，供应商对质疑结果仍会存有异议。因此，为使质疑结果公平、公正，最大限度地保护供应商的合法权益，最为关键的是质疑机构的独立。WTO《政府采购协定》第二十条对质疑机构的独立性专门作出规定，美国合同授予争议可向采购机构或联邦审计总署提起异议，中国台湾地区目前异议受理机构是采购机构。笔者认为，在完善我国政府采购救济模式时，应对质疑机构的设置作出明确规定，应建立一个独立的审议机构，才能保证公正、合理地处理质疑问题。

投诉是行政程序，属于外部救济机制。质疑是投诉的前置程序，投诉是行政复议或行政诉讼的前置程序，这是世界各国（地区）普遍采用的一种方式。由于质疑和投诉均放在行政机构内部操作，偏袒行政机构、轻视供应商权利的倾向客观存在，一定程度上使得供应商更愿寻求司法救济。因而，我国应遵循 WTO《政府采购协定》质疑程序的及时原则，简化和缩短行政救济程序，使供应商的权力在得不到行政机构的重视时能尽快进入司法阶段。由于政府采购管理部门属于行政机构，其对供应商的投诉所作出的书面答复属于行政裁定。因此，根据我国《行政复议法》和《行政诉讼法》的有关规定，如果供应商对投诉的结果不满意，在法定期限内，依法还可以提起行政复议和行政诉讼。而根据《政府采购法》第五十八条规定，投诉供应商对政府采购监督管理部门的投诉处理决定不服或者政府采购监督管理部门逾期未作处理的或供应商对行政复议决定不服的，可以依照《行政诉讼法》的规定向人民法院提起诉讼，但是法律规定行政复议决定为最终裁决的除外。就是说在整个政府采购过程中，《政府采购法》规定，只有政府采购监督管理部门的投诉处理行为和不作为才能接受法院的司法审查。但是参考国际政府采购救济机制，笔者认为，应该拓宽司法审查范围，可将涉及供应商充分利益关系的采购方式选择行为、成交供应商确定行为等纳入司法审查。

五、合同履行争议救济机制

政府采购合同就其性质而言，应属于行政合同，但政府采购合同又具有一般民事合同的特征，可以适用《合同法》，是一种民事合同。因而在合同的履行过程中，如果双方发生矛盾和纠纷，其救济的方式和程序应按民事救济途径处理。在合同订立后，任何一方都应当全面履行合同中约定的义务，不得擅自变更或解除合同，任何一方不履行合同义务，除不可抗力等免责事由外，都应承担违约责任。

对政府采购合同履行过程中出现的争议，首先应及时进行协商与调解，采取合理的补救措施，避免损失的进一步扩大，也可以避免诉讼的提起。我们可以借鉴台湾地区“调解之参加”这一调解程序，即调解委员会可通知利害关系人参与调解，这样可以避免有利害关系的厂商因不知有调解事项，未能及时参与调解，或者若调解成立对其权利有所损害时，衍生新的纠纷，充分体现争议一次解决的精神。

若调解不成立，可通过仲裁或诉讼途径解决。我们建议在政府采购合同中订立仲裁条款。因为仲裁采取一裁终局的原则，是解决纠纷便捷而有效的途径，可以避免旷日持久的诉讼。但如果在合同中没有订立仲裁条款或在争议发生后未能订立仲裁协定，就只能向有管辖权的法院提起民事诉讼。

在政府采购合同中，基于公共利益方面的原因，采购机构有权单方变更或解除政府采购合同。采购机构依法行使采购合同的变更或解除权力时，如果对供应商造成损害的，应当予以经济补偿或赔偿。参考国际惯例，这种补偿或赔偿是有限的或适当的，通常采购机构对供应商承担的法律责任以补偿供应商的实际损失为限。由于这种补偿（包括违约金、损失赔偿）不属于国家赔偿的范畴，难以从国库开支，因此，为保护供应商的合法权益，应尽快建立政府采购的赔偿基金，专门用于政府采购合同纠纷的经济救济。

制度紧跟市场脚步*

一、修订以事实为背景

联合国贸易法委员会《货物、工程、服务采购示范法》（以下简称《示范法》）通过以来，已经被许多国家和地区在进行采购立法或完善采购法律时所借鉴。我国在制定《政府采购法》的过程中，《示范法》同样是主要参考内容之一。《示范法》也被认为是执行 WTO《政府采购协定》的一个范例。它的条款、原则和法律框架，已成为执行《政府采购协定》的主要内容标准。

但是，另一方面，《示范法》通过以来，政府公共采购的数量日益增加，采购程序和过程日趋复杂，贸易全球化发展迅速。特别是随着电子通信和网络技术的迅速发展，采购方法正发生革命性的改变。因此，对于公共采购领域中出现的许多新情况新问题的处置，在现有的《示范法》中并没有明确的规定和依据。此外，《示范法》通过以来，世界各国及国际组织在政府采购方面进行了广泛的实践，积累了大量的经验，对《示范法》的不足及需要补充的内容已经有了更多的认识和了解。正是鉴于这种情况，联合国贸易法委员会（以下简称“委员会”）于 2004 年第三十七届会议决定，与新的形势相结合，对 1994 年通过的《示范法》进行修改和增

* 本文原载于《中国财经报》2006 年 7 月 5 日第 004 版理论实务。2006 年 4 月 23 日至 29 日，联合国贸易法委员会组织召开了“联合国政府采购工作会议”。此次会议的主要议题是增订和修改联合国贸易法《货物、工程、服务采购示范法》的内容和条款。参加本次会议的有美国、德国、法国等几十个国家及 WTO、欧盟、世界银行、亚洲银行等多个国际组织的代表。本文作者作为学者代表随商务部组成的中国代表团参加了会议。

订，以反映新的做法和新的规范要求，并适应发展中国家和不发达国家等多种情况。

二、关注电子采购

《示范法》修订是一项复杂的工作，内容涉及许多方面。但综合而言，以下几个方面的问题成为关注的重点。

一是规范电子通信和电子技术在采购中的应用。电子技术的发展导致电子采购技术在政府采购中得到广泛应用。电子采购包括电子信息发布、电子信息传递、网上信息搜寻、网上提交投标、网上评标、电子签约、电子支付、电子查阅和电子投诉等。但电子技术应用涉及很多实际问题，比如电子网络的虚拟性、真实性成为操作中面临的问题，电子信息传播和操作的安全性为人们所顾虑。针对政府采购的特点，《示范法》在承认和鼓励电子采购的基础上，重点增订电子采购法律认可、法律效力。包括电子信息发布、电子信息提交、电子签字、电子合同的法律效力；确定电子采购的“普及标准”，防止采购实体利用电子通信的技术标准和措施，形成供应商准入性障碍。就总体而言，委员会希望通过增订电子政府采购的条款，实现从法律角度保持电子政府采购的确定性、真实性、完整性、可检索性和保密性，并确保发送和接收系统的相互兼容性。

二是规范电子反向拍卖方式。所谓电子反向拍卖，简单的理解就是电子拍买，就是与一般拍卖相反，是众多卖家以低价竞卖的方式。委员会认为，电子反向拍卖是一种简单、便捷的采购方式，随着电子商务的发展，这种方式已经日渐增多。因此，修订后的《示范法》应当有规范电子反向拍卖的条款。这些条款可以采取一般的授权条款形式，规定电子反向拍卖的原则、形式及限制性措施，同时防止出现异常低价竞标等问题。

三是框架协议采购纳入规范目标。框架协议采购被描述为确保在一段时间内，按照买、卖双方签订的协议提供货物和服务。美国称为任务单和交货单，或者多项授标不定期交付、不定量应用合同。在我国正相当于协议供货概念。电子采购的兴起使框架协议采购成为日益流行的采购方式。据美国专家提供的报告，到2003年为止，框架协议采购约占美国联邦政府合同定购的30%。框架协议采购讨论的重点是该方式的优势和问题、应用条件和范围，如何避免框架协议可能出现的负面效应。

四是规范供应商名单使用。所谓供应商名单使用，是指政府采购中确定参与采购竞争的供应商资格、供应商名单的问题。供应商名单确定直接关系到采购项目的竞争性和供应商的权益。《示范法》起草时出于多种考虑，对于确定供应商名单的规定并不明确，在实践中暴露了不少问题。因此，委员会提出，在新增订的内容中，需要增加关于确定供应商名单内容，应该保证供应商名单具有最大限度的透明度，供应商能够获得更加公平的机会。

此外，还将众多其他议题纳入讨论和修订的范围，包括完善服务采购、兼顾政府社会经济政策目标、完善投标书的评审方法、增加评审透明度和客观性、选择替代方式、如何增加社会的参与等。

三、我国应该借鉴什么

参加这次会议一个深刻的感受是，委员会考虑问题目标十分明确，与时俱进，及时了解和掌握公共采购领域里的各种变化，对于每种内容的增减、每项条款修改可能出现的问题，每一种内容的表述，甚至每一词的使用，都进行反复的磋商和讨论，让不同方面充分地发表意见，并不断用实例加以论证。相形之下，不由得想起了我国政府采购制度建设，深感值得借鉴的方面有很多。虽然我国《政府采购法》的诞生在政府采购发展史上具有划时代意义，但由于政府采购问题本身的复杂性，加上我们理论总结不足、实践经验缺乏，使这部法律的确存在规范内容过窄、条文过于宽泛、一些条款表述不准确等问题。在采购程序确立、采购方式选择、现代采购技术应用和责任划分等方面不够明确，导致《政府采购法》在实施中常常出现依据不清、判断不明的问题。因此，在当前情况下，我国是否也应该学习联合国贸易法委员会的立法精神，积极研究现实中出现的新问题，改变法律条款中不适合的方面，补充新的条款，通过不断完善，形成一个内容完整、依据明确、表述严谨、操作性强的好制度。

相关链接：

《示范法》是联合国国际贸易法律委员会（简称“贸易法委员会”）1994 年在其第二十七届年会上通过的。该《示范法》为了“给那些希望按照一个经济有效的采购体系所通常接受的最低标准和保障措施进行采购或将其采购立法现代化的国家提供指导”。贸易法委员会作为联合国大会的一个政府间机构，是联合国为促进协调和统一国际贸易法、消除因贸易法差异而对国际贸易造成不必要障碍而设立的。1993 年 7 月 5 日至 23 日，贸易法委员会在其第二十六届会议上通过了《贸易法律委员会货物、工程采购示范法》及其《立法指南》。1994 年经过讨论和修改，将服务采购纳入《示范法》规制，形成贸易法委员会《货物、工程和服务采购示范法》。

07

第七编

政府采购访谈

政府采购科学化应从需求管理开始*

“天价采购也好，买苹果 iTouch4 当 U 盘、给退休干部买按摩椅也罢，这些事件都暴露出政府采购制度设计中存在的最核心的问题，即缺乏对采购需求的有效说明和控制，对该不该买、为什么要买这个环节的规范和约束不够。”中央财经大学政府管理学院教授徐焕东在接受《中国政府采购报》记者采访时，选择从这样的一个视角切入来谈政府采购制度改革问题。

“2011 年是‘十二五’的开局之年，我国政府采购制度将迎来全面改革的第 13 个年头，《政府采购法》也已经走过 8 年的岁月，既取得了很大的成绩，也存在亟待完善的地方。但不管怎样，的确到了该好好回头评价和思考的时候。”这位见证了我国政府采购制度改革与发展的理论专家对当前政府采购改革有着这样的认知，只有国家层面从整体上对政府采购有一个准确的定位，从体制机制上进行全面协调，才能解决当前政府采购执行中遇到的诸多深层次的问题。而在众多需要完善的内容中，建立和强化需求管理，是实现政府采购科学化的重中之重。

一、科学化管理应从需求环节抓起

目前，我国政府采购相关法律和制度设计的重点，是对采购过程的约束和规范，即对具体采购环节、对政府采购过程与方式的规范和管理，而

---

* 本文原载于《中国政府采购报》2014 年 2 月 21 日，作者为田冬梅。

真正的政府采购科学化管理应该从该不该买、买什么这个需求环节开始。

从天价电脑到法院采购按摩椅，近几年来围绕政府采购方面的高价与高功能的舆论从未消停，政府采购在需求及价格方面、采购结果方面往往成为舆论质疑的重点。但在徐焕东看来，发生在政府采购中的类似事件，其原因很复杂，但其中很重要的原因还是我国政府采购制度规范的内容、范围及重点方面与大家所理解的情况有偏差。

"目前，我国政府采购相关法律和制度设计的重点，是对采购过程的约束和规范，即对具体采购环节、政府采购过程与方式的规范和管理，而真正的政府采购科学化管理应该从该不该买、买什么这个需求环节开始。"徐焕东认为，当前，我国政府采购制度暴露出不少问题，但最迫切的还是要填补法律制度在需求管理环节的空白。政府采购最终是为了恰当地满足政府部门履行公共职责的需要，首先是要科学地解决好采购什么、采购多少、为何采购的问题。而实际上，目前我国的政府采购法律制度基本上没有这方面的内容，也没有明确赋予监督管理部门这方面的职能。

"因此，'十二五'期间，在促进政府采购管理科学化与精细化的主旋律前提下，重点增加需求管理的内容，的确是需要重视的问题。"徐焕东说。

科学的需求管理至少应该包括以下几个方面的内容：一是科学的需求说明，即准确地说明需要什么。买苹果 iTouch4 当 U 盘显然是没有解决好需求说明问题。二是需求论证，对于所采购的功能，通过论证，确认是否的确为履行公共职能所需要。法院购买按摩椅是否必要，就是需要论证的问题。三是需求的整合与规划，有些需求可能的确需要，但是，可能存在部门内部、多部门之间的重复采购。通过整合与规划，可以减少不必要的过剩的采购。

二、建立政府采购的需求标准控制体系

需求管理具体落实需要建立需求标准控制体系。有了标准才有评价、

考核和控制的依据。

“买3万元或者4万元一台的笔记本，凭什么说买贵了？依据是什么？目前人们只能凭直观和常理判断。问题是至今没有采购配置标准。在这种情况下，监管部门怎么管理，凭什么管？这也是当前制度设计的真空地带。”徐焕东提出了这样的问题。

需求标准控制体系是对政府部门使用的多数通用产品建立严格的配置标准。目前，我国主要对政府机关公务用车的使用实行标准控制，其他大量的通用产品采购都缺乏基本的标准控制。比如电脑和各种信息软件、家具、会议服务等，没有限定的采购标准。徐焕东表示，对于采购人而言，采购中总会自觉不自觉地产生高标准、高档次、高功能的追求冲动。特别是在支出由公共经费负担、部门自身利益强化的情况下，没有多方面的标准控制和审批控制，这种冲动更容易发生，且更容易变为现实。

“因此，建立需求标准控制体系，是政府采购需求管理科学化必不可少的内容和环节。有了标准，采购才有了衡量和监管的依据和尺度!”徐焕东说。

徐焕东认为，政府采购需求标准控制体系，重点应该包括三个方面的内容。首先是需求的功能标准。以形成一切从必要功能出发的原则，满足基本功能和必要功能为目标，建立功能需求控制标准。比如目前汽车采购按照排气量、电脑按CPU和内存空间等内容制定功能标准。其次是价格控制。重点在于单价控制，比如汽车采购必须在何种价格之下。去年曾引起社会关注的贫困县检察长乘坐100多万元专车事件，显然成了高功能、高价格的典型。再次是预算总额控制。虽然有功能和单价控制，但仍然要强化采购预算总额控制。比如汽车功能和单价都在标准之内，但采购的数量超过实际需要，同样需要严格控制。目前已经有了政府采购预算要求，但预算总额的控制标准还不明确，人大等对于政府采购预算的监督管理还处于比较初始的阶段。

“只有各种标准明确，采购需求的确立、预算编制和执行、采购结果的评价与考核才会有依据。”徐焕东说。

三、明晰需求管理的权限

如果天价采购是事实且有过错，那么是谁之过错？目前在制度上缺乏明确界限。“十二五”时期要不要解决此类问题？

天价采购到底是谁之过、谁该负责，人们并不清楚。徐焕东认为，如果没人承担这类行为引起的后果和责任，天价采购是不可能杜绝的。

从本质上讲，解决政府采购什么、采购多少、为何采购等问题，主要取决于纳税人的公共需要，纳税人应该有知情权、参与权和发言权。更重要的是，需要建立纳税人和社会公众参与和制约的合法渠道。但是，很显然目前我们严重缺乏这样的渠道。按照目前的体制，财政把公共资金分配到各行政、事业、团体单位，法律将这些单位界定为具体的采购人。采购人单位买什么、买多少，没有国家标准控制，虽然部分地区编制了政府采购预算，要求人大或者相关部门审批，但是对政府的资金预算审批实际上还基本停留在粗略、简单的状态，更不要说对于采购预算的审批和控制。

另外，目前的政府采购法律制度对于需求管理基本没有涉及，还谈不上规定谁对天价采购、非必要功能采购负责。政府采购结果是经过多个环节，包括采购人、采购机构、采购监督管理部门等多种主体参与下形成的。现状是采购需求主要由采购人单位掌握，采购机构接受委托实施，采购监督管理机构主要是管理采购方式、采购过程，并没有被要求管理采购人的具体需求。由于没有明确究竟由谁负责，人们议论之余，也不明白为何如此，这本身就说明政府采购制度设计存在问题。

“因此，在未来的制度设计和完善过程中，必须要解决好这类问题。”徐焕东表示，需求管理科学化的重要内容，就是要明确谁对需求说明、需求论证、需求确定负责任。目前发布的《〈政府采购法实施条例〉征求意见稿》确定了采购需求说明由采购人和集中采购机构协商确定。如此规定实际上已经将采购需求这种涉及社会公共利益的重要内容置于公共监督和控制之外了，这种确定的责任是什么？是很有必要再讨论的。

“可以说，在政府采购需求建立由社会公共参与和可控的前提下，明确需求管理的责任，是避免需求失控的基本前提和必由之路。”徐焕东说。

四、拓范围与增力度同样是当务之急

进一步规范采购操作、拓宽监督管理范围、加强监督管理的力度、建立政府采购监督管理专门机构，应该是解决当前采购中诸多问题的必然选择。

徐焕东表示，我国目前的情况是，政府采购监督管理范围主要限于集中采购目录以内和限额标准以上的部分货物与服务采购，采购监督管理机构也是按这种职能设计的。但是社会公众并不认可，对于社会大众而言，政府花钱购物，就是政府采购。哪一样没有管理好，都应该是政府的责任，不管具体由谁负责。事实上，政府采购的确应该是个大概念，应该是包括工程、货物、服务在内的相对全面的管理，特别应该是逐步实现从需求提出开始，到验收、资产使用和报废为止的全面管理。而且，必须声明的一点是，由于现代信息技术的高度发达，实现这一点并不困难。

由此可以看到我国现实政府采购管理科学化过程中的困境。一方面，目前制度规范的政府采购范围相对狭小，过程也主要局限于购买环节，政府采购监督管理部门设在财政局下面的处室，人手很少。由于涉及面极广，整天忙得团团转，基本没有精力实施具体管理。另一方面，政府采购广受社会关注，人们对于政府采购规范与科学化要求很高，几乎要求所有以政府公共资金发生的购买都必须规范合理。在这种管理范围、权限、力量有限，社会要求和责任很大的情况下，必然产生严重冲突。

因此，徐焕东认为，在未来五年，国家至少应该着手考虑两个方面的工作。一是建立完整的、全面管理的大采购管理体系。即将政府采购规范的范围拓宽，结束目前工程与货物服务管理不统一、多头管理、分散执法等情况。二是以现代信息管理技术为基础，建立功能强大的政府采购监督管理与操作实施体系。对于政府采购从需求提出、需求论证、预算编制、操作实施、验收管理等，全过程实施监督与控制。

“与此相适应，应该建立功能强大和能力实力到位的政府采购全面管理机构，对我国每年数万亿元的采购性支出进行科学管理，既保障采购的功能真正符合人民需要，又保证相对低成本和高效率，有效实现各项政策功能目标。这才符合我国以公有制为基础的特殊国情要求。”徐焕东肯定地说。

《政府采购法实施条例》全方位规范政府采购行为*

——访中央财经大学政府管理学院徐焕东教授

政府采购是以政府为主体，为实现社会公共利益目标，运用政府财政性资金进行货物、工程、服务采购的行为。因此，政府采购是直接关乎社会公共利益区别于其他社会主体采购的特殊采购，政府采购既需要对社会公众负责，做好公众服务，又需要社会公众参与决策和监督，更需要严格的法律制度规范。

需要说明的是，政府采购涉及方方面面，不仅内容广泛，而且直接关系到政府工作质量和效率。要做好政府采购工作，必须综合考虑各个方面，从多个角度，包括“为谁采购、为何采购、采购什么、采购多少、由谁采购、向谁采购、如何采购、采购如何”等方面考虑实现采购科学化和规范化。《政府采购法实施条例》（以下简称《条例》）是在《政府采购法》的基础上，从六个方面全方位进一步规范了政府采购行为，为实现政府采购规范化和科学化创造了条件。

第一，规范了“为谁采购”“为何采购”的问题，也就是政府采购的需求问题。毫无疑问，这是政府采购面临的首要问题，它既是政府采购的出发点，也是政府采购的归宿，是评价政府采购成功与否的重要依据。但是，在过去《政府采购法》立法时，对于政府采购需求并没有给予太多重

---

* 本文原载于《中国政府采购》杂志 2015 年第 6 期，作者为王洁。本次采访是在《政府采购法实施条例》发布之后，比较全面地回答了全方位规范政府采购行为的要求。

视，全法条款中，很少提及政府采购的需求问题。没有需求如何确立，是谁的需求、为何需要、是否需要论证等内容，而是更多地注重采购的程序与过程、采购的方式与具体实施。在具体实践中往往导致需求扩张，无实际作用、超过实际需求标准的“天价、豪华采购”的现象大量产生。《条例》最大的突破之一，就是明确地提出了采购需求的内容。《条例》第十五条明确规定，采购需求应当符合法律法规以及政府采购政策规定的技术、服务、安全等要求。政府向社会公众提供的公共服务项目，应当就确定采购需求征求社会公众的意见。除因技术复杂或者性质特殊，不能确定详细规格或者具体要求外，采购需求应当完整、明确。必要时应当就确定采购需求征求相关供应商、专家的意见。

第二，规范了“采购什么”“采购多少”的问题。明确需要什么，需要多少，准确、明确地确定需求，是政府采购成功的关键。根据需求编制采购文件、根据需求确定究竟购买什么等。《条例》明确了在采购活动中遵循厉行节约，科学合理确定采购需求的内容，第十一条规定采购人在政府采购活动中应当维护国家利益和社会公共利益，公正廉洁，诚实守信，执行政府采购政策，建立政府采购内部管理制度，厉行节约，科学合理确定采购需求。采购人不得向供应商索要或者接受其给予的赠品、回扣或者与采购无关的其他商品、服务。《条例》第十五条要求采购人、采购代理机构应当根据政府采购政策、采购预算、采购需求编制采购文件。这使得采购需求成为编制采购文件的重要依据，突出以满足需求为主的原则。《条例》第十三条还明确要求采购代理机构要提高确定采购需求的水平。实际上，采购实施过程中，需求定位和阐述越完整、明确、准确，特别是包括需要什么和需要多少等内容在内的需求的准确定位，越有利于实现采购的目标。

第三，规范了“由谁采购”的问题。我国政府采购实行实施主体多元化的特殊模式，政府采购的实施主体包括集中采购机构、部门集中采购机构、社会代理机构、采购人等多个主体，究竟由谁采购，谁最终主导采购过程和结果，在现实中通常也是个复杂的问题。《条例》在这方面“浓墨重彩”，作了更细更具体的规定。例如，涉及集中采购目录的确定和采购限额标准，《条例》第五条规定，省、自治区、直辖市人民政府或者其授权的机构根据实际情况，可以确定分别适用于本行政区域省级、设区的市级、县级的集中采购目录和采购限额标准。涉及集中采购机构的职责，《条例》第十二条规定，集中采购机构应当根据采购人委托制定集中采购项目实施方案，明确采购规程，组织政府采购活动，不得将集中采购项目转委托。《条例》第十三条规定，采购代理机构应当提高确定采购需求，编制招标文件、谈判文件、询价通知书，拟订合同文本和优化采购程序的专业化服务水平，根据采购人委托在规定时间内及时组织采购人与中标或者成交供应商签订政府采购合同，及时协助采购人对采购项目进行验收。

第四，规范了“向谁采购”的问题。政府巨额的采购资金，向谁采购具有十分强大的影响力，更重要的是社会导向作用，是发挥政府采购政策功能作用的实力基础。《政府采购法》和《条例》都就政策功能作用进行了规定，明确通过向谁采购以发挥政府采购的作用。重要的是《条例》规定更加明确，包括具体通过什么方式。这些规定将在今后的操作实施中逐步规范和落实。《条例》第六条明确规定，国务院财政部门应当根据国家的经济和社会发展政策，会同国务院有关部门制定政府采购政策，通过制定采购需求标准、预留采购份额、价格评审优惠、优先采购等措施，实现节约能源、保护环境、扶持不发达地区和少数民族地区、促进中小企业发展等目标。

第五，规范了“如何采购”的问题。怎么采购、按照什么程序，使用什么方式与方法、哪些行为需要具体的规范等，是政府采购的重要内容，也是《条例》进一步完善操作实施层面着力的重点内容。例如，涉及适用公开招标以外采购方式，《条例》第二十三条规定，采购人采购公开招标数额标准以上的货物或者服务，符合《政府采购法》第二十九条、第三十条、第三十一条、第三十二条规定情形或者有需要执行政府采购政策等特殊情况的，经设区的市级以上人民政府财政部门批准，可以依法采用公开招标以外的采购方式。涉及批量集中采购，《条例》第二十四条规定，列入集中采购目录的项目，适合实行批量集中采购的，应当实行批量集中采购，但紧急的小额零星货物项目和有特殊要求的服务、工程项目除外。涉及政府采购工程适用采购方式，《条例》第二十五条规定，政府采购工程依法不进行招标的，应当依照《政府采购法》和《条例》规定的竞争性谈判或者单一来源采购方式采购。《条例》第三十四条规定了政府采购的评标方法分为最低评标价法和综合评分法。技术、服务等标准统一的货物和服务项目，应当采用最低评标价法。采用综合评分法的，评审标准中的分值设置应当与评审因素的量化指标相对应。招标文件中没有规定的评标标准不得作为评审的依据。此外，还对评审专家的行为进行了规范，例如，《条例》第四十条规定评审专家应当遵守评审工作纪律，不得泄露评审情况和评审中获悉的商业秘密。评标委员会、竞争性谈判小组或者询价小组在评审过程中发现供应商有行贿、提供虚假材料或者串通等违法行为的，应当及时向财政部门报告，政府采购评审专家在评审过程中受到非法干预的，应当及时向财政、监察等部门举报。

第六，规范了“采购如何”的问题。政府采购最终是为了实现一些特定目的。究竟采购得如何，是评价政府采购的关键内容，也是结果监督的依据。《条例》中的结果导向重点表现在“采购如何”方面。涉及采购中标和成交结果、采购合同的公开方面，《条例》第四十三条规定采购人或者采购代理机构应当在中标、成交供应商确定起 2 个工作日内，发出中标、成交通知书，并在省级以上人民政府财政部门指定的媒体上公告中标、成交结果，将招标文件、竞争性谈判文件、询价通知书随中标、成交结果同时公告。第五十条规定采购人应当在政府采购合同签订之日起 2 个工作日内，将政府采购合同在省级以上人民政府财政部门指定的媒体上公告。涉及采购人及采购代理机构的履约验收责任方面，《条例》第四十五条，采购人或者采购代理机构应当按照政府采购合同规定的技术、服务、安全标准组织对供应商履约情况进行验收，并出具验收书。政府向社会公众提供的公告服务项目，验收时应当邀请服务对象参与并出具意见，验收结果应当向社会公告。涉及对集中采购机构、采购代理机构的监督检查方面，《条例》第六十条规定，财政部门应当制订考核计划，定期对集中采购机构进行考核，考核结果有重要情况的，应当向本级人民政府报告。第六十三条规定，各级人民政府财政部门和其他有关部门应当加强对参加政府采购活动的供应商、采购代理机构、评审专家的监督管理，对其不良行为予以记录，并纳入统一的信用信息平台。

建立统一的大采购监督管理体系*

——访中央财经大学政府管理学院教授徐焕东

“读万卷书，不如走万里路。”在政府采购业内，屈指数一数接触实践最深的理论专家，中央财经大学政府管理学院教授徐焕东是不可或缺的一位。他擅长理论分析和推理，但更乐于走基层、搞调研；他是一名在学校里受欢迎的老师，被评师网评为2010年中国政治与公共管理专业十大最受欢迎的老师，但更是一名在外边散播政府采购火种的“传道士”；他把足迹留在五湖四海，也把政府采购职业资格、需求控制、标准化管理、科学的采购观、框架预算等理论烙在政府采购发展史上……如今，走过政府采购法治化的10年，他有哪些新的感受和思考？值此《政府采购法》颁布10周年之际，《中国政府采购报》记者对徐焕东进行了专访。

一、法的颁布是政府理财的一场革命

《中国政府采购报》：徐老师，您好。您是我国较早从事政府采购研究的理论学者之一，见证了政府采购从试点到全面推行，再到法治化建设的全过程。而且，您被誉为是离实践最近的理论专家之一。今年是《政府采购法》颁布的10周年，那么，从您自身研究和调查的视角，您对这部法的实施有何评价？

---

* 本文原载于《中国政府采购报》2014年2月21日人物访谈栏目，作者为贾璐。

徐焕东：政府采购法制化是我国政府理财的一场深刻变革。我简单总结了一下，《政府采购法》的颁布，在政府理财领域，至少带来了10个方面的重大变化。

一是改变了政府的供给方式，由过去单纯的资金供应，到资金供应与实物供应相结合；二是大大增加和延伸了政府理财的内容和领域，使政府理财和财政监督管理主要由过去的资金分配环节，拓展到采购和交付环节；三是使采购形式由传统的分散采购到集中与分散采购相结合，增大了集中采购管理与监督的力度；四是由过去的零星采购转向批量、规模采购，大大增加批量和规模效果；五是由过去狭窄范围的采购到发布采购信息而形成的广泛范围的采购，吸引更多供应商参与，增加政府采购的选择范围；六是由过去买卖双方“一对一”的简单采购到买方“一对多”的竞争采购，使政府采购在供应商的竞争中获得优势；七是由过去“私下”采购，到公开、公正、透明采购，增加了公开性和透明度；八是由外行采购到内行专家采购；九是由过去政府单纯的采购交易，到兼顾实现各种社会经济政策目标；十是由过去无法律制度规范的无序采购，到有法律制度规范的有序采购，使政府采购的活动和程序、方式等都被纳入了法制轨道。

《中国政府采购报》：这十大变化对我国政府理财意味着什么？

徐焕东：这正是我要谈的。这十大基本变化看起来简单，但实际上是我国政府理财领域的一次最重要的变革，可以说是一场革命。

过去的政府理财，都以资金分配和管理为主，对于这些资金究竟怎么用、买什么、买多少、如何买等，基本上没有科学论证，没有公开透明，没有公平竞争，没有发挥政策功能作用，也没有具体规范的监督管理制度，使其成为贪污、浪费、滥用、暗箱操作的重灾区。而政府采购制度化、规范化、科学化，却开辟了消除以上种种负面作用的新路径，虽然目前还不能完全解决这些问题，但却有了开始，有了方向，后面就是如何做得更好的问题。

在更宏观的角度上看，《政府采购法》提供了一种法定的机制和体制模式、具体的行为规范，从而在实现理财科学化精细化、提升政府公共管理能力、提高政府行政和投资效率和公开性、反腐防腐等层面带来了重大进步，它的积极意义几乎怎么说都不过分。

二、现实的政府采购制度是不完整的

招标投标只是政府采购多种方式中的一种方式，只涉及招标投标采购方式的规范，怎么能由招标投标管理局管理政府采购？这是不是有点荒诞？

《中国政府采购报》：您对《政府采购法》给予了很高的评价。但是，过去我们也会经常听到来自实践中一些非议，认为法还存在这样那样的问题。您对此怎么看？

徐焕东：任何事物都不可能是尽善尽美的。我国政府采购制度规范还只是刚刚起步，加上我国比较特殊的管理体制，形成了特殊的政府采购制度框架体系。因此，政府采购距离严格意义上的科学化和规范化显然还有很大距离。万事开头难，但只要有了开头、有了定位、有了方向，后面的逐步完善是必然的。

《中国政府采购报》：那么在您看来，哪些方面需要完善或者哪些问题需要得到解决？

徐焕东：说到《政府采购法》本身的问题，应该说 10 年来的实践检验，总体当然是很好的，但仍存在不少问题需要探讨。在各种问题中，我个人认为政府采购法律制度不完整，最后可能成为规范少量货物与服务采购的“小法”或“小小法”，这是需要我们特别关注的问题。

首先，按照现有框架，《政府采购法》并不是一部完整规范政府采购行为的法律。我国仍处于《政府采购法》《招标投标法》“两法”并存状态。《政府采购法》中说，政府工程采购适用《招标投标法》，但究竟在多大程度上适用，是全部适用还是部分适用，并没有说清楚。如果完全适用，那只用于招标投标程序的法律，怎么可能去规范整个政府工程采购的行为？如果只是程序和方式适用，那采购的实施机制、监督管理体系怎么又不受《政府采购法》约束？"两法"并行会产生许多问题。实际上，我们可以好好思考一下，一种具体的采购方式，是否很需要立法？如果需要，那我们是否还需要对所有采购方式都进行立法，如是否需要对竞争性谈判采购、询价采购、电子采购等进行专门立法，是否还可以搞一个如货物采购适用"竞争性谈判采购法"之类的东西。如果那样，不是荒唐吗？虽然《招标投标法实施条例》在说明"两法"分工方面比过去有些进展，但从总体上看，还是应该进行统一规制。此外，工程采购由采购单位自主委托招标制、监督管理主要由各行政主管部门自己进行，这些从理论上说，是存在明显寻租、腐败的机会的。

其次，在工程采购之外，就目前不适用政府工程采购的"狭义政府采购"而言，政府采购法律规范范围不明确、不确定，也是不可小觑的问题。一方面，我国实行政府集中采购目录制和限额标准制，而目录和限额标准的制定权交给了各级政府采购监督管理部门。因此，从理论上说，这只是一个不确定的、行政性的、可大可小、弹性很大的范围。这种范围可能使政府采购管理的内容包罗万象，也可以趋近于零。另一方面，目前我国政府采购法律仍重点规范公共物品采购的具体采购过程，而忽视了包括采购需求在内采购全过程的监督管理。而我们的老百姓则要求政府不能采购"不必要功能"，不能采购"天价奢华"产品。这些问题的存在，也很容易使《政府采购法》的规范性受到限制。

《中国政府采购报》：您认为是目前这种特殊的法律框架体系引发了实践中对《政府采购法》的诟病吗？

徐焕东：当然有相关性。因法律适用比较混乱，现实中出现了不少千奇百怪的事。比如政府工程采购基本上脱离于政府采购法律约束之外，如工程采购预算谁管理，《招标投标法实施条例》说财政部门可以参与工程采购预算执行情况监督，这显然已经是“马后炮”了。而更大的问题是，现在一些地方不是《政府采购法》约束政府工程采购，而是《招标投标法》成了政府采购的实际“大法”，一些地方成立招标投标管理局或办公室，下设公共资源交易中心，政府采购的操作实施由招标投标管理局管理。要知道，招标投标只是政府采购多种方式中的一种方式，只涉及招标投标采购方式的规范，怎么能由招标投标管理局管理政府采购呢？这是不是有点荒诞？这些问题一方面源于法律制度不明，一方面也是地方政府官员有权决定事情、却缺乏关于政府采购的基本常识造成的。

三、最大希望是建立大采购监管体系

盼望未来有一个真正适合中国国情的全方位政府采购监督管理体系形成，为真正科学的公共理财奠定基础，把纳税人的钱用得恰到好处。

《中国政府采购报》：您是一个真正把政府采购当作一件重要的事来做的教授，如今，您已是政府采购业界家喻户晓的名人了。当初是什么原因使您与政府采购结缘？

徐焕东：最早接触政府采购是在 1998 年 4 月至 5 月间。记得在 1995 年，我在原中央财政管理干部学院任教，主动申请开设了《政府理财学》课程，因课程内容实用，很受学生欢迎。但是，在课程讲授中也常遇到很多尴尬的问题，比如政府资金支出以后怎么用？如果需要买东西，应该买什么？谁来决定？怎么买？会有什么漏洞？感觉这里肯定存在管理上的问题。后来听说财政部成立了政府采购处，从那里了解到一些关于政府采购的情况和资料。正是以这些零星资料为基础，开始了对政府采购的探讨。回想起来，后来之所以在政府采购方面能做这些点滴事情，在很大程度上都源于当时政府采购处的信任和支持。

《中国政府采购报》：查阅相关资料后我们发现，您先后在各类报刊杂志发表文章百余篇，还完成了十几项课题。您很早就提出了树立科学的政府采购观、政府采购规范范围的界定，系统阐述了建立政府采购执业资格制度的设想，提出政府采购包括需求论证、标准控制、预算管理在内的需求管理“三驾马车”并进思路，以及提出绿色采购实施方法、国货界定标准等观点，还在2005年安徽省举办的政府采购论坛上第一次阐述了政府采购标准化管理和操作理念。可以说，您当年的很多观点都是非常超前的，有些已经变为现实，如通过需求管理控制“奢侈”采购等，但有些到现在都没有实现，您怎么看待这些现象？

徐焕东：我觉得，只要有理论依据的，符合国家和社会公众要求、有公众认可为基础的东西肯定会实现，只是需要一个过程而已。

《中国政府采购报》：那么，在您的理论成果中，您最想在实践中得以实现的是哪一个？

徐焕东：我最大的希望，是建立适合中国国情的统一大采购监督管理体系。我自己始终致力于建立大采购理念和实践的推广应用。

所谓全面、完整的大采购理念，主要包括以下几个方面。一是政府采购的对象范围应该是全面、完整的，包括政府财政资金采购的货物、工程和服务，适用一个完整、统一的《政府采购法》。二是政府采购的内容和过程应该是全面的完整的，包括从政府部门政府采购需求提出、需求评估和论证、采购预算编制与审批、采购实施、合同授予与纠纷处理等全面的、完整的过程，而不仅仅是一个采购环节，不仅仅是一个招标过程、谈判过程。三是实行高规格、大幅度、全方位、高透明、强有力的政府采购监督管理。包括建立高规格的监督管理机构（而不是招投标管理局），在从“需求”到“交付”采购全过程管理构想的基础上，扩大监督管理机构的职能范围、行政级次、权威和责任，建立全方位管理体制和运行机制，增加电子信息技术在实现采购公开、透明、便利采购、全面监督中的作用。盼望未来有一个真正适合中国国情的全方位政府采购监督管理体系形成，为真正科学的公共理财奠定基础，把纳税人的钱用得恰到好处。

四、政府采购桃李满天下

《中国政府采购报》：屈指算来，您从教快30个年头了吧。除了学术贡献外，这十几年来，您应中央和各部委、解放军、各省、市等机构邀请作了政府采购讲座200余场，听众也该过万人了吧。您在政府采购宣传、培训方面尽了很大努力，有人说如果要颁发政府采购知识传播勋章，应该少不了您的一枚，您怎么看？在知识传播中，您留下深刻印象的有哪些事？

徐焕东：在这十几年的四处培训授课中，我印象最深的是这么两件事。第一是1998年8月初，我记得很清楚，当时北京某大学举办了全国性政府采购培训班，有意思的是，那时政府采购还是个新鲜词，找老师让他们犯了难，最后他们几经周折找到还在中央财政管理干部学院任教的我。其实我也没有把握，是壮着胆子去的。记得在哈尔滨市首期开班，参训人员大约有200多人。值得一提的是，这个班的不少学员，后来都成了各省、市、自治区政府采购方面的创业人和负责人。后来听说这可能是全国最早的政府采购培训班，至今仍有人笑称这是中国政府采购培训“黄埔第一期”。

此外最值得一提的是，1998年9月，原国家经贸委中国经济录音录像中心策划了包括“亚洲金融危机”“知识经济”等一些电视片专题讲座，政府采购也被纳入了专题系列，并决定由我来讲授。最后做成了近7个小时的录像资料，于1998年10月正式出版。据说是我国政府采购最早出版物之一，当时山东、江苏、湖北、广西、云南、辽宁等多个省、市都购买了录像资料。应该说，这套讲座资料内容虽然简单些，也不一定都准确，但是在当时政府采购资料奇缺的情况下，对于普及和推广政府采购知识，的确发挥了不小的作用。

《中国政府采购报》：那么这些在外面的培训会不会影响您在学校的

教学？

徐焕东：非但不影响，反而可以为教学提供最鲜活的实践给养。

从2001年开始，中央财经大学就在十几个专业开设政府采购课程。2003年1月，我与同事一起出版全国第一部政府采购教材《政府采购管理》，2004年因政府采购教材和教学的成绩，获得北京市教育教学成果一等奖，并获得国家级教育教学成果一等奖提名。如今在中央财经大学，政府采购已经是一门广受欢迎的热门课程。

《中国政府采购报》：在《政府采购法》颁布十周年这个时间节点上，我们不能不展望我国政府采购事业的下一个十年。您怎么看待我国政府采购未来的道路？

徐焕东：我觉得政府采购的未来道路是漫长而广阔的。十多年来，虽然在我国政府采购制度建设方面已经取得了一定成果，但还只是初步成果。随着我国政府采购制度建设的日趋完善，经验日趋丰富，政府采购制度科学化的前景必将更加广阔辉煌，政府采购在提高采购质量、防腐倡廉、政府政策功能作用、调节经济运行等方面的重要作用一定能够得到更好的发挥。

让自主创新根扎得更深*

——中央财经大学徐焕东谈自主创新政策落实

《财政部关于实施促进自主创新政府采购政策的若干意见》（以下简称“财政部第47号文件”）出台已有一段时间。那么，该文件在未来执行中可能会遇到哪些障碍，如何才能更好地将其落到实处？带着这些疑问，记者走访了对政府采购政策功能有深入研究的中央财经大学政府管理学院教授徐焕东。

一、要理解政策精神与理念

“政府采购支持自主创新，首先需要重视的是一种支持的理念，支持和提倡的精神。”徐焕东开门见山地说。他认为，政府采购是一种公共采购，不仅要买到公共需要的东西，还必须体现各种政策精神和导向。其中，支持自主创新是关系到未来经济发展命脉的大事，政府优先、优惠采购自主创新产品和服务，支持自主创新是一种义不容辞的责任。“当人们都知道有这样一种责任、功能和导向时，会自觉或不自觉地去支持自主创新。”

徐焕东认为，“提倡自主创新，其实质就是想培养一种自主经济，最终实现核心技术、知识产权归我国所掌握的目的。”

---

* 本文原载于《政府采购信息报》2006年7月31日第001版，作者为黎娴。

政府采购支持自主创新的政策意向和精神，还在于政府行为对于社会的引导和导向。政府在采购时积极支持自主创新，必然引导社会其他主体的采购行为，引导企业、个人投资者和消费者，在采购过程中，树立起支持自主创新的意识，并尽可能地落实到行动中。“仅靠政府采购的支持是有限的，如果政府的政策和行为能引导社会其他主体通过采购支持自主创新，这种作用必然会大大增强”，徐焕东说。

二、政策实施需科学可行的办法

虽然无论是《国家中长期科学和技术发展规划纲要》《中共中央 国务院关于实施科技规划纲要提高自主创新能力的决定》，还是财政部第47号文件，都预示着政府采购将在更多方面对自主创新发挥重要作用。然而，对于各方对政府采购在自主创新方面寄予的厚望，徐焕东提醒，虽然有了明确的政策精神和意向，但在实践中，还需要不断探索具体的政策措施和办法。

目前，可以说，运用政府采购促进自主创新仍处于探索阶段。在用政府采购刺激自主创新的探讨中，综合不同方面的思路，徐焕东提出了支持自主创新优先采购、实行重大创新项目政府首购、实行创新技术政府订购、创新项目政府招标采购制、将国家重大建设工程项目纳入技术创新采购管理监控、政府优惠采购、设置技术因素最低权值、创新因素固定比例界限、特殊项目实行唯一性采购等十多种方法。

对于自主创新产品和技术优先采购这一基本方式，徐焕东认为它“首先是作为一种原则和法理存在的”。另外，还介绍了创新项目优先采购、优惠采购及设置最低权值等基本的方法。

创新项目实行优先采购是一种体现政府采购支持自主创新的基本方法，对于有自主创新与没有自主创新的产品，对有自主创新成分的项目优先采购，同样有自主创新，对自主创新比率高的产品或服务优先采购。优惠采购则是给予适当的价格优惠，如对于有自主创新的产品、技术或服务，可以给予10%或其他幅度的价格优惠。

对于设置最低权值法，他说，“应该是比较科学的一种方法”。将自主创新因素作为评标的一项重要因素，统一打分，然后设置最低权值。这种方法一方面使创新产品获得更多的得分和成交机会，也避免了可能因为权值过低，影响力有限而达不到支持目的。适度的权值比例，既能很好地考虑到自主创新因素，又不会导致自主权创新因素成为影响采购的唯一因素。

三、执行要有明确标准

政府采购支持自主创新的一纸文书已经出台，具体实施办法也初步成形，政府采购到底能否起到“催化”的作用？徐焕东说，“其前提是，应有比较明确的标准。具体包括什么是自主创新，应该支持怎样的自主创新，还有出现‘标准’纠纷时的解决办法”。必须由国家相关部门，如科技部、知识产权局等权威机构认定，或出台全国统一的标准。

当面对的都是自主创新产品时，又该如何支持？徐焕东认为，“仍需要统一的标准和可操作措施，并在支持程度上体现不同”，应有重点、分档次，重点支持在国际竞争中整个行业比较薄弱，或仍处于初创阶段的行业；具有重要国防意义、涉及国家安全、国民经济核心或有高附加值的产业、行业。同时，强调标准的制订应尽量明确、细化和可执行，尽量避免纠纷的发生。

“从制度上加强完善，从认证上明确标准，在实施中加强执行管理，对结果进行考核，并公开透明，达到完全的社会监督，只有这一系列工作完成了，政府采购才能达到催生自主创新的效果。也只有在这样的氛围中，自主创新才能扎根更深……”徐焕东点破了政府采购与自主创新的关系。

警惕“黑屏”背后“三重门”*

——访中央财经大学政府管理学院徐焕东教授

中央财经大学教授徐焕东认为，微软“黑屏”事件涉及国货的法律界定、政府采购市场的垄断乃至整个国家信息安全等重要问题。

“联想安全门”余音未绝，微软“黑屏”事件便又一次触动了国家信息安全的警戒线。微软通过“黑屏”所展示出来的技术能量，让政府和公众看到，微软能够完全控制每一个安装了微软产品的终端设备。这意味着凡是安装了微软产品的用户，无论采取怎样的防护手段，对微软而言，都只不过是一个大门敞开的“后花园”。

自己的家门任由他人出入，个人倒也罢了，如果是政府机关单位，那会产生什么样的后果？对此，中央财经大学政府管理学院教授徐焕东认为：“微软反盗版，维护自身知识产权和正当权益，我们无可厚非。但如果从深层次来看，微软‘黑屏’显然已不仅仅是购买正版盗版的问题。特别是对我国政府采购而言，必须从信息安全、经济安全和国家安全的战略高度来审视这类问题。”在徐焕东看来，“黑屏”事件的发生，使我国信息安全方面的潜在危机得以凸显，也对政府采购工作提出了警醒。

---

* 本文原载于《中国财经报》2008 年 11 月 7 日，作者为赵佳望。2008 年，微软公司明确表示，对于微软盗版产品，可能采取黑屏措施。《中国财经报》记者就此采访了徐焕东教授。

一、不可缺失的制度法门

购买国货成为世界各国政府采购政策的一条基本原则，并以政府采购立法条款的形式加以确定。我国《政府采购法》第十条明确规定，政府采购应该采购本国货物、工程和服务。尽管有这样的法律规定，但其中最为关键的一条——关于国货概念的界定，至今尚不明确，而且缺乏执行的统一标准。

这种有法律规定而无执行标准的情况，成为部分国货产品在政府采购市场中萎靡不振的重要原因之一。徐焕东以办公软件举例，20 世纪 90 年代初，人们还较多地使用 WPS，但由于没有相关的法律制约，此后很多政府部门率先改用了微软产品，由此导致民间也迅速更换，以至于全国上下基本上都无条件地使用微软。而当《政府采购法》出台后，强调购买国货时，使用微软已经形成气候，政府部门也很难作出新的改变。同时，《政府采购法》关于购买国货的部分，由于一直没有制定明确的国货标准，没有严格执行购买国货的条款，使其失去阻挡外国软件的功能。

徐焕东特别提到，在经济全球化、企业所有制多元化、产品生产全球化的复杂背景下，尽管有时鉴定某项产品是否属于国货显得乱丝无头，但也应当有最基本的判断原则和执行标准，尤其是对于特定的采购对象更应如此。如果有了明确的国货标准界定，显而易见，政府采购微软产品实际上就涉及了是否执行法律的问题。

二、不得不防的垄断独门

目前，国内绝大部分单位和个人电脑都安装和使用 Windows 操作系统，尽管大多数网络服务器采用了非 Windows 系列操作系统，一些重要涉密单位则可能使用红旗 Linux 等少数几种国产操作系统，但总体来说，

Windows 操作系统占据了绝对的主流地位。

《反垄断法》规定，一个经营者在相关市场的市场份额达到 50% 即应当认定为具有垄断者的法律地位。尽管目前对微软是否构成垄断还没有相关法律认定或裁断，但徐焕东认为，事实上的垄断同样可畏，对我国政府采购市场而言，任何一种产品的垄断都可能会带来诸多问题。一是政府采购无替代产品的问题。如果全面使用某种国外产品，而没有相当实力的国内替代产品，一旦外方中断供给，势必造成中国政府电脑全面“黑屏”，受制于人。二是完全失去讨价还价的余地。处于高度垄断地位的供应商，拥有绝对的市场定价权，可以漫天要价，赚取高额利润，政府和国家利益势必受损。三是不利于本国企业的成长。国外品牌的长期垄断使政府在采购国货方面成为空谈，失去政府强大推力的本国企业会变得举步维艰。

三、不能“被黑”的安全门

微软“黑屏”事件，展示了微软强大的技术能量，让政府和公众看到，微软能够完全控制每一个安装了微软产品的终端设备。对一国的国家信息安全来讲，这又会是一种怎样的威胁?

“政府使用外国公司的软件，能保证安全吗？人家既然可以黑屏，难道就不可以实施信息利用、信息控制、系统瘫痪、系统反制吗？作为单个的社会主体而言，也许并不存在太大问题，但对于政府而言，这无异于自己国家的信息安全命门在别人的指下。”谈到这点，徐焕东拿“联想门”作了比较。当时，虽然联想电脑的主要硬件和软件都是美国产品，但美国政府和媒体还是“深感震惊”，极力渲染不安全。自己的房门钥匙，怎能交给他人？在信息产品采购上，特别是核心设备和软件，只有采购本国的产品，才能换得最大的安全系数。这是保障国家信息安全的不二法门。

维护经济稳定　政府采购无可替代*

扩大内需政策迈入从中央到地方践行的关键阶段，对于政府采购在此政策中扮演的角色以及政府采购到底能够在多大程度上推动扩大内需前行等，记者采访了中央财经大学徐焕东教授，他从以下几方面予以阐述。

一、加大采购力度　缓解社会供需矛盾

国务院提出扩大内需的10项措施，包括加快保障性安居工程、加快基础设施建设、加强生态环境建设、加快医疗卫生和文化教育事业发展、加快灾后重建、提高城乡居民收入、实施增值税转型改革、加大金融对经济的支持力度等。在这10项举措中，徐焕东认为，除了增值税改革和金融政策外，其余8项均涉及政府采购。在20世纪90年代末和本世纪初，我国采取的政府举债、增加政府投资、将民间潜在的购买力转化为政府的现实购买力，在应对危机和维护经济稳定上都发挥了极其重要的作用，这次扩大内需的举措同样着力于政府采购。那么为何政府采购具有如此的魅力？

徐焕东强调，在经济危机的冲击下，以微观主体利益为出发点的民间采购可能会出现购买力收缩，引发社会整体消费需求的缩减，从而加速经济衰退的步伐。而此时，着眼于全社会的整体利益、长远利益的政府采购，应该主动加大采购的频率和力度，缓解供需矛盾。政府采购因其采购

* 本文原载于《中国财经报》，作者为田冬梅。

数量庞大，对社会总消费市场具有无可替代的拉动作用，采购的种类、采购的方式等都在一定程度上反映了当前的经济和政策的倾向性，因而奠定了政府采购在宏观经济调节中的重要地位。毫无疑问，政府采购必然会成为此次扩大内需的主力军。

二、全方位出击　共享政府采购成果

此次扩大内需在结构分布上可谓是特色鲜明，徐焕东这样总结道："多方面增加政府需求，全方位拉动经济增长。"

扩大内需10项措施，突出不同方面的政府需求。加快铁路、公路和机场等重大基础设施建设，加快保障性安居工程等措施突出体现国家对于民生工程方面的政府需求；加快生态环境建设和节能减排则重在增加环境保护相关领域的政府需求，促进环境与经济的和谐发展；加快农村基础设施建设、提高城乡居民收入以及加快医疗卫生、文化教育事业等涉及"三农"的措施，则体现国家对于农村和西部地区发展的投入，增加农村地区和西部地区的政府需求；而对灾后重建方面的政府投资则是一项拉动各方需求的综合措施。如此扩大内需虽然涉及政府采购的8项措施，却从民生、环保、"三农"、社保等全方位增加政府采购需求。

三、政府直接采购　牵引巨大间接需求

扩大内需政策凸显政府采购支出对于不同行业、不同地区均衡发展的带动作用。此次扩大内需的投资方式，并不仅仅是依靠政府单独投资的运作，而是通过政府的直接投资，带动地方投资和社会投资的一种滚雪球式的增长方式。到2010年底，中央将安排11800亿元，带动地方和社会总投资达4万亿元。对此，徐焕东认为，如此的政府投资更加突出配套性和拼盘性资金的模式，在政府投入的基础上，启动地方配套、企业配套、个人

投入的多方拼凑，最终引发总投资的增加。

扩大内需每一项措施的背后都牵引和带动着无数相关行业的发展。加快建设保障性住房和铁路、公路、机场等重大基础设施建设，是一种纯粹意义上的政府购买行为。采取政府直接出资采购的方式，通过加大基础设施建设的投资力度，将有效增加对钢材、水泥和建筑材料等方面的政府需求，为相关产业提供更多的商业机会，同时促进就业，引领企业快速“过冬”，从而有效增加需求，迎来整个社会消费的“暖春”。同时，在经济普遍偏紧的情况下，政府增加自主创新方面的支出或者减少自主创新方面的税收负担，都将对增加自主创新方面的投入发挥重要的作用。

“三农”问题也是此次扩大内需的一个关键，对于涉及“三农”的相关措施，更多的是采取通过政府补贴带动农村和社会投资的方式带动农民消费的积极性，推动整个农村市场总体消费的增长。农村的这个庞大的消费市场，由于受到农村经济发展的限制和农民消费观念等的影响，一直以来都没有发挥拉动消费的作用。徐焕东特别强调，这次扩大内需重在开拓消费市场，通过增加农民的收入，包括提高明年粮食最低收购价格，提高农资综合直补、良种补贴、农机具补贴等标准，将大大增加农民种植和养殖的积极性，刺激社会不同方面增加对农业的投入，对于增加社会采购需求同样具有重要作用。这样的拉动效应，必然会引发扩大内需的全面“开张”。

四、每笔投资落实　尚需法律保驾护航

据悉，在第 4 季度安排的中央投资 1000 亿元中，用于加快建设保障性住房投入 100 亿元，农村基础设施 340 亿元，铁路、公路、机场等重大基础设施建设 250 亿元，占据整个 4 季度投资的 69%，用于医疗卫生、文化教育事业方面的投入是 130 亿元。徐焕东认为，加强基础设施建设，重在民生，在这样的投入下，如何确保政府的每一分钱都用在刀刃上，而不是体现面子工程、形象工程，就需要法律的保驾护航。

政府的每一笔投资都应该严格按照《政府采购法》《招标投标法》等相关的法律程序予以落实，只有从法律的角度加以监管，才能确保政府采购真正发挥维护经济发展的作用。

徐焕东同时强调，政府采购的本质就是为社会公众服务，满足社会公众的需求，在扩大内需的大背景下，要严防单纯为采购而采购，为扩大内需而扩大内需。目前，各地都陷入争分夺秒为项目的投资热中，为此要谨防盲目投资。立项目、强投资一定要建立在满足社会公众实际需要的基础上，既要重点突出也要兼顾均匀分布，切记不能脱离政府采购的本质，要切实提高每一分钱的使用效益。扩大内需，尽量消减金融危机对我国经济的不利影响，可谓任重而道远。

科研课题资金预拨制有四大弊端*

我国政府采购问题研究专家、中央财经大学教授徐焕东近日在接受采访时指出，我国政府支持高校和科研机构科研创新的主要方式之一的课题申报资金预拨制，是一种典型的政府花钱买创新“可能”的方式。他认为，在新的市场经济条件下，这种方式存在严重弊端，政府应尽快考虑向实现政府直接采购创新成果的转变。

课题申报资金预拨制是指由有关政府机关或学术机构负责确定课题，各高校、科研机构等申报，组织机构确定若干个评委进行评审，然后由几个评委确定他们认为最有可能出成果的申报项目为受支持项目，以此为依据，大量的政府课题经费随之拨付给课题组。

据徐焕东介绍，改革开放以来，高等院校和科研机构是自主创新的前沿阵地，在促进自主创新和科技进步方面承担着重要职责。我国为了积极支持高校及各研究机构的科研创新事业，先后设立了多种基金，比如国家自然科学基金、社会科学基金，以及一些部委设立的课题基金等，这些基金基本上都采用课题申报资金预拨制。多年来，在这些基金的支持下，自然科学及社会科学研究方面取得了丰硕成果，在促进我国自主创新方面发挥了重要作用。但是，随着市场经济的发展，他认为这种方式已暴露出三大弊端。

首先，课题的选题有局限，评审机制不公正。课题选题和评审主要由

---

* 本文原载于《经济参考报》2005 年 11 月 30 日，作者为曾亮亮。

部分专家进行，一方面，由于专家的经历、主观和客观条件的不同，不可能完全把握各方面研究的需要。因此，有些选题可能十分需要研究，却没有纳入专家视线，有些选题可能年年被重复进行。评审专家的评审客观上也会受到诸多因素的限制，如专家本身的资历、专家对某些人先入为主的印象、申报材料是否符合专家口味等，都会影响中标情况。同时，一些人情因素、关系因素也会不同程度地掺杂其间。这些因素的存在可能会导致选题并不一定最急需、评出来的并不一定是好方案。

其次，不利于调动众多科研人员积极性。课题经费预拨制只从众多从事研究的人中选择个别人给予资金支持，而其他实际上也许更有能力的人却因为得不到评委的承认和相应的资金而主动放弃研究，不能有效发挥政府资金的巨大作用，也没有调动众多科研人员的积极性。

重申报、重虚名，轻实质内容、轻验收。如今人们不能不承认，像国家社会科学基金、自然科学基金等一些重要课题基金，已不自觉地成为评价学校和科研机构和教学科研人员的主要指标，成为不少单位和教学科研工作者拼死追逐的梦想。谁中了这类课题基金，不仅有了金钱的支持，而且会带来巨大的荣誉，教学科研工作者中了这类基金，奖金、职称都会随之而来，逐步形成一种特殊而变异的社会评价机制。如果多中几次，很快便会成为社会名流。然而问题在于，人们更多地关注谁中了课题基金，却很少有人过问谁究竟有了什么样的创新成果，有没有实质成果。实际上，一些有识之士早已看到了这些弊端，看出了它导致各教学、研究机构重申报、重虚名、重利益、轻实质性研究，组织管理部门轻验收把关、轻责任追究的一些明显弊端，甚至有人已经将其不恰当地比为“皇帝的新衣”。

再次，巨额资金获得的仅是一种成果的可能性，而非实际成果。政府依据评委评定的最有可能性出成果的判定，就拨付了资金，买的并不是真正的成果，而只是申报者出成果的“可能”。申报者最终是否能拿出创新性成果，实际上只是一个未知数，这就形成了纳税人花钱买“可能”的情形，是完全不符合纳税人要求的，也不符合政府采购的目标和原则。事实上，多年来在课题基金支持下虽然产生了成果，但实践证明，大量课题经费支付了却并没有太多创新价值的情形显然存在，有些甚至十分严重。

徐焕东告诉记者，创新成果政府采购制度，是政府直接采购创新成果，先有成果后采购，符合市场经济条件下纳税人经济利益的要求。它有三大好处。一是政府采购的是实质成果，而不是采购有“可能”出的成果。二是政府采购成果可以引导众多的机构和人员进行实质的成果创新，而不是训练申报课题的技巧。更多的人参与创新研究，就可能取得更多更好的成果，而不是只决定被支持者一家形成的成果。三是加强评委责任制能保障成果的真实性。

专家呼吁建立健全重大疫情和灾害紧急采购制度*

到目前为止，我国还没有就政府在重大灾害防备、救灾、灾后重建方面的采购行为构建详细具体的制度规范。

在当前尤其是疫情结束后，还应进一步系统地研究完善重大疫情和灾害发生时期的紧急采购制度，要让特殊时期的政府采购有明确健全的法律与制度保障。

近日，国务院办公厅发布《关于组织做好疫情防控重点物资生产企业复工复产和调度安排工作的紧急通知》，要求各省（区、市）人民政府要切实履行主体责任，迅速组织本地区生产应对疫情使用的医用防护服、N95 口罩、医用护目镜、负压救护车、相关药品等物品。国务院应对新型冠状病毒感染的肺炎疫情联防联控机制物资保障组负责对上述重点医疗应急防控物资实施统一管理、统一调拨，地方各级人民政府不得以任何名义截留、调用。

不久前，财政部办公厅也发布通知，要求各级国家机关、事业单位和团体组织使用财政性资金采购疫情防控相关货物、工程和服务的，应以满足疫情防控工作需要为首要目标，建立采购“绿色通道”，可不执行《政府采购法》规定的方式和程序，采购进口物资无须审批。

“上述举措对于保障疫情防控物资和服务支持至关重要，有助于提高

* 本文原载于《经济日报》2020 年 2 月 6 日，作者为董碧娟。

工作效率，确保工作质量，对打赢疫情防控阻击战发挥着关键作用。”中央财经大学政府管理学院教授徐焕东在接受经济日报记者采访时表示，在当下特别是疫情结束后，还应进一步系统地研究完善重大疫情和灾害发生时期的紧急采购制度，要让特殊时期的政府采购不完全靠供应商的良知和支援性支撑，而是有明确健全的法律与制度保障。

据徐焕东介绍，为了能更好地应对和处理各种灾害引起的紧急状况，我国自2007年11月1日起施行了《突发事件应对法》，但该法对灾害发生后的物资与服务采购和供应保障问题没有作出明确规定。同时，2003年1月1日起施行的《政府采购法》，在其附则中说明该法不适用于不可抗力灾害情况下的政府采购行为。

“因此，到目前为止，我国还没有就政府在重大灾害防备、救灾、灾后重建方面的采购行为构建详细具体的制度规范。我国亟须在这方面进一步加快研究和部署。”徐焕东认为，重大疫情和灾害时期紧急采购制度应包括以下内容。

一是要建立防范重大疫情和灾害的国家物资储备采购制度。对于各种可能出现的疫情和灾害，应采取平时储备采购。

二是建立重大疫情和灾害时期实施紧急采购的宣告制度。政府实施灾害时期紧急采购不能随意决定，而是需要通过某种程序，由中央或地方政府依据相关制度规定评估灾情，最后宣告是否启动紧急状态采购法令。

三是设定政府紧急采购规范的资金范围和管理范围。疫情和灾难时期属于特殊时期，政府对采购的管理职能和范围需要根据特殊情况确定，一般情况下应该比平常政府采购的职能和管理范围更大。

四是着重解决需求急迫性，规范灾害时期采购方式的选择和运用。要在保障效率的前提下，根据实际情况，兼顾不同情况，规定选择不同采购方式的条件。

在重大疫情和灾害期间，可能会出现哄抬物价、囤积居奇等行为。对于这些情况，紧急采购机制该如何应对？徐焕东认为，政府平时应该有充足的储备，遇到灾难时可采取特殊的采购或配给制度。只有市场、道德、公正有效的政府治理机制三方共同作用，才是好的管理模式。“因此，应建立健全重大疫情和灾害紧急采购制度，通过良好的制度设计，解决好重大灾害时期采购的援助性、强制性、市场性及补偿性这‘四性’兼顾的问题。”徐焕东认为。

徐焕东说，要做到市场性、援助性与强制性的有效结合，就必须做好疫情和灾害结束后的适当补偿性工作，需要政府在制度方面设计适当的补救措施。补救措施的内容主要包括：对疫情和灾害防控时期采购作详细记录；通过对疫情和灾害防控时期供应商提供物资与服务的速度、质量、价格及整体贡献作出评估，列出在疫情防控和灾害时期政府采购中有贡献的供应商等。

“疫情防控和灾害时期政府资金与捐赠资金的采购，必须有特殊的、比平时更为严格的监督与管理。”徐焕东认为，疫情防控和救灾资金的使用，不仅关系到纳税人的利益和所有捐赠人的目标与信心，还直接关系到疫情防控和成千上万受灾人员的生命财产安全。“要坚决避免各种趁疫情、灾害之机牟取暴利或有违疫情防控和救灾宗旨的情况发生。一旦在特殊时期的采购中发现违规违法行为，就要实行比平时更加严厉的处罚规定。”徐焕东说。

政府绿色采购八种方式*

中央财经大学教授徐焕东在日前召开的政府绿色采购国际研讨会上提出，政府绿色采购可选用八种方式。他认为，政府绿色采购应以标准法为基础，预算时可选用必要功能法，计算成本时可选用成本法，评标时可选用权值法，估算价格时用优惠法，而简易的清单法则不宜普遍采用。

据徐焕东介绍，这八种方式分别为。

第一，绿色标准法，即标准认证法。设立环保标准、节能标识、生态标准，规定只有产品达到某一标准，政府才能去采购。

第二，绿色权值法，相当于招标中的综合评标法。在专家评标的过程中，将绿色、节能、环保等因素作为一个参数，综合考虑，进行评价。

第三，绿色清单法，发布环保、节能等绿色清单，按清单进行政府采购。但是，清单法要慎用。因为清单是由政府制定的，无法确定是否代表了真正的绿色标准。而且，清单是否能强制执行，也决定了政府绿色采购的公正问题。强制执行清单可能导致一票否决的现象。也许节能因素只是一个参数，但采用强制清单执行以后，可能会使一个好的产品因为缺少节能而被否决掉。

第四，绿色优惠法，又叫最低价位法。在中国台湾地区，两类产品的功能相同，如果一类属于节能产品，就允许它的价格提高10%，作为绿色优惠，鼓励企业生产绿色产品。

---

* 本文原载于《经济参考报》2005年7月7日，作者为曾亮亮。

第五，必要功能法，采购人采购时量化是否有必要选用此类设备，从必要角度出发考虑绿色问题。

第六，绿色成本法，在计算产品成本时，将绿色计入成本核算的方法。

第七，寿命周期成本法，将产品的使用寿命、对环境的作用等因素计算入其成本中的方法。

第八，绿色资格法，供应商在生产、销售产品的整个过程中，必须符合国家环保、节能等相关政策。如果其违法被纳入了黑名单，采购人就不能再继续采购该产品。

建立电子采购平台需考虑五大问题*

应该看到，建立政府电子采购平台并不是一件简单、容易的事，还有许多问题需要认真探讨和研究。

一是是否会产生部门利益问题。政府采购一个大的概念已经被分成若干个小概念了，比如工程适用《招标投标法》，货物、服务适用《政府采购法》，而且用完全不同的管理方式，这在世界上是绝无仅有的。部门利益在政府采购领域是比较突出的。

二是是否会产生地方利益问题。有些省市的系统都做好了，而且花了不少钱，还需不需要用全国统一的平台？在调研中我们发现，一些地方不太赞成统一平台，因为他们各有各的一块内容，有些地方已经运行了，建立统一平台可能不习惯。

三是是否容易形成垄断平台。全国建一个统一平台，有没有可能形成垄断。因为建得好是这样，建得不好也是这样，这个平台可能会因为没有竞争性而导致投入大、效率低。从理论上讲，这并非不可能。还有就是应该由政府管，还是由市场管，是盈利还是不盈利，半市场化还是完全市场化，谁维护，维护费有多少。如果完全由政府管，会不会成为一个投入的无底洞，如果市场化运作，会不会成为一台垄断的赚钱机器，等等。所以，建立这个统一平台，在竞争性、营利性、垄断性等方面非常值得我们讨论，事前应该把基调定好，把各种可能出现的问题论证清楚，避免建设

* 本文原载于《政府采购信息报》2012 年 6 月 5 日。

中出现各种意想不到的问题。

四是充分考虑到技术难度，目前存在电子设备的安全性以及供应商的适应性等问题。关于安全性，人们都很清楚，电子技术虽然千般好，但其安全性与电子产品的硬件、软件水平、操作管理能力等密切相关，如何实现技术安全，的确不是一个小事情。关于适应性，就是要考虑到各种不同层次供应商在进入政府采购市场时，是否具备应用电子采购的各种电子硬件和应用相关软件的能力。

五是成本控制。无论是全国性的建设和规范，还是全国统一平台，都应该考虑建设和运作成本问题。重复建设显然不可取，单独建设如何控制建设和操作成本，同样也需要规划和设计。

电子化采购将成为各国政府采购发展方向*

联合国国际贸易法委员会（以下简称“贸法会”）近日在美国纽约召开了政府采购工作组第九届会议。60 个国家及相关国际组织的代表，一起讨论增订和修改《贸易法委员会货物、工程和服务采购示范法》（以下简称《示范法》）。

据中国代表团成员、中央财经大学教授徐焕东透露，本次会议讨论了电子技术在采购中的应用、电子反向拍卖、框架协议采购等内容。其中，利用和规范电子采购技术成为最热门的议题。徐焕东说，这表明电子化政府采购今后将成为各国政府采购的一个发展方向。

一、《示范法》的由来

贸法会作为联合国大会的一个机构，是联合国为促进、协调、统一国际贸易法，消除因贸易法差异对国际贸易造成的障碍而设立的。其成员包括所有区域和经济发展处于各种水平的国家和区域。

1994 年，贸法会通过了《示范法》。据徐焕东介绍，贸法会制定《示范法》的目的是让公共采购获得最大限度的竞争，参与公共采购的供应商和承包商获得公平待遇，以及最大限度提高透明度和客观性，促进政府采购贸易的国际化。据悉，目前《示范法》被许多国家和地区立法或完善采

* 本文原载于中央政府采购网 2023 年 4 月 23 日。

购法律所借鉴。它的条款、原则、法律框架已成为执行《政府采购协定》的主要内容和标准。而且，我国在制定《政府采购法》的过程中，也参照了《示范法》的相关内容。

不过，自1994年以来，政府公共采购的数量日益增加，采购程序和过程日趋复杂，贸易全球化发展迅速。尤其是随着电子通信和网络技术的迅速发展，采购方法正发生革命性的改变。因此，对于公共采购领域中出现的许多新情况、新问题如何处理，《示范法》并没有明确规定。而且，世界各国及国际组织在政府采购方面进行了广泛的实践，积累了大量经验。因此，对《示范法》的修改已基本达成共识。2004年，贸法会决定对《示范法》进行修改和增订。

二、电子化采购最热门

《示范法》的增订和修改是一项十分复杂的工作，内容涉及许多方面，规范电子化采购就成了本次会议大家讨论最多的话题。

电子化采购包括两个问题：一是电子通信与电子技术在公共采购中的运用；二是电子反向拍卖的使用与规范。目前，电子通信和技术在采购中已大量应用，有电子信息发布、电子信息传递、网上信息搜寻、网上提交投标、网上评标、电子签约、电子支付、电子查阅和电子投诉等，并具有广阔的前景。

徐焕东说，采用电子化采购后，提高了资金的使用价值、给供应商提供更多的信息、节省了时间和成本，改进了对所授予合同的管理，并减少权力滥用和腐败的机会。但是，电子的虚拟性、客观性和真实性、安全性为许多人所顾虑。因此，贸法会在《示范法》承认和鼓励电子化采购的基础上，重点讨论了电子化采购的法律效力。比如，电子通信所涵盖的内容和手段，电子信息发布、电子信息提交、电子签字、电子合同的法律效力，电子采购的“普及标准”等内容。总之，贸法会希望通过增订电子政府采购的条款，实现从法律角度保持电子政府采购的确定性、真实性、完整性，确保发送和收接系统的相互兼容性。

他还说，增加规范电子反向拍卖内容也是《示范法》修改的另一个重要议题。所谓电子反向拍卖，简单地说就是电子拍卖。与一般拍卖相反，它不是一个卖家、众多买家、高价竞卖，而是一个买家、众多卖家、购买者以低价竞买。我国将反向拍卖称为网上竞价采购或电子化采购。贸法会认为，电子反向拍卖是一种简单、便捷的采购方式。随着电子商务的发展，电子反向拍卖的使用已日渐增多。因此，修订后的《示范法》应载有关于电子反向拍卖的条款，包括反向拍卖的授权条款形式、使用原则和形式以及限制性措施。

三、增加框架协议采购

框架协议采购是为确保在一段时间内，按照买、卖双方签订的协议提供货物和服务。框架协议采购在不同的国家所用名称有很大差别，美国称“任务单”和“交货单”，或“多项授标不定期交付”“不定量应用合同”。而在我国，则相当于协议供货。

徐焕东介绍说，电子化采购的兴起，让依托网络技术的框架协议采购成为一种日益流行的采购工具。据美国专家提供的报告，到 2003 年为止，框架协议采购占美国联邦政府合同定购的约 30%。

据了解，由于框架协议采购已被普遍使用，贸法会认为，已无必要讨论增订的必要性和可行性，而关键是讨论框架协议采购的优势和问题、应用条件和范围、程序和方式的优化与规范，以及如何避免其可能出现的负效应。不过，各国代表纷纷指出，应该对各国及相关国际组织实施框架协议采购的情况，进行调查分析，才能增订相关条目。

“白丁教授”徐焕东的政府采购生涯*

——访中央财经大学徐焕东教授

一、一张嘴、一支笔、一颗心

2009 年是中央财经大学政府管理学院教授徐焕东高校从教的第 20 个年头。20 年前，徐焕东放下了北京市财政局预算处的公务员饭碗，开始了教学生涯。“当时经过考虑，感觉自己还是喜欢钻研与思考，希望生活中有更多的自由空间。”徐焕东说。不仅如此，在 20 世纪 90 年代初，徐焕东主动放弃了原中央财政管理干部学院做中层领导的机会，成了一名名副其实的“白丁教授”。

20 年后回头看，徐焕东感觉自己“角色转换是正确的”。的确，这样的抉择，可能使政府机关里少了一名普通的公务人员，却使国内政府采购研究领域多了一名难得的优秀专家。

二、讲坛：从临危受命到讲遍大江南北

20 年来，他做了大量的政府采购知识讲授和传播工作。

到高校后，徐焕东开始关注政府理财。20 世纪 90 年代中期，徐焕东专门开设了一门“政府理财学”的课程。政府如何用钱才能实现最好的效

* 本文原载于《政府采购信息报》2009 年 12 月 18 日，作者为孙立群。

果？特别是政府在采购时，如何才能真正做到“购有所需，购有所值”一直是困扰他的问题。“正是这段时期，注意到了政府采购管理的概念，真有一种豁然开朗的感觉。”徐焕东说。

“当时这方面资料很少，到 1998 年初，才从当时财政部预算司政府采购处找到一些资料。”徐焕东回忆说。

不过，让徐焕东正式走上政府采购讲台的还是一次培训班。1998 年 8 月，一所高校举办“政府控购与政府采购培训班”。第一期在黑龙江省哈尔滨市，报名的学员不少，但在当时的情况下，政府采购这个题目实在太新，很难找到授课老师。最后，主办方找到了对政府采购已初有领悟的徐焕东。徐焕东临危受命，一讲就是三天，而且之后连讲多期，约有 800 多人接受了培训。

“据我所知，这应该是国内最早、规模最大的政府采购知识传播活动。”回首往昔，徐焕东仍有些激动。当时多个省市负责政府控购和采购的公务员都是这次培训班的学员。因此，有人将这次培训班称为国内政府采购的“黄埔一期”。

这次培训的另一个成果，是培训一个月后，中国经济录音录像中心将徐焕东讲课的内容编辑出版为一套长达 6 个半小时的《政府采购制度》系列录像带。“据出版社的人说，录像带非常受欢迎，一些省份几十套几十套地购买。这应该是国内最早的政府采购出版物之一。”徐焕东说。

早期的培训和讲座录像的发行，使徐焕东一时成了政府控购和采购领域的“名人”，也奠定了其在国内政府采购领域“启蒙老师”之一的地位。此后的十多年里，徐焕东以其知识系统、视角独到、深入浅出外加幽默风趣的授课风格，在政府采购培训领域广受欢迎。十多年来，他先后应财政部、国务院机关事务管理局、国家税务总局、科技部、国家知识产权局等中央部委，还有解放军总后勤部，以及全国 20 多个省、市政府采购相关部门的邀请做政府采购专场讲座，总计达百余场。

时至今日，一些仍工作在政府采购第一线的“老采购”，每当提起徐焕东的名字，仍忘不了称赞其在促进政府采购知识传播、提高人们对政府采购认识以及促进政府采购规范方面的贡献。而在《政府采购信息报》记者遇到的一些政府采购官员及从业人员中，说起学习政府采购知识，不少人都会说，“徐教授是我们政府采购的启蒙老师哩！”。

在中央财经大学校园内，徐焕东的政府采购课程同样是亮点，不少学生后来也因此走上了政府采购工作岗位。

三、著述：理论结合实际　切实为实践服务

政府采购研究的一个特点是知识面宽、实践性强。用徐焕东的话说，“政府采购是一项极其复杂的工作，涉及法律规范、公共政策、市场规律与采购技术、宏观经济分析、商品知识等多个领域的理论与实践知识。”如何将理论与实践相结合，特别是结合我国国情，真正使理论为实践服务，是政府采购研究面临的最重要的课题。可以说，徐焕东是国内这个领域探讨最早且理论与实践结合得最好的专家之一。

自 1998 年以来，徐焕东围绕政府采购问题著述不辍。其先后在《人民日报》《经济管理》《国际贸易》《财政研究》及多家政府采购专业报刊发表文章百余篇。其中，关于政府采购本质特征、政府采购法律制度构建与完善的思路、树立科学的政府采购观等理论性探讨被多家报纸杂志转载与摘录；而关于实行政府采购需求标准与预算控制、实现操作标准化、实施政府绿色采购的八项措施、政府采购促进自主创新的九条思路及实施意见、判断“国货”的三大标准及建立非国货采购的审查制度、建立重大灾害时期的紧急采购制度等应用性的研究成果，则在规范政府采购操作和发挥政策功能作用方面直接明了且切实可行。另外，徐焕东的《关于政府采购执业资格模式》的长篇论文对执业资格模式进行了全方位探讨，为其赢得了“中国探讨政府采购执业资格模式第一人”的雅号。

在一些政府采购专题和特定研究领域，徐焕东也深入实践做了不少具

体研究。已完成和正在进行的代表性项目有《“十一五”政府节能采购规划》编制、《政府协议供货采购》《集中采购机构功能定位》《政府采购监督管理模式及监督管理体系构建》等课题，对解决相关领域的具体问题产生了重要作用。其中，2008年为完成《烟台政府采购模式研究》课题，他先后多次前往调查，该课题对“烟台模式”的系统分析和总结对我国地市级政府规范和总结政府采购运行模式产生了不小的影响。

百年大计，教育为本。2001年徐焕东与时任中央财经大学财政学院院长马海涛教授一起，在中央财经大学开设了政府采购课程，首开国内高校开设政府采购课程之先河。他们共同编写的政府采购教材成为国内第一本政府采购教材（2002年），2004年，这一成果以其高度的创新性获得北京市教育教学成果一等奖。

四、心性：献计献策之心　平常公正之心

与徐焕东接触时间较长的人，都会感受到其心性：一颗难得的献计献策之心，一颗公平公正、顺其自然的平常之心。

说起献计献策，也许在政府采购业界较少有徐焕东这样参与多项法律、政策起草和咨询的专家。他参与了《政府采购法》起草讨论，并分别担任《招标投标法实施条例》和《政府采购法实施条例》的起草咨询专家，他还是中央国家机关政府采购中心的顾问。

2005年国务院起草《国家中长期科学和技术规划发展纲要（2006－2020）》时，徐焕东接到参与起草政府采购激励自主创新内容的通知。“起草小组要求把能想到的内容统统都写出来，后来我提出了政府采购激励自主创新的多种思路，最后大部分都写进了纲要。”徐焕东回忆说。

而2006年作为专家代表远赴联合国总部参加联合国《贸易法委员会货物、工程、服务采购示范法》修订会议，则是一次国际研讨之行。

“政府采购的核心是公正、公平、效益，政府采购涉及许多方面的利

害关系，作为一个学者，总想秉持公正立场，以国家和社会利益的最大化为己任。"徐焕东说。

实际上，徐焕东走上政府采购研究之路，并非偶然。一直以来，如何避免政府使用公用资金的浪费和腐败，实现公正、公平与高效益目标，是这位财政专业学子试图探寻的主题。在国内没有政府采购概念的时候，徐焕东试着开设了政府理财学课程，在学员中广受欢迎，至今还有学习过该课程的财税学员对此津津乐道。因此，后来他一遇上政府采购就结下不解之缘也不足为怪了。

徐焕东还有一颗平常心。尽力而为、顺其自然是他为人处世的哲学。年轻时的一场大病、住院七个月的经历，让他对人生有了更深刻的感悟。"不争强好胜，不急功近利，本着一颗公正、平常的心，踏踏实实做一些实事，真正为实践服务，是我一直以来的愿望。"徐焕东说。

孔子云：四十不惑，五十知天命。相信介于不惑和知天命之年的徐焕东今后会取得更大的成就。

后　记

一直想把这些年相对零星的文章汇集在一起出版，如今在经济科学出版社、中国政府采购杂志社的支持和帮助下，终于要付梓了！甚感欣慰！回想20多年来，当初因探求政府理财中采购环节应如何管理而与政府采购结缘，没有想到有幸成为我国第一批政府采购理论与实践的探寻者，深感幸运！在文集出版之际，想到最多的还是感恩、感激、感谢！

这里要感谢先后在财政部政府采购处工作的杨晋明、王绍双、王勇、杜强、王文虎、夏玲等历任处长，感谢中央国家机关采购中心尚晓汀主任、李建明主任，以及中共中央直属机关采购中心杨芬珍主任，还有多个省、市采购管理办公室、采购中心的老朋友。正是他们一路的信任和支持，委托课题、组织研究探讨和业务培训，拓宽了我的视野，丰富了我的研究素材，提供给我更深入调查研究的机会。感谢《中国财经报》《经济参考报》以及《中国政府采购》杂志、《中国政府采购报》《政府采购信息报》等媒体的相关总编和编辑记者们！感谢他们的信任与支持！正是因为这些政府采购方面的专业报纸、期刊，使我的大部分文章能得以快速发表，能够直接且迅速地与政府采购一线人员保持沟通交流。也要感谢多年来一直共同从事政府采购教学科研的多位同行，比如于安教授、刘慧教授、何红锋教授、陈川生前辈、倪东生教授，以及青年才俊王丛虎教授、赵勇教授等。几十年来围绕政府采购主题，我们相互交流、相互勉励，结下了深厚友谊。尤其是于安教授、刘慧教授，如领头人一样，带着大家在政府采购领域探索并形成了极为良好的氛围。我还要感谢我的家人，我的学生，比如陈谦、张彤、乔圣茹等！因为自己年轻时脑部受过伤，长期受脑微循环不良困扰，做事效率受到不少影响，正是他们提供帮助，才能找到20多年来的100多篇文章。

最后，非常感谢经济科学出版社、中国政府采购杂志社出版本人的文集！特别是中国政府采购杂志社殷亚红社长、王洁副总编和赵婵婷编辑，她们为文集出版操了不少心，在此一并致谢！

徐焕东

2023年6月10日于北京